钟泰著作集

中国哲学史

钟泰／著　杨立军／整理

上海古籍出版社

图书在版编目(CIP)数据

中国哲学史 / 钟泰著；杨立军整理. —上海：上海古籍出版社，2024.5
 ISBN 978-7-5732-1118-7

Ⅰ.①中… Ⅱ.①钟…②杨… Ⅲ.①哲学史-中国 Ⅳ.①B2

中国国家版本馆 CIP 数据核字(2024)第 076330 号

中国哲学史

钟　泰　著
杨立军　整理

出版发行　上海古籍出版社
地　　址　上海市闵行区号景路 159 弄 1-5 号 A 座 5F
邮政编码　201101
网　　址　www.guji.com.cn
E-mail　guji1@guji.com.cn
印　　刷　常熟市文化印刷有限公司印刷
开　　本　635×965　1/16
印　　张　25.25
插　　页　2
字　　数　320,000
版　　次　2024 年 5 月第 1 版　2024 年 5 月第 1 次印刷
印　　数　1—2,100
书　　号　ISBN 978-7-5732-1118-7/B·1384
定　　价　88.00 元

如有质量问题，请与承印公司联系

整 理 说 明

1929年,胡适《中国哲学史大纲(卷上)》出版十年之时,钟泰的《中国哲学史》出版,一反胡适"以西释中"的研究模式,采用独特的"以中释中"进路,明确表示"中西学术,各有统系,强为比附,转失本真"。全书分为四编:上古哲学史,中古哲学史,近古哲学史,近世哲学史。"以史传之体裁,述流略之旨趣","上下详其源流,彼是辨其同异"。首言上古之思想,作为中国哲学的渊源;次言王官六艺之学,作为中国哲学的基点;再次由老子、孔子至龚自珍、曾国藩,分列人物117位,详细论述。体大思精,持论平允,置之今日亦有不可替代的重要意义。

此次整理,以上海商务印书馆1929年版《中国哲学史》为底本,以湖南师范大学出版社2018年版《中国哲学史》为校本。底本正文部分多为大段文字,但一气贯串,故不作改动。每章附录部分为便阅读,酌情分段。

钟泰先生征引古书,有节引者,有与原文略不同者,若无损文意则不作改动,明显误字径改不出校记。

目　　录

整理说明 …………………………………………………… 1
序 ………………………………………………………… 1
凡例 ……………………………………………………… 1

第一编　上古哲学史

第一章　上古之思想 ……………………………………… 3
第二章　王官六艺之学 …………………………………… 9
第三章　老子　附管子 …………………………………… 13
　　　　附老子"天地不仁以万物为刍狗"解 ………… 19
第四章　孔子 ……………………………………………… 22
第五章　墨子　附宋钘 …………………………………… 29
第六章　杨子 ……………………………………………… 36
第七章　商君　尸子附见 ………………………………… 40
　　　　附论管商同异 ………………………………… 45
第八章　庄子　附列子 …………………………………… 47
第九章　孟子　附曾子、子思　又告子附见 …………… 54

1

第十章　惠施　公孙龙 附尹文子 ………………………… 62
　　　　　附名家不出于别墨论 ………………………… 69
第十一章　荀子 ………………………………………………… 73
第十二章　韩非 申子、慎子附见 ……………………………… 83
第十三章　秦灭古学 …………………………………………… 91

第二编　中古哲学史

第一章　两汉儒学之盛 ………………………………………… 95
第二章　贾生 …………………………………………………… 100
第三章　董仲舒 ………………………………………………… 106
第四章　淮南王安 附刘向 …………………………………… 113
第五章　扬雄 …………………………………………………… 119
第六章　王充 附王符、仲长统 ……………………………… 123
第七章　郑玄 …………………………………………………… 132
第八章　魏伯阳 ………………………………………………… 136
第九章　牟融 …………………………………………………… 139
第十章　荀悦 …………………………………………………… 144
第十一章　徐幹 ………………………………………………… 147
第十二章　魏晋谈玄之风 ……………………………………… 151
第十三章　刘劭 ………………………………………………… 158
第十四章　裴頠 ………………………………………………… 161
第十五章　傅玄 ………………………………………………… 164
第十六章　葛洪 附鲍生 ……………………………………… 167
第十七章　陶渊明 ……………………………………………… 172
第十八章　南北朝儒释道三教之争 …………………………… 175
第十九章　范缜 附萧琛 ……………………………………… 179
第二十章　王通 ………………………………………………… 184
第二十一章　隋唐佛教之宗派 ………………………………… 188

目 录

第二十二章　韩愈　李翱 …………………………………… 194
第二十三章　柳宗元　刘禹锡 ……………………………… 198

第三编　近古哲学史

第一章　宋儒之道学 ………………………………………… 205
第二章　周子 ………………………………………………… 210
第三章　邵子　附司马温公 ………………………………… 215
第四章　张子 ………………………………………………… 221
第五章　明道程子 …………………………………………… 226
第六章　伊川程子 …………………………………………… 230
　　　　附论二程表章《大学》、《中庸》 ………………… 234
第七章　王荆公　附苏东坡、苏颍滨 ……………………… 237
第八章　朱子　李延平附见 ………………………………… 243
第九章　张南轩　胡五峰附见 ……………………………… 251
第十章　吕东莱　附陈龙川 ………………………………… 254
第十一章　薛艮斋　附陈止斋 ……………………………… 257
第十二章　陆象山 …………………………………………… 260
　　　　　附论朱陆异同 …………………………………… 263
第十三章　叶水心　附唐说斋 ……………………………… 266
第十四章　蔡西山　蔡九峰　附蔡节斋 …………………… 270
第十五章　杨慈湖 …………………………………………… 273
第十六章　真西山　魏鹤山 ………………………………… 276
第十七章　元明诸儒之继起 ………………………………… 279
第十八章　吴草庐　郑师山 ………………………………… 282
第十九章　刘伯温 …………………………………………… 285
第二十章　方正学　附宋潜溪 ……………………………… 288
第二十一章　曹月川　薛敬轩 ……………………………… 291
第二十二章　吴康斋　胡敬斋 ……………………………… 293

3

第二十三章　陈白沙 ………………………………… 296

第二十四章　王阳明 ………………………………… 299

第二十五章　罗整庵 ………………………………… 305

第二十六章　湛甘泉 ………………………………… 308

第二十七章　王龙溪　王心斋　附钱绪山 ………… 311

第二十八章　胡庐山　附罗念庵 …………………… 314

第二十九章　吕心吾 ………………………………… 318

第三十章　顾泾阳　高景逸 ………………………… 321

第三十一章　刘蕺山　黄石斋 ……………………… 325

第四编　近世哲学史

第一章　清儒之标榜汉学 …………………………… 331

第二章　孙夏峰　附汤潜庵 ………………………… 336

第三章　陆桴亭　附陆稼书 ………………………… 339

第四章　黄梨洲 ……………………………………… 344

第五章　顾亭林　张蒿庵附见 ……………………… 348

第六章　张杨园 ……………………………………… 352

第七章　李二曲 ……………………………………… 355

第八章　王船山 ……………………………………… 358

第九章　唐铸万　附胡石庄 ………………………… 363

第十章　颜习斋　李恕谷 …………………………… 368

第十一章　戴东原 …………………………………… 375

第十二章　彭允初　汪大绅　罗台山 ……………… 380

第十三章　洪北江 …………………………………… 384

第十四章　龚定庵 …………………………………… 387

第十五章　曾文正公 ………………………………… 391

序

钟子钟山，为教授之江大学，三年纂《中国哲学史》竟，督余为之序。钟山富于理性，纯于学，其为书立例谨严，忾乎独肩砥柱东流之责，可谓忧世之深矣！且夫古今能为学者，不出高明、沉潜之两途。沉潜者务涵泳，高明者喜创辟。涵泳久而理积，理积而后体用备，内足以养吾心，外之足以理天下，国家充实光辉，儒术乃以见尊于世。创辟者之于学焉，不务蓄德而以求知，求知者必求胜于人，求胜于人之心不已，将溪刻以求古人之失，或先立章制，而以古人之言行就我。夫以古人之迹之传于今，弯远而莫见，钼铻而不相合，固矣，其不可强同也，因而疑之，信与疑不相害也。以疑古为求学之方，师师相承，而其术益密，乃近于名法家之所为。是故今之学者，移治经之心力以治子，往往自昵于名法而敝屣儒术。儒术之中有荀卿焉，阳儒而阴法，崇名而绌性，其书倍谲不同，往往出于其徒李斯辈之所窜易，学者顾轩之跻之于孔、曾、思、孟之左。最近学风扇播，总其略，墨名而荀性，为世大宗，贤圣微矣！抑不知夫圣之所以为圣，贤之所以为贤，首出群伦，包三才，育万物，廓然性分之天者，其视诸子犹鲲鹏之于蠛蠓焉。呜呼！章制密而儒道衰，考据精而名法胜，因不与果期，而卒与之相赴。一孔之士,南面拊呵,硜然独订贤圣之得失,而高下其名位。盖三十年来,学术思想既不得保其统绪,雅颂政教且随之以倾。然而倡此者,家自以为哲学,人自以为真理。理不必真,而横流滋蔓,夫岂非高明者之过与?钟山之择术焉醇,其观古焉涵泳反复,久而得其通儒者经世之体也。世之为学者,大都握今之辔以驭古之迹,是以毁辕折箯而其道大窒。窒则愚,通则哲。呜呼!钟子其几于哲矣!

戊辰三月吴江金天翮

凡　　例

一、此书以史传之体裁,述流略之旨趣,故上下则详其源流,彼是亦辨其同异。

二、史家之例,或以事为题,或以人为目。此书述一家之言,则著其人;总一代之变,则标其事。

三、史家纪传,有合有分。或以附从,或以连及。此书亦兼四体。盖事有取其相贯,说亦便于互参。惟是人之重轻,文随详略。附从以上,著之章目;连及之者,但见本文。

四、一派之说,详于魁率。至其徒众,具在范围。一一叙之,只增重复。故非于先说有发明,于师传有改易,并从省汰,以节篇章。

五、中西学术,各有统系。强为比附,转失本真。此书命名释义,一用旧文。近人影响牵扯之谈,多为葛藤,不敢妄和。

六、门户之争,自古不免。然言各有宜,理无相悖。此书于各家同异,时附平亭。既欲见学术之全,亦以为沟通之助。

七、人之编次,一准时代。惟附从者以其类,连及者随其宜。先后参差,并难例限。

八、书中人物,或称子,或称君,或称生,或称公,或称名,或称号,或称谥,或称封。一从常习,意无抑扬。

九、此书上下两卷,略分四期:一自有史以迄嬴秦,是为上古史;二自汉迄唐,是为中古史;三自宋迄明,是为近古史;四有清一代,是为近世史。惟光、宣以后,杂糅新说,虽辟蹊径,未睹旨归。编录之责,让之来者。

十、各家著作,具有全书。此之所举,仅其要略。以蠡测海,知获讥于大雅;因指求月,还有望于学人。

钟山钟泰　识

第一编　上古哲学史

第一章　上古之思想

中国哲学，至周代始有统系可言。然其渊源所自，则甚遥远。如孔子赞《易》，《易》固肇端于伏羲之八卦也，子思传《中庸》，执中之说，固尧之所以命舜也。今杂录上古以来先民传说见于载籍者，撮为此章。其不曰哲学而曰思想者，书阙有间，无可参验，过而予之，以诬古人，所不敢也。

一　本天

载籍之旧，无过《尚书》。《今文尚书》始《尧典》，继之以《皋陶谟》。或谓《典》、《谟》出夏时追述，顾其说则可据矣。舜之命九官十二牧也，曰："钦哉，惟时亮天工。"（《尧典》）皋陶之陈谟也，曰："无旷庶官。天工人其代之。天叙有典，敕我五典五惇哉。天秩有礼，自我五礼有庸哉。"又曰："天命有德，五服五章哉。天讨有罪，五刑五用哉。"（并《皋陶谟》）工曰天工，而典、礼、命、讨，一推其源于天。此后世法天、畏天诸说之由来也。于是箕子陈《洪范》，则曰："天乃锡禹洪范九畴。"周公作《无逸》，则曰："昔在殷王中宗，严恭寅畏天命。"（旧以"天命"连下"自度"句绝，误）其在于《诗》，《皇矣》之篇曰："不识不知，顺帝之则。"所以称文王也。《烝民》之篇曰："天生烝民，有物有则。民之秉彝，好是懿德。"（并《大雅》）所以美仲山甫也。盖自唐虞逮于三代，《诗》、《书》之所称说，若斯之类，不可胜引。窃原其故，则古初以来，尝穷人物之本，以为非地不能养，非天不能生，人者托体于天，则当以天为父。是以古之王者自称天子；而郊祀上帝，著之《礼经》，谓之报本之祭。观其制名，知有深义，非同偶然者矣。

二　尽人

惟以人为本乎天，故视人亦与天等。尽人之性，则可以参天地而育万物。古称天皇、地皇、人皇，说虽荒渺，而天地人三统之所以立，不可诬也。皋陶称天叙天秩，即曰："天工人其代之。"武王称天降下民，即曰："其助上帝，宠之四方。"（见《孟子》，今伪《古文尚书·泰誓》与此稍异）人可代天助天，则岂不重乎！且《礼记·祭法》载："有虞氏禘黄帝而郊喾，祖颛顼而宗尧。夏后氏亦禘黄帝而郊鲧，祖颛顼而宗禹。殷人禘喾而郊冥，祖契而宗汤。周人禘喾而郊稷，祖文王而宗武王。"《孝经》亦曰："周公郊祀后稷以配天，宗祀于明堂以配上帝。"夫郊禘之祭由来尚矣，而以祖考配之，是人鬼不必降于天神也。不独是也，圣王之制祭祀也，法施于民则祀之，以死勤事则祀之，以劳定国则祀之，能御大灾则祀之，能捍大患则祀之。（亦见《礼记·祭法》）是故祀弃以为稷，祀后土（共工氏之子）以为社，祀黎（颛顼氏之子）以为祝融，祀昧（少昊氏之子）以为玄冥。其为天神，即皆人鬼。吾观祭祀之事，知古之不欲以天而蔑人也明矣。而或乃以吾国人之事天，与他民族迷信神权者相提并论，其得为通于国故者乎？

三　首孝

《孝经》作于孔子。然其曰"先王有至德要道以顺天下,民用和睦",则孝之由来远矣。近人章太炎著《孝经本夏法说》,以为"《释文》引郑氏说'禹三王先者',以先王属禹,必有所据,而墨子用夏道,《汉书·艺文志》序墨家者流,即曰'以孝视天下是以尚同'"(见《太炎文录》)。章氏之说自可信。顾吾观《尧典》四岳举舜,曰:"瞽子,父顽、母嚚、象傲,克谐以孝。烝烝乂,不格奸。"帝曰:"我其试哉。"孟子言孝,首推大舜,曰:"舜尽事亲之道而瞽瞍厎豫,瞽瞍厎豫而天下化,瞽瞍厎豫而天下之为父子者定,此之谓大孝。"使尧舜之事为不妄,孝治天下之说,固有先乎夏世者矣。自是以后,契敷五教,则父子有亲,在君臣有义、夫妇有别、长幼有序、朋友有信之前。《周官》六行,则孝居友睦姻任恤之首。(见《周官·大司徒》)《礼·郊特牲》曰:"万物本乎天,人本乎祖。"夫本乎天,人与物之所共也;本乎祖,则人之所独也。人不知孝,是谓忘祖;忘祖,则不得为人也。故古者宗庙之祭,自称孝孙。(《诗·小雅·楚茨》、《鲁颂·闷宫》)而《孝经》曰:"宗庙致敬,不忘亲也。修身慎行,恐辱先也。"然则孝之为教,与古人之重宗法、隆祭祀,盖俱起者矣。抑古之所谓孝者,非仅孝于父母之谓也。《孝经》曰:"夫孝始于事亲,中于事君,终于立身。"《礼·祭义》曰:"居处不庄,非孝也。事君不忠,非孝也。莅官不敬,非孝也。朋友不信,非孝也。战陈无勇,非孝也。"又曰:"孝有三:小孝用力,中孝用劳,大孝不匮。思慈爱忘劳,可谓用力矣。尊仁安义,可谓用劳矣。博施备物,可谓不匮矣。"夫此孔子、曾子之言,其出在后。然而《书·甘誓》曰:"用命赏于祖。"非以战陈之勇为孝乎?《大雅·既醉》曰:"孝子不匮,永锡尔类。"非以不匮为孝乎?若是,举行己待人临事为国之道,而一赅之于孝之中。故曰:"夫孝,德之本也。"曰:

"人之行莫大于孝。"(并《孝经》)由孔子以上稽《诗》、《书》之传,知所谓"先王有至德要道"者,圣人之言固真实而无有假托也。

四 用中

自宋以来,儒者有所谓十六字之心传者,曰:"人心惟危,道心惟微。惟精惟一,允执厥中。"此出梅氏伪古文《大禹谟》,疑不足信。然《论语》既载之矣,曰:"尧曰:'咨!尔舜。天之历数在尔躬。允执其中。四海困穷,天禄永终。'舜亦以命禹。"孔子亦曰:"舜其大知也与?舜好问而好察迩言,隐恶而扬善。执其两端,用其中于民。其斯以为舜乎!"(《中庸》)则尧、舜、禹执中之传,果不诬也。不独是也,帝尧之命夔曰:"汝典乐。教胄子,直而温,宽而栗,刚而无虐,简而无傲。"(《尧典》)皋陶之赞禹曰:"宽而栗,柔而立,愿而恭,乱而敬,扰而毅,直而温,简而廉,刚而塞,强而义。彰厥有常,吉哉。"(《皋陶谟》)其言德皆必举两端,而不欲有偏胜之过,是亦中而已矣。孟子曰:"汤执中,立贤无方。"则汤之中也。《洪范》曰:"建用皇极。"注谓"皇极,大中"也。又其言曰:"无偏无党,王道荡荡。无党无偏,王道平平。无反无侧,王道正直。"则箕子、武王之中也。由是而老曰守中(《老子》"多言数穷,不如守中"),孔曰中庸。盖吾先民之训,无有或离于中道者。至若以模棱两可为中,以多方迁就为中,此自后世之失,不得以为先民罪,更不得以为中道罪。

五 上民

孟子曰:"民为贵,社稷次之,君为轻。"夫民贵之义,非自孟子始发之也。盘庚之迁于殷也，所以告其民者，一则曰："古我前后罔不惟民之承。"再则曰："恭承民命，用永地于新邑。"(《书·盘庚》)立君所以为民，古之人早知之矣。故周公称殷王祖甲曰："其在祖甲，不义惟王，旧为小人。作其即位，爰知小人之依。能保惠于庶民，不敢侮鳏寡。"(《无逸》)其称文王曰："惟乃丕显考文王，克明德慎罚，不敢侮鳏寡。庸庸祇祇，威威显民。"(《康诰》)夫至于鳏寡而不敢侮，其尚犹有奴使其民者乎？且古人之所敬事者，天也。而皋陶曰："天聪明自我民聪明，天明畏自我民明威。"(《皋陶谟》)武王曰："天视自我民视，天听自我民听。"(《孟子》引《泰誓》)以民为天意所寄托，故畏天者亦畏民。《召诰》曰"用顾畏于民嵒"是也。斯义也，春秋士大夫犹或能道之。里革曰："君也者，将牧民而正其邪者也。若君纵私回而弃民事，民旁有慝，无由省之，益邪多矣。若以邪临民，陷而不振，用善不肯，专则不能，使至于殄灭而莫之恤也，将安用之。"(《国语·鲁语》)师旷曰："天生民而立之君，使司牧之，勿使失性。天之爱民甚矣。岂其使一人肆于民上，以从其淫而弃天地之性，必不然矣。"(《左传·襄十四年》，中有节文)夫孤、寡、不谷，贱名也，而侯王以为称，非自卑而上民之证乎？是以君贵民贱，特起于战国以后暴君代作一时之邪说。而近人好以后世之事，推论三代以前，遂疑《诗》、《书》所载不足尽信，而民本之义非上古所能晓，则何其厚诬先民之甚也！

六　大天下

公羊家有言曰："大一统。"(《公羊·隐元年》)此意亦非始于公羊也。禹之称舜也，曰："光天之下，至于海隅苍生，万邦黎献，共为帝臣。"(《皋陶谟》)夏人之称禹也，曰："东渐于海，西被于流沙，朔南暨，声教讫于四海。"(《禹贡》)夫舜、禹之时，疆域之广，不尽九州。然而其言若是者,非徒为夸辞也。盖其函括寰宇之量,固以为一君之所治,莫有能外者矣。又非独舜、禹为然也。《长发》之诗曰:"上帝是祗,帝命式于九围。"(《商颂》)所以言汤也。《执竞》之诗曰:"自彼成康,奄有四方。"(《周颂》)所以言武王也。而《周礼·职方氏》辨九服之邦国,自王畿以外,有侯甸男采卫蛮夷镇藩。其制或不免托之空言,然即规度而论,则何其恢廓也!是以孟子曰:"人有恒言,皆曰天下国家。"而《大学》之教,必极之于"平天下";《中庸》之德,必极之于"舟车所至,人力所通,天之所覆,地之所载,日月所照,霜露所队,凡有血气,莫不尊亲"。古之人以天下为量,不欲以一国自限,其来固已久矣。且禹思天下有溺者,由己溺之也;稷思天下有饥者,由己饥之也;伊尹思天下之民,匹夫匹妇有不与被尧、舜之泽者,若己推而纳之沟中。(并见《孟子》)大之推于天下者,亦细之不遗于一夫。呜呼!此视彼局于国家主义,或侈言民族平等,而不惜杀人以救人者,不亦远乎!

第二章　王官六艺之学

孔子曰："天子失官，学在四夷。"(《左传·昭十七年》)上世之学掌于王官，无可疑也。然王官之学孰为盛？曰：周为盛。孔子曰："夏礼，吾能言之，杞不足征也；殷礼，吾能言之，宋不足征也。文献不足故也。足，则吾能征之矣。"又曰："周监于二代，郁郁乎文哉！吾从周。"则文献之盛，二代非周比也。虽然，周之盛，文、武开之，而周公实成之。孔子曰："文王既没，文不在兹乎！"子贡曰："文、武之道，未坠于地，在人。贤者识其大者，不贤者识其小者，莫不有文、武之道焉。夫子焉不学？而亦何常师之有？"此谓文、武也。孔子又曰："甚矣吾衰也！吾不复梦见周公。"(以上并《论语》)孟子曰："周公、仲尼之道。"(《孟子》)此则谓周公也。是以清章实斋(名学诚，会稽人，乾隆进士)作《原道》，而谓周公集前王之大成。曰："周公成文、武之德，适当帝全王备，殷因夏监，至于无可复加之际，故得借为制作典章，而以周道集古圣之成，斯乃所谓集大成也。"又曰："自有天地而至唐虞夏商，迹既多，而穷变通久之理亦大备。周公以天纵生知之圣，而适当积古留传道法大备之时，是以经纶制作，集千古之大成，则亦时会使然，非周公之圣智能使之然也。"(《章氏遗书·文史通义》)夫隋唐以前，学校皆并祀周、孔，以周公为先圣、孔子为先师。其制盖始于汉，汉人所见犹为近古。由是论之，章氏之说，不得谓之凿空也。是故言中国哲学，必当断自周公为始。

周公制作，莫著于礼。今传《仪礼》十七篇，其为周公旧制已无异论。惟《周礼》一书，则疑之者多。然伏生《尚书大传》称"周公居摄三年，制礼作乐"，《礼记·明堂位》称"周公朝诸侯于明堂，制礼作乐"，而《左传》引太史克曰："昔者先君周公制周礼。"（文十八年）此所谓周礼者，固不必即今之《周礼》一书。然即周公制礼推之，礼之大者无过政教。今之《周礼》，其经纶大体，必出于周公，而非余子所能代为也。又不独礼而已也。《周礼·春官》大卜掌三易之法，一曰连山，二曰归藏，三曰周易，则易在礼之中矣。大师教六诗，曰风、曰赋、曰比、曰兴、曰雅、曰颂，则诗在礼之中矣。大司乐以乐舞教国子，舞云门、大卷、大咸、大磬、大夏、大濩、大武，则乐在礼之中矣。小史掌邦国之志，外史掌四方之志，掌三皇五帝之书，则书与春秋在礼之中矣。是故言礼，而六艺即无不在。晋韩宣子之聘鲁也，观书于太史氏，得见易象与鲁春秋。曰："周礼尽在鲁矣。吾乃今知周公之德，与周之所以王也。"（《左传·昭二年》）是可证也。抑《礼·王制》曰："乐正崇四术，立四教，顺先王诗书礼乐以造士，春秋教以礼乐，冬夏教以诗书。"而《文王世子》曰："凡学，世子及学士必时。春夏学干戈，秋冬学羽籥，皆于东序。小乐正学干，大胥赞之。籥师学戈，籥师丞赞之。胥鼓南，春诵夏弦，大师诏之瞽宗。秋学礼，执礼者诏之。冬读书，典书者诏之。礼在瞽宗，书在上庠。"则当时六艺之教行于学校，其制固可考见。而春秋之世，流风余韵，犹有存者。晋赵衰荐郤縠为帅，称其说礼乐而敦诗书。（《左传·僖二十七年》）楚庄王使士亹傅太子箴，问于申叔时，叔时曰："教之春秋，而为之耸善而抑恶焉，以戒劝其心。教之世，而为之昭明德而废幽昏焉，以休惧其动。教之诗，而为之导广显德，以耀明其志。教之礼，使知上下之则。教之乐，以疏其秽而镇其浮。教之令，使访物官。教之语,使明其德,而知先王之务用明德于民焉。教之故志,使知废兴者而戒惧焉。教之训典,使知族类行比义焉。"(《国语·楚语》)夫向使周之学校,未尝以诗书礼乐为教,则晋楚之士,如赵衰、申叔时,安得有是言乎?是故子所雅言,诗书执礼,而亦即曰"述而不作",曰"好古敏求"(并《论语》)。章实斋曰:"六艺,周公之典章。"(《文史通义·经解》)岂不然哉!

班固因刘歆《七略》为《汉书·艺文志》,而谓儒、道、阴阳、名、法、墨、纵横、杂、农,九流之学,皆出于古之某官。又谓"合其要归,亦六经之支与流裔"。(并《汉书·艺文志》)近人诋之,以为附会揣测,全无凭据。然《庄子·天下篇》言:"古之人其备乎!配神明,醇天地,育万物,和天下,泽及百姓。明于本数,系于末度,六通四辟,大小精粗,其运无乎不在。其明而在数度者,旧法世传之史,尚多有之。其在于《诗》、《书》、《礼》、《乐》者,邹鲁之士缙绅先生多能明之。《诗》以道志,《书》以道事,《礼》以道行,《乐》以道和,《易》以道阴阳,《春秋》以道名分。其数散于天下而设于中国者,百家之学时或称而道之。"则百家渊源于王官六艺之学,战国时人多知之者。不得谓《七略》、《艺文志》无所凭据也。且《淮南·要略》,以为诸子皆起于救世之弊,而论儒者之学,则曰:"修成、康之道,述周公之训。"论墨子之学,则曰:"学儒者之业,受孔子之术,背周道而用夏政。"论管子之学,则曰:"崇天子之位,广文、武之业。"夫儒家无论矣。老子为周守藏室之史,《庄子》有孔子西藏书于周室,繙十二经以说老聃之文。(见《庄子·天道篇》)而曾子问礼,孔子所以告之者,每曰"吾闻诸老聃"。(见《礼记·曾子问》)是老子之有得于六艺也。墨子之书,多引《诗》、《书》,又言"吾见百家《春秋》"(唐刘知几《史通·六家篇》引《墨子》佚文,又《墨子·明鬼篇》亦称燕之《春秋》、宋之《春秋》、齐之《春秋》、周之《春秋》云云)。而《吕览》称"鲁惠公使宰让请郊庙之礼于天子,桓王使史角往,惠公止之。其后在于鲁,墨子学焉"。(《当染篇》)是墨子之有得于六艺也。管子以礼义廉耻为国之四维(《管子·牧民》),而所为作内政以寄军令者,实本之周礼乡遂之制。(《小匡》)且其书言法,而曰:"法出于礼。"(《枢言》)曰:"所谓仁义礼乐者,皆出于法。"(《任法》)又《弟子职》者,《礼》之《曲礼》、《少仪》之类也,而今在管子之书。是管子之有得于六艺也。其诋毁《诗》、《书》以为国之淫蠹者,惟商鞅与韩非耳。然商君师尸佼,韩非师荀况。佼、况皆尊先王,称孔氏(《尸子·贵言篇》有曰:"修先王之术,除祸难之本。"《明堂篇》有曰:"度于往古,观于先王。"其称引孔子之言尤众)。则鞅与非,即亦不能无闻于六艺之教。故苟使取诸子之书而研穷之,明其异同,详其得失之所在,其与六艺分合之迹,盖可得而覆案也。夫此非谓诸之子之学,皆六艺之所已备也;又非谓诸子之学,其义无有能出六艺之外也。譬之江水,诸子者,其下流之播为九江三江;而六艺者,则其滥觞之始也。今言中国哲学,而不本之于六艺,是无卵而有时夜,无父祖而有曾弥也。恶乎可哉!

第三章　老子 附管子

　　老子姓李，名耳，字聃。其曰老子者，则古称寿考者之号。(《礼记·曾子问》郑注）生于楚之苦县厉乡曲仁里。苦县当老子时属陈，司马迁《史记·老子列传》以其后追述之，故以属于楚，实非楚人也。尝为周守藏室之史。久之，见周之衰，乃遂去。至关，关令尹喜曰："子将隐矣。强为我著书。"于是乃著书上下篇五千余言而去。今所传《道德经》是也。老子既以自隐无名为务，故其行迹多不可考。而世或言其百有六十余岁，或言二百余岁，皆诞妄不足信。然孔子适周问礼于老子，见于《史记》，见于庄子之书，而《论语》记孔子自言，亦曰："述而不作，信而好古，窃比我于老彭。"（老彭即老子，近人廉江江琼著《读子卮言》，有论老子之姓氏名字，甚为可据）则其事为必有。而后人或以《礼·曾子问》孔子所言闻诸老聃者，穷极礼之节文，今《老子》书乃谓"礼者，忠信之薄而乱之首"，其言不类。疑《道德经》出于后人之手，非其旧矣。不知礼有本末，天下之衰也，逐末而忘本，于是节文益繁，而礼之本意转失。"忠信之薄而乱之首"云云，老子亦为彼非礼之礼言之耳。不然，孔子执礼者，而亦曰"礼云礼云，玉帛云乎哉"，此岂有悖乎？又近人以《史记》言老子多游移之辞，并疑老子其人为不必有，而谓《庄子》所载老聃事,皆出于周之寓言。夫《论语》一书,如长沮、桀溺、晨门、荷蒉之流,其迹皆不显,然即不得谓无其人,且《老子列传》详叙老子之子孙,而八世孙假仕汉孝文帝,假之子解为胶西王太傅,皆当史公时,此岂可诬者!至云老子莫知所终,则隐者往往如此,尤不足异也。(《庄子·养生主篇》言老聃死,秦佚吊之,则莫知所终云云,亦出之一时之传说)

一　道

老子以道为天地万物之本。故曰:"有物混成,先天地生。寂兮寥兮,独立而不改,周行而不殆,可以为天下母。吾不知其名,字之曰道。"又曰:"道生一。一生二。二生三。三生万物。万物负阴而抱阳,冲气以为和。"然道不可见,可见者非道;道不可名,可名者非道。故曰:"道之出口,淡乎其无味。视之不足见,听之不足闻。"又曰:"道可道,非常道。名可名,非常名。"惟其不可见不可名也,故又名之曰无。曰:"天下之物生于有,有生于无。"又曰:"三十辐共一毂。当其无,有车之用。埏埴以为器。当其无,有器之用。凿户牖以为室。当其无,有室之用。"无即道也。然曰无而实有。故曰:"无名天地之始,有名万物之母。常无,欲以观其妙;常有,欲以观其徼。此二者同出而异名。同谓之玄。"又曰:"有无相生。"又曰:"有之以为利。无之以为用。"有与无并言,明无之即有,有之即无也。故其所以为道之形容者,曰:"道之为物,惟恍惟惚。惚兮恍兮,其中有象。恍兮惚兮,其中有物。窈兮冥兮,其中有精。其精甚真,其中有信。"曰恍惚、曰窈冥,非无耶?曰有象、曰有物、曰有精有信,非有耶?而合而言之,则曰:"无状之状,无物之象。"盖道者,变动不居,无有方所,故不得不多方以喻之。而又恐人之执实以求也,故又不得不闪烁其词。而胡适之以为哲学初起,名不完备,故说理不能周密。(见胡氏《中国哲学史大纲》)亦可谓不善读《老子》者矣。

虽然，所谓道者何耶？道者，宇宙之本体也。何以知宇宙之本体？宇宙之本体，即吾心之本体。非有二也。故曰："道者同于道。德者同于德。失者同于失。"欲知宇宙之本体，须先明吾心之本体。故曰："致虚极。守静笃。万物并作，吾以观其复。夫物芸芸，各归其根。归根曰静。静曰复命。复命曰常。知常曰明。不知常，妄作凶。知常容。容乃公。公乃王。王乃天。天乃道。道乃久，没身不殆。"在人心曰命，在宇宙曰道。一也。然人之不明夫心之本体何也？曰：以其有身，以其有知。何言乎以其有身？其言曰："吾所以有大患者，为吾有身。及吾无身，吾有何患！"此身之患也。身之为患何也？曰：以其私欲。私欲所以生生也，而不知其所以害生也。故曰："生之徒十有三。死之徒十有三。人之生动之死地者，亦十有三。夫何故？以其生生之厚。"又曰："五色令人目盲。五音令人耳聋。五味令人口爽。驰骋田猎令人心发狂。难得之货令人行妨。"是故欲免于身之患，必自少私寡欲始矣。少私寡欲，是之谓虚。何言乎以其有知？其言曰："前识者，道之华而愚之始也。"此知之患也。知之为患何也？曰：以其伪。知不必伪，而伪则生于知也，故曰："智慧出，有大伪。"是故欲免于知之患，必自见素抱朴始矣。见素抱朴，是之谓静。（少私寡欲，见素抱朴，皆本老子语）由私欲而进于虚，由伪而进于静，以学言之，则益矣，故曰："为学日益。"由有身而无身，由有知而无知，以道言之，则损矣，故曰："为道日损。"老子之言道，非空谈宇宙之本体也。必以吾心之本体，合宇宙之本体。以宇宙之本体，证吾心之本体。故曰："修之于身，其德乃真。"此道德之所以可贵也。

二 无为

道之何以言无为也？曰：有为者用也。而所以用夫有为者，则无为也。故无为者,有为之本也。能有为而不能无为者,盖有之矣。未有能无为而不能有为者也。故曰:"为无为。"又曰:"道常无为而无不为。"又曰:"损之又损之,以至于无为。无为而无不为矣。"自夫无无为之本,而一以有为为事,于是天下多害事矣。故曰:"天下神器不可为也。为者败之。执者失之。"又曰:"以其上之有为也,是以难治。"又曰:"圣人无为故无败。无执故无失。"然则老子之言无为,为夫逞其私智而一以生事为能者言之也。为夫执滞于有为之迹,而不能行其所无事者言之也。非曰以不事事为无为也。自夫世之不明老子之意,而以无为为不事事,于是遂强指老子为消极主义。老子曰:"吾言甚易知,甚易行。天下莫能知,莫能行。"此亦莫能知之一端矣。

三 三宝

老子曰:"我有三宝,宝而持之。一曰慈,二曰俭,三曰不敢为天下先。"惟慈故柔。其言曰:"坚强者死之徒。柔弱者生之徒。"又曰:"天下之至柔,驰骋天下之至刚。"又曰:"天下莫柔弱于水,而攻坚强者莫之能先,以其无以易之也。"人知慈柔之为慈柔,而不知慈柔之为勇强也,故曰:"夫慈故能勇。"斯其道见于战争,其言曰:"兵者不祥之器,非君子之器。不得已而用之,恬淡为上。胜而不美。"又曰:"祸莫大于轻敌,轻敌几丧吾宝。故抗兵相加,哀者胜矣。"慈也,正其所以为勇也。惟俭故啬,故愚。其言曰:"治人事天莫若啬。"又曰:"众人皆有,而我独若遗。我愚人之心也哉。"人知愚之为愚,而不知愚之为知也;知啬之为啬,而不知啬之为积也;知俭之为俭,而不知俭之为广也。故曰:"俭故能广。"斯其道见于治国,其言曰:"古之善为道者,非以明民,将以愚之。民之难治,以其智多。故以智治国,国之贼;不以智治国,国之福。"愚也,正其所以为智也。又曰:"小国寡民,使有什伯之器而不用,使民重死而不远徙。虽有舟车,无所用之;虽有甲兵,无所陈之。使民复结绳而用之。甘其食,美其服,安其居,乐其俗。邻国相望,鸡犬之音相闻。民至老死不相往来。"啬也,正其所以为积也。又曰:"圣人不积。既以为人,己愈有;既以与人,己愈多。"俭也,正其所以为广也。惟不敢为天下先,故后故下,其言曰:"江海所以能为百谷王者,以其善下之,故能为百谷王。是以圣人欲上人,以其言下之;欲先人,以其身后之。是以处上而人不重,处前而人不能害。是以天下乐推而不厌。以其不争,故天下莫能与之争。"人知后下之为后下,而不知后下之为先上也,故曰:"不敢为天下先,故能成器长。"斯其道见于取天下,其言曰:"大国者下流。天下之交,天下之牝。牝常以静胜牡。以静为下。故大国以下小国,则取小国;小国而下大国,则取大国。故或下以取,或下而取。大国不过欲兼使人,小国不过欲入事人。夫两者各得其所欲。故大者宜为下。"下也,正其所以为先也。老子之道如是,岂果无为也哉!

四 婴儿

老子言道,则尚无名朴;言治,则尚小国寡民;言为道,则尚守雌、尚婴儿。其义一也。其言婴儿者凡三。曰:"专气致柔,能婴儿乎?"曰:"众人熙熙,如享太牢,如春登台。我独泊兮其未兆,如婴儿之未孩。"曰:"常德不离,复归于婴儿。"其所以尚婴儿何也?曰:为其无心也。故曰:"圣人无常,以百姓心为心。善者吾善之,不善者吾亦善之,德善矣。信者吾信之,不信者吾亦信之,德信矣。圣人在天下,惵惵为天下浑其心。百姓皆注其耳目,圣人皆孩之。"无心故无知。然无知者,有知而不用,非不知之谓也。故曰:"知不知,上。不知知,病。"又曰:"知其雄,守其雌。知其白,守其黑。"又曰:"天下有始,以为天下母。既得其母,以知其子。既知其子,复守其母。"又曰:"明道若昧。"又曰:"虚其心,实其腹。"有知而不用何也?曰:用则有不用矣,不用则无不用也。故曰:"明白四达,能无知乎?"曰:"不出户,知天下。不窥牖,见天道。其出弥远,其知弥少。"汉家用黄老,以清净治,而班固以为道家君人南面之术,盖皆有见于此。至后世神仙家托为婴儿姹女之说,以言养生,则得于老子而失老子之意者,未可以混同而论也。

《汉志》道家首伊尹、太公,而有《管子》八十六篇。伊尹、太公之书今不传。《管子》八十六篇之目皆具,而其阙者十篇。清姚际恒(际恒字立方,仁和人,诸生,与阎若璩、毛奇龄同时)作《古今伪书考》,谓《管子》多伪,大抵战国周末之人,如稷下游谈辈及韩非、李斯辈,袭商君之法,借管氏以行其说者。而章实斋则谓《管子》之述其身死后事,出于习管氏法者所缀辑。古人著书,不必定成于一人之手,类多有其徒附益,不得执此以为伪。(《文史通义·诗教》、《言公》等篇,撮其意如此)吾谓实斋之言,为得其实。今《管子·枢言》、《心术》、《白心》、《内业》诸篇,言"日益之而患少者惟忠,日损之而患多者惟欲"(《枢言》),言"恬愉无为,去智与故。其应也,非所设也。其动也,非所取也"(《心术》),言"功成者隳,名成者亏"(《白心》),与老子绝圣弃智、少私寡欲而功成不居之旨正同。孔子曰:"洁静精微,《易》教也。"(《礼记·经解》)《七略》以为道家合于《易》之嗛嗛,一谦而四益。然则管、老之同,亦其俱同于《易》也耳。而或者以《管子》之书,其言多无殊于老氏,遂谓必老氏以后之人所托为,亦不察之甚矣。然史公称《管子》,独谓读其《牧民》、《山高》(今《形势》)、《乘马》、《轻重》、《九府》,详哉其言之。(《史记·管晏列传》)而今《管子》之书,论治必以法为主。曰:"法立令行。"(《法法》)曰:"圣君任法而不任智。"(《任法》)曰:"明法而固守之。"(同上)曰:"法者,天下之仪也。所以决疑而明是非也。百姓所县命也。"(《禁藏》)则《管子》固有非道家所可尽者。老子曰:"执古之道,以御今之有。"管子亦曰:"疑今者察之古。不知来者视之往。"(《山

18

高》）顾其所以有异者，老子多言治道之体，而管子则于用为详。此观其作军令、制财用，大抵本之周礼，可以见也。若其曰："仓廪实则知礼节，衣食足则知荣辱。"曰："国有四维。一曰礼，二曰义，三曰廉，四曰耻。"曰："政之所兴，在顺民心；政之所废，在逆民心。"（并《牧民》）即百家所不能易，而亦三代以来之所恒言。自《隋志》列管子于法家，后人因之，莫原其本。而道术之裂，其迹乃益淆而莫辨矣。吾故附管子于老子后而论之。管子名夷吾，字仲，颍上人。相齐桓公。孔子曰："桓公九合诸侯，不以兵车，管仲之力也。"卒周襄王七年，盖先老子云。（老子生卒不可考，胡适之谓当生周灵王初年，亦仅凭臆测，此等处无宁阙疑）

附老子"天地不仁以万物为刍狗"解

老子曰："天地不仁，以万物为刍狗。"胡适之作《中国哲学史》盛称其言。而谓"天地不仁"者，言其不是人也。古者尝视天为有意志、有智识、有喜怒之主宰，故以天为与人同类，是为天人同类说。而老子则谓天地不与人同性，打破古代天人同类之谬说，而立后来自然哲学之基础。故拟老子之说为思想之革命。其后梁任公撰《先秦政治思想史》亦沿胡说，并谓与《诗》之言"昊天不惠"、"昊天不平"正同，指为当时神权观念之动摇。然吾统观《老子》全书，知其说之出于穿凿，未足据为定论也。

夫胡氏以"仁"为"人"，其所引以为据者，则《中庸》"仁者人也"、《孟子》"仁也者人也"二言。不知此二"人"字，皆言人之所以为人，非便指人身而言。以今逻辑论之，则二"人"字乃抽象名词，非具体名词也。故以"人"为"仁"之训则可，而以"人"易"仁"则不可。然则老子曰"天地不仁"，岂得引此为说，而谓不仁即不是人乎？且果如胡氏之意，亦只得云"非仁"，不得云"不仁"。"非"字之与"不"字，其意固有殊矣。况下文云："圣人不仁，以百姓为刍狗。"以"天地不仁"为不是人，亦可谓"圣人不仁"为不是人乎？推胡氏之心，不过欲说老子不信天为有神，以见天道之果无知耳。然"天网恢恢，疏而不失"，《老子》之言也；"天道无亲，常与善人"，亦《老子》之言也。老子果信天为无神无知者乎？抑信天为有神有知者乎？夫读一家之言，当合观其前后，而后可论其主张如何。今但称"天地不仁，以万物为刍狗"，而不顾"天网恢恢，疏而不失"，不顾"天道无亲，常与善人"，乃至不顾其下句"圣人不仁，以百姓为刍狗"，断章取义而为之说，又安得无误乎！

虽然，此不能以怪胡氏也。自王弼之注而已误矣。王注曰："仁者必造立施化，有恩有为。造立施化，则物失其真。有恩有为，则物不具存。物不具存，则不足以备载矣。地不为兽生刍，而兽食刍。不为人生狗，而人食狗。无为于万物，而万物各适其所用，则莫不赡矣。"夫以不仁为无恩，则是矣。若其所以解刍狗者，则未为得实也。信如王氏之言，地不为兽生刍而兽食刍，不为人生狗而人食狗。则天地自天地，人兽自人兽，刍狗自刍狗。天地之于万物，曾无与焉于其间，岂得言"以"言"为"乎？且兽食刍、人食狗云云，似言刍狗者不啻言草芥、言荼毒。天地且勿论，老子尝疾民之饥以其上食税之多矣，而乃曰圣人以百姓为刍狗，谓草芥其民、荼毒其民者为圣人，不几于率兽食人之奖乎？是尚得为老子乎哉？

夫古之能明老子之意者，莫过庄子。庄子之书载师金之言曰："夫刍狗之未陈也，盛以箧衍，巾以文绣，尸祝斋戒以将之。及其已陈也，行者践其首脊，苏者取而爨之而已。将复取而盛以箧衍，巾以文绣，游居寝卧其下。彼不得梦，必且数眯焉。"（《天运》）然则刍狗者，刍灵之类耳。刍狗之为物，当时则贵，过时则弃焉。是故言天地以万物为刍狗者，犹言功遂身退天之道也而已。然其言不仁者何居？曰：老子不有言乎？曰："正言若反。"夫虎狼非仁也，而庄子曰："虎狼仁也。"（《天运》）知虎狼之可以言仁，则知天地圣人之可以言不仁矣。《易》曰："生生之谓易。"生生，仁也。然故者不去，新者不生，故有生则有杀矣。自其杀而言之,非不仁而何? 然而不仁即所以为仁。是则正言若反也。胡氏读《老子》,不知正言若反之义,而又中于王氏刍狗之说,益之自不信天,硬牵老子以就己意。而梁氏不察,以为胡氏之创解,此其所以俱失也。至若诗人言"昊天不惠"、"昊天不平",正见呼天而语词意之迫,尤不得以为神权观念动摇之证。当另为文辨之,兹不复赘。

第四章 孔　　子

　　孔子名丘，字仲尼，鲁人也。生于鲁襄公二十一年，即周灵王二十年。卒于鲁哀公十六年，即周敬王四十一年。年七十三。《史记·孔子世家》载孟僖子之言，曰："孔丘，圣人之后。灭于宋。其祖弗父何始有宋，而嗣厉公。及正考父，佐戴、武、宣公，三年兹益恭。故鼎铭云：'一命而偻，再命而伛，三命而俯，循墙而走。亦莫余敢侮。饘于是，粥于是，以糊余口。'其恭如是。吾闻圣人之后，虽不当世，必有达者。今孔丘年少好礼，其达者欤？"历叙孔子之先德甚详。又载适周问礼老聃，及学琴于师襄事。而《仲尼弟子列传》称："孔子之所严事：于周，则老子。于卫，蘧伯玉。于齐，晏平仲。于楚，老莱子。于郑，子产。于鲁，孟公绰。数称臧文仲、柳下惠、铜鞮伯华、介山子。然孔子皆后之，不并世。"孔子之学之所自，盖可见也。少尝为委吏，为乘田。定公时，为司空，继为司寇。相定公会齐侯于夹谷，齐人归鲁侵地。后摄行相事，鲁国大治。齐人归女乐，季桓子受之。孔子知鲁之终不能用也，去而之卫。由是历游各国。及归鲁，年六十八矣。乃叙《书》、传《礼》、删《诗》、正《乐》，因史记而作《春秋》，晚而喜《易》，序《彖》、系《象》、《说卦》、《文言》。弟子三千人，身通六艺者七十二人。盖自来私门传业之盛,未有过孔子者云。今其说可见者,自六经外,有《论语》、《孝经》,爰并而论之。

一 仁

孔子言仁,犹老子之言道也。老子言:"吾言甚易知,甚易行。天下莫能知,莫能行。"而孔子亦曰:"仁远乎哉? 我欲仁,斯仁至矣。"又曰:"有能一日用其力于仁矣乎? 我未见力不足者。"(并《论语》)此其言甚相类。但以天言之,则曰道;以人言之,则曰仁。不言天而言人,其事尤切。故曰:"人之为道而远人,不可以为道。"(《中庸》)又曰:"人能弘道,非道弘人。"(《论语》)《论语》言仁之言甚多。曰:"人而不仁,如礼何? 人而不仁,如乐何?"是仁之兼摄礼乐也。曰:"里仁为美。择不处仁,焉得知。"曰:"仁者安仁,知者利仁。"是仁之兼摄知也。曰:"仁者必有勇,勇者不必有仁。"是仁之兼摄勇也。子张问仁,曰:"能行五者于天下,为仁矣。"请问之,曰:"恭、宽、信、敏、惠。"是仁之兼摄恭宽信敏惠诸德也。后之释仁者,或曰:"仁者功施于人。"(何晏《论语集解》"依于仁"注)或曰:"博爱之谓仁。"(韩愈《原道》,然晋袁宏《后汉纪》卷三已先有此语)或曰:"爱曰仁。"(《周子通书》)皆只言其一偏,非仁之全也。至近人引郑氏(玄)相人偶之言,谓通彼我斯谓仁(见清陈澧《东塾读书记》,梁任公《先秦政治思想史》盖又袭陈氏之说者),而不知"君子无终食之间违仁,造次必于是,颠沛必于是","仁者不忧"(并见《论语》),不必对人而始有仁,离人而即无仁也。或问仁于程子(伊川),程子曰:"当合孔孟言仁处研穷之。二三岁得之,未晚也。"(见《二程语录》、《近思录》)斯言得之矣。

二　忠恕

仁之全体难见，而其所从入之路，则惟忠与恕。樊迟问仁，子曰："居处恭，执事敬，与人忠。虽之夷狄，不可弃也。"此言由忠以求仁也。仲弓问仁，子曰："出门如见大宾。使民如承大祭。己所不欲，勿施于人。在邦无怨，在家无怨。"（并《论语》）此言由恕以求仁也。而其言之最详且尽者，莫过于《大学》。《大学》言："一家仁，一国兴仁。尧舜帅天下以仁，而民从之。"而即续曰："君子有诸己，而后求诸人。无诸己，而后非诸人。所藏乎身不恕，而能喻诸人者，未之有也。"又曰："是以君子有絜矩之道也。所恶于上，毋以使下。所恶于下，毋以事上。所恶于前，毋以先后。所恶于后，毋以从前。所恶于右，毋以交于左。所恶于左，毋以交于右。此之谓絜矩之道。"《大学》为孔氏之遗书，其所称述，必出于孔子无疑。观曾子曰："夫子之道，忠恕而已矣。"（《论语》）亦可见也。抑忠则未有不恕，恕亦未有不忠者。忠者尽己，恕者推己。己之不尽，何有于推？苟不能推，又何所尽？故忠恕多并言。或单言恕，而忠即在其中。单言忠，而恕即在其中。不得歧而二之也。

三　孝弟

忠恕之施何始乎？曰：始于孝弟。孝弟者，人之性也，天之德也。由孝弟而充之忠恕，由忠恕而极之仁，一贯之道也。故《孝经》曰："爱亲者不敢恶于人，敬亲者不敢慢于人。"明孝弟之推于忠恕也。又曰："不爱其亲，而爱他人者，谓之悖德。不敬其亲，而敬他人者，谓之悖礼。"明忠恕之反于孝弟也。又曰："事亲者，居上不骄，为下不乱，在丑不争。"而有子衍之曰:"其为人也孝弟,而好犯上者鲜矣。不好犯上,而好作乱者,未之有也。君子务本。本立而道生。孝弟也者,其为仁之本欤!"(《论语》)明孝弟之极于仁,而仁之本于孝弟也。孔子曰:"下学而上达。"孝弟者,下学之事。故教弟子,即曰:"入则孝,出则弟。"仁者,上达之事,故以由之可使治赋,求之可使为宰,赤之可使与宾客言,皆曰"不知其仁"。以令尹子文之忠,陈文子之清,皆曰"未知,焉得仁"。而曰"回也其心三月不违仁。其余则日月至焉而已矣"。(以上并见《论语》)上达极高明,而下学道中庸,此孔子所以立人道之极。而凡有血气,莫不尊亲也。

四　五伦

五伦之教,始于舜之命契。而儒者实出于司徒之官。故亦曰:"天下之达道五:君臣也,父子也,夫妇也,昆弟也,朋友之交也。五者,天下之达道也。"(《中庸》)然契但立其品,至孔子则定其界。何者谓之界?君尽君之道,而不以责臣;臣尽臣之道,而不以责君。父尽父之道,而不以责子;子尽子之道,而不以责父。至夫妇、昆弟、朋友亦然。此所谓界也。故子曰:"君子之道四,丘未能一焉。所求乎子,以事父,未能也;所求乎臣,以事君,未能也;所求乎弟,以事兄,未能也;所求乎朋友,先施之,未能也。"(《中庸》)其在《大学》曰:"为人君,止于仁;为人臣,止于敬;为人子,止于孝;为人父,止于慈;与国人交,止于信。"止之云者,即止于其界也。不特此也。知夫为子之难,则父无不慈矣;知夫为父之难,则子无不孝矣;知夫为臣之难,则君无不仁矣;知夫为君之难,则臣无不敬矣。故子曰:"君子有三恕。有君不能事,有臣而求其使,非恕也;有亲不能报,有子而求其孝,非恕也;有兄不能敬,有弟而求其听,亦非恕也。"(见《荀子·法行篇》)其在《文王世子》曰:"知为人子,然后可以为人父;知为人臣,然后可以为人君;知事人,然后能使人。"知己之界,故责躬不得不厚;知人之界,故望人不敢不薄。由前言之谓之忠,由后言之谓之恕。是故五伦之道统之于忠恕。其始为孝弟,而其极则为仁。

五　成己成物

极仁之量,万物皆吾怀抱之内。故匹夫匹妇,有一不得其所,即于吾仁有所欠缺。子曰:"夫仁者,己欲立而立人,己欲达而达人。"又曰:"一日克己复礼,天下归仁焉。"言仁必以立人达人、天下归仁为究竟,非务为高远也。不如是,即不足尽于仁也。故子之言志,曰:"老者安之,朋友信之,少者怀之。"而栖栖皇皇,席不暇暖,曰:"鸟兽不可与同群。吾非斯人之徒与而谁与?天下有道,丘不与易。"(以上并《论语》)圣人之情,殆见乎辞矣。而《中庸》言之尤为详尽。曰:"诚者,非自成己而已也,所以成物也。成己,仁也。成物,知也。性之德也。合外内之道也。"成己曰仁,仁之体也;成物曰知,仁之用也。有体有用,故曰合外内之道。此岂腐儒硁硁自守,或貌为大言者,所可得而冒窃者哉!

六　富教

成物非托诸空言也。昔者子适卫,冉有仆。子曰:"庶矣哉!"曰:"既庶矣,又何加焉?"曰:"富之。"曰:"既富矣,又何加焉?"曰:"教之。"富之教之,后之言治国平天下者,盖莫能外也。富之道奈何?"道千乘之国"一章尽之矣。曰:"节用而爱人,使民以时。"教之之道奈何?"道之以政"一章尽之矣。曰:"道之以德,齐之以礼,有耻且格。"冉有之言曰："方六七十,如五六十。求也为之,比及三年,可使足民。"子路之言曰："千乘之国,摄乎大国之间,加之以师旅,因之以饥馑。由也为之,比及三年,可使有勇,且知方也。"(并见《论语》)观于冉有、子路而能若是,孔子不益可知乎!

七　小康大同

　　富教之施,先于一国,而后及于天下。孔子去鲁,迟迟吾行,曰："去父母国之道也。"(见《孟子》)而又曰："丘也,东西南北之人也。"(《礼·檀弓》)曰："苟有用我者,期月而已可也。三年有成。"(《论语》)故其欲用鲁者,非为鲁而已也,将以为天下也。为天下者,大同之事也;为鲁者,小康之事也。而为天下不得不有望于鲁者,鲁一变可以至道,大同必由小康而进,未可一蹴几也。斯其意见于《礼运》。曰："大道之行也,天下为公。选贤举能,讲信修睦。故人不独亲其亲,不独子其子。使老有所终,壮有所用,幼有所长,矜寡孤独废疾者,皆有所养。男有分,女有归。货恶其弃于地也,不必藏诸己。力恶其不出于身也,不必为己。是故谋闭而不兴,盗窃乱贼而不作,故外户而不闭。是谓大同。今大道既隐,天下为家,各亲其亲,各子其子,货力为己。大人世及以为礼,城郭沟池以为固。礼义以为纪,以正君臣,以笃父子,以睦兄弟,以和夫妇,以设制度,以立田里,以贤勇知,以功为己。故谋用是作,而兵由是起。禹、汤、文、武、成王、周公,由此其选也。此六君子者,未有不谨于礼者也。以著其义,以考其信。著有过,刑仁,讲让,示民有常。如有不由此者,在势者去,众以为殃。是谓小康。"而公羊家本之,乃有《春秋》张三世之说。曰："于所传闻之世,见治起于衰乱之中,内其国而外诸夏。于所闻见之世,见治升平,内诸夏而外夷狄。至所见之世,著治太平,夷狄进至于爵。天下远近大小若一。"(《公羊·

隐元年》"公子益师卒"下何休《解诂》）呜呼！以天下为一家，以中国为一人（本《礼运》语），圣人怀抱之大如此，岂易及哉！

八　知命之学

孔子之志在天下。然天下用我与否，未可知也。岂惟未可知，固将莫我容矣。（子路曰："夫子道大，故天下莫能容。"见《家语》）莫我容而有怨尤之心，则是其志益大，其心亦益苦。果仁义之为桁杨椄梏也。若是，岂得为圣人之学哉！且孔子尝陁于公伯寮矣。曰："道之将行也与，命也。道之将废也与，命也。公伯寮其如命何？"尝畏于匡矣。曰："文王既没，文不在兹乎？天之将丧斯文也，后死者不得与于斯文也。天之未丧斯文也，匡人其如予何？"尝绝粮于陈矣。曰："君子固穷，小人穷斯滥矣。"盖自五十而知天命之后，固无入而不自得者。是故九夷可居，疏食饮水可乐，曰："不怨天，不尤人，下学而上达。知我者其天乎！"（以上并见《论语》）斯其意于《易》屡发之。《讼》之九四曰："复即命渝，安贞不失也。"《否》之九四曰："有命无咎，志行也。"《姤》之九五曰："有陨自天，志不舍命也。"而《困》之《象》曰："君子以致命遂志。"《鼎》之《象》曰："君子以正位凝命。"《巽》曰："君子以申命行事。"《系辞》总之曰："乐天知命故不忧。"《说卦》申之曰："穷理尽性以至于命。"圣人之于命，盖不啻反复言之。说者以"子罕言利与命与仁"之一言，遂以为命之义微，虽门人有不得闻者。不知"君子三畏，首畏天命"，"不知命，无以为君子"，皆载之《论语》。然则知命之学，固圣人造道之极功，而亦君子修身之枢要。苟命之理有所未明，欲以臆测圣学之精微，奚以异于不由其户，而冀升其堂入其室哉！其不能至，固有不待言者矣。

第五章　墨子 附宋钘

墨子名翟。一曰宋人,一曰鲁人。其生略后于孔子。《吕览》谓墨子学于史角之后,而《淮南·要略》则曰:"墨子学儒者之业,受孔子之术。以为其礼烦而不说,厚葬糜财而贫民,久服伤生而害事。故背周道而用夏政。"墨者巨子有禽滑釐,世称其受业于子夏。则儒之于墨,其学时有出入,盖可推而知也。《汉志》:"墨子七十一篇。"今存者仅五十三篇。

一　兼爱

墨家之言兼爱,犹儒家之言仁也。然仁者由亲以及疏,其间自有差等。故孟子曰:"亲亲而仁民,仁民而爱物。"墨者不然。曰:"爱无差等,施由亲始。"(见《孟子》墨者夷之之言)故儒者多非之。然其说亦自有故。墨子曰:"圣人以治天下为事者也。必知乱之所自起,焉能治之;不知乱之所自起,则不能治。譬之如医之攻人之疾者然。必知疾之所自起,焉能攻之;不知疾之所自起,则弗能攻。治乱者何独不然？必知乱之所自起,焉能治之；不知乱之所自起,则弗能治。圣人以治天下为事者也,不可不察乱之所自起。当(同尝)察乱何自起,起不相爱。臣子之不孝君父,所谓乱也。子自爱,不爱父,故亏父而自利；弟自爱,不爱兄,故亏兄而自利；臣自爱,不爱君,故亏君而自利。此所谓乱也。虽父之不慈子,兄之不慈弟,君之不慈臣,此亦天下之所谓乱也。父自爱而不爱子,故亏子而自利；兄自爱而不爱弟,故亏弟而自利；君自爱而不爱臣,故亏臣而自利。是何也？皆起不相爱。虽至天下之为盗贼者亦然。盗爱其室,不爱异室,故窃异室以利其室；贼爱其身,不爱人身,故贼人身以利其身。此何也？皆起不相爱。虽至大夫之相乱家、诸侯之相攻国者,亦然。大夫各爱其家,不爱异家,故乱异家以利其家；诸侯各爱其国,不爱异国,故攻异国以利其国。天下之乱物,具此而已矣。察此何自起？皆起不相爱。若使天下兼相爱,爱人若爱其身,犹有不孝者乎？视父兄与君若其身,恶施不孝？犹有不慈者乎？视弟子与臣若其身,恶施不慈？故不孝不慈亡有。犹有盗贼乎？视人之室若其室,谁窃？视人之身若其身,谁贼？故盗贼亡有。犹有大夫之相乱家、诸侯之相攻国者乎？视人家若其家,谁乱？视人国若其国,谁攻？故大夫之相乱家、诸侯之相攻国者,亡有。若使天下兼相爱,国与国不相攻,家与家不相乱,盗贼无有,君臣父子皆能孝慈,若此,则天下治。故圣人以治天下为事者,恶得不禁恶而劝爱？故天下兼相爱则治,交相恶则乱。故子墨子曰：不可以不劝爱人者此也。"(《兼爱上》)盖深原当时祸乱之本,思惟兼爱可以治之。庄子所谓以绳墨自矫,而备世之急者也。(语见《庄子·天下篇》)夫鸡壅豕零,时相为帝。儒墨之道,各有其宜。故昌黎欲兼用孔、墨以为治(《昌黎集·读墨子》),正不得因孟子之距之而废其说也。

二　非攻

兼爱见墨家之仁，非攻见墨家之义。墨子以救乱而言兼爱，即以兼爱而唱非攻。道固然也。其言曰："今有一人，入人园圃，窃其桃李。众闻则非之，上为政者得则罚之。此何也？以亏人自利也。至攘人犬豕鸡豚者，其不义又甚入人园圃窃桃李。是何故也？以亏人愈多，其不仁滋甚，罪益厚。至入人栏厩取人马牛者，其不义又甚攘人犬豕鸡豚。此何故也？以其亏人愈多。苟亏人愈多，其不仁滋甚，罪益厚。至杀不辜人也，拖其衣裘，取戈剑者，其不义又甚入人栏厩取人马牛。此何故也？以其亏人愈多。苟亏人愈多，其不仁滋甚矣，罪益厚。当此，天下之君子皆知而非之，谓之不义。今至大为攻国，则弗知非。从而誉之，谓之义。此可谓知义与不义之别乎？杀一人，谓之不义，必有一死罪矣。若以此说往，杀十人，十重不义，必有十死罪矣。杀百人，百重不义，必有百死罪矣。当此，天下之君子皆知而非之，谓之不义。今至大为不义攻国，则弗知非。从而誉之，谓之义。情不知其不义也，故书其言以遗后世。若知其不义也，夫奚说书其不义以遗后世哉！今有人于此，少见黑曰黑，多见黑曰白，则以此人不知白黑之辨矣。少尝苦曰苦，多尝苦曰甘，则必以此人为不知甘苦之辨矣。今小为非，则知而非之，大为非攻国，则不知非。从而誉之，谓之义。此可谓知义与不义之辨乎？是以知天下之君子也，辨义与不义之乱也。"（《非攻上》）且孔子曰："善人为邦百年，亦可以胜残去杀矣。"孟子曰："争城以战，杀人盈城；争地以战，杀人盈野。"又曰："善战者服上刑。"盖自春秋以至战国，攻战之祸亟矣。然则墨子之言，又恶得而已乎！

墨子非攻，而未尝不主严守备。其言曰："凡大国之所以不攻小国者，积委多、城郭修、上下调和，是故大国不耆攻之；无积委、城郭不修、上下不调和，是故大国耆攻之。"(《节葬下》)故公输盘为楚造云梯之械成，将以攻宋。墨子闻之，自鲁往，裂裳裹足，日夜不休，十日十夜而至于郢。见公输盘而解之。墨子解带为城，以牒为械。公输盘九设攻城之机变，墨子九拒之。公输盘之攻械尽，而墨子之守圉有余。楚于是乃不敢攻宋。(见《公输篇》)今观其《备城门》、《备高临》诸篇，虽多不可晓，然亦以见墨子之非攻，不专恃口舌。必其有不可攻之具，足以待人之攻，而后攻战之事可免。以视空言和平者，固有间矣。

三　节用

攻战何自起乎？起于争。争起于不足。故无术以弭不足之患，攻战即未可止也。此墨子所以言节用也。其言曰："古者圣王制为节用之法。曰：凡天下群百工，车轮鞼匏（同鞄），陶冶梓匠，使各从事其所能。曰：凡足以奉给民用则止。诸加费不加于民利者，圣王弗为。"(《节用中》)曰："其为衣裳何以为？冬以圉寒，夏以圉暑。凡为衣裳之道，冬加温夏加清者则止，不加者去之。其为宫室何以为？冬以圉风寒，夏以圉暑雨。有盗贼加固者则止，不加者去之。其为甲盾五兵何以为？以圉寇乱盗贼。若有寇乱盗贼，有甲盾五兵者胜，无者不胜。是故圣人作为甲盾五兵。凡为甲盾五兵，加轻以利坚而难折者则止，不加者去之。其为舟车何以为？车以行陵陆，舟以行川谷，以通四方之利。凡为舟车之道，加轻以利者则止，不加者去之。凡其为此物也，无不加用而为者。是故用财不费，民德不劳。其兴利多矣。"(《节用上》)以节用，故不得不非乐，不得不薄葬。而其自处也，则以裘褐为衣，以跂蹻为服，日夜不休，务以自苦为极。曰："不能如此，不足为墨。"(见《庄子·天下篇》)荀子曰："墨子蔽于用而不知文。"(《荀子·解蔽》)知用而不知文，墨子之所以异于儒也。(又《荀子·富国篇》言

"墨子之言昭昭然为天下忧不足,夫不足非天下之公患也,特墨子之私忧过计也"一节,宜参看)

四 天志

庄子之论墨子也,曰:"其道大觳,反天下之心。天下不堪。"(《天下篇》)夫人之不能不有亲疏厚薄也,性也。今墨子曰:"视人之室,若己之室;视人之国,若己之国。"则亲疏厚薄之伦失矣。人之不能不有哀乐也,亦性也。今墨子曰:"生不歌,死不服。"(见《庄子·天下篇》,即非乐节葬)则哀乐之情失矣。故以人之性言之,则墨子之道未可必行也。墨子非不知之也。故推之于天志,申之以鬼神之赏罚。曰:"天欲人之相爱相利,而不欲人之相恶相贼也。顺天意者,兼相爱,交相利,必得赏。反天意者,别相恶,交相贼,必得罚。"(《兼爱上》)曰:"今天下之君子之欲为仁义者,则不可不察义之所从出。然则义何从出?义不从愚且贱者出,必自贵且智者出。然则孰为贵孰为知?曰:天为贵天为知而已矣。然则义果自天出矣。"(《兼爱中》,有节文)曰:"顺天之意者,兼也。反天之意者,别也。兼之为道也,义正。别之为道也,力正。"而总之曰:"子墨子置立天志,以为仪法。若轮人之有规,匠人之有矩也。今轮人以规,匠人以矩,以此知方圆之别矣。是故子墨子置立天志以为仪法。"(以上《兼爱下》)此可见墨子之意也。以言天志,则不得不尚同,不非命。盖命之说行,即鬼神无以为赏罚。同之义不立,即天无以范群伦。是故墨子之道,兼爱其本也。下欲以必兼爱之行,则非攻、节用、节葬、非乐。上欲以坚兼爱之信,则尚贤、尚同、明鬼、非命。近人不察,以为墨子尊天鬼,有宗教之意。然吾观《天志》、《明鬼》诸篇,所陈盖甚肤浅。其于天人之故,曾不如儒道两家之言为能尽其精微。以此为宗教,取其貌而不原其实,未为真知墨子者也。

五　墨经

《庄子·天下篇》谓："墨子之后,相里勤之弟子五侯之徒,南方之墨者苦获己齿、邓陵子之属（南方之墨者与相里勤之弟子对文,故以属下为是,旧连上读误）,俱诵《墨经》。而倍谲不同,相谓别墨。以坚白同异之辩相訾,以觭偶不仵之辞相应。以巨子为圣人,皆愿为之尸,冀得为其后世。至今不决。"而晋鲁胜《墨辩注序》曰："墨子著书,作辩经以立名本。惠施、公孙龙,祖述其学,以正刑（同形）名显于世。"近人因此,遂谓惠施、公孙龙皆墨学之支流。然观《庄子·天下篇》言："桓团、公孙龙,辩者之徒,饰人之心,易人之意,能胜人之口,不能服人之心。"言："惠施日以其知与人之辩。"皆与墨者分别言之。庄子与惠子游,惠子之死,庄子曰："自夫子之死,吾无以为质矣。"（见《庄子·徐无鬼》）使惠子之学果出于墨子,庄子必有言及之者。今庄子不言,则鲁胜所谓惠施、公孙龙祖述其学者,特以二子之说与《墨经》多相似,遂为揣测之词,未足为信也。《墨经》有上下篇,各有《说》,共四篇。近世勘校《墨经》者有多家,要仍多错脱不可考。且以非墨家宗旨所在,故不复详述焉。（别有《名家不出于别墨论》,见后）

荀子以墨子、宋钘并言,曰："不知壹天下建国家之权称。上功用,大俭约,而僈差等（僈,无也）,曾不足以容辨异,县（同悬,殊也,别也）君臣。然而其持之有故,其言之成理,足以欺惑愚众。是墨翟、宋钘也。"（《非十二子篇》）今宋钘之书已佚（《汉志》小说家,有"宋子十八篇",而隋、唐《志》皆不著目,则其佚已久）,其散见各家者,但曰："见侮不辱,救民之斗。禁攻寝兵,救世之战。"曰："以情欲寡浅为内,以禁攻寝兵为外。"（《庄子·天下篇》。《荀子·正论》亦同此,并从而辩之,宜参看）其所谓"僈差等,不足以容辨异,县君臣"者,更不可详考。然《庄子·逍遥游》称："宋荣子举世而誉之而不加劝,举世而非之而不加沮。"荣子即钘。(《韩非·显学》言宋荣子之议,设不斗争,取不随仇,不羞囹圄,见侮不辱,故知荣子即钘也)意其人必有等视贵贱,非名与分所得而羁縶者。故荀子言然欤？抑宋钘言禁攻寝兵,虽与墨子同,而其所以为禁攻寝兵之说者,则与墨子异。墨子非攻,本之天志。宋钘禁攻寝兵,本之人心。故庄子道宋钘之术,首称："语心之容。命之曰,心之行,以腼(从郭校,腼,软也)合驩,以调海内。请欲置之以为主。"(《天下篇》)"置之以为主"者,置心以为主也。(旧注谓请得若此之人立以为物主,误)是故使人不斗,先之以见侮之不辱；救世之战,先之以人之情欲寡。见侮不辱,以心言也；人情欲寡,亦以心言也。惟心不以侮为辱,故无所用斗矣；惟心欲寡而不欲多,故无所用争矣。是则宋钘之说也。而世或以墨翟、宋钘并主寝兵,遂据《荀子》之言,归之一派。则亦未原其立说之异也。

第六章 杨　　子

与墨子同时者有杨朱。孟子曰："杨朱、墨翟之言盈天下。"又曰："天下之言，不归杨则归墨。"庄子亦言儒、墨、杨、秉四。（注：秉，公孙龙字，见《徐无鬼》）一时其说之盛可见也。朱之事迹不可考。庄子有阳子居学于老子。（见《应帝王》、《寓言》）或曰居朱同音，阳子居即杨朱也。今观其弟子孟孙阳与禽滑釐问答之言，禽子曰："以子之言问老聃、关尹，则子言当矣。以吾言问大禹、墨翟，则吾言当矣。"（《列子·杨朱篇》）是则朱之学出于老子为无疑也。其说散见各书。而《列子》有《杨朱》一篇，最详备。

一　为我

杨朱之说，与墨子正相反。孟子曰："杨子取为我。拔一毛而利天下，不为也。墨子兼爱。摩顶放踵利天下，为之。"然杨子为我，非夫人之为我也。其言曰："古之人，损一毫利天下，不与也。悉天下奉一身，不取也。"又曰："智之所贵，存我为贵。力之所贱，侵物为贱。"严人己之界,绝侵夺之萌。故曰:"人人不损一毫,人人不利天下,天下治矣。"(并《列子》)墨子曰:"国家务夺侵凌,即语之兼爱、非攻。"(《墨子·鲁问》)杨子之为我,盖亦欲正务夺侵凌之失。特所言之方有异耳。观其见梁王,言治天下如运诸掌,曰:"百羊而群,使五尺童子荷棰而随之,欲东而东,欲西而西。使尧牵一羊,舜荷棰而随之,则不能前矣。"(刘向《说苑》,《列子·杨朱篇》字句稍异)其所操以为治天下者,要必有其具,固不仅区区为我而已也。而惜乎其书之不尽传也。

二　养生

为我非不利天下而已也,而必有以自得于己,此杨子之学之本也。是故托为管晏问答之言。曰:"晏平仲问养生于管夷吾,管夷吾曰:'肆之而已,勿壅勿阏。'晏平仲曰:'其目奈何?'夷吾曰:'恣耳之所欲听,恣目之所欲视,恣鼻之所欲向,恣口之所欲言,恣体之所欲安,恣意之所欲行。夫耳之所欲闻者音声,而不得听,谓之阏聪。目之所欲见者美色,而不得视,谓之阏明。鼻之所欲向者椒兰,而不得嗅,谓之阏颤。口之所欲道者是非,而不得言,谓之阏智。体之所欲安者美厚,而不得从,谓之阏适。意之所欲为者放逸,而不得行,谓之阏性。凡此诸阏,废虐之主。去废虐之主,熙熙然以俟死,一日一月,一年十年,吾所谓养。拘此废虐之主,录而不舍,戚戚然以至久生,百年千年万年,非吾所谓养。"杨子盖惜世人之沉淫于名利,为所束缚,而不得一日自适其性,故言之吊诡若此。非果以纵欲为养生也。故其言又曰:"生民之不得休息,为四事故:一为寿,二为名,三为位,四为货。有此四者,畏鬼、畏人、畏威、畏刑。此谓之遁人也。可杀可活,制命在外。不逆命,何羡寿?不矜贵,何羡名?不要势,何羡位?不贪富,何羡货?此之谓顺民也。天下无对,制命在内。"夫曰不逆命,曰制命在内,此岂纵欲者之言哉！唯其有得于此，故不以天下之奉为乐；不以天下之奉为乐，故能人我各守其分而不相侵害，而为我之说立。后人只知杨子为我，而岂知为我亦不易哉！

三　论生死

夫人之所以不能自适其性者，盖有多端。而惟生死之见为尤甚。故不通生死，即不足以养生。故孟孙阳问于杨子曰："有人于此，贵生爱身，以蕲不死。可乎？"曰："理无不死。""以蕲久生，可乎？"曰："理无久生。生非贵之所能存，身非爱之所能厚。且久生奚为？五情好恶，古犹今也；四体安危，古犹今也；世事苦乐，古犹今也；变易治乱，古犹今也。既闻之矣，既见之矣，既更之矣，百年犹厌其多，况久生之苦也乎？"孟孙阳曰："若然，速亡愈于久生。则践锋刃、入汤火，得所志矣。"杨子曰："不然。既生则废而任之，究其所欲，以俟于死。将死则废而任之，究其所之，以放于尽。无不废，无不任，何遽迟速于其间乎？"杨子又曰："太古之人，知生之暂来，知死之暂往。故从心而动，不违自然所好。当身之娱，非所去也。故不为名所劝。从性而游，不逆万物所好。死后之名，非所取也。故不为刑所及。名誉先后，年命多少，非所量也。"在庄子一死生齐彭殇之先，而能为此言。宜其与墨子相抗衡，而从游者之中分天下也。

四　论名实

欲知生死之不殊，须知名实之有判。杨子之言曰："实无名，名无实。名者，伪而已矣。"又曰："名者，固非实之所取也。"夫生死，名也。

生为暂来,死为暂往。论生死之实,则生死固无异矣。然又岂徒生死而已哉!一切贤愚贵贱,固皆如是矣。故杨子曰:"万物所异者,生也;所同者,死也。生则有贤愚贵贱,是所异也;死则有臭腐消灭,是所同也。虽然,贤愚贵贱,非所能也;臭腐消灭,亦非所能也。故生非所生,死非所死,贤非所贤,愚非所愚,贵非所贵,贱非所贱。然而万物齐生齐死,齐贤齐愚,齐贵齐贱。"(以上并《列子·杨朱篇》)其言如此。夫齐生齐死,齐贤齐愚,齐贵齐贱,则生死贤愚贵贱之名,安所立哉!是故名之所立,非其实也。实之所在,名之所不得加也。名与实离,而后知名者实之宾也。知名者实之宾也,而后不守名而累实。执此以往,夫何之而不适哉!此养生之极致也。

第七章　商君 尸子附见

商君者,卫之庶公子也。名鞅,姓公孙氏。以相秦孝公封于商,故曰商君。商君少好刑名之学。既相秦,定变法之令,行告奸之律。民有二男以上不分异者,倍其赋;有军功者,各以率受上爵;为私斗者,各以轻重被刑;僇力本业,耕织致粟帛多者,复其身;事末利,及怠而贫者,举以为收孥。卒以此强秦国,霸诸侯。及孝公死,贵戚怨望者告商君反。秦乃杀商君。太史公作《商君传》,称其天资刻薄,而受恶名于秦为有以。然国家当百度废弛之时,若商君之术者,亦其起弊之良药也。《汉书·艺文志》杂家,有《尸子》二十篇,谓商君实师之。尸子名佼,其书今犹有存者。其言:"臣天下,一天下也。一天下者,令于天下则行,禁焉则止。桀纣令天下而不行,禁焉而不止,故不得臣也。"又言:"益天下以财为仁,劳天下以力为义,分天下以生为神。修先王之术,除祸难之本,使天下丈夫耕而食,妇女织而衣,皆得戴其首,父子相保。此其分万物以生,益天下以财,不可胜计也。"与商君之崇法令、重农战,颇多合者。然则商君之说,固亦有所师承欤?《汉志》:"商君二十九篇。"今存二十四篇,实亡五篇。

一　农战

　　商君之所以强秦者,首为农战。其言农战奈何? 曰:"有土者不可以言贫,有民者不可以言弱。地诚任,不患无财;民诚用,不畏强暴。"(《错法》)又曰:"地大而不垦者,与无地同;民众而不用者,与无民同。"(《算地》)此其所以言农战也。然意犹不仅此。夫国之所患者,民之散而不可抟也,民之诈而不可用也。而农者著于土,则不易散;少于知虑,则不能诈。不散则壹,不诈则朴。民壹且朴,斯一任上之所用,而无有不从矣。是处强国兵争之世,而欲自存以得志于天下者,不可不由之道也。故其言曰:"圣人知治国之要,故令民归心于农。归心于农,则民朴而可正也。"(《农战》)又曰:"明君修政作壹。去无用,止浮学事淫之民壹之农。然后国家可富,而民力可抟也。"(《农战》)又曰:"夫民之亲上死制也,以其旦暮从事于农。夫民之不可用也,见言谈游士事君之可以尊身也,商贾之可以富家也,技艺之足以糊口也。民见此三者之便且利也,则必避农。避农,则必轻其居。轻其居,则必不为上守战也。"(《农战》)观此,则农之用见矣。然其必兼言战者,何也? 人知战之所以定外也,而不知战之所以安内也。其言曰:"强国而不战,毒输于内,礼乐虱官生,必削。国遂战,毒输于敌,国无礼乐虱官,必强。"(《去强》)又曰:"能生不能杀,曰自攻之国,必削。能生能杀,曰攻敌之国,必强。"(《去强》)又曰:"夫圣人之治国也,能抟力,能杀力。"(《壹言》)其抟力也,以富国强兵也;其杀力也,以事敌劝民也。是故国欲其强,而民欲其弱。曰:"民弱,国强;国强,民弱。故有道之国,务在弱民。"(《弱民》)曰:"民之所乐民强,民强而强之,兵重弱;民之所乐民强,民强而弱之,兵重强。"(《弱民》)国欲其富,而民欲其贫。曰:"治国能令贫者富,富者贫,则国多力。多力者王。"(《去强》)曰:"贫者益之以刑,则富;富者损之以赏,则贫。治国之举,贵令贫者富,富者贫。贫者富,富者贫,国强。"(《说民》)盖民辱则贵爵,弱则尊官,贫则重赏。是以以刑治民则乐用,以赏战民则轻死,故战事兵用而国强。民有私荣则贱列,强则卑官,富则轻赏。是以以刑治民则羞辱,以赏战民则畏死,故兵农怠而国弱。(用《弱民》原文)观此,则战之用见矣。老子曰:"圣人不仁,以百姓为刍狗。"若商君者,真可谓刍狗其民者也。然其招三晋之民,农耕于内,而出秦民,攻战于外。卒以区区之秦,雄于天下,强国请服,弱国入朝。则民之失,正国之得也已。

二 开塞

夫农,民之所苦。而战,民之所危也。然犯其所苦,行其所危,而民群趋之而恐后者,则有开塞之道也。且人情生则计利,死则计名。名利之所出,不可不审也。今使利一出于地,则民莫不尽力矣。名一出于战,则民莫不致死矣。此所以开之也。民之所以不乐于农者,为学问、技艺、商贾可以富也。民之所以不乐于战者,为游宦、谈说、私门可以贵也。今不贵学问,重商贾之征,而技艺之民不用,则求富者,必出于农矣。令国之大臣、诸大夫,不得进谈说之士,绝游宦之途,屏私门之请,则求贵者,必出于战矣。此所以塞之也。(以上撮取《算地》、《农战》二篇文意)开塞之道,在于赏罚。赏罚之行,在于重法。故其言曰:"民之外事,莫难于战。轻法不可以使之。奚谓轻法? 其赏少而威薄,淫道不塞之谓也。奚谓淫道? 为辨智者贵,游宦者任,文学私名显之谓也。三者不塞,则民不战,而事失矣。故其赏少,则听者无利也;威薄,则犯者无害也。故开淫道以诱之,而以轻法战之,是谓设鼠而饵以狸也。不亦几乎!(几,殆也)故欲战其民者,必以重法。赏则必多,威则必严,淫道必塞。为辩知者不贵,游宦者不任,文学私名不显。赏多威严，民见战赏之多，则忘死。见不战之辱，则苦生。赏使之忘死，而威使之苦生，而淫道又塞，以此遇敌，是以百石之弩射飘叶也。何不陷之有哉！民之内事，莫苦于农。轻法不可以使之。奚谓轻法（旧作治，以意校正）？其农贫而商富，故其食贱者钱重，食贱则农贫，钱重则商富。末事不禁，则技巧之人利，而游食者众之谓也。故农之用力最苦，而赢利少，不如商贾技巧之人。苟能令商贾技巧之人无繁，则欲国之无富，不可得也。故曰：欲农富其国者，境内之食必贵，而不农之征必多，市利之租必重，则民不得无田，无田不得不易其食。食贵则田者利，田者利则事者众。食贵籴贵不利，而又加重征，则民不得无去其商贾技巧而事地利矣。故民之力尽在于地利矣。"（《外内》）夫国之所与立，不仅在农与战也。商君必欲驱其民于农战之一途，于是以礼乐、诗书、善修、孝弟、廉辩，为国之虱，而尽屏诗书文学之士不取。庄生有言："知有用之用，而不知无用之用。"（《庄子·人间世》）故其功，至于富强；而其祸，至于终秦之世，以严酷惨毒为厉于天下。吾观其《赏刑篇》言："壹赏，壹刑，壹教。"而盛道："汤武既破桀纣，海内无害，天下大定，筑五库，藏五兵，偃武事，行文教，倒载干戈，搢笏作乐，以申其德。"亦若深知礼乐之事者。岂其专言农战者，特以急一时之利，而待至功成治定，固将有以易之欤？而惜乎其死于惠文之黯，而未尽所施设也。

三　更法

夫治国之有法也，犹医人疾者之有方也。医之用方，必中其疾。国之用法，必当其宜。故医无定方，而国亦无不易之法。此其意，商君知之矣。其言曰："天地设而民生之。当此之时，民知其母，而不知其父。其道亲亲而爱私。亲亲则别，爱私则险。民众而以别险为务，则民乱。当此时也，民务胜而力征。务胜则争，力征则讼。讼而无正，则莫得其性也。故贤者立中正，设无私，而民说仁。当此时也，亲亲废，上贤立矣。凡仁者以爱为务，而贤者以相出为道。民众而无制，久而相出为道，则有（同又）乱。故圣人承之，作为土地货财男女之分。分定而无制，不可，故立禁。禁立而莫之司，不可，故立官。官设而莫之一，不可，故立君。既立君，则上贤废，而贵贵立矣。然则上世亲亲而爱私，中世上贤而说仁，下世贵贵而尊官。上贤者，以道相出也。而立君者，使贤无用也。亲亲者，以私为道也。而中正者，使私无行也。此三者，非事相反也。民道弊，而所重易也；世事变，而行道异也。"（《开塞》）又曰："古之民朴以厚，今之民巧以伪。故效于古者，先德而治。效于今者，先刑而法。此俗之所惑也。"（同前）惟其深明于古今之宜，德刑之用，故毅然为孝公变法而不顾。而虽有甘龙、杜挚之争，而曾不之稍移也。（见《史记·商君列传》）又其言曰："今世之所谓义者，将立民之所好，而废其所恶也。其所谓不义者，将立民之所恶，而废其所乐也。二者名贸实易，不可不察也。立民之所乐，则民伤其所恶。立民之所恶，则民安其所乐。何以知其然也？夫民忧则思，思则出度。乐则淫，淫则生佚。故以刑治则民威（同畏），民威则无奸，无奸则民安其所乐。以义教则民纵，民纵则乱，乱则民伤其所恶。吾所谓利者，义之本也。而世所谓义者，暴之道也。夫正民者，以其所恶，必终其所好；以其所好，必败其所恶。"（同前）此其言，与儒者民之所欲与聚、所恶勿施（《孟子》之言）若大有径庭。然而民之好恶，正自难言。有一时之好恶，有本心之好恶。其好治而恶乱者，本心之好恶也；而贪于目前之安，苦于守法之不便，则一时之好恶也。故仲尼有麛裘之谤（见《吕氏春秋·乐成篇》），子产有孰杀之歌（见《左传》）。使必徇一时之好恶，则有相与姑息而已矣。是故商君之刻深，商君之过也。若其法必令行，而不摇于一国之谤议，则非有高人之行、独知之虑者，亦不足以几之矣。

附论管商同异

世多以管、商并称。然管仲相齐桓公,作内政以寄军令。制五家以为轨,轨有长。十轨为里,里有有司。四里为连,连为之长。十连为乡,乡有良人。以为军令。五家为轨,故五人为伍,轨长率之。十轨为里,故五十人为小戎,里有司率之。四里为连,故二百人为卒,连长率之。十连为乡,故二千人为旅,乡良人率之。五乡一帅,故万人一军,五乡之帅率之。(《管子·小匡》)其法盖本《周官》乡遂之旧,而使人与人相保,家与家相受,祭祀相福,死丧相恤,居处相乐,行作相和。与商君令民为什伍,而相收司(同伺)连坐(即前告奸之律,见《史记》本传),不侔也。《牧民》以礼、义、廉、耻,谓之四维。而曰:"一维绝则倾,二维绝则危,三维绝则覆,四维绝则灭。倾可正也,危可安也,覆可起也,灭不可复安也。"(《牧民》)与商君以礼乐、诗书、修善、孝弟诚信、贞廉仁义、非兵羞战之十二者为六虱(见《靳令》),又不侔也。使士之子恒为士,农之子恒为农,工之子恒为工,商之子恒为商,而制国以为二十一乡,商工之乡六,士农之乡十五(《小匡》),与商君之百县之治一形,民不贵学问(并《垦令篇》语),重关市之赋,而驱商工一归于农,又不侔也。不背曹沫之约,而反鲁侵地(见《左传》),与商君之欺魏公子卬(见本传),又不侔也。

盖春秋之世,周之礼未尽废。当时诸侯聘使往来,揖让折冲,犹不必恃兵力。故召陵之师,楚以空言而屈(见《左传》)。孔子称桓公九合诸侯,不以兵车,管仲之力,亦时为之也。及夫战国,兵祸日烈。各国惟以兼并是务,苟可以强国益地,无不可为。其视忠信仁义,曾不足当尺地寸兵之用。商君所谓:"民愚则知可以王,世知则力可以王。"(《开塞》)若战国,固以力王之时也。是故退道德,而并刑力;废诗书,而言农战。然力者,世主之所重;而战者,忠臣孝子之所难。素无仁义忠信以结民心,而责之以忠臣孝子难能之事,则势有所不行。故其言曰:"国皆有法,而无使法必行之法。"(《画策》)使法必行之法,即舍严刑重诛,无他道。其以农战强国,而以刑法弱民者,此也。

由是言之,商君之与管仲,治有不同,盖皆因时而然。今观仲书,若《法禁篇》云:"昔者圣王之治人也,不贵其传学也,欲其人之和同以听令也。"《法法篇》云:"惠者,多赦者也,先易而后难,久而不胜其祸。法者,先难而后易,久而不胜其福。故惠者,民之仇雠也;法者,民之父母也。"其言实与商君合。盖以法治者,必革姑息之政。故子产猛以济宽,而孔子叹为古之遗爱。(见《左传》)诸葛武侯亦言"威之以法,法行则知恩;限之以爵,爵加则知荣"。(《答法正书》,见《三国志注》)此则为治之体要,又非随时代而易者也。夫管、商皆遭时得用,与孔、老空言无施者不同。虽其急一时之效,不必悉轨于王道。而齐民以法,使国之弱者强,贫者富,圣人复起,即亦有不可尽废者。商君曰:"凡世莫不以其所以乱者治。故小治而小乱,大治而大乱。"(《慎法》)今言法者纷纷藉藉于天下,而致治无分毫,长乱如丘山,不又为管、商之罪人也乎!

第八章　庄子 附列子

　　庄子者,宋国蒙人也,名周。尝为蒙之漆园吏。惠施相梁惠王,而庄子与惠施友。计其时当与孟子相先后,而两人始终不相闻,可异也。《列御寇篇》谓:"或聘于庄子,庄子应其使曰:'子见夫牺牛乎?衣以文绣,食以刍叔(同菽),及其牵而入于大庙,虽欲为孤犊,其可得乎?'"《史记》以楚威王当之,未知信否。然即此,庄子之为人可知矣。其学贯孔、老二家,而又益之以恣肆。《天下篇》曰:"以天下为沉浊,不可与庄语。以卮言为曼衍,以重言为真,以寓言为广。"故其意颇难知。《史记》谓周掊击儒、墨,而如《人间世》《德充符》诸篇,其所以推崇孔子者甚至,所为掊击者,岂其然乎?魏晋以来,佛教入中国,于是援庄老而入佛,谓其有出世之思。然七篇终之以《应帝王》,而《天下篇》明明谓内圣外王之道,则与佛之出世固迥殊矣。至近人撷拾其"万物以不同形相禅"(见《寓言篇》)之一言,又取与达尔文之《天演论》相比附,去庄子之真意益远。则甚矣读书之难也。(胡适之《哲学史大纲》创为此说,然"万物以不同形相禅"句下,即继之以"始卒若环,莫得其伦",夫言天演,言进化,有始卒若环者乎?即此,胡氏之说不攻自破)《汉志》:"庄子有五十二篇。"今存者三十三篇。而内七篇,前后连贯,当出周手。若外篇、杂篇,或多其门下附益,要亦七篇之羽翼也。

一　大宗师

庄子之真实学问,在《大宗师》一篇。所谓"大宗师"者何也?曰:道也。故于本篇明揭之曰:"夫道,有情有信,无为无形,可传而不可受,可得而不可见,自本自根,未有天地自古以固存。"此与老子"有物混成,先天地生,吾无以名之,强名之曰道",盖同一意。然其曰"大宗师"者何也?盖道者,虚名也,惟实证者得而有之,故曰:"有真人而后有真知。"真人即大宗师也。《天下篇》曰:"古之所谓道术者,果恶乎在?曰:无乎不在。"曰:"不离于宗,谓之天人。不离于真,谓之圣人。"而本篇第一语即曰:"知天之所为,知人之所为者,至矣。"而终又引许由之言曰:"吾师乎!吾师乎!齑万物而不为义,泽及万世而不为仁,长于上古而不为老,覆载天地刻雕众形而不为巧。"明道也,真人也,大宗师也,名虽有三,而所指则一也。特以其本体言之,则谓之道;以其在人言之,则谓之真人,谓之大宗师耳。庄子惟得乎此,故能齐生死,一寿夭,而万物无足以撄其心者。观其所称道,如子祀、子舆、子犁、子来、子桑户、孟子反、子琴张之伦,类皆当生死之际,而安时处顺、哀乐不入,此岂无所得而能致然耶!(并见本篇)今人谈庄子,不于此等处求之,而乐其洸洋之辩,散于万物而不厌。抑所谓弃照乘之珠,而宝空椟者,非欤?

二　齐物论

夫随其成心而师之,谁独且无师乎?奚必知代而心自取者有之,愚者与有焉。(用《齐物论》原文)顾愚者有之,而终身役役,不知其所归者,一则执于物我之分,一则乱于是非之论。故物我之见不祛,是非之论不泯,而以言夫大宗师,譬之坎井之蛙而论四海之大也。此庄子《齐物论》之所以作也。然物我是非果可泯乎?夫囿于物我是非,则物我是非,道之贼也。通于物我是非,则物我是非,道之用也。故"齐物论"者,始于破物我是非之争,终于顺物我是非之应。其破也,谓之以明;其顺也,谓之因是。知夫以明因是之说,而物论无不齐矣,而道无不明矣。请尝得而论之。其言曰:"物无非彼,物无非是。自彼则不见,自知则知之。故曰:彼出于是,是亦因彼。彼是,方生之说也。"(物方生方死,本惠子之说,见《天下篇》,此庄子用惠子以明己意也)此言彼是之无定也。又曰:"是亦彼也,彼亦是也。彼亦一是非,此亦一是非。果且有彼是乎哉?果且无彼是乎哉?彼是莫得其偶,谓之道枢。"此以彼是之无定,而知彼是之非实有也。夫彼是既非实有,则天下之实有者,何物哉?是则万世之后,而一遇大圣知其解者,犹旦暮遇之者也。(《齐物论》语)是故破彼是之妄,即以显道枢之真。其曰以明者,以真明妄,即以妄显真也。然真既明矣,则妄亦非妄。何也?妄无定,妄无实;离真则妄,合真即真。故其言又曰:"因是因非,因非因是。"此言是非之相因也。又曰:"可乎可,不可乎不可。道行之而成,物谓之而然。恶乎然?然于然。恶乎不然?不然于不然。物固有所然,物固有所可。无物不然,无物不可。"此则以是非之相因,而知是非然可之本然也。而总之曰:"枢始得其环中,以应无穷。"曰:"唯达者知通为一,为是不用而寓诸庸。"曰:"圣人和之以是非,而休乎天均。"盖因其是非而是非之,我无容心焉;因其然可而然可之,我无容心焉。则有是非,而是非未尝有也;有然可,而然可未尝有也。其有是非然可者,庸也,以应无穷也;而未尝有是非然可者,不用也,枢之得其环中也。有而不有,用而不用,是则和也,天均之休也。今观《齐物论》一篇,其言有无之序者,有二。一曰:"古之人其知有所至矣。恶乎至?

有以为未始有物者,至矣,尽矣,不可以加矣。其次以为有物矣,而未始有封也。其次以为有封焉,而未始有是非也。是非之彰也,道之所以亏也。"此以自无而之有言也。自无而之有,而真发妄矣。其一曰:"有始也者,有未始有始也者,有未始有夫未始有始也者。有有也者,有无也者,有未始有无也者,有未始有夫未始有无也者。俄而有无矣,而未知有无之果孰有孰无也。"此以自有而之无言也。自有而之无,而妄归真矣。真发妄,则是其所是,非其所非,未为得也;妄归真,则是者非之,非者是之,未为乱也。是故其言曰:"天下莫大于秋毫之末,而泰山为小;莫寿乎殇子,然彭祖为夭。天地与我并生,而万物与我为一。"(以上并本篇)知秋毫可以大,而泰山可以小,殇子可以寿,而彭祖可以夭,则于是非无留滞。此不齐之齐,"齐物论"之极轨也。

三　养生主

　　养生主者,主于养生也。养生奈何?欲知养生之说,当先知生之为何物。生者,大宗师之谓也。何以知生之为大宗师也?《大宗师篇》曰:"杀生者不死,生生者不生。"又曰:"善吾生者,乃所以善吾死也。"而《养生主篇》曰:"缘督以为经,可以保身,可以全生,可以养亲,可以尽年。"此其合者一也。《大宗师篇》曰:"知天之所为者,天而生也。知人之所为者,以其知之所知,以养其知之所不知。"而《养生主篇》亦曰:"天也,非人也。天之生是使独也。人之貌,有与也。以是知其天也,非人也。"("与",与"独"对文,外篇《田子方》孔子见老聃,老聃慹然似非人,孔子称其"遗物离人而立于独",与此"独"字正同。旧注以"独"指足言,全误)皆于天人分合之故,言之甚详。此其合者二也。是故生者,以其本来言之;大宗师者,以其宗主言之。其实一也。然生何以须养?夫族庖月更刀,折也;良庖岁更刀,割也;而庖丁之刀,十九年而刀刃若新发于硎。其刀同，而巧拙之异若此者，养与不养之别也。今观其言曰："始臣之解牛之时，所见无非牛者。"其心之专也为何如？"三年之后，未尝见全牛也。"其理之明也为何如？"方今之时，臣以神遇，而不以目视。官知止，而神欲行。依乎天理。批大郤，导大窾，因其固然。"其工夫之熟也为何如？"虽然，每至于族，吾见其难为。怵然为戒，视为止，行为迟。"其意之慎也为何如？临之以专心，持之以慎意，理明而工夫熟，岂必解牛哉，固无往而不善矣。（以上须参看本文全篇）《大宗师》曰："其为物，无不将也，无不迎也，无不毁也，无不成也。其名为撄宁。撄宁也者，撄而后成者也。"是之谓也。夫杨朱言养生，而庄周亦言养生。然杨子之言疏，而庄生之言实。若庄生者，可谓体明而用备者也。

四　应帝王

《庄子·天下篇》，言内圣外王之道。此庄子之真实语也。故其养生也，所以为己也，即以为天下也。以《人间世》入养生之樊，以《应帝王》既养生之实。其言曰："圣人之治也，治外乎。正而后行，确乎能其事者而已矣。"惟以治外为末，故以经式义度为欺德。（并见本篇）此其意于《天道篇》实发之。曰："古之明大道者，先明天而道德次之。道德已明，而仁义次之。仁义已明，而分守次之。分守已明，而形名次之。形名已明，而因任次之。因任已明，而原省次之。原省已明，而是非次之。是非已明，而赏罚次之。"曰："书曰：'有形有名。'形名者，古人有之，而非所以先也。古之语大道者，五变而形名可举，九变而赏罚可言也。骤而语形名，不知其本也。骤而语赏罚，不知其始也。倒道而言，迕道而说者，人之所治也，安能治人？骤而语形名赏罚，此有知治之具，非知治之道，可用于天下，不足以用天下。"惟以正而后行确乎能其事为内,故以治天下为不足感于其心。此其意于《天地篇》实发之。曰:"玄古之君天下,无为也。天德而已矣。以道观言,而天下之君正;以道观分,而君臣之义明;以道观能,而天下之官治;以道泛观,而万物之应备。"曰:"古之畜天下者,无欲而天下足,无为而万物化,渊静而百姓定。"且夫帝王者,大物也。有大物者,不可以物物。而不物故能物物。(不可以物物,不可以为物所物也。能物物,能物夫物也。语见《在宥篇》)故贵以身于为天下,则可以托天下。爱以身于为天下,则可以寄天下。(本《老子》语,而《庄子·在宥篇》亦称之)今曰应帝王,则其视帝王曾不若蚊虻之过目,其不物于帝王明矣。若是,独往独来,出入无旁,处乎无响(同向),行乎无方。其于治天下,独一咉也。(一咉,语见《则阳篇》)《让王篇》曰:"道之真以治身,其绪余以为国家,其土苴以治天下。"若庄子者,其土苴治天下者哉! 呜呼,远矣!

　　先乎庄子者有列子。列子者,郑人,名御寇。《庄子》之书多称之,谓其学于壶子(见《应帝王》),又载其为伯昏无人射事,而称无人为先生(见《田子方》)。今所传《列子》即言其师壶丘子林,而友伯昏无人(《仲尼篇》)。又其《黄帝》一篇,谓列子师老商氏,友伯高子。其言信否,皆未可知。然观其载列子所自言,谓:"自吾之事夫子友若人也,三年之后,心不敢念是非,口不敢言利害,始得夫子一眄而已。五年之后,心庚(同更)念是非,口庚言利害,夫子始一解颜而笑。七年之后,从(同纵)心之所念,庚无是非,从口之所言,庚无利害,夫子始一引吾并席而坐。九年之后,横心之所念,横口之所言,亦不知我之是非利害与,亦不知彼之是非利害与,亦不知夫子之为我师,若人之为我友,内外进(同尽)矣。而后眼如耳,耳如鼻,鼻如口,无不同也。心凝形释,骨肉都融,不觉形之所倚,足之所履,随风东西,犹木叶干壳,竟不知风之乘我邪,我乘风乎?"道其学之进,亲切若此,疑非后人所能托为。则其书之或真或伪,难臆定矣。要其所言,概与庄子合。其言:"有生不生,有化不化。不生者能生生,不化者能化化。"(《列子·天瑞》)即庄子所谓"生生者不生","与物化者一不化者也"。(上句《大宗师》,已见前。下句《知北游》)其言:"有太易,有太初,有太始,有太素。"(《天瑞》)即庄子所谓"知大一,知大阴,知大目,知大均,知大方,知大信,知大定"也。(《徐无鬼》)是故附列子于庄子后,以见华胥氏之国,藐姑射之山(华胥氏之国,见《列子·黄帝篇》,藐姑射之山,见《庄子·逍遥游》,盖庄、列以自托者),盖有相视而笑,而莫逆于心者。岂独南郭子连墙二十年,而得意无言,目若不相见哉。(事见《列子·仲尼篇》)

第九章　孟子 附曾子、子思　又告子附见

孟子名轲,字子舆,邹人也。生于周烈王四年,卒于赧王二十六年,年八十四(据清狄子奇《孟子编年》)。史称受业于子思之门人。然其自谓:"乃所愿则学孔子。"又曰:"予未得为孔子徒也。予私淑诸人也。"则其学实上接孔子。其言:"诚者,天之道也。思诚者,人之道也。"与子思之《中庸》合,而亦未明言出于子思,即不得必其为子思之徒。史言有据无据,未可知矣。历游梁、齐、宋、鲁、滕诸国。今七篇所载,与梁惠王、齐宣王、滕文公之言,多称述尧、舜、汤、武,而论《书》,则曰:"尽信《书》不如无《书》。"论《诗》,则曰:"说《诗》者不以文害辞,不以辞害志。"信古而能断,孔子以后,盖一人而已。当孟子时,杨墨之道与纵横长短之说并盛。曰:"杨墨之道不息,圣人之道不著。"于是距杨墨,放淫辞。景春(春,孟子弟子)称公孙衍、张仪为大丈夫,而孟子则曰:"以顺为正者,妾妇之道也。"曰:"今之所谓良臣,古之所谓民贼也。"虽不见用于齐、梁之君,而其言性言仁义,唐宋以来儒家,盖不能出其范围。韩昌黎且谓求观圣人之道必自孟子始。(《昌黎集·送王埙秀才序》)非所谓豪杰之士耶!兹撮其荦荦大者如左。

一　性善

　　孔子言性相近。而子思曰："天命之谓性。"至孟子则言性善。然《烝民》之诗："天生烝民，有物有则。民之秉彝，好是懿德。"作于尹吉甫，实在宣王之世。则天命性善之说，其由来盖久矣。今观《告子》（告子事迹不可考，或曰孟子弟子，然以与孟子问答之言观之，知决非弟子也，要是当时一大家。至以后《尽心篇》浩生不害与告子认为一人，而谓告子名不害，疑亦非是）一篇，当时言性者，盖有三说。曰："性无善，无不善。"此一说也。曰："性可以为善，可以为不善。"此二说也。曰："有性善，有性不善。"此三说也。而告子始言："性，犹杞柳也。义，犹桮棬也。以人性为仁义，犹以杞柳为桮棬。"即性有不善。既又言："性，犹湍水也。决诸东方，则东流；决诸西方，则西流。人性之无分于善不善也，犹水之无分于东西也。"即性可以为善，可以为不善。又曰："生之谓性。食色，性也。"则又似性无善无不善。盖反复其说，总归于善非性有。可以其义外一言，推知也。故孟子驳之曰："人性之善也，犹水之就下也。人无有不善，水无有不下。"又曰："乃若其情，则可以为善矣。乃所谓善也。"欲知孟子之说与告子之说之所以异，当知孟子所指之性与告子所指之性，实非同物。盖告子之言性，乃"感于物而动性之欲也"之性。孟子之言性，乃"人生而静天之性也"之性。（用《礼·乐记》语）以感于物而动者为性，故曰："决诸东方则东流，决诸西方则西流。"故曰义外。故认生之为性，食色为性。以人生而静为性，故曰："仁义礼智，非由外铄我也，我固有之也。"故曰："其日夜之所息，平旦之气，其好恶与人相近也者几希。"故曰义内，曰本心。（以上并《告子》）是故告子之言性也，其辞难晓，而性易见。孟子之言性也，其辞易知，而性难明。《尽心篇》曰："尽其心者，知其性也。"则不尽其心，性有不可得而知者矣。曰:"君子所性,仁义礼智根于心。"则非君子,有不能尽其性者矣。至曰:"口之于味也,目之于色也,耳之于声也,鼻之于臭也,四肢之于安佚也,性也。有命焉。君子不谓性也。仁之于父子也,义之于君臣也,礼之于宾主也,智之于贤者也,圣人之于天道也,命也。有性焉。君子不谓命也。"是众人所以为性者,君子不谓之性,众人所以为非性之所得而为者,君子则谓之性,尤其彰明较著者矣。夫性之难如此,故其与恒人言,不曰"性"而曰"良知良能",曰"天之降才",曰"不忍人之心",曰"心之所同然",曰"恻隐之心,仁之端也。羞恶之心,义之端也。辞让之心,礼之端也。是非之心,智之端也",皆从性之本源流露处,随方指点。而及道性善,必以尧舜为言,盖惟尧舜性之。(孟子曰"尧舜性之也",又曰"尧舜性者也",并见《尽心篇》)不原之于尧舜,即无以见性之善,亦即无以见性之为性。此孟子之微意也。今人只知孟子言性善,而于其所谓性,所谓善,不能深察而明辨之。或且疑其不如告子之言为近人,则甚矣有贵于己而弗思者之众也。(孟子曰"人人有贵于己者,弗思耳",见《告子篇》)

二 扩充

夫既以恻隐、羞恶、辞让、是非为仁、义、礼、智之四端,则非扩充即不足以尽其性。此扩充之说,所为继性善之说而作也。顾孟子之言扩充有二。一者由小而扩充之大。如曰:"凡有四端于我者,知皆扩而充之矣。若火之始然,泉之始达。苟能充之,足以保四海;苟不充之,不足以事父母。"又如曰:"人皆有所不忍。达之于其所忍,仁也。人皆有所不为。达之于其所为,义也。人能充无欲害人之心,而仁不可胜用也。人能充无穿窬之心,而义不可胜用也。人能充无受尔汝之实,无所往而不为义也。"皆是也。而其言之尤剀切明著者,则如曰:"一箪食,一豆羹,得之则生,弗得则死。嘑尔而与之,行道之人弗受;蹴尔而与之,乞人不屑也。万钟,则不辨礼义而受之,万钟于我何加焉?为宫室之美,妻妾之奉,所识穷乏者得我与?乡为身死而不受,今为宫室之美为之;乡为身死而不受,今为妻妾之奉为之;乡为身死而不受,今为所识穷乏者得我而为之。是亦不可以已乎!"盖人惟明于小而暗于大,故养一指而失肩背,养樲棘而舍梧槚。(语并见《告子》)欲其不以小而至于梏亡,故曰:"立乎其大者,则其小者不能夺也。"一者由近而扩充之远。如曰:"老吾老,以及人之老;幼吾幼,以及人之幼。"又如曰:"人之所不学而能者,其良能也;所不虑而知者,其良知也。孩提之童,无不知爱其亲也;及其长也,无不知敬其兄也。亲亲,仁也;敬长,义也。无他,达之天下也。"皆是也。而其言之尤沉痛警觉者,则如曰:"仁者以其所爱,及其所不爱。不仁者以其所不爱,及其所爱。"盖人惟察于近而忽于远,故不忍于觳觫之衅牛,而忍于肝脑涂地之士臣。不宥于失伍之戟士,而宥于立而视民之死之大夫。(上句见《梁惠王》,下句见《公孙丑》)欲其不以近而为之陷溺,故曰:"善推其所为而已。"由前之说则体立,由后之说则用全。程子曰:"孟子言扩充,其功不在禹下。"信夫!

三 知言养气

孟子之真实学问,在知言养气。而知言养气,即扩充之功。何以言之?孟子曰:"气,体之充也。"又曰:"以直养而无害,则塞于天地之间。"其始充之一身,而其极塞于天地。非扩充何以至此?顾扩充以性言,而此以气言,何也?言气,犹言性也。就心言,则曰性;就身言,则曰气。《尽心章》曰:"存其心,养其性,所以事天也。"于气曰养,于性亦曰养,明气与性非有二矣。虽然,气之同于性者,其生也;而气之异于性者，其习也。居移气，养移体，斯气有非其性者矣。气有非其性，则言气固无以见性。故特区而别之，曰"浩然之气"。而于其微之微也，则曰"平旦之气"，曰"夜气"。然言平旦之气，言夜气，尽人之所有也。言浩然之气，则非尽人之所得有也。于其所有而实以指之，虽愚者易明焉；非其所有而虚以象之，虽智者不能无惑焉。是故公孙丑问何谓浩然之气，而孟子亦曰难言。难言而不得不言，于是先虚以象之曰："其为气也，至大至刚。"而即实以案之曰："其为气也，配义与道。"曰："是集义所生者，非义袭而取之也。"夫知浩然之气之本于集义，则本体在是，工夫亦即在是。知言以辩之，持志以守之，而义无不集矣。此所以知言与养气并提也。抑养气虽即扩充，而言养亦与扩充有别。扩充如火之然，如泉之达；养如雨露之润，如草木之长。扩充见其力，养不见其力。故扩充犹可以气魄承当，可以意见凑迫；而养则须义精仁熟，渣滓俱融。故扩充未必能养，而养则无不能扩充。观其宋人一喻，曰："天下之不助苗长者寡矣。以为无益而舍之者，不耘苗者也。助之长者，揠苗者也，非徒无益，而又害之。"致力于勿忘勿助之间，而守约于自反而缩之内，以此不动心，亦即以此践形。其与蒙庄之《养生主》、《德充符》，盖有若合符节者。吾尝言庄、孟同时，而所言多合，惜其不得一相印证。道术之裂，往而不反。岂非天哉！（宜取《孟子》"不动心"一章本文熟玩之，不然，不易晓也）

四　义利之辨

孔子罕言利。而曰："君子喻于义，小人喻于利。"意谓义可以喻有德，而利可以喻齐民，则未始绝人以言利也。（"君子喻于义，小人喻于利"，与言"君子怀德，小人怀土；君子怀刑，小人怀惠"一意，注误）至孟子则曰："鸡鸣而起，孳孳为善者，舜之徒也。鸡鸣而起，孳孳为利者，跖之徒也。欲知舜与跖之分，无他，利与善之间也。"辨义利之严如此。是非孟子之必异于孔子也。盖至战国之世，言利之风益盛。或曰："我能为君辟土地，充府库。"或曰："我能为君约与国，战必克。"循此而不变，势非至率兽食人，而人相食不止。当时如墨翟、杨朱之徒，未尝不思有以救之，而其所号于天下者，曰"交相利"（墨子之言，已见前），曰"利物不由于义"（杨子之言，见《列子·杨朱篇》），以利止利，犹以水救水，以火救火，益多而已，未见其有济也。故孟子首绝言利之萌。其答梁惠王利国之问，则曰："王曰何以利吾国，大夫曰何以利吾家，士庶人曰何以利吾身。上下交征利，而国危矣。"曰："亦有仁义而已矣。何必曰利！"而宋牼（即宋钘）欲以利说止秦、楚之兵，孟子则曰："先生之志则大矣，先生之号则不可。先生以利说秦、楚之王，秦、楚之王悦于利，以罢三军之师。是三军之士乐罢而悦于利也。为人臣者怀利以事其君，为人子者怀利以事其父，为人弟者怀利以事其兄，是君臣父子兄弟终去仁义，怀利以相接。然而不亡者，未之有也。"（见《告子篇》）于当时功利之害，见之至明，故言之至切。而奈何齐、梁之君，见以为迂阔而远于事情，卒不果用。一薛居州，独如宋王何（本孟子语，见《滕文公》），一孟子又独如天下何哉！

五　王政

孟子之言王政，一孔子之言富教也。其曰："五亩之宅，树之以桑，五十者可以衣帛矣。鸡豚狗彘之畜，无失其时，七十者可以食肉矣。百亩之地，勿夺其时，数口之家可以无饥矣。"所以富民也。"谨庠序之教，申之以孝悌之义，颁白者不负戴于道路矣。"所以教民也。然而孟子之言，尤详于制民之产，与通功易事之道。曰："明君制民之产，必使仰足以事父母，俯足以畜妻子，乐岁终身饱，凶年免于死亡。"曰："有恒产者有恒心,无恒产者无恒心。"曰:"夏后氏五十而贡,殷人七十而助,周人百亩而彻,其实皆什一也。"曰:"方里而井,井九百亩。其中为公田。八家皆私百亩,同养公田。"曰:"野,九一而助。国中什一使自赋。卿以下必有圭田。圭田五十亩。余夫二十五亩。死徙无出乡。乡田同井,出入相友,守望相助,疾病相扶持,则百姓亲睦。"虽曰此其大略,而仁政必自经界始。得是犹足见圣王之制,固非托之空言也。然孟子虽贵民,而欲使天子公侯下而与齐民同其劳苦,泯上下之等,废治养之别,则又其所不然,盖物有不齐,未可强比而同之。故曰:"或劳心,或劳力。劳心者治人,劳力者治于人。治于人者食人,治人者食于人。"夫陶冶与耕,械粟相易,不为相厉。今贤者居民之上,忧民之忧,事民之事,旰食而宵衣,劳苦百倍于农夫而未止。而衣食之奉取之于民者,稍稍得以自肆,则群起而排击之,曰是何得独享其富厚,即言报施之道,是亦不能谓平矣。且两贵不能相事,两贱不能相使。(荀子语,见《王制篇》)使天下之民无有须待人而治者也,则上下之等,信可废也。使天下之民而犹有须待人而治者也,则上下之等,如之何其废之!自后世在高位者多骄淫不仁,阻法治之威,而以贡赋督责于下;下罢极,则以残贼怨望于上。于是视治人治于人之名,同于蛊毒之足以祸人。至乎近世,乃欲尽撤贵贱上下之防而去之,使更无治与被治之别。或且疑孟子之言为据乱之制,而非大同之道,奉许行并耕之说,以为足以治天下。呜呼,仁义充塞之祸烈矣!(参看"有为神农之言者许行"一章全文)

　　《韩非·显学篇》言:"自孔子之死也,有子张之儒,有子思之儒,有颜氏之儒,有孟氏之儒,有漆雕氏之儒,有仲良氏之儒,有孙氏之儒,有乐正氏之儒。"说者多谓孟氏之儒即指孟子。然列于漆雕氏、仲良氏之前,似当受业于孔子之门者。《论语》有孟懿子、孟武伯,安知非其人耶?荀卿《非十二子篇》罪子思、孟子,而言子张氏之贱儒,子夏氏之贱儒,子游氏之贱儒。则仲尼既没,弟子分散诸侯之国,源远而末益分,宜其相违异矣。韩昌黎谓："孟子师子思。子思之学，盖出曾子。"(《昌黎集·送王埙秀才序》)而宋儒乃推《大学》、《中庸》以继《论语》。然《大学》果否出曾子之手，世多疑之。今《大戴礼》有《曾子立事》等十篇，与《大学》不类。而孟子之书称道曾子，亦无引及《大学》之文。要之《大学》言正心诚意，与《中庸》言明善诚身，皆孔门之微言大义。孟、荀书外，可见孔门之正学者，惟此而已。曾子名参，字子舆，鲁人，少孔子四十六岁。今《论语》、《礼记》二书，所载曾子语甚众。曾子曰："传不习乎。"而孔子之语曾子，则曰："参乎，吾道一以贯之。"曾子曰："唯。"然则曾子之传孔子之学，事有足据，初不必《大学》一书之出于曾子之手也。又《史记》称孔子以曾子能通孝道，授之业，作《孝经》。而今《大戴》曾子十篇，《本孝》、《立孝》、《大孝》、《事父母》，占其四。及其死也，曰："而今而后，吾知免夫。"(见《论语》)合《礼·祭义》所称"父母全而生之，子全而归之，可谓孝矣"之言观之，可谓行践其言者矣。然孟子语勇，而谓孟施舍似曾子。又道曾子之言，曰："自反而缩，虽千万人，吾往矣。"(见"不动心"章)是战兢惕厉之功，乃发扬蹈厉之本。而胡适之乃讥曾子为萎缩(见《哲学史大纲》)，岂直失言而已乎！子思名伋，孔子孙。孔子生伯鱼(名鲤)，伯鱼生子思。《汉志》儒家有"子思二十三篇"，今不可考。而子思作《中庸》见于《史记·孔子世家》。史公近古，言自可信。孟子称鲁缪公之时，子柳、子思为臣。又谓子思居于卫，有齐寇，子思曰："如伋去，君谁与守？"则子思固尝仕于鲁、卫者。至今传《孔丛子》，载子思困于宋，免而作《中庸》，自比于文王之囚羑里而演《易》。《孔丛子》伪书，其说出于附会，显可见也。《大学》、《中庸》得宋明诸儒发明而始著，故其说亦散见诸儒章中，兹不具述，而仅识曾子、子思之大略如左。曾子年七十。子思年六十二。

第十章　惠施　公孙龙 附尹文子

　　与庄子同时者,有惠施、公孙龙。惠施相梁惠王,庄子与之友。其相为辩论,散见于《庄子》各篇。公孙龙,赵人,尝为平原君客。《庄子·秋水篇》载公孙龙与魏公子牟问答之言,谓"龙困百家之知,穷众口之辩,自以为至达,而闻庄子之言,则无所开其喙"。胡适之非之,以为公孙龙实不及与庄子相见。然吾观《庄子·齐物论》,言"以指喻指之非指,不若以非指喻指之非指也;以马喻马之非马,不若以非马喻马之非马也",即对龙"物莫非指而指非指"与"白马非马"之说而发,则龙与蒙叟之相闻,为无疑矣。又《汉志》以施、龙列之名家。而胡适之则谓名家出于别墨,盖以其言多与《墨经》相出入。然《庄子·天下篇》言墨者不及施、龙,乃置施、龙于周之后,且惜其才骀荡而不得,逐万物而不反,引之与己相近。而《徐无鬼篇》对惠子言:"儒、墨、杨、秉四,与夫子为五。"惠子亦自言,其与四者相拂以辞,相镇以声,则安在其为墨之徒也?《荀子·非十二子》谓"好治怪说,玩琦辞。甚察而不急,辨而无用,多事而寡功,不可以为治纲纪。然而其持之有故,言之成理,足以欺惑愚众。是惠施、邓析也"。《汉志》名家首列邓析,有书二篇。今其书传者,盖出伪托。然其篇名,或有所本。惠子言:"无厚,不可积也。"

而邓析亦有无厚之说,所言甚肤浅,疑名是而辞窜易矣。吾意当与惠子之言相近。夫邓析与子产同时,实在墨子之前,则名家自有渊源本末,尤不得谓墨家之后始有名家也。至《墨经》与施、龙之说多同者,墨之得自施、龙耶?施、龙之得自墨耶?要未可以定矣。惠子书,《汉志》一篇,今佚。而见于《庄子·天下篇》者,有十事。《荀子·不苟篇》,别有"钩有须,卵有毛",则与公孙龙同。龙之书,《汉志》八篇,今存六篇。而《迹府》一篇,记龙与孔穿问答,疑后人所集录,以冠其书者。

《庄子·天下篇》言:"惠施多方,其书五车。"又言:"惠施之口谈,自以为最贤。"又言:"南方有倚人焉,曰黄缭。问天地所以不坠不陷风雨雷霆之故。惠施不辞而应,不虑而对。遍为万物说,说而不休,多而无已,犹以为寡,益之以怪。以反人为实,而欲以胜人为名。"今其书已佚,所谓遍为万物说者,不知何若。吁,可惜也!《说苑》载梁王谓惠子曰:"愿先生言事,则直言耳,无譬也。"惠子曰:"今有人于此,而不知弹者。曰:'弹之状何若?'应曰:'弹之状如弹。'则谕乎?"王曰:"未谕也。""于是更应曰:'弹之状如弓,而以竹为弦。'则知乎?"王曰:"可知矣。"惠子曰:"夫说者,固以其所知,谕其所不知,而使人知之。今王曰无譬,则不可矣。"惠子之譬,其犹庄子之寓言乎?故其言十事,要皆破时空之见,齐异同之分。如曰:"至大无外,谓之大一。至小无内,谓之小一。"又曰:"无厚,不可积也,其大千里。"又曰:"天与地卑(同比),山与泽平。"又曰:"我知天下之中央,燕之北、越之南是也。"又曰:"南方无穷而有穷。"又曰:"连环可解也。"皆所以破空之见也。盖空无局量,则大小厚薄,一也;空无方位,则高下中边,一也;空无分际,则远近断续,一也。庄子曰:"天下莫大于秋毫之末,而泰山为小。"非即是说乎?如曰:"日方中方睨,物方生方死。"又曰:"今日适越而昔来。"皆所以破时之见也。盖时无来去,则旦暮,一也;时无久暂,则今昔,一也。庄子曰:"时无止,终始无故。"(《秋水》)非即是说乎?如曰:"大同也,而与小同异,此之谓小同异。万物毕同毕异,此之谓大同异。"又曰:"泛爱万物,天地一体。"皆所以齐异同之分也。盖物无是非,则异同,一也;物无彼是,则物我,一也。庄子曰:"自其异者视之,肝胆楚越也。自其同者视之,万物皆一也。"(《德充符》)非即是说乎?然而庄子与惠子异者,庄子明宗以破相,惠子破相而不必明宗。夫由本以之末也顺,而由末以寻本也逆。故《庄子·天下篇》曰:"其道舛驳,其言也不中。"又曰:"由天地之道,观惠施之能,其犹一蚊一虻之劳者也。其于物也何庸。"盖深惜之也。然《庄子·齐物论》言:"彼是,方生之说也。"言:"未成乎心而有是非,是今日适越而昔至也。"(未成乎心而有是非,旧注误。庄子言"一受其成形,不亡以待尽",又言"道之所以亏,爱之所以成",有成即有亏,故以未成乎心而有是非为至,此庄子之意也)皆引施说以明己意。而及施之死,乃曰:"自夫子之死,吾无以为质矣。"则施之去周,亦只一间。观"愈贵道,几矣"(见《天下篇》)之言,可以见也。是故吾于惠子,终谓其与庄子近,而与墨子远。

《天下篇》谓"桓团、公孙龙,辩者之徒,饰人之心,易人之意,能胜人之口,不能服人之心"。而邹衍过赵,与平原君言公孙子,亦曰:"天下之辩,有五胜三至,而辞至为下。辩者,别殊类使不相害,序异端使不相乱。抒意通指,明其所谓。使人与知焉,不务相迷也。故胜者不失其所守,不胜者得其所求。若是,故辩可为也。及至烦文以相假,饰辞以相悖,巧譬以相移,引人声使不得及其意。如此,害大道。"(见宋谢希深《公孙龙子序》)由是言之,信乎龙为辩者之囿也。然今《列子·仲尼篇》载乐正子舆讥公孙龙好怪而妄言,而公子牟乃曰:"智者之言,固非愚者之所晓。"又曰:"子不谕至言,而以为尤也。尤其在子矣。"此与《庄子·逍遥游》肩吾问连叔、接舆之词,何以异也?观其言:"善射者,能令后镞中前括,发发相及,矢矢相属。前矢造准,而无绝落。后矢之括犹衔弦,视之若一焉。"又曰:"逢蒙之弟子曰鸿超,怒其妻而怖之。引乌号之弓,綦卫之箭,射其目。矢来注眸子,而眶不睫。矢坠地,而尘不扬。"(并见《列子·仲尼篇》)可谓怪矣。然后镞中前括者,钧后于前也。矢注眸子而眶不眹者,尽矢之势也。(本龙之言)则其理何尝不至显哉!龙之所操,尤在白马、指物、坚白、名实之论。今故详之。若所云有意不心,有指不至,有物不尽,有影不移,发引千钧,轮不碾地,以及臧三耳、鸡三足之说,见于《庄》《列》者,注解甚明,可按而知也。

一　白马论

其言曰:"'白马非马可乎?'曰:'可。'曰:'何哉?'曰:'马者,所以命形也;白者,所以命色也。命色者,非命形也。故曰:白马非马。'曰:'有白马,不可谓无马也。不可谓无马者,非马也(同耶)？有白马为有马,白(马)之非马,何也?'曰:'求马,黄黑马皆可致。求白马,黄黑马不可致。使白马乃马也,是所求一也。所求一者,白马不异马也。所求不异,如(同而)黄黑马有可有不可,何也？可与不可,其相非明。故黄黑马,一也。而可以应有马,而不可以应有白马。是白马之非马,审矣。'"又曰:"'以有白马为有马,谓有白马为有黄马,可乎?'(此龙问,与前设为他人问龙者不同)曰:'未可。'曰:'以有马为异有黄马,是异黄马于马也。异黄马于马,是以黄马为非马。以黄马为非马,而以白马为有马。此飞者入池而棺椁异处,此天下之悖言乱辞也。'"其言大略如此。夫马之名,一也。而或以命马之全,或以命马之别。马,马之全也;白马,马之别也。使谓白马为马,则全别之差失矣。夫失全别之差可也,然以全泯别,则可;以别乱全,则不可。以别乱全,将逐于万物而不反。此龙之所大惧也。《墨子·小取篇》云:"一马,马也。二马,马也。马四足者,一马而四足也,非两马而四足也。一马,马也。二马,马也。马或白者,二马而或白也,非一马而或白。"其说亦与龙同。然墨之意,在衍其兼爱之旨。观言:"盗,人也。多盗,非多人也。

无盗,非无人也。"又:"爱盗,非爱人也。不爱盗,非不爱人也。杀盗,非杀人也。"(亦见《小取》)可以见也。而龙之意在发夫两明之非。观言:"羊合牛,非马。牛合羊,非鸡。"又:"青以白,非黄。白以青,非碧。"(见《通变论》)可以见也。然则说虽同而意违矣(《通变论》曰:"两明者,昏不明,非正举也,非正举者,名实无当,骊色章焉,故曰:两明也。"是故两明者,即一名两解之失)。

二　指物论

指物之说,二语尽之矣。曰:"物莫非指。而指非指。"虽然,指者,何也? 指者,我之指物也。我之指物,则所指者物,而能指者我。以所指言之,即物莫非指;以能指言之,则我非物,即指非指矣。故其言曰:"指也者,天下之所无也。物也者,天下之所有也。以天下之所有,为天下之所无,未可。"指何以言天下之所无也? 夫指若为有,则指亦一物耳;指亦一物,则物不待指而有。而物莫非指之说,不且破乎? 抑观其言之等,盖有三。曰:"天下无指,而物不可谓指也。(天下无指者,即承上"指也者天下之所无"而言)不可谓指者,非指也。非指者,物莫非指也。"(物既非指,则物莫非所指)此解物莫非指者,一也。曰:"天下无指而物不可谓指者,非有非指也。非有非指者,物莫非指也。物莫非指者,而指非指也。"(物莫非所指,而指非所指)此解指之非指者,二也。曰:"天下无指者,物不可谓无指也。(指虽不指物,而不可便谓无指)不可谓无指者,非有非指也。非有非指者,物莫非指。指非非指也。(物莫非指,指自成其为指)指与物,非指也。"(指之言非指者,以其与物为指)此解非指之指亦非非指者,三也。一者,标能以别所。二者,因所以见能。三者,明能不从所起,亦即不随所亡。故终之曰:"指固自为非指,奚待于物而乃与为指?"庄子作《齐物论》谓以指喻指之非指,不若以非指喻指之非指。且如指固自为非指云云,龙不亦自知以非指喻指之非指乎?谢希深注《指物论》,远有理致。然惜乎未能见及此也。(指物之说不易明,故逐句粗为解释)

三　坚白论

坚白之论,略似白马非马,而其剖析则益精。曰:"'坚白石三,可乎?'曰:'不可。'曰:'二,可乎?'曰:'可。'曰:'何哉?'曰:'无坚得白,其举也二。无白得坚,其举也二。'曰:'得其所白,不可谓无白。得其所坚,不可谓无坚。而之石也之于然也,非三也(同耶)?'曰:'视不得其所坚,而得其所白者,无坚也;拊不得其所白,而得其所坚者,无白也。'曰:'天下无白,不可以视石。天下无坚,不可以谓石。坚白石不相外。藏三,可乎?'曰:'有自藏也,非藏而藏也。'曰:'其白也,其坚也,而石必得以相盈(盈犹剂也),盈其自藏奈何?'曰:'得其白,得其坚,见与不见,离。见不见离,一。一不相盈,故离。离也者,藏也。'曰:'石之白,石之坚,见与不见,二与三。若广修而相盈也。其非举乎?'曰:'物白焉,不定其所白。物坚焉,不定其所坚。不定者兼,恶乎其石也?'"庄子曰:"合异以为同,散同以为异。今指马之百体,而不得马。而马系于前者,立其百体而谓之马也。"(《则阳》)夫析马之百体,而马无有。则析石之坚白,而石无有。其理一也。然马石无有,而有马石者何也?马石之无有者,在马石。而有马石者,在人也。故其言又曰:"且犹白,以目以火见,而火不见。则目与火不见,而神见。神不见,而见离。坚以手,而手以捶,是捶与手知,而不知,而神与不知。神乎!是之谓离焉。离也者,天下故独而正。"(亦《坚白论》)当身毒因缘和合之说,未入中国,而有此虚空粉碎之言。若公孙子者,岂仅辩者之雄而已哉!

67

四 名实论

昔杨朱尝论名实矣。曰:"实无名,名无实。名者,伪而已矣。"此一边之见也。公孙之说则进乎此。曰:"天地与其所产,皆物也。物以物其所物,而不过焉,实也。实以实其所实,而不旷焉,位也。出其所位,非位。位其所位焉,正也。以其所正,正其所不正,疑(同拟)其所正。其正者,正其所实也。正其所实者,正其名也。"夫知以正名者正实,则名何可废也!虽然,名何以正?夫使物物各当其物,则名无不正矣。故其言曰:"谓彼,而彼不唯乎彼,则彼谓不行。谓此,而此不唯乎此,则此谓不行。其以当,不当也。不当,而乱也。故彼彼当乎彼,则唯乎彼,其谓行彼。此此当乎此,则唯乎此,其谓行此。其以当而当也。以当而当,止也。故彼彼止于彼,此此止于此,可。彼此而彼且此,此彼而此且彼,不可。"信如是,则随物而应,亦即物而冥,恶有狂举而昏不明者哉!公孙子惟以此说往,故能持白马非马,坚白石二,而指之非指,以此破相,亦即以此显宗。由吾观之,龙非施之比也。而太炎章氏作《明见》,乃扬施而抑龙,何哉?(《明见》,见《国故论衡》)

《汉志》名家,又有"尹文子一篇"。注云:"说齐宣王,先公孙龙。"而仲长统撰定《尹文子》,独谓学于公孙龙,疑非是也。今其书具存。言形名之分,曰:"名者,名形者也。形者,应名者也。然形非正名也,名非正形也。则形之与名,居然别矣,不可相乱,亦不可相无。"又曰:"善名命善,恶名命恶。故善有善名,恶有恶名。圣贤仁智,命善者也。顽嚚凶愚,命恶者也。今即圣贤仁智之名,以求圣贤仁智之实,未之或尽也。即顽嚚凶愚之名,以求顽嚚凶愚之实,亦未或尽也。使善恶尽然有分,虽未能尽物之实,犹不患其差也。"此与公孙龙之审名实相似也。又曰:"语曰好牛。好则物之通称,牛则物之定形。以通称随定形,不可穷极者也。设复言好马,则复连于马矣。则好所通无方也。设复言好人,则彼属于人也。则好非人,人非好也。则好牛、好马、好人之名自离矣。故曰:名分不可相乱也。"此与公孙龙之白马非马相似也。然《庄子·天下篇》以尹文与宋钘并称,谓其"接万物以别宥(同囿)为始",曰"君子不为苛察,不以身假物,以为无益于天下者,明之不如已也",则与施、龙之日以其知与天下辩,皭然有别。而其言"名定则物不竞,分明则私不行。物不竞,非无心,由名定,故无所措其心。私不行,非无欲,由分明,故无所措其欲。然则心欲,人人有之,而得同于无心无欲者,制之有道也",又称"彭蒙之言曰:圣人者,自己出也;圣法者,自理出也。理出于己,己非理也。己能出理,理非己也。故圣人之治,独治者也。圣法之治,则无不治矣"(《庄子·天下篇》,以彭蒙与田骈、慎到并称),又颇类法家之言。盖当其时,百家之说并起,虽各有宗主,而不能不稍稍糅杂。故惠施有泛爱万物之谈,公孙龙有偃兵之对,而尹文亦与宋钘"见侮不辱,救民之斗,禁攻寝兵,救世之战"。胡适之乃据以为此三人皆所谓别墨。若然,孟子斥善战,荀子丑斗(见《荣辱篇》),将孟、荀亦墨之支流欤?天下有举一端以论人,而往往乖剌者,此类是也。

附名家不出于别墨论

晋鲁胜作《墨辩注》,序曰:"墨子著书,作辩经以立名本。惠施、公孙龙祖述其学,以正刑(同形)名显于世。"孙仲容因之,于其《墨子间诂》,颇牵合施、龙之谈,以较释《经》与《经说》。至近人胡适之,乃辩《墨经》非墨子自作,而成于所谓别墨之徒。其见有过人者。然指施、龙皆为别墨,而谓古无所谓名家,并力诋刘子政父子以名家别于儒、墨、道、法为向壁虚构,不能不惜其于两家之旨,犹有未尽释然者也。

夫当时能言各家之流别者,莫过于《庄子·天下篇》。此其是否蒙庄自作,未敢臆定。要为战国时人之言,必有所本。非如后之隔世论人，多凭想像得之也。其言首及墨子，中间历叙宋钘、尹文、彭蒙、田骈、慎到、关尹、老聃之流，而以周继之。后乃言："惠施多方，其书五车。其道舛驳，其言也不中。而桓团、公孙龙辩者之徒（之徒犹言之流也。胡氏谓徒是后辈，可谓曲解），胜人之口，不能服人之心。"区别甚悉。使施、龙果出于墨者，即应列之于墨翟、禽滑釐之后，而与所谓别墨者相次比。即不然，亦应于其源流授受之迹，有所阐陈。乃今观之，其叙惠施、公孙龙，与墨子竟若风马牛之不相及，是不亦可异乎？且惠施者，庄子之友也。施之死，庄子叹曰："夫子之死，吾无以为质矣！"则其与庄子言，宜无不尽。今施、周往复辩难之词，多见于三十三篇。曾有一语，称及于墨子之学者乎？不独是也，《徐无鬼篇》载："庄子曰：'射者非前期而中，谓之善射。天下皆羿也。可乎？'惠子曰：'可。'庄子曰：'天下非有公是也，而各是其所是。天下皆尧也。可乎？'惠子曰：'可。'庄子曰：'然则儒、墨、杨、秉四，与夫子为五。果孰是耶？'"施之学之异于墨，庄子明言之，而惠子明受之。乃必谓其出于墨，何哉？又《秋水篇》，记公孙龙与魏牟问答。谓龙闻庄子之言，茫然异之。胡氏考周、龙二人年月，断周与龙二人不同时，龙安得闻周之言？必系后人伪作羼入。然《庄子·齐物论》云："以指喻指之非指，不若以非指喻指之非指也。以马喻马之非马，不若以非马喻马之非马也。"即对公孙"白马非马"与"物莫非指而指非指"而发。则周、龙不同时，无由相闻，实未足据。《秋水》之言，亦难定其必伪矣。夫龙自称："少学先王之道，长而明仁义之行。合同异，离坚白，然不然，可不可。困百家之智，穷众口之辩。"（即《秋水篇》所记）则又岂似为别墨者乎？庄子言儒、墨、杨、秉四，旧注谓秉为龙之字。使此为不误，龙之非墨，尤彰彰矣。

夫刘氏父子九流之分，亦有所自来矣。汉初司马谈论六家要旨，谓"愍学者之不达其意而师悖"。其时各家之学，犹有存者。故谈习道论于黄子，学天官于唐都，于诸家本末，概乎盖尝有闻者。其述阴阳、儒、墨、名、法、道德，与刘氏父子岂异乎？然司马谈者，固胡氏所与向、歙并斥者也。此姑不论。试更征之荀子之书。《荀子·非十二子篇》云：“治怪说，玩琦辞，甚察而不急，辩而无用，多事而寡功，不可以为治纲纪。然而其持之有故，言之成理，足以欺惑愚众。是惠施、邓析也。”《不苟篇》亦云：“山渊平，天地比，齐秦袭，是说之难持者也。而惠施、邓析能之。”屡以惠施、邓析并称，与《七略》名家首邓析正合。惜析之书已佚，今存者不足信。然《吕氏春秋》记析之持论，犹可仿佛其面目。其言曰：“洧水甚大，郑之富人有溺者。人得其死者，富人请赎之，其人求金甚多，以告邓析。邓析曰：‘安之，人必莫之卖矣。’得死者患之，以告邓析。邓析又答之曰：‘安之，此必无所更买矣。’”析之辞之诡如此。与施之以反人为实，而龙之然不然可不可者，宁有违乎？今传邓析书有《无厚》一篇。所言"天于人无厚，君于民无厚"，盖至肤浅。荀子曾言："坚白异同，有厚无厚之察，非不察也。然而君子不辩，止之也。"意其说必甚难。或析之书，目是而辞则非矣。今惠施犹有"无厚不可积，其大千里"之论，窃疑其本之邓析。则名家之起，实自邓析始。析与子产同时，先墨子且数十年。胡氏《哲学史》于时代先后，认之最严，今谓名家出于墨，则何解于邓析乎？然胡氏所取以为词者，谓惠施言泛爱万物，而公孙龙有与赵惠王、燕昭王言偃兵之事，曾无殊于墨之兼爱非攻也。然此固未足以为两家同条共贯之证。当战国时，争地以战，争城以战，原野涂膏血，沟壑满骸骨。民之苦于兵祸深矣。故志士仁人，思救民之患，莫不以弭兵爱人为言，正不独墨者云尔也。若执此一端为论，则孟子言善战者服上刑，荀子言斗者不若狗彘，即孟、荀亦出于墨矣。庄子言万物与我为一，言至仁无亲，即庄子亦出于墨矣。然乎否乎？且墨子言兼爱，上推之于天志，以为"上之所是，必皆是之。所非，必皆非之"。又谓"义者，政也。无从下之政上，必从上之政下"。其尊卑之辨甚明也。而《吕氏春秋·爱类篇》，匡章谓惠子："公之学去尊。"按之施天地一体之说，信其泯尊卑、齐上下，与墨子之意，且背道而驰矣。故《墨经》言："厚，有所大也。"而施则曰："无厚。"《墨经》言：

"日中,正南也。"而施则曰:"日方中方睨。"《墨经》言:"坚白不相外。"而龙曰:"坚白离。"《墨经》言:"火热。"(旧作必热,必为火字之讹。孙校谓脱不字,非)而龙曰:"火不热。"《墨经》言:"狗,犬也。"而龙曰:"狗非犬。"盖《墨经》多在差异上立论,而施、龙则在无差异上立论。虽《经说》往往摭拾施、龙绪余,冀以自圆,然绝相之谈,与执相者固有别矣。夫天下岂有学出于是人,而处处与之立异者乎?吾尝细究《天下篇》之文,以为其云"相里勤之弟子五侯之徒,南方之墨者苦获已齿邓陵子之属,俱诵墨经",此"墨经"应如胡氏之说,指《兼爱》、《非攻》诸篇,非今书之《墨经》也。而"倍谲不同,相谓别墨",别墨者,乃指斥他方之辞,言其不如已所传之正,非自称为别墨也。胡氏谓其自己相称为别墨,实误。其云"以坚白同异之辩相訾,以觭偶不仵之辞相应",相訾者,攻彼之过;相应者,救己之失。而坚白同异之辩,觭偶不仵之辞,则其所假以为攻救之具者也。由是论之,《墨经》与施、龙之说时有出入者,亦墨之得于名,非名之得于墨。而转抑名家为墨之支流,不亦因果倒置乎哉!是故吾谓名家自有宗趣,决不出于墨。若必求其相似,亦与庄子近而与墨子远。

第十一章　荀　　子

　　荀子名况,亦曰荀卿,或称曰孙卿。赵人也。以齐襄王时游于稷下,距孟子至齐,五十年矣。是时齐尚修列大夫之缺,而荀子三为祭酒焉。入秦,见昭王、应侯。昭王谓儒无益人之国,荀子乃极明儒效。盖自孔子没而儒术分散,能振其业者,在前惟孟子,在后惟荀子。言虽不同,而其粹然为圣人之传则一也。荀子书每道仲尼、子弓。子弓即仲弓,犹子路之为季路也。其书三十二篇,而《大略》以下数篇,颇记孔门师弟问答之言,必有所受之。即其学之出于仲弓,无疑矣。而后之论者,以其主性恶,而言富国强国,大异于孟子;又韩非、李斯之徒,世所诋斥,皆出于其门下,遂并归罪于荀子之持论不慎。然以今观之,其言"君子养心莫善于诚,顺命以慎其独"(见《不苟篇》),一《大学》慎独诚意之旨也。其言"自知者不怨人,知命者不怨天"(《荣辱篇》),一《中庸》居易俟命之愿也。其言"君子之学,入乎耳,箸乎心,布乎四体,形乎动静。端而言,蝡而动,一可以为法则"(《劝学篇》),一《孟子》睟面盎背之功也。至其言俗儒、雅儒、大儒之别,而谓"大儒者,法先王,统礼义,一制度,以浅持博,以古持今,以一持万。苟仁义之类也,虽在鸟兽之中,若别白黑。倚物怪变,所未尝闻也,所未尝见也,卒然起一方,则举统类而应之,无所儗作。张法而度之,则暗然若合符节"(见《儒效篇》),是荀子之为荀子,岂浅见寡闻者所可得而妄议者哉!既不遇于齐、秦,乃归赵。赵亦不能用,去而之楚。春申君以为兰陵令,而荀子已老矣。及春申君死,乃废居兰陵。列著数万言而卒。《尧问篇》云:"孙卿迫于乱世,鳍(同蹢)于严刑,上无贤主,下遇暴秦。……当是时也,知者不得虑,能者不得治,贤者不得使。故君上蔽而无睹,贤人距而不受。"吾观春秋以来,孔、老、庄、孟之数圣人者,所遇皆如此。故曰:"君子能为可贵,不能使人必贵己。能为可信,不能使人必信己。能为可用,不能使人必用己。"(《荀子·非十二子篇》语)呜呼!伤已。

一　性恶

荀子与孟子不同者,厥为性恶之说。其言曰:"人之性恶,其善者伪也。今人之性,生而有好利焉。顺是,故争夺生,而辞让亡焉。生而有疾恶焉。顺是,故残贼生,而忠信亡焉。生而有耳目之欲,有好声色焉。顺是,故淫乱生,而礼义文理亡焉。然则从人之性,顺人之情,必出于争夺,合于犯分乱理,而归于暴。"又曰:"今人之性,饥而欲饱,寒而欲暖,劳而欲休,此人之情性也。今人饥,见长而不敢先食者,将有所让也。劳而不敢求息者,将有所代也。夫子之让乎父,弟之让乎兄,子之代乎父,弟之代乎兄,此二行者,皆反于性而悖于情者也。然而孝子之道,礼义之文理也。故顺情性,则不辞让矣。辞让,则悖于情性矣。用此观之,然则人之性恶明矣。其善者伪也。"(伪非虚伪之伪,犹言"为"也)顾荀子所言之性,与孟子所言之性,盖各有所指。观荀子驳孟子之言,可见也。孟子曰:"人之学者其性善。"荀子曰:"是不然。是不及知人之性,而不察乎人之性伪之分者也。凡性者,天之就也,不可学,不可事。礼义者,圣人之所生也,人之所学而能,所事而成者也。

不可学、不可事,而在人者,谓之性。可学而能、可事而成,之在人者,谓之伪。是性伪之分也。"(并《性恶篇》)夫荀子以"可学而能可事而成"者谓之伪,而此伪者,谁为之?非我为之乎?我何以能为此伪?非我之性有是乎?孟子曰:"乃若其情,则可以为善矣,乃所谓善也。"故孟子之所谓性,并荀子之伪在其中。而荀子之所谓性,则孟子之所云"性也,有命焉,君子不谓之性"者也。荀子讥孟子为不知性伪之分。以荀子观之,则固如是矣。若以孟子观之,此不知性伪之分者,或且在此而不在彼。然荀子亦非不知性之善者也。曰:"涂之人可以为禹。曷谓也?曰:凡禹之所以为禹者,以其为仁义法正也。然则仁义法正,有可知可能之理。然而涂之人也,皆有可以知仁义法正之质,皆有可以能仁义法正之具。然则其可以为禹,明矣。今以仁义法正,为固无可知可能之理耶?然则唯(同"虽")禹不知仁义法正,不能仁义法正也。将使涂之人,固无可以知仁义法正之质,而固无可以能仁义法正之具耶?然则涂之人也,且内不可以知父子之义,外不可以知君臣之正。今不然。涂之人,皆内可以知父子之义,外可以知君臣之正,然则其可以知之质,其可以能之具,其在涂之人,明矣。今使涂之人者。以其可以知之质,可以能之具,本夫仁义之可知可能之理,然则其可以为禹,明矣。"(《性恶篇》)夫此可以知之质,可以能之具,非即孟子所云"人之所不学而知者,其良知也;所不虑而能者,其良能也"耶?特荀子鉴于当时学者之纵情性,安恣睢,而慢于礼义,欲以矫饰扰化为教,故不以为性而以为伪。曰:"人无师法,则隆性矣。有师法,则隆积矣。性也者,吾所不能为也,然而可化也。积也者,非吾所有也,然而可为也。"(《儒效篇》)又曰:"圣可积而致。然而皆不可积,何也?曰:可以而不可使也。故小人可以为君子,而不肯为君子;君子可以为小人,而不肯为小人。小人君子者,未尝不可以相为也,然而不相为者,可以而不可使也。故涂之人可以为禹,则然。涂之人能为禹,未必然也。虽不能为禹,无害可以为禹。足可以遍行天下,然而未尝有能遍行天下者也。夫工匠农贾,未尝不可以相为事也,然而未尝能相为事也。用此观之,然则可以为,未必能也。虽不能,无害可以为。然则能不能之与可不可,其不同远矣。"(《性恶篇》)观于此言,则荀子之所以谓人之性恶者,为人之不肯为善而发,非为人之不可为善而发。其贬性也,正所以反性也。是故于孟子而得性善,则君子有不敢以自诿者矣;于荀子而得性恶,则君子有不敢以自恃者矣。天下之言,有相反而实相成者,若孟、荀之论性是也。

二 礼论

孟子言性善,故有扩充而已矣。荀子言性恶,则取矫饰扰化。而矫饰扰化之用,莫大于礼。故曰:"凡用血气志意知虑,由礼,则治通;不由礼,则勃(同悖)乱提僈。食饮衣服居处动静,由礼,则和节;不由礼,则触陷生疾。容貌态度进退趋行,由礼,则雅;不由礼,则夷固僻违庸众而野。"(《修身篇》)虽然,礼者,始乎税,成乎文,终乎悦恔者也。(本荀子语,见《礼论篇》,税,敛也)惟始乎税,故曰:"治气养心之术,莫径由礼。"(《修身篇》)曰:"血气刚强,则柔之以调和。知虑渐深,则一之以易良。勇胆猛戾,则辅之以道顺。齐给便利,则节之以动止。狭隘褊小,则廓之以广大。卑湿重迟贪利,则抗之以高志。庸众驽散,则劫之以师友。怠慢僄弃,则炤之以祸灾。愚款端悫,则合之以礼乐,通之以思索。"(同上)于性之所偏,而矫以饰之,而性由礼而立矣。惟终乎悦恔,故曰:"孰知夫出死要节之所以养生也,孰知夫出费用之所以养财也,孰知夫恭敬辞让之所以养安也,孰知夫礼义文理之所以养情也。"(同上)于性之可化,而久以扰之,而性由礼而成矣。此荀子言礼之精也。而由是而推之,所以为治于天下者,亦不出此。曰:"礼起于何也?曰:人生而有欲。欲而不得,则不能无求;求而无度量分界,则不能不争。争则乱，乱则穷。先王恶其乱也，故制礼义以分之，以养人之欲，给人之求。使欲必不穷乎物，物必不屈于欲，两者相持而长。是礼之所生也。"（《礼论》）曰："离居不相待，则穷。群而无分，则争。穷者，患也。争者，祸也。救患除祸，则莫若明分使群矣。强胁弱也，知惧愚也，民下违上，少陵长，不以德为政。如是，则老弱有失养之忧，而壮者有分争之祸矣。事业所恶也，功利所好也，职业无分。如是，则人有树事之患，而有争功之祸矣。男女之合，夫妇之分，婚姻娉内送逆，无礼。如是，则人有失合之忧，而有争色之祸矣。"（《富国》）由是观之，天下有礼则治，无礼则乱。故曰："天地者，生之始也。礼义者，治之始也。"（《王制》）且其言富国也，必归于节用裕民。（见《富国篇》）言强国也，必归于节威反文。（见《强国篇》）言乐，则曰谨为之文。（见《乐论篇》）言兵，则曰妙之以节。（见《议兵篇》）举一切而纳之于礼之中，而莫之敢过。故曰："礼者，法之大分，类之纲纪也。"（《劝学篇》）呜呼！荀子之于礼，可谓至矣。

三　解蔽

夫礼者，断长续短，损有余，益不足，达爱敬之文，而滋成行义之美者也。（用《礼论》原文）夫天下之所患者，短与长，均也；不足与有余，并也。而学者治者之蔽，见其长，则忘其短；见其有余，则忘其不足。此心之所以易惑，而行之所以易乱也。当荀子之时，百家之说众矣，而荀子以礼观之，即皆不能无失。故曰："墨子蔽于用，而不知文；宋子蔽于欲，而不知得；慎子蔽于法，而不知贤；申子蔽于势，而不知知；惠子蔽于辞，而不知实；庄子蔽于天，而不知人。"（《解蔽篇》，慎子、申子并见后《韩非章》）夫之数子者，非果所谓曲知之人也。然长于此，即不能不短于彼；有余于此，即不能无不足于彼。何也？则其心不能无蔽也。

心之所以有蔽,何也? 曰:"人何以知道? 曰心。心何以知? 曰虚壹而静。心未尝不臧(同藏)也,然而有所谓虚;心未尝不满也,然而有所谓一;心未尝不动也,然而有所谓静。人生而有知,知而有志(同识)。志也者,臧也。然而有所谓虚。不以所已臧害所将受,谓之虚。心生而有知,知而有异。异也者,同时兼知之。同时兼知之,两也。然而有所谓一。不以夫一害此一,谓之壹。心卧则梦,偷则自行,使之则谋,故心未尝不动也。然而有所谓静。不以梦剧乱知,谓之静。"(同上)夫存此虚壹而静者以察物,则有余不足之情俱见。俱见,则无蔽矣。失此虚壹而静者以察物,则有余不足之情俱惑。俱惑,则不能无蔽矣。故曰:"人心譬如槃水。正错而勿动,则湛浊在下,而清明在上,则足以见须眉,而察肤理矣。微风过之,湛浊动乎下,清明乱于上,则不可以得大形之正也。"(同上)是故蔽者,心蔽之。解者,亦心解之。其枢机在心。故曰:"心也者,道之工宰也。"(《正名》)夫言性,则荀子与孟子有不同也;而言心,则无不同。荀子曰:"人之所欲生,甚矣;人之所恶死,甚矣。然而人有从生成死者,非不欲生而欲死也。不可以生,而可以死也。故欲过之,而动不及,心止之也。心之所可中理,则欲虽多,奚伤于治? 欲不及,而动过之,心使之也。心之所可失理,则欲虽寡,奚止于乱? 故治乱在于心之所可,亡于情之所欲。"(《正名》)而孟子固曰:"所欲有甚于生者,所恶有甚于死者,非独贤者有是心也,人皆有之,贤者能勿丧耳。"此其同者,一也。荀子曰:"耳目口鼻形能,各有接,而不相能。夫是之谓天官。心居中虚,以治五官。夫是之谓天君。"(《天论》)而孟子固曰:"耳目之官,不思而蔽于物。物交物,则引之而已矣。心之官则思。思则得之,不思则不得也。"此其同者,二也。荀子曰:"凡人之取也,所欲未尝粹而来也。其去也,所欲未尝粹而往也。故人无动而可以不与权俱。"(《正名》)而孟子固曰:"权然后知轻重,度然后知长短。物皆然,心为甚。"此其同者,三也。夫性而善也,则思何以率其性。舍心,而性不达也。性而恶也,则思何以矫其性,舍心,而性不节也。性之途歧,而心之用一。此荀、孟之所以不得不同也。

四　正名

礼以明分。而分之明,则自正名始。故孔子曰:"必也正名乎!名不正,则言不顺。言不顺,则事不成。"而荀子亦曰:"王者之制名,名定而实辩,道行而志通,则慎率民而一焉。"(《正名》)夫名之所以乱者三。见侮不辱(宋钘之言,见上),圣人不爱己,杀盗非杀人也(墨子之言,见上),此惑于用名以乱名者也。山渊平(即惠施山与泽平之说),情欲寡(宋钘之言,见上),刍豢不加甘,大钟不加乐(即墨子非乐之说),此惑于用实以乱名者也。非而谒楹有牛,马非马也(上句有阙误,下句即公孙龙白马非马之说),此惑于用名以乱实者也。惑于用名以乱名,验之所为有名,而观其孰行,则能禁之矣。惑于用实以乱名,验之所缘以同异,而观其孰调,则能禁之矣。惑于用名以乱实,验之名约,以其所受,悖其所辞,则能禁之矣。(以上用《正名》原文意)故曰:"所为有名,与所缘以同异,与制名之枢要,不可不察也。"然则何为而有名?曰:"贵贱不明,同异不别,如是,则志必有不喻之患,而事必有困废之祸。故知者为之分别,制名以指实。上以明贵贱,下以别同异。贵贱明,同异别,如是,则志无不喻之患,事无困废之祸。此所为有名也。"何缘而以同异?曰:"缘天官。凡同类同情者,其天官之意物也同。故比方之,疑(同拟)似而通。是所以共其约名以相期也。形体色理,以目异。声音清浊节调奇声,以耳异。甘苦咸淡辛酸奇味,以口异。香臭芬郁腥臊漏庮奇臭,以鼻异。疾养沧热滑铍轻重,以形体异。说故喜怒哀乐爱恶欲,以心异。心有征知。征知,则缘耳而知声,可也;缘目而知形,可也。然而征知必将待天官之当簿其类,然后可也。天官簿之而不知,心征之而无说,则人莫不然谓之不知。此所缘而以同异也。然后随而命之,同则同之,异则异之。单足以喻,则单;单不足以喻,则兼;单与兼无所相避,则共。虽共,不为害矣。知异实者之异名也,故使异实者莫不异名也,不可乱也。犹使同实者,莫不同名也。故万物虽众,有时而欲遍举之,故谓之物。物也者,大共名也。推而共之,共则有共,至于无共然后止。有时而欲遍举之,故谓之鸟兽。鸟兽者,大别名也。推而别之,别则有别,至于无别然后止。名无固宜,约之以命。约定俗成,谓之宜。异于约,则谓之不宜。名无固实,约之以命实。约定俗成,谓之实名。名有固善径易而不拂,谓之善名。物有同状而异所者,有异状而同所者,可别也。状同而为异所者,虽可合,谓之二实。状变而实无别,而为变者,谓之化。有化而无别,谓之一实。此事之所以稽实定数也。此制名之枢要也。"(《正名篇》)夫民易一以道,而不可与共故。故圣王有作,则临之以势,道(同导)之以道,申之以命,章之以论,禁之以刑。其有析辞,擅作名,以乱正名,使民疑惑,人多辨讼,则谓之大奸。其罪,犹为符节度量之罪也。圣王不作,君子无势以临之,无刑以禁之,则不得已而有辨说。实不喻然后命,命不喻然后期,期不喻然后说,说不喻然后辩。故以正道而辨奸,犹引绳以持曲直。是故邪说不能乱,百家无所窜。(以上用原文)曰:"君子之言,涉然而精,俛然而类,差差然而齐。彼正其名,当其辞,以务白其志义者也。彼名辞也者,志义之使也。足以相通,则舍之矣。苟之,奸也。故名足以指实,辞足以见义,则舍之矣。外是者谓之讱。"(同上)夫如是,则君子之辩,岂与彼名家争为难持之说者比哉!

五 天论

荀子之言天,犹其言性也。言性,不重性而重伪,故曰性恶。言天,不重天而重人,故曰惟圣人为不求知天。(《天论篇》)然重伪,而未始以为伪之可以灭性也。故亦曰:"无性,则伪之无所加。无伪,则其性不能自美。性伪合,然后圣人之名一。天下之功于是就也。"(《礼论篇》)重人而未始以为人之可以敌天也。故亦曰:"天有其时,地有其财,人有其治。夫是之谓能参。舍其所以参,而愿其参,则惑矣。"曰:"圣人清其天君,正其天官,备其天养,顺其天政,养其天情,以全其天功。如是,则知其所为,知其所不为矣。则天地官,而万物役矣。其行曲治,其养曲适,其生不伤。夫是之谓知天。"(以上《天论篇》)是故其言:"大天而思之,孰与物畜而制裁之?从天而颂(同讼)之,孰与制天命而用之?望时而待之,孰与应时而使之?因物而多之,孰与骋能而化之?思物而物之,孰与理物而勿失之也?愿于物之所以生,孰与有物之所以成?"(同上)所以尽人也。其言:"楚王后车千乘,非知也。君子啜菽饮水,非愚也。是节(同适)然也。若夫志意修,德行厚,知虑明,生于今而志乎古,则是其在我者也。故君子敬其在己者,而不慕其在天者。"(同上)所以知命也。尽人知命,其道未尝悖也。不然,荀子讥庄子为蔽于天而不知人,今乃以人而夺天,不为蔽于人而不知天乎?太史公作《荀卿传》,谓"其嫉浊世之政,亡国乱君相属,不遂大道,而营于巫祝,信机祥",是则其为论,固有为而发者矣。今人自不信天,乃假此以攻孔孟天命之说。不知人之命在天(见《天论篇》),荀子固自言之。此所谓倚其所私,以观异术,而因以失其正求者,非耶?(倚其所私以观异术,本荀子语,见《解蔽篇》)

六 法后王

荀子曰:"礼莫大于圣王。圣王有百,吾孰法焉?曰:文久而息。节一族(同奏)久而绝。守法数之有司,极而褫。故曰,欲观圣王之迹,则于其粲然者矣,后王是也。彼后王者,天下之君也。舍后王而道上古,譬之是犹舍己之君,而事人之君也。"(《非相篇》)又曰:"五帝之外无传人。非无贤人也,久故也。五帝之中无传政。非无美政也,久故也。禹汤有传政,而不若周之察也。非无美政也,久故也。传者久则论略,近则论详。略则举大,详则举小。愚者闻其略而不知其详,闻其小而不知其大也。"(同上)此荀子所以法后王也。然荀子之言后王,与孟子之言先王,曾无以异。盖自战国言之,则谓之先王;自上古言之,则谓之后王。其实皆指周也。故曰:"王者之制,道不过三代,法不贰后王。道过三代,谓之荡。法贰后王,谓之不雅。衣服有制,宫室有度,人徒有数。丧祭械用,皆有等宜。声则凡非雅声者,举废;色则凡非旧文者,举息;械用则凡非旧器者,举毁。夫是之谓复古。是王者之制也。"(《王制篇》)夫谓之复古,则何以异于称先王也?且荀子之书,称先王后王,亦至不一。曰:"将原先王,本仁义,则礼正其经纬蹊径也。"(《劝学篇》)曰:"言不合先王,不顺礼义,谓之奸言。虽辩,君子不听。"(《非相篇》)曰:"先王之道,仁之隆也。"(《儒效篇》)曰:"古者先王审礼,以方(同旁)皇周挟(同浃)于天下,动无不当也。"(《君道篇》)言先王,言后王,随宜而言之,非有定也。是故其非子思、孟子也,曰:"略法先王,而不知其统。"(《非十二子篇》)亦过其略而不知其统,非过其法先王也。其讥俗儒也,曰:"呼先王以欺愚者,而求衣食焉。"(《儒效篇》)亦责其欺愚者求衣食,非责其呼先王也。不然,其称大儒,乃亦以法先王、统礼义、一制度为言,何哉?后人不察,以为荀子之法后王,为对孟子之法先王而起,则何不于荀子全书而熟考之?

第十二章　韩非 申子、慎子附见

　　韩非者,韩之诸公子也,好刑名法术之学,而与李斯同学于荀卿。非为人口吃,不能道说,而善著书。见韩之削弱,数以书谏韩王,韩王不能用。于是韩非疾。治国不务修明其法制,而以求人任贤。反举浮淫之蠹,加于功实之上。宽则宠名誉之人,急则用介胄之士。以为所养非所用,所用非所养。悲廉直不容于邪枉。观往者得失之变,而作《孤愤》、《五蠹》、《内外储说》、《说林》、《说难》十余万言。人或传其书至秦,秦王曰:"嗟乎!寡人得见此人与之游,死不恨矣!"李斯曰:"此韩非之所著书也。"秦因急攻韩。韩王始不用非,及急,乃遣非使秦。秦王悦之,未用。会李斯谗之曰:"非终为韩不为秦。今王不用,久留而归之。此自遗患也。"王信之,下吏治非。李斯使人遗非药,非遂自杀。非《孤愤》之篇曰:"智法之士,与当涂之人,不可两存之仇也。"又曰:"以疏远与信爱争,其数不胜也。以新旅与习故争,其数不胜也。以反主意与同好争,其数不胜也。以轻贱与贵重争,其数不胜也。以一口与一国争,其数不胜也。法术之士,操五不胜之势,以岁数而犹不得见。当涂之人,乘五胜之资,而旦暮独说于前。法术之士,焉得不危!"然则非之死,非自知之矣。而太史公谓:"非知说之难,为《说难》

书甚具。终死于秦,不得自脱。"(《史记·韩非列传》)若讥贬之者,何哉? 非之书五十五篇,今具存。而《初见秦》见于《战国策》,以为张仪之词。《存韩》,乃具载李斯奏,亦不类。疑有后人附会入之者矣。

一　有度

天下之患,在欲治,而恶其所以治,恶危,而喜其所以危(《奸劫弑臣》原文)。恶其所以治,而喜其所以危,何也? 夫主利在有能而任官,臣利在无能而得事;主利在有劳而爵禄,臣利在无功而富贵;主利在豪杰使能,臣利在朋党用私。("主利"以下,《孤愤》原文)由前之道,则所以治也;由后之道,则所以危也。然而天下之为人臣者,莫不欲无能而得事者也。夫社稷之所以立者,安静也;而躁险谗谀者任。四封之内,所以听从者,信与德也;而陂知倾覆者使。令之所以行,威之所以立者,恭俭听上也;而岩居非世者显。仓廪之所以实者,耕农之本务也;而綦组锦绣、刻画为末作者富。名之所以成,地之所以广者,战士也;而死之孤,饥饿乞于道,优笑酒徒之属,乘车衣丝。赏禄,所以尽民力,易下死也;而战胜攻取之士,劳而赏不沾,卜筮视、手理狐蛊、为顺辞于前者,日赐。上握度量,所以擅生杀之柄也;而守度奉量之士,欲以忠婴上,而不得见,巧言利辞、行奸轨以幸偷世者,数御。据法直言,名刑相当,循绳墨,诛奸人,所以为上治也,而愈疏远;谄施顺意从欲以危世者,近习。("社稷"以下,《诡使》原文)由前之道,则所以治也;由后之道,则所以危也。然而天下之为人上者,莫不乐于任夫躁险谗谀者也,盖利于公者法,便于己者私。私者,所以乱法也。而立法令者,以废私也。故曰:道私者乱,道法者治。上无其道,则智者有私词,贤者有私意。上有私惠,下有私欲。("故曰"下,《诡使》原文)是故韩非曰:"国无常强,无常弱。奉法者强,则国强;奉法者弱,则国弱。"(《有度》)又曰:"当今之时,能去私曲就公法者,民安而国治。能去私行行公法者,则兵强而敌弱。"(同上)又曰:"明主使其群臣,不游意于法之外,不为惠于法之内。动无非法,所以遏灭外私也。"(同上)夫巧匠目意中绳,然必先以规矩为度。上智捷举中事,必以先王之德为比。故绳直而枉木斫,准夷而高科削,权衡县而重益轻,斗石设而多益少。(以上《有度》原文)若法者,亦治国之度已。或曰,荀子之言曰:"有治人,无治法。法不能独立,类不能自行。"(《荀子·君道》)今韩非一以奉法为言,亦异于其所受之者矣。虽然,荀子不云乎:"隆礼至法,则国有常。尚贤使能,则民知方。纂论公察,则民不疑。赏免(同勉)罚偷,则民不怠。兼听齐民,则天下归之。然后明分职,序事业,材技官能,莫不治理,则公道达而私门塞矣,公义明而私事息矣。"(同上)其于公私道法之间,抑何其斤斤焉!且荀子之入秦也,称其士大夫曰:"出于其门,入于公门,出于公门,归于其家,无有私事也。不比周,不朋党,倜然莫不明通而公也。古之士大夫也!故四世有胜,非幸也,数也。"(《荀子·强国》)夫天下岂有上下内外,不知奉公守法,而可以治者哉!即安见儒之与法之必有二说也?

二 二柄

法之所以行者,曰刑与德。杀戮之谓刑,庆赏之谓德。是治之二柄也。二柄者,乱于好恶,而信于参验。何谓乱于好恶?君见恶,则群臣匿端;君见好,则群臣诬能。("君见恶"二句原文)故曰:"去好去恶,群臣见素。群臣见素,则大君不蔽矣。"(《二柄》)何谓信于参验?人皆寐,则盲者不知;皆嘿,则喑者不知。觉而使之视,问而使之对,则喑盲者穷矣。不听其言也,则无术者不知;不任其身也,则不肖者不知。听其言而求其当,任其身而责其功,则无术不肖者穷矣。(《六反》原文)

故曰:"尽思虑,揣得失,智者之所难也。无思无虑,挈前言而责后功,愚者之所易也。"(《八说》)不乱于好恶者,术也。取信于参验者,法也。术得于道德,法合于形名。得于道德,则以忍行其慈。故曰:"母之爱子也,倍父。父令之行于子者,十母。吏之于民无爱,令之行于民也,万父母。父母积爱,而令穷。吏用威严,而民听从。严爱之策,亦可决矣。"(《六反》)又曰:"今家人之治产也,相忍以饥寒,相强以劳苦。虽犯军旅之难,饥馑之患,温衣美食者,必是家也。相怜以衣食,相惠以佚乐。天饥岁荒,嫁妻卖子者,必是家也。故法之为道,前苦而长利;仁之为道,偷乐而后穷。圣人权其轻重,出其大利。故用法之相忍,而弃仁人之相怜也。"(同上)合于形名,则因任而不过。故曰:"功当其事,事当其言,则赏。功不当其事,事不当其言,则罚。故群臣其言大而功小者,则罚。非罚小功也,罚功不当名也。群臣其言小而功大者,亦罚。非不说于大功也,以为不当名也,害甚于有大功,故罚。"(《二柄》)若是,故明主之治国也,众其守而重其罪。堂溪公谓韩子曰:"臣闻服礼辞让,全之术也。修行退智,遂之道也。今先生立法术、设度数,臣窃以为危于身,而殆于躯。何以效之?"韩子曰:"夫治天下之柄,齐民萌(同氓)之度,甚未易处也。然所以废先生之教,而行贱臣之所取者,窃以为立法术、设度数,所以利民萌、便众庶之道也。故不惮乱主暗上之患祸,而必思以齐民萌之资利者,仁智之行也。惮乱主暗上之患祸,而避乎死亡之害,知明夫身,而不见民萌之资利者,贪鄙之为也。臣不敢向贪鄙之为,不敢伤仁智之行。"(以上《问田》)由是观之,司马迁谓非之惨礉少恩者(见列传),岂其实哉!虽然,非之言曰:"父母之于子也,产男则相贺,产女则杀之。此俱出父母之怀衽。然男子受贺,女子杀之者,虑其后便,计之长利也。故父母之于子也,犹用计算之心相待也,而况无父子之泽乎?"(《六反》)又曰:"为人主而大信其子,则奸臣得乘于子,以成其私,故李兑傅赵王而饿主父。为人主而大信其妻,则奸臣得乘于妻,以成其私,故优施傅丽姬,杀申生而立奚齐。

夫以妻之近，与子之亲，而犹不可信，则其余无可信者矣。"(《备内》)贼天恩，害人伦，则非之言亦太甚矣哉！

三　五蠹

夫不能具美食，而劝饿人饭，不为能活饿者也。不能辟草生粟，而贷施赏赐，不为能富民者也。善毛嫱、西施之美，无益吾面。用脂泽粉黛，则倍其初矣。(《显学》原文)是故非之言曰："明主举实事，去无用。"(《显学》)又曰："力多则人朝，力寡则朝于人。故明君务力。"(同上)又曰："治强不可责于外，内政之有也。"(《五蠹》)然而天下有必不亡之术，有必灭之事。必不亡之术若何？曰："明其法禁，必其赏罚。尽其地力，以多其积。致其民死，以坚其城守。天下得其地，则其利少；攻其国，则其伤大。万乘之国，莫敢自顿于坚城之下，而使强敌裁其弊也。此必不亡之术也。"(同上)必灭之事若何？曰："其学者，则称先王之道，以籍(同藉)仁义，盛容服，而饰辩说，以疑当世之法，而贰人主之心。其言谈者，为设诈称借于外力，以成其私，而遗社稷之利。其带剑者，聚徒属，立节操，以显其名，而犯五官之禁。其患(同串)御者，积于私门，尽货赂，而用重人之谒，退汗马之劳。其商工之民，修治苦窳之器，聚弗靡之财，蓄积待时，而侔(同牟)农夫之利。此五者，邦之蠹也。不除此五蠹之民，不养耿介之士，则海内虽有破亡之国，削灭之朝，亦勿怪矣。"(同上)且当非之时，儒以文乱法，而侠以武犯禁，士民纵恣于内，而言谈者为势于外。故群臣之言外事也，非有分于从横之党，则有仇雠之忠，而借力于国。事成以权长重，事败而以富退处。七国皆然。此亦可谓极敝矣。夫欲以宽缓之政，治急世之民，犹无辔策，而御骅马，此不知之患也。故古者有谚曰：为政犹沐也。虽有弃发，必为之。(以上皆用原文意)然则非之去先王，退仁义，而尚严刑峭法，岂非论世之事,因为之备者乎!("论世之事,因为之备",本非语,见《五蠹》)抑非之言曰:"且夫世之愚学,皆不知治乱之情,谍谀多诵先古之书,以乱当世之治。智虑不足以避阱井之陷,又妄非有术之士。"(《奸劫弑臣》)又曰:"今学者皆道书筴之颂语,不察当世之实事。"(《六反》)又曰:"今学者之言也,不务本作而好末事,知道虚圣以说民。"(《八说》)夫所贵于学者,为其言必当理,事必当务,智足以应当时之变,而有益于人之国也。故荀子亦曰:"凡事行,有益于理者,立之;无益于理者,废之。夫是之谓中事。凡知说,有益于理者,为之;无益于理者,舍之。夫是之谓中说。"(《儒效》)又曰:"略法先王,而足乱世术。缪学杂举,呼先王以欺愚者,而求衣食焉,是俗儒者也。"(同上)如非所云,亦俗儒而已耳。虽诵先王之书,治世之所弃也。则非以其无用而掊之,岂不宜哉!而世或以此谓非之与儒为仇,抑可谓不能知非者矣。

四　难势

先于韩非者,有慎到,赵人也。《汉志》亦在法家。然其书存者,五篇而已。慎子曰:"贤人而诎于不肖者,则权轻位卑也;不肖而能服于贤者,则权重位尊也。吾以此知势位之足恃,而贤智之不足慕也。"韩非应之曰:"势者,名一而变无数者也。夫尧舜生而在上位,虽有十桀纣不能乱者,则势治也。桀纣亦生而在上位,虽有十尧舜而亦不能治者,则势乱也。故曰:势治者不可乱,而势乱者则不可治也。此自然之势也,非人之所得设也。夫弃隐栝之法,去度量之数,使奚仲为车,不能成一轮。无庆赏之劝,刑罚之威,释势委法,尧舜户说而人辩之,不能治三家。故抱法处势,则治;背法去势,则乱。若吾所言,谓人之所得设也。若吾所言,谓人之所得势也而已矣。"(以上并《难势》)慎子之言,势与法分。韩子之言,势寄于法。惟势与法分,故得而难之曰:

"势者,非能必使贤者用己,而不肖者不用己也。贤者用之,则天下治。不肖者用之,则天下乱。人之情性,贤者寡而不肖者众。而以威势之利,济乱世之不肖人,则是以势乱天下者,多矣;以势治天下者,寡矣。"(同上)惟势寄于法,故得而应之曰:"吾所以为言势者,中也。中者,上不及尧舜,而下亦不为桀纣。夫良马固车,五十里而一置。使中手御之,追速致远,可以及也,而千里可日致也。且夫尧、舜、桀、纣,千世而一出。废势背法,而待尧舜,尧舜至乃治,是千世乱而一治也。抱法处势,而待桀纣,桀纣至乃乱,是千世治而一乱也。且夫治千而乱一,与治一而乱千也,是犹乘骥駬而分驰也。相去亦远矣。"(同上)到与非同为法家,然非之言益密矣。且到曰:"法虽不善,犹愈于无法,所以一人心也。夫投钩以分财,投策以分马,非钩策为均也,使得美者不知所以美,使得恶者不知所以恶。此所以塞愿望也。"(《慎子》)然法之为用,岂塞愿望而止哉!则宜乎庄子之笑之,而以到之道,非生人之行,而至死人之理也。(见《庄子·天下篇》)

五　定法

世之言刑名者,辄曰申韩。申不害相韩昭侯,与商鞅相先后,盖去韩非百余年。《汉志》有"申子六篇",今已佚。虽或见于他书,莫由窥其全也。而韩非称:"申不害言术,而公孙鞅为法。术者,因任而授官,循名而责实,操杀生之柄,课群臣之能者也。法者,宪令著于官府,刑罚必于民心,赏存乎慎法,而罚加乎奸令者也。"(《定法》)然徒术而无法,与徒法而无术,皆有所不可。故曰:"韩者,晋之别国也。晋之故法未息,而韩之新法又生。先君之令未收,而后君之令又下。申不害不擅其法,不一其宪令,则奸多。故利在故法前令,则道(同导)之。利在新法后令,则道之。利在故新相反,前后相悖,则申不害虽十使昭侯用术,而奸臣犹有所谲其辞矣。故托万乘之劲韩十七年,而不至于霸王者,虽用术于上,法不勤饰于官之患也。公孙鞅之治秦也,设告坐而责其实,连什伍而同其罪。赏厚而信,刑重而必。是以其民用力劳而不休,逐敌危而不却。故其国富而兵强。然而无术以知奸,则以其富强也,资人臣而已矣。及孝公、商君死,惠王即位,秦法未败也,而张仪以秦殉韩。惠王死,武王即位,甘茂以秦殉周。武王死,昭襄王即位,穰侯越韩魏而东攻齐。五年,而秦不益一尺之地,乃成其陶邑之封。应侯攻韩,八年,成其汝南之封。自是以来,诸用秦者,皆应、穰之类也。故战胜则大臣尊,益地则私封立。主无术以知奸也。商君虽十饰其法,人臣反用其资。故乘强秦之资数十年,而不至于帝王者,法虽勤饰于官,主无术于上之患也。"(同上)又曰:"申子未尽于术,商君未尽于法也。申子言:'治不逾官,虽知不言。'治不逾官,谓之守职也可;知而弗言,是谓过也。人主以一国目视,故视莫明焉;以一国耳听,故听莫聪焉。今知而弗言,则人主尚安假借矣。商君之法曰:'斩一首者爵一级,欲为官者,为五十石之官。斩二首者爵二级,欲为官者,为百石之官。'官爵之迁,与斩首之功相称也。今有法曰:'斩首者令为医匠。'则屋不成,而病不已。夫匠者,手巧也;而医者,齐药也。而以斩首之功为之,则不当其能。今治官者,智能也;今斩首者,勇力之所加也。以勇力之所加,而治智能之官,是以斩首之功为医匠也。"(同上)非学于荀卿,而《显学篇》言儒、墨之流别甚晰。又有《解老》、《喻老》之作。其于法家者流,如商鞅、申不害、慎到之徒,又皆用其长而救其所不足。故吾谓法家至非而集大成。儒、道、名、墨亦至非而冶一炉。若非者,亦才士也夫!

第十三章　秦灭古学

　　春秋以来,百家蜂起。及秦混一天下,遂有焚书坑儒之祸。旧时学术,一时斩焉中绝。窃尝考秦灭古之故,盖有数端。而其是非,亦有可得而论者。秦本僻在西戎,不与中邦之文教。襄公之后,徙居岐丰之地,渐与诸国往来。然史称文公十三年,初有史以纪事(《史记·秦本纪》)。则其时之草昧未尽开也。即其后之强,亦率以用客卿之故。秦土未始有杰出之人。统观战国以至秦始称帝,秦人之好士尚文艺者,惟有一吕不韦。而不韦本阳翟(阳翟属韩)人。且其所著书,亦类书之体,不足当一家之说。秦既素不知学,其视诸家之存废,固不足以措意。此其忍于焚书者,一也。秦之强霸,独得法治之力,而法家之意,惟知近功。故商君谓:"明君修政作壹,去无用,止浮学事淫之民。"又谓:"说者成伍,烦言饰辞,而无实用。"固以为法令之外,皆可废绝。故异时既焚百家之学,犹曰:"欲学法令,以吏为师。"(见《史记·始皇本纪》)盖汉之罢黜百家,所以尊儒;而秦之焚书坑儒,则以申法。此其忍于灭古者,二也。称帝之后,所为多不师古。而学者以其所闻,时相訾议,不能不疑乱天下。故李斯曰:"古者天下散乱,莫之能一。是以诸侯并作,语皆道古以害今,饰虚言以乱实。人善其所私学,以非上之所建立。今皇帝并有天下,别黑白,而定一尊。而私学相与非法教("而"字本在"学"字下,以意移上),人闻令下,则各以其学议之。入则心非,出则巷议,夸主以为名,异取(同趣)以为高,率群下以造谤。如此弗禁,则主势降于上,党与成乎下。"(同上)当时是古而非今者,以儒者为盛,故儒之罹祸最酷。既禁藏《诗》、《书》百家语,又曰:"有敢偶语《诗》、《书》者,弃市。以古非今者,族。"(同上)盖其视儒者之道仁义,称先生,皆将不利于政本。此其忍于灭古者,三也。然其先亦尝重用诸家之士矣。《汉书》:秦博士之官员,多至数十人,掌通古今。(见《百官表》)今见于《艺文志》者,儒家有《羊子》四篇,凡书百章,名家有《黄公》四篇,皆秦博士。而仆射周青臣用面谀,面斥其过,以致成焚书之衅者,则博士淳于越也。始皇东行郡县,上泰山,登之罘,议刻石颂秦德,议封禅望祭山川,皆与鲁诸儒生俱。故其自言,亦曰:"吾召文学方术士甚众,欲以兴太平。"(《始皇本纪》)徒以诸生非议法令,不当其意。又卢生诽谤而逃之。遂一怒而坑者四百六十余人。亦酷已!然吾以为当时之士,即亦不能无过。不通时变之宜,好执古以非今,一也。奸利相告,不惜自溃,二也。侯生、卢生,皆类知道者,而乃为始皇求仙药,终亦不验,三也。盖自百家争鸣以来,尊己抑人,已成风气,而又昧于道术之全,不明损益之为用,骛空谈而遗实际,以是言多失中,往往缪盭于理。其好怪异者,更益之以神仙之说,易老聃长生久视之道,而为海上不死之方。此虽无始皇之焚坑,其亦不能不自隳灭矣。且当天下分裂,忧时之士,各出其所尚,以救当世之急。此譬之人有疑难之症,为之子者,奇方异术,无所不搜。及夫六国既破,海内统一,曩时所持以应世者,已无所用。此譬之病起人愈,虽有良药,亦将斥去。故百家之传,至秦而绝。犹王官六艺之学,至春秋、战国而分。斯二者,皆势之所必然,非人力所得而为也。而昧者不察,专以灭古为秦之罪。或以为百家之废,后世学术遂不如古。此岂为明于当时之势,与古今之变者哉!

第二编　中古哲学史

第一章　两汉儒学之盛

秦之焚书,惟儒生受祸最酷。故及秦之乱而陈涉起,鲁诸儒乃持孔氏之礼器归之。孔甲为秦少傅,会李斯议焚书,亡去。至是,亦归涉为博士,卒与俱败死。太史公曰:"陈涉起匹夫,驱瓦合适(同谪)戍,旬月以王楚。不满半岁,竟灭亡。其事至微浅。然而搢绅先生之徒,负孔子礼器,往委质为臣者,何也?以秦焚其业,积怨而发愤于陈王也。"(《史记·儒林传》)当百家并争,如申不害、商鞅法术之士,既得志于韩、秦;而纵横家之苏秦、张仪,阴阳家之邹衍,亦以其口辩,奔走天下之王侯,致身富贵。而儒者独与世龃龉,未尝得凭权势而有所为,可谓穷矣。然而及六国之灭,信儒术者益众。韩非以儒与墨为当时之显学,而一则曰:"行仁义者非所誉,誉之则害功。"再则曰:"工文学者非所用,用之则害法。"(《五蠹》)即其力攻仁义文学,知其时为仁义文学者之多也。及始皇坑儒生于咸阳,长子扶苏谏曰:"天下初定,远方黔首未集。诸生皆诵法孔子。今上重法绳之,臣恐天下不安。"(《史记·始皇本纪》)夫以杀儒生数百人而至虑及天下不安,非儒之重于天下者然乎?是故以汉高之不好儒,见辄解其冠,溲溺其中(《汉书·郦食其传》)。而行过鲁,即不得不以太牢祠孔子(《汉书·高帝本纪》)。鲁为项羽守,当围城之中,而诸儒讲诵,习礼乐,弦歌之音不绝,即不得不为之叹息(《汉书·儒林传》)。其于陆生马上不足以治天下之对,而为之有所惭色者(《汉书·陆贾传》)。盖渐渍于儒说,非一日矣。既即帝位,用叔孙通制朝仪,张苍定律令。是二人者,皆秦博士,故儒生也。及孝惠四年,遂除挟书之禁。孝文帝立,欲广游学之路。于是《论语》、《孝经》、《孟子》、《尔雅》皆置博士。是时民间藏书渐出,而贾生方日以仁义之说,陈于天子之前。(《贾谊传》)虽曰公卿皆武力功臣,薄太后又好黄老术,皆不知重儒。然儒术之兴,有不待武帝之表章六经,而已决知者矣。盖自七国之世,儒之道虽不见用,儒之说则深中于人心。孟子曰:"仁言不如仁声之入人深也,善政不如善教之得民也。"故语近功,则儒不及百家;而言长效,则百家不及儒。此儒之得兴于汉者,一也。秦尚首功而弃礼义,其效至于富强,而其弊则至于君臣父子不相顾。故荀卿所以策秦者,曰:"力术止,义术行。"(《荀子·强国》)秦终不悟,遂以亡其社稷。于时贾生论秦,亦推言其过,在于仁义不施(《过秦论》)。汉兴,惩秦之亡,故不得不反秦之弊。此儒之得兴于汉者,二也。秦之遇儒至虐,故儒之处境至苦。而惟其处境之苦,乃以成其自守之坚。秦禁偶语《诗》、《书》,而伏生之《尚书》,即以口授而传,《诗》三百篇,亦以讽诵而得不绝。禁藏《诗》、《书》百家语,令下三十日不烧者,黥为城旦,而异日之古礼逸书,即出于壁中。盖当秦汉之交,儒者之抱残守缺,出入于死生之际者,不知其几何人矣!故三代古籍之存而不失,一皆儒者之力,而他家不与焉。此儒之得兴于汉者,三也。不特此也。自是以后,其校定诸子者,如成、哀时之刘向父子,安帝时之刘珍,顺帝时之伏无忌、黄景,即皆儒者。是不独六艺由儒者而复显,即诸子亦赖儒者而后传。汉以前,儒为九流之一;汉以后,儒为百家之宗。向使无儒,则中国学术之亡久矣,而尚有今日哉!

当武帝时,董仲舒以贤良对策,尊孔氏而抑百家(见《汉书·董仲舒传》)。丞相卫绾,奏所举贤良,或治申、商、韩非、苏秦、张仪之言,乱国政,请皆罢,奏可(《武帝本纪》)。此史所称武帝之表章六经,罢黜百家者也。然观前后《汉书》,杨王孙学黄老之术(《汉书·杨王孙传》),耿况学老子于安丘先生(《后汉书·耿弇传》),矫慎少学黄老(《后汉·逸民传》),则武帝以后,黄老之学犹存也。路温舒学律令,于定国少学法于父(《汉书》各本传),郭躬父弘,习小杜律,躬少传父业讲授,徒众常数百人(《后汉书·躬传》),阳球好申韩之学(《球传》),则武帝以后,申、韩刑名之学犹存也。不独此也。主父偃学长短纵横术,著书二十八篇,与邹阳、徐乐、严安、聊苍所著之书,皆见于《艺文志》,是汉有苏、张纵横之学矣。田蚡学《盘盂书》,为杂家,而《淮南》内外篇,与东方朔所著书,亦见于《志》,是汉有杂家之学矣。不过国家以五经立学,缘是而经术特盛,其显名于时者,又彬彬皆儒学之臣,百家遂不能不瞠乎其后矣。抑吾观董仲舒,以春秋灾异,推阴阳所以错行(本传),高相专说阴阳灾异(《汉书·儒林传》),京房长于灾变,翼奉好律历阴阳之占(《汉书》各本传),则儒之中有阴阳矣。董君(即仲舒)以春秋决事比,张汤决大狱,欲傅古义,乃请博士弟子治《尚书》、《春秋》,补廷尉史,平亭疑法(《汉书·汤传》),则儒之中有法矣。刘向有《说老子》四篇(《艺文志》),则儒之中有道矣。是故诸葛亮以申、韩教太子禅(《三国志·亮传》),未尝谓亮为法家而非儒也;范升习《老子》教授诸生(《后汉书·升传》),未尝谓升为道家而非儒也。盖自汉以来,儒者不必皆治道德、名、法,而治名、法、道德,则无不儒者。故吾谓汉以前,儒为九流之一;汉以后,儒为百家之宗者,此也。

儒既汇众流而为一,而儒之道乃益大。然《汉志》九家,惟阴阳之言为最诞。虽五德终始之说,亦见于《大戴记》,而史公《五帝本纪》即言:"宰予问五帝德,及帝系姓,儒者或不传。"则其言孔子所传者,固未可信矣。司马谈学天官于唐都,而论六家要旨,则谓:"阴阳之术,大祥而众忌讳,使人拘而多所畏。"(见《史记·太史公自序》)刘歆以阴阳为出古羲和之官(《汉书·艺文志》)。以今考之,殆古巫祝之遗也。邹衍之书,四十九篇;又《终始》,五十六篇(见《艺文志》),皆佚。然《吕氏春秋·应同篇》犹存其说。曰:"凡帝王之将兴也,天必先见祥乎下民。黄帝之时,天先见大螾、大蝼。黄帝曰:'土气胜。'土气胜,故其色尚黄,其事则土。及禹之时,天先见草木秋冬不杀。禹曰:'木气胜。'木气胜,故其色尚青,其事则木。及汤之时,天先见金刃生于水。汤曰:'金气胜。'金气胜,故其色尚白,其事则金。及文王之时,天先见火,赤乌衔丹书集于周社。文王曰:'火气胜。'火气胜,故其色尚赤,其事则火。火者必将水,天且先见水气胜。水气胜,故其色尚黑,其事则水。"可谓怪迂者矣。而汉兴,贾生首谋改正朔,易服色,悉草具其事仪法,色尚黄,数用五(《史记·贾谊列传》),盖本阴阳终始之理。自是以后,儒者莫不通阴阳之学。而刘向为《洪范五行传》,儒与阴阳,一合遂不可分。窃考箕子为武王陈洪范(《尚书》):初一,曰五行;次二,曰敬用五事;次三,曰农用八政;次四,曰协用五纪;次五,曰建用皇极;次六,曰乂用三德;次七,曰明用稽疑;次八,曰念用庶征;次九,曰向用五福,威用六极。以五行与五事八政并列,未尝举一切而以五行配之也。且五事、五纪、庶征、五福,其数皆五。固与五行配矣。而八政则八、皇极则一、三德则三、稽疑则七、六极则六,五行何以配之?《荀子·非十二子篇》,斥子思、孟子"案往旧造说,谓之五行"。而《孟子》七篇今具存,无有道及五行者。且论《书》则曰:"尽信《书》,不如无《书》。"《书》之有者,不肯尽信,况肯为《书》之所无者乎?荀子之言,殆非其实。不然,则妄者为之,而托于子思、孟子。荀子未察,乃以为二贤罪耳。顾荀子亦儒家,荀子而不取五行,即五行不出于儒,明矣。荀子曰:"夫日月之有蚀,风雨之不时,怪星之党见,是无世而不常有之。上明而政平,则是虽并世起,无伤也。上暗而政险,则是虽无一至者,无益也。"又曰:"夫星之队,木之鸣,是天地之变,阴阳之化,物之罕至者也。怪之,可也;而畏之,非也。"(并《天论》)而汉儒则以为休咎之征,与政事之得失相应。如京房,以日月失明,星辰逆行,所有灾异,皆由于信任石显。

翼奉，以山崩地动，由于二后之党满朝（见《汉书》各本传）。并言："人气内逆，则感动天地。天变见于星气日蚀，地变见于奇物震动。所以然者，阳用其精，阴用其形，犹人之有五藏六体。五藏象天，六体象地。故藏病则气色发于面，体病则欠申动于貌。"（《翼奉传》）此与万物之怪书不说者，盖大异矣（万物之怪书不说，荀子《天论》语）。降至哀、平之际，谶纬流行。光武绍复旧物，亦以赤符自累。至正五经章句，皆命从谶。于是以阴阳穿凿说理，以图纬附会征信。始之阴阳折入于儒者，终乃儒为阴阳所夺。以郑康成（玄）东汉大儒，而解经时取诸纬，又为诸纬作法，其他又何说乎？当谶记盛时，桓谭独以非谶见放。今观其言曰："凡人情忽于见事，而贵于异闻。观先王之所记述，咸以信义正道为本，非有奇怪虚诞之事。今诸巧慧小才伎数之人，增益图书，矫称谶记，以欺惑贪邪，诖误人主。其事虽有时合，譬犹卜数只偶之类。"又曰："谶出河图、洛书，但有朕兆，而不可知。后人妄复加增依托，称自孔子，误之甚也。"（《后汉书·桓谭传》）其后张衡亦言："谶者，虚伪之徒以要世取资，或复采前世成事，以为证验。譬犹画工恶图犬马，而好作鬼魅。诚以实事难形，而虚伪不穷也。"（《衡传》）夫罔人者其害小，而贼理者其害大。以阴阳谶纬言学，而学乃不得不晦矣。是故儒术之盛，汉儒之功；而阴阳谶纬之行，亦汉人之罪。

第二章 贾　　生

　　汉初以《诗》、《书》进说者，首陆贾。然观其使尉佗事，颇似纵横家所为。今犹传陆贾《新语》，而多肤廓不切，与史称"每奏一篇，高帝未尝不称善"者不类。又《汉志》有"平原君（朱建）七篇"，"刘敬三篇"，皆与贾同时，而书并佚。故言汉之儒者，自贾生始。生，洛阳人，名谊。尝从张苍受《左氏春秋》。苍，故秦博士也。谊年十八，以能诵《诗》、《书》属文称于郡中。河南守吴公，闻其秀才，召置门下。文帝初立，闻河南守吴公治平第一，故与李斯同邑，而尝学事焉。征以为廷尉。廷尉乃言，谊年少，颇通诸家之书。文帝召以为博士。是时贾生年二十余，最少。每诏令议下，诸老先生未能言，贾生尽为之对，人人各如其意所欲出。诸生于是乃以贾生为能。文帝说之。一岁之中，超迁至大中大夫。于是天子议以谊任公卿之位。绛、灌、东阳侯、冯敬之属，尽害之（绛，绛侯周勃；灌，灌将军婴；东阳侯，张相如也）。乃毁谊曰："洛阳之人，年少初学，专欲擅权，纷乱诸事。"于是帝亦疏之，不用其议。以为长沙王太傅。久之，文帝征贾生入见，因感问鬼神之事。至夜半，前席。既罢，曰："吾久不见贾生，自以为过之，今不及也。"然终莫能用。拜为梁怀王太傅。后怀王堕马死。贾生自伤为傅无状，岁余亦死。年三十三。《汉志》其书五十八篇。今所传《新书》五十六篇。所为《过秦论》、《治安策》，世多知之者。《治安策》虽不见用，然其后诸侯推恩分封子弟，卒如生言。故刘向称"其通达国体，虽古之伊、管，未能远过"，而遭时不录，竟以忧死。惜哉！

一　道术

贾生之说，莫精于论道术之分。盖合儒、道两家而一之者也。其言曰："'数闻道之名矣，而未知其实也。请问道者何谓也？'对曰：'道者，所从接物也。其本者谓之虚，其末者谓之术。虚者，言其精微也，平素而无设施也。术也者，所从制物也，动静之数也。凡此皆道也。'曰：'请问虚之接物何如？'对曰：'镜仪而居，无执不臧；美恶毕至，各得其当。衡虚无私，平静而处；轻重毕悬，各得其所。明主者，南面而正，清虚而静，令名自宣，命物自定。如鉴之应，如衡之称，有噦和之，有端随之。物鞠其极，而以当施之。此虚之接物也。'"是即老子所谓："我无为而民自化，我好静而民自正。"庄子所谓："至人之用心若镜。不将不迎，应而不藏。故能胜物而不伤也。"（《应帝王》）"曰：'请问术之接物何如？'对曰：'人主仁，而境内和矣，故其士民莫弗亲也。人主义，而境内理矣，故其士民莫弗顺也。人主有礼，而境内肃矣，故其士民莫弗敬也。人主有信，而境内贞矣，故其士民莫弗信也。人主公，而境内服矣，故其士民莫弗戴也。人主法，而境内轨矣，故其士民莫弗辅也。举贤则民化善，使能则官职治。英俊在位，则主尊；羽翼胜任，则名显。操德而固，则威立；教顺而必，则令行。周听，则不蔽；稽验，则不惶。明好恶，则民心化；密事端，则人主神。术者，接物之队（同遂）。凡权重者，必谨于事；令行者，必谨于言。则过败鲜矣。此术之接物之道也。'"（以上皆《新书·道术》）是即孔子所谓："政者正也。子帅以正，孰敢不正?"荀子所谓:"原清则流清,原浊则流浊。上好礼义,尚贤使能,无贪利之心,则下亦将綦辞让,致忠信,而谨于臣子也。"(《君道》)贾生之言术,与法家之言术异。法家之言术,不欲以好恶示人。故曰:"去好去恶,群臣见素。"(见前)贾生之言术,欲以好恶公之天下。故曰:"明好恶则民心化。"此儒之与法之大不同也。而史公乃谓贾生明申、韩,疑非其实矣。

二　六理

贾生之说,尤有与道家相似者。其言德有六理,曰:"道、德、性、神、明、命,此六者,德之理也。六理无不生也。已生,而六理存乎所生之内。"(《六术》)何谓道? 曰:"道者无形。"曰:"未变者,道之颂(同容)也。"曰:"变及诸生之理,皆道之化也。"(《道德说》)此庄子所云"一之所起,有一而未形"者也。何谓德? 曰:"道冰(同凝)而为德。"曰:"德者离无而之有。"曰:"道虽神,必载于德,而颂乃有所因以发动变化而为变。"(同上)此庄子所云"物得以生谓之德"者也。何谓性? 曰:"性者,道德造物,物有形,而道德之神专(同抟)而为一气。"曰:"性,神气之所会也。"曰:"性立,则神气晓晓然发而通行于外矣。"(同上)此庄子所云"形体保神,各有仪则,谓之性"者也。何谓神? 曰:"神者,道德神气发于性也。"曰:"物理及诸变之起,皆神之所化也。"何谓明? 曰:"明者,神气在内,则无光而为知,明则有辉于外矣。"曰:"光辉之谓明。"曰:"明生识,而通之以知。"此庄子所云"立之本原,而知通于神"者也。何谓命? 曰:"命者,物皆得道德之施以生,则泽润性气神明,及形体之位分数度,各有极量指奏矣。此皆所受其道德,非以嗜欲取舍然也。其受此具也,岩然有定矣,不可得辞也。故曰命。"曰:"命者,不得毋生。生则有形,形而道德性神明因载于物形故岩坚,谓之命。"(并同上)此庄子所云"未形者有分,且然无间,谓之命"者也(庄子语并见《天地篇》)。先乎性以道德,明性之所受也。继之以神明,明性之用也。终之以命,明性之有定也。此贾生言性之精也。而曰:"阴阳天地人,尽以六理为内度。是以阴阳各有六月之节,天地有六合之事,人有仁义礼智信之行。行和则乐兴,乐兴则六。此之谓六行。"(《六术》)则又与儒者之言合。又曰:"人虽有六行,微细难识。唯先王能审之。凡人弗能自至。是故必待先王之教,乃知所从事。"(同上)此与荀子谓"圣人积思虑,习伪故,以生礼义而起法度。必待圣王之治,礼义之化,然后皆出于治,合于善"(见《性恶篇》),更无以异。故荀子重礼,谓食饮、衣服、居处、动静无一可不由礼(《修身》,已见前),而贾生亦曰:"动有文体谓之礼,反礼为滥。容服有义谓之仪,反仪为诡。"(《道术》)且制为《容经》,立坐行趋,莫不有容。曰:"立而跂,坐而蹁,体息懈,志骄傲,趑视数顾,容色不比,动静不以度,妄欸唾,疾言嗟气不顺,皆禁也。"盖儒本出于道。惟道家多从先天立论,儒家多从后天立论。从先天立论,故曰:"天法道,道法自然。"从后天立论,故曰:"下学而上达,知我者其天乎?"先天者,本体也;后天者,工夫也。以本体而贱工夫,过之者,或不免堕于空虚,此老庄之所以难学也。以工夫而造本体,不及者,犹能循其涂辙,此孔孟之所以无弊也。吾观于贾生之书,而知汉初之学之犹近古也。

三　早谕教与胎教

贾生于儒,实与荀子为近。惟未尝言性恶耳。其曰:"胡越之人,生而同声,嗜欲不异。及其长而成俗也,累数译而不能相通行,有虽死而不相为者,则教习然也。"(《保傅》)即荀子《劝学篇》意。惟视习尤重于性。故《治安策》极陈天下之命县于太子,太子之善,在于蚤谕教与选左右。曰:"殷为天子二十余世,而周受之。周为天子三十余世,而秦受之。秦为天子二世而亡。人性非甚相远也,何殷、周之君有道之长,而秦无道之暴也? 其故可知也。古之王者,太子初生,固举以礼,使士负之。有司齐肃端冕,见之南郊,见于天也。过阙则下,过庙则趋,孝子之道也。故自为赤子,而教固已行矣。昔者周成王幼,在襁褓之中,召公为太保,周公为太傅,太公为太师。保,保其身体;傅,傅之德义;师,道之教训。三公之职也。于是为置三少,皆上大夫也。曰少保、少傅、少师。是与太子燕者也。故孩提有识,三公、三少,因明孝仁礼义,以道习之。逐去邪人,不使见恶行。于是皆选天下之端士,孝弟博闻有道术者,以卫翼之,使与太子居处出入。故太子初生而见正事,闻正言,行正道。左右前后,皆正人也。习与正人居之不能无正也,犹生长于齐之不能不齐言也;习与不正人居之不能无不正也,犹生长于楚之不能不楚言也。故择其所嗜,必先受业,乃得尝之;择其所乐,必先有习,乃得为之。孔子曰:'少成若天性,习惯如自然。'是殷、周之所以长有道也。及秦而不然。其俗固非贵辞让也,所上者告讦也;固非贵礼义也,所上者刑罚也。使赵高傅胡亥而教之狱,所习者非斩劓人,则夷人之三族也。故今日即位,明日射人。忠谏者,谓之诽谤;深为之计者,谓之妖言。其视杀人,若艾草菅然。岂胡亥之性不善哉? 其所以道之者,非理故也。夫存亡之反,治乱之机,其要在是矣。"且孟子言政,必首曰格君心之非。贾生言政,必首曰早谕教太子。此在天下为家、君主世及之世,固为能推见为治之本原者矣。然贾生又不仅言教太子然也,其言教常人亦然。曰:"古者,年九岁入就小学,蹍小节焉,业小道焉。束发就大学,蹍大节焉,业大道焉。是以邪放非辟无由入之焉。谚曰:'君子重袭,小人无由入。正人十倍,邪辟无由来。'古之人其谨于所近乎?"(《容经》)又不仅言谕教之宜早也,更进而言胎教之要。曰:"谨为子孙婚妻嫁女,必择孝悌世世有行义者。如是,则其子孙慈孝,不敢淫暴。"曰:"青史氏之记(《汉志》小说家有"青史子五十七篇",注曰"古史官记事也")曰:'古者胎教之道,王后有身七月而就宴室(本作蒌室,从《大戴礼》改),太师持铜而御户左,太宰持斗而御户右,太卜持蓍龟而御堂下,诸官皆以其职御于门内。比三月者,王后所求声音,非礼乐,则太师抚乐而称不习;所求滋味者,非正味,则太宰荷斗而不敢煎调,而曰不敢以待王太子。'"曰:"周妃后妊成王于身,立而不跛,坐而不差,笑而不喧,独处不倨,虽怒不骂,胎教之谓也。"(并《胎教》)盖贾生言性,虽本之道德,而亦不认其可以自善。故曰:"似练丝,染之蓝则青,染之缁则黑。"(《连语》)以为人之善恶,惟教实操其柄。而教必施之于豫。故由蚤谕教,更推之于胎教,而其说益密矣。至其曰:"有上主者,有中主者,有下主者。上主者,可引而上,不可引而下;下主者,可以引而下,不可引而上;中主者,可引而上,可引而下。"(同上)虽分三等,而实取中者为论,不得疑其有类于告子也。

第三章　董仲舒

董子，名仲舒。广川人。景帝时，以治《春秋》为博士。下帷讲诵，弟子传(同转)以久次相受业，或莫见其面，盖三年。进退容止，非礼不行。学士皆师尊之。武帝元光元年，以贤良对策。天子异焉，至于三策之。以为江都相，复相胶西王。及去位归居，终不问家人产业，修学著书为事。以寿终于家。当仲舒在家，朝廷有大议，使使者就其家问之。其对皆有明法。自武帝初立，魏其、武安侯(田蚡)为相，而隆儒矣。及仲舒对策，推明孔氏，抑黜百家。立学校之官，州郡举茂才、孝廉，皆自仲舒发之。其言："天不变，道亦不变。王者任德，而不任刑。与仁人者，正其谊不谋其利，明其道不计其功。"(并见《贤良策》)粹然皆儒者之言。惟以《春秋》灾异之变，推阴阳所以错行。以为求雨闭诸阳、纵诸阴，止雨反是。汉儒之援阴阳入儒，实自仲舒始。而卒以所为灾异之记有刺讥，几死，则不能无讥焉。《汉书·仲舒传》称："仲舒所著明经术之意，及上疏条教凡百二十三篇。而说《春秋》事得失，《闻举》、《玉杯》、《蕃露》、《清明》、《竹林》之属，复数十篇。"今传《春秋繁露》八十二篇，而阙文者三篇，实七十九篇。然以《汉书》观之，《玉杯》、《繁露》似各自为篇，而今以《繁露》名书，疑出后人掇拾，篇第有非其旧者矣。

一　天人合一说

　　董子之学之精，在其天人合一之说。曰："为生不能为人，为人者天也。人之人本于天，天亦人之曾祖父也。此人之所以乃上类天也。人之形体，化天数而成。人之血气，化天志而仁。人之德行，化天理而义。人之奸恶，化天之暖清。人之喜怒，化天之寒暑。人之受命，化天之四时。人生有喜怒哀乐之答，春秋冬夏之谓也。喜，春之答也。怒，秋之答也。乐，夏之答也。哀，冬之答也。天之副在乎人，人之情性，有由天者矣。"（《为人者天篇》）又曰："天地之精，所以生物者，莫贵于人。人受命乎天也，故超然有以倚。物疢疾，莫能为仁义，唯人独能为仁义；物疢疾，莫能偶天地，唯人独能偶天地。人有三百六十节，偶天之数也。形体骨肉，偶地之厚也。上有耳目聪明，日月之象也。体有空窍理脉，川谷之象也。心有哀乐喜怒，神气之类也。观人之体，一何高物之甚而类于天也。物旁折取天之阴阳以生活耳，而人事烂然有其文理。是故凡物之形，莫不伏从旁折天地而行。人独题直立端尚，正正当之。是故所取天地少者，旁折之；所取天地多者，正当之。此见人之绝于物而参天地。"（《人副天数篇》）又曰："身犹天也。数与之相参，故命与之相连也。天以终岁之数，成人之身。故小节三百六十六，副日数也。大节十二，副月数也。内有五藏，副五行数也。外有四肢，副四时数也。乍视乍瞑，副昼夜也。乍刚乍柔，副冬夏也。乍哀乍乐，副阴阳也。心有计虑，副度数也。行有伦理，副天地也。此皆暗肤（同附）著身，与人俱生，比而偶之，弇合。于其可数也，副数。不可数者，副类。皆当同而副天，一也。是故陈其有形，以著其无形者；拘其可数，以著其不可数者。以此言道之，亦宜以类相应。犹其形也，以数相中也。"（同上）其言人之本于天如此。惟本于天，故不可不循天之道、如天之为。其言曰:"君子法乎其所贵。天地之经,生至东方之中而所生大,养至西方之中而所养大成。一岁四起业,而必于中。中之所为,而必就于和。故曰:和其要也。和者天(天下当有地字)之正也,阴阳之半也。其气最良,物之所生也。诚择其和者以为,大得天地之奉也。天地之道,虽有不和者,必归之于和,而所为有功;虽有不中者,必止之于中,而所为不失。是故阳之所行,始于北方之中,而止于南方之中。阴之所行,始于南方之中,而止于北方之中。阴阳之道不同,至于盛,而皆止于中,其所起始,皆必于中。中者,天地之大极也,日月之所至而却也。长短之隆,不得过中,天地之制也。兼和与不和,中与不中,而时用之,尽以为功。是故时无不时者,天地之道也。顺天之道者,节天之制也(旧作节者,以意乙改)。阳者,天之宽也。阴者,天之急也。中者,天之用也。和者,天之功也。举天地之道而美于和,是故物生皆贵气而迎养之。孟子曰:'我善养吾浩然之气者也。'谓行必终礼,而心自喜,常以阳得生其意也。泰实则气不通,泰虚则气不足。热胜则气□,寒胜则气□。泰劳则气不入,泰佚则气宛(读郁)至。怒则气高,喜则气散。忧则气狂,惧则气慑。凡此十者,气之害也,而皆生于不中和。故君子怒则反中而自说以和,喜则反中而收之以正,忧则反中而舒之以意,惧则反中而实之以精。气不伤于以盛通,而伤于不时天并。不与阴阳俱往来,谓之不时。恣其欲而不顾天数,谓之天并。君子治身,不敢违天。天气之于人,重于衣食。衣食尽,尚犹有间;气尽,而立终。故养生之大者,乃在爱气。气从神而成,神从意而出。心之所之,谓意。意劳者神扰,神扰者气少,气少者难久矣。故君子闲欲止恶以平意,平意以静神,静神以养气。气多而治,则养身之大者得矣。"(《循天之道篇》,有节文)又曰:"春修仁而求善,秋修义而求恶,冬修刑而致清,夏修德而致宽。此所以顺天地,体阴阳。然而方求善之时,见恶而不释;方求恶之时,见善亦立行;方致清之时,见大善,亦立举之;方致宽之时,见大恶,亦立去之。以效天地之方生之时有杀也,方杀之时有生也。是故志意随天地,缓急仿阴阳,然而人事之宜行者,无所郁滞。且恕于人,顺于天,天人之道兼举,此谓执其中。"(《如天之为篇》)又曰:"天地之间,有阴阳之气常渐人者,若水常渐鱼也。所以异于水者,可见与不可见耳。其澹澹也。人常渐是澹澹之中,而以治乱之气与之流通相殽也。故人气调和而天地之化美。"(同上,有节文)《易传》言:"圣人之作《易》也,将以顺性命之理。是以立天之道,曰阴与阳;立地之道,曰柔与刚;立人之道,曰仁与义。"史不言仲舒通《易》,然观其所言,抑何与《易》理之相合也!吾以为仲舒之明阴阳,惟此言中和养气,通于道家,而与儒者之旨不悖。若其推以广说万事,至谓:"王者与臣无礼,貌不肃敬,则木不曲直,而夏多暴风;言不从,则金不从革,而秋多霹雳;视不明,则火不炎上,而秋多电;听不聪,则水不润下,而春夏多暴雨;心不能容,则稼穑不成,而秋多雷。"(《五行五事篇》)此阴阳家之瞽说,吾所不取,故不赘述焉。

二 性

董子言性,亦与荀子为近。贾生学《左氏春秋》于张苍,苍受之于荀子。董子治《公羊春秋》,而《公羊春秋》亦荀子所传(清汪中《荀子通论》考证甚详)。故刘向谓仲舒作书美荀卿。要之贾、董之学,皆出于荀子,为无疑也。董子之言曰:"今世暗于性,言之者不同。胡不试反性之名?性之名,非生与?如其生之自然之资,谓之性。性者,质也。诘性之质于善之名,能中之与(同欤)?既不能中矣,而尚谓之质善,何哉!性之名不得离质,离质如毛,则非性已。不可不察也。"(《深察名号篇》)又曰:"或曰:'性也善。'或曰:'性未善。'则所谓善者,各异意也。性有善端,动之爱父母,善于禽兽,则谓之善。此孟子之善。循三纲五纪,通八端之理,忠心而博爱,敦厚而好礼,乃可谓善。此圣人之善也。是故孔子曰:'善人吾不得而见之,得见有恒者斯可矣。'由是观之,圣人之所谓善,未易当也。非善于禽兽则谓之善也。使动其端,善于禽兽,则可谓之善,善奚为弗见也?夫善于禽兽之未得为善也,犹知于草木而不得名知。万民之性,善于禽兽,而不得名善。善(旧作知,以意改正)之名乃取之圣。圣人之所命,天下以为正。正朝夕者视北辰,正嫌疑者视圣人。圣人以为无王之世,不教之民,莫能当善。善之难当如此。而谓万民之性,皆能当之,过矣。质于禽兽之性,则万民之性善矣。质于人道之善,则民性弗及也。"(同上)董子不从性善之说,非近于荀子乎?然与荀子亦有不同。贾生谓:"凡人弗能自至。必待先王之教,乃知所从事。"(《新书·六术》)与荀子同。而言人生而有仁义礼知信和(同上,已见前),则与荀子异。董子亦然。其言性不得谓善,与荀子同。而谓善出于性,则与荀子异。其言曰:"性比禾,善比于米。米出禾中,而禾未可全为米也。善出性中,而性未可全为善也。善与米,人之所继天而成于外,非在天所为之内也。天之所为,有所至而止。止之内,谓之天性;止之外,谓之人事。事在性外,而性不得不成德。"又曰:"性有似目。目卧,幽而瞑,待觉而后见。当其未觉,可谓有见质,而不可谓见。今万民之性,有其质而未能觉。譬如瞑者待觉,教之然后善。当其未觉,可谓有善质,而不可谓善。与目之瞑而觉,一概之比也。"又曰:"性如茧、如卵。卵待覆而为雏,茧待缲而为丝,性待教而为善。此之谓真天。天生民,性有善质,而未能善。于是为之立王以教之。此天意也。民受未能善之性于天,而退受成性之教于王。王承天意以成民之性为任者也。"(以上皆《深察名号篇》)曰善出性中,曰性有善质,是虽不以性为善,而亦未尝谓性为恶也。盖董子之说,一本之阴阳。天不能有阴而无阳,人性即不能有恶而无善。故其言亦曰:"栣众恶于内,弗使得发于外者,心也。故心之为名栣也。人之受气,苟无恶者,心何栣哉!吾以心之名得人之诚,人之诚有贪有仁。仁贪之气,两在于身。身之名取诸天,天两有阴阳之施,身亦两有贪仁之性。天有阴阳禁，身有情欲栣，与天道一也。"（同上）惟以性为兼有贪与仁，故不认性为纯恶；而亦惟以性为兼有贪与仁，故不谓性为能自善。然荀子不亦云乎："义与利者，人之所两有也。虽尧舜，不能去民之欲利。然而能使其欲利，不克其好义也。虽桀纣，亦不能去民之好义。然而能使其好义，不胜其欲利也。"（《大略》）即荀子亦不能定言人性之有恶而无善。故吾曩于孟、荀之言性，而谓其说虽殊，其意可以相通。观于贾生、董子之书，乃益信古人之或取于此，或取于彼，意皆各有所为。若必执其一而强分之，岂为能知言者之意者乎！

三 仁义

董子以阴阳言性，亦以阴阳言善。故或仁智并言，或仁义并言。曰："仁而不智，则爱而不别也；智而不仁，则知而不为也。"（《必仁且知篇》）曰："春秋之所治，人与我也。所以治人与我者，仁与义也。以仁安人，以义正我，故仁之为言人也，义之为言我也。"（《仁义法》）而尤莫精于以人我言仁义之分。其言曰："仁之法在爱人，不在爱我；义之法在正我，不在正人。我不自正，虽能正人，弗予为义；人不被其爱，虽厚自爱，不予为仁。"曰："夫我无之，求诸人；我有之，而诽诸人。人之所不能受也。其理逆矣，何可为义！义者，谓宜在我者，宜在我者而后可以称义。故言义者，合我与宜以为一言。以此操之，义之为言我也。故曰：有为而得义者，谓之自得；有为而失义者，谓之自失。人好义者，谓之自好；人不好义者，谓之不自好。以此参之，义我也，明矣，是义与仁殊。仁谓往，义谓来；仁大远，义大近。爱在人谓之仁，宜在我谓之义。仁主人，义主我也。故曰仁者人也，义者我也。此之谓也。君子求仁义之别，以纪人我之间。然后辨乎内外之分，而著于顺逆之处也。是故内治，反理以正身，据礼以劝福；外治，推恩以广施，宽制以容众。"曰："'君子攻其恶不攻人之恶。'(本《论语》孔子语)不攻人之恶,非仁之宽欤?自攻其恶,非义之全欤?此谓之仁造人,义造我,何以异乎!故称其恶谓之情,称人之恶谓之贼。求诸己谓之厚,求诸人谓之薄。自责以备,谓之明;责人以备,谓之惑。是故以自治之节治人,是居上不宽也;以治人之度自治,是为礼不敬也。为礼不敬,则伤行而民弗尊;居上不宽,则伤厚而民弗亲。弗亲则弗信,弗尊则弗敬。仁义之处,可无论乎!"(以上皆《仁义法》)自孟子言仁义,而仁义之言遍天下。然如董子分析若是之明白者,鲜矣!此真醇粹以精之言,深有得于儒之精神命脉者。而世之谈董子者,往往遗之,反纠缠于其阴阳五行之论,谓非弃周鼎而宝康瓠者耶!

第四章　淮南王安 附刘向

《淮南子》者，言淮南王刘安所作。《汉书》曰："淮南王安，为人好书，鼓琴，不喜弋猎狗马驰骋。亦欲以行阴德，拊循百姓，流名誉。招致宾客方术之士数千人，作为内书二十一篇，外书甚众。又有中篇八卷，言神仙黄白之术，亦二十余万言。"（《安》本传）则固非出自一手。《汉志》杂家有"淮南内二十一篇"，"外三十三篇"。师古曰："内篇论道，外篇杂说。"今所传二十一篇，而如《说山》、《说林》等训，皆杂说之类。疑内、外篇已错乱，不尽当时内二十一篇之旧也。其书亦名《鸿烈》，高诱序曰："鸿，大也；烈，明也。以为大明道之书也。"又曰："其义也著，其文也富。物事之类，无所不载。然其大较，归之于道。"而今《原道训》言："大丈夫恬然无思，澹然无虑。天下之事，不可为也。因其自然而推之。"《修务训》又言："自天子以下，至于庶人，四胑不动，思虑不用，事治求澹（通赡）者，未之或闻。"《缪称训》言："上世体道而不德，中世守德而弗怀也，末世绳绳乎唯恐失仁义。"《泰族训》又言："善言归乎可行，善行归乎仁义。仁义者，治之本也。"先后乖迕，不皆道家之言。然当汉时，儒道杂糅，即诸家不免。淮南如是，又无足异也。淮南王安后坐谋反诛，其事甚冤。而世或传其仙去，则固诞妄不足道。

一　原道

　　淮南之言道，一本于老庄。观其《原道训》，可见也。然亦有发老庄之蕴，而为老庄之所言之而未尽者。曰："所谓无为者，不先物为也。所谓无不为者，因物之所为也。所谓无治者，不易自然也。所谓无不治者，因物之相然也。万物有所生，而独知守其根。百事有所出，而独知守其门。故穷无穷，极无极，照物而不眩，响应而不乏。此之谓天解。故得道者，志弱而事强，心虚而应当。所谓志弱而事强者，柔毳安静。藏于不敢，行于不能，恬然无虑，动不失时，与万物回周旋转，不为先唱，感而应之。所谓其事强者，遭变应卒（同猝），排患扞难，力无不胜，敌无不凌，应化揆时，莫能害之。是故欲刚者，必以柔守之。欲强者，必以弱保之。积于柔则刚，积于弱则强。观其所积，以知祸福之乡。"（《原道训》）老庄只言柔，而淮南则柔刚并言焉。又曰："先唱者，穷之路也；后动者，达之原也。所谓后者，非谓其底滞而不发，凝结而不流，贵其周于数，而合于时也。夫执道理以耦变，先亦制后，后亦制先。是何？则不失其所以制人，人不能制也。时之反侧，间不容息。先之则太过，后之则不逮。夫日回而月周，时不与人游。故圣人不贵尺之璧，而重寸之阴，时难得而易失也。禹之趋时也，履遗而弗取，冠挂而弗顾，非争其先也，而争其得时也。"（同上）老庄只言后，而淮南则先后并言焉。然其言刚者，非异于柔之谓也。柔以成刚，刚之用在柔，柔之道在刚也。其言先者，亦非异于后之谓也。后以处先，先之要在后，后之效在先也。是故得淮南之言，而后老庄尚柔主后之意，乃明。而后为老庄之学者，乃于刚柔先后之间，知所以用而无有失。是则淮南为老庄之功臣也。又其言曰："人生而静，天之性也。感而后动，性之容也。物至而神应，知之动也。知与物接，而好憎生焉。好憎成形，而知诱于外。不能反躬,而天理灭矣。"(此文《小戴·乐记》亦有之,但文稍异)曰:"夫喜怒者,道之邪也。忧乐者,德之失也。好憎者,心之过也。嗜欲者,性之累也。人大怒破阴,大喜坠阳。薄气发瘖,惊怖为狂。忧悲多恚,病乃成积。好憎繁多,祸乃相随。故心不忧乐,德之至也。通而不变,静之至也。嗜欲不载,虚之至也。无所好憎,平之至也。不与物散,粹之至也。能此五者,则通于神明。通于神明者,得其内者也。是故以中制外,百事不废。中能得之,则外能牧之。"(并同上)此与孟子称"养心莫善于寡欲,寡欲不存焉者寡,多欲存焉者寡"合。曰:"夫形者,生之舍也;气者,生之充也;神者,生之制也。形者,非其所安也而处之,则废;气,不当其所充而用之,则泄;神,非其所宜而行之,则昧。"(同上)此与孟子称"持志养气"亦合。吾曩论庄、孟,谓其有极相似处,因以为儒道用有不同,而其于道之本原则无二。观于淮南,而益信吾之所见不妄也。

二　损益

道之运,见于消息。消息之应,在于损益。损益之理,《易》之几也。老子,知《易》者也,故曰:"物或损之而益,或益之而损。"曰:"祸兮福所倚,福者祸所伏。"孔子,知《易》者也,故读《易》至于损益,未尝不喷(同喟)然而叹曰:"损益者,其王者之事欤?"(见《淮南·人间训》,亦见《说苑》、《家语》)夫欲明道,而不通消息损益之故,道未有能明者也。善乎淮南之《人间训》曰:"事或欲以利之,适足以害之;或欲害之,乃反以利之。事或夺之,而反与之;或与之,而反取之。事或为之,适足以败之;或备之,适足以致之。或远之而近,或近之而远。或贪生而反死,或轻死而得生。"反覆于人事倚伏之无常,繁征博引而为之说,可谓深切著明者矣。而其归则仍反之于《易》。曰:"君子终日乾乾,夕惕若厉无咎。终日乾乾,以阳动也;夕惕若厉,以阴息也。因日以动,因夜以息,唯有道者能行之。"曰:"所以贵圣人者,以其能龙变也。"曰:"知天之所为,知人之所行,则有以任于世矣。"非深通于《易》者,能言之乎?今《汉志》,《易》十三家,有"淮南道训二篇",以为淮南王安聘明《易》者九人所作,号"九师易"。若《人间训》者,亦九师易之流也。且常人惟不知祸福之门,故求福而福愈远,避祸而祸愈至,皇皇然而莫知所以措。此亦人世之大苦。而观《人间训》所称:"近塞之人,有善术者。马无故亡而入胡,人皆吊之。其父曰:'此何遽不为福乎?'居数月,其马将胡骏马而归,人皆贺之。其父曰:'此何遽不能为祸乎?'家富良马(旧作马良,以意乙改),其子好骑,堕而折其髀。人皆吊之。其父曰:'此何遽不为福乎?'居一年,胡人大入塞,丁壮者引弦而战,近塞之人,死者十九。此独以跛之故,父子相保。"则祸之为福,福之为祸,岂人之智所可尽测哉!是以《中庸》言"君子居易以俟命"。而庄子亦曰:"知其不可奈何而安之若命。"(《庄子·人间世》)呜呼!此知命之学,儒与道之所共之者也。

三 天文地形

淮南之书,于儒道外,亦杂有阴阳之说。然其言天地生成、人物变化之理,颇有足纪者。《天文训》曰:"天地未形,冯冯翼翼,洞洞灟灟,故曰太始。太始生虚霩,虚霩生宇宙,宇宙生元气。元气有涯垠,清阳者,薄靡而为天;重浊者,凝滞而为地。清妙之合专(同抟)易,重浊之凝竭难,故天先成,而地后定。天地之袭精为阴阳,阴阳之专精为四时,四时之散精为万物。积阳之热气生火,火气之精者为日;积阴之寒气为水,水气之精者为月。日月之淫气精者为星辰。天受日月星辰,地受水潦尘埃。天道曰圆,地道曰方。方者主幽,圆者主明。明者,吐气者也,是故火日外景;幽者,含气者也,是故水月内景。吐气者施,含气者化,是故阳施阴化。天之偏气怒者为风,地之合气和者为雨。阴阳相薄,感而为雷,激而为霆,乱而为雾。阳气胜,则散而为雨露;阴气胜,则凝而为霜雪。"此其言天地之所以生成也。《地形训》曰:"土地各以其类生。是故山气多男,泽气多女,水气多暗,风气多聋,林气多癃,木气多伛,岸下气多尰,石气多力,险阻气多瘿,暑气多夭,寒气多寿,谷气多痹,丘气多尪,衍气多仁,陵气多贪。轻土多利,重土多迟。清水音小,浊水音大,湍水人轻,迟水人重。中土多圣人。皆象其气,皆应其类。"曰:"东方川谷之所注,日月之所出。其人兑(同锐)形小头,隆鼻大口,鸢肩企行,窍通于目,筋气属焉。苍色,主肝。长大,早知,而不寿。其地宜麦,多虎豹。南方阳气之所积,暑湿居之。其人修形兑上,大口决眦,窍通于耳,血脉属焉。赤色,主心。早壮而夭。其地宜稻,多兕象。西方高土,川谷出焉,日月入焉。其人末偻修颈卬(同仰)行,窍通于鼻,皮革属焉。白色,主肺。勇敢不仁。其地宜黍,多旄犀。北方幽晦不明,天之所闭也,寒冰之所积也,蛰虫之所伏也。其人翕(读胁)形短颈,大肩下尻,窍通于阴,骨干属焉。黑色,主肾。蠢愚而寿。其地宜菽,多犬马。中央四达,风气之所通,雨露之所会也。其人大面短颐,美须(同鬚)恶肥,窍通于口,肤肉属焉。黄色,主胃。慧圣而好治。其地宜禾,多牛羊及六畜。"此其言人物之所以变化也。考《大戴记·曾子天圆篇》,已有"天道曰圆,地道曰方,火日外景,金水内景"等说,以为曾子之言(《荀子·解蔽》亦有"清明外景,浊明内景"云云)。《易本命篇》亦言:"坚土之人肥,虚土之人大,沙土之人细,息土之人美,耗土之人丑。"而《吕氏春秋》圜道、尽数等篇,说亦略同。意者淮南之论,亦述而非作欤?然而不可考矣。至其说有合有不合,固不得以今日之学术例之。

汉宗室能著书立说者,淮南王安外,有刘向。向字子政,本名更生。事宣、元、成三朝,前后居列大夫官者三十余年。值权在外戚,故卒不至柄用。向所著书，有《洪范五行传》、《说苑》、《新序》、《列女传》等，而《五行传》已佚。大抵其学颇杂阴阳。观其元、成间所上封事，与京房、翼奉盖相类（见《汉书》本传）。然《说苑·反质篇》谓："信鬼神者失谋，信日者失时。"而《敬慎篇》称孔子之言，曰："存亡祸福，皆在己而已。天灾地妖，亦不能杀也。"夫阴阳家舍人事而任鬼神（见《艺文志》），与儒之务民之义、近鬼神而远之者，不同也。而向之论如此，则犹与儒为近。成帝时，向领校中五经秘书。子歆继之，遂传《七略》，班固因以为《艺文志》者也。而《志》有向《说老子》四篇。诸子之书得以不坠者，向之功为多。其后子歆好《左氏春秋》、《毛诗》、《周礼》、《古文尚书》，而古文之学遂显于世。故治汉学者，辄称向父子云。向之说性，见后王充、荀悦章，兹故略焉。

第五章　扬　　雄

扬雄，字子云，蜀人。少而好学，不为章句，训诂通而已。博览无所不见。简易佚荡，口吃不能剧谈，默而好深沉之思。尝好词赋，既而小之，以为壮夫不为也。于是作《太玄》以拟《易》，作《法言》以拟《论语》。然时人皆忽之，惟桓谭（谭字君山，著有《新论》，已佚）以为绝伦。雄以成帝时，游京师，给事黄门，与王莽、刘歆并。哀帝之初，又与董贤同官。成、哀、平间，莽、贤皆为三公，权倾人主，所荐莫不拔擢，而雄三世不徙官。及莽篡位，谈说之士，用符命称功德，获封爵者甚众，雄复不侯。故《汉书》称其不汲汲于富贵，不戚戚于贫贱，用心于内，不求于外（雄本传），非虚言也。雄既死，大司空王邑、纳言严尤谓桓谭曰："子常称扬雄书，岂能传于后世乎？"谭曰："必传。顾君与谭不及见也。凡人贱近而贵远，亲见扬子云禄位容貌不能动人，故轻其书。若使遭遇时君，更阅贤知，为所称善，则必度越诸子矣。"（并见《雄传》）今《法言》十三卷、《太玄》十卷具存。然《玄》文词艰深，不如《法言》之大行也。

一　太玄

《太玄》,拟《易》之书也。《易》以八八为数,故其卦六十有四。《玄》以九九为数,故其首八十有一。《易》卦之爻三,《玄》首之位四,曰方、曰州、曰部、曰家。最上为方,顺而数之至于家。《易》之爻分阴阳,《玄》之位分一二三。方二十七首而转,故有三方;州九而转,故有九州;部三而转,故有二十七部;家一而转,故有八十一家。一为天,二为地,三为人。故有天玄、有地玄、有人玄,各二十七。《玄告》曰:"善言天地者以人事,善言人事者以天地。"《玄图》曰:"夫玄也者,天道也,地道也,人道也。兼三道而天名之。"是故言天地人则三,而言玄则一也。虽然,所谓玄者何也?《玄摛》曰:"仰而视之在乎上,俯而窥之在乎下,企而望之在乎前,弃而忘之在乎后。欲违则不能,默则得其所者,玄也。"又曰:"近玄者玄亦近之,远玄者玄亦远之。譬若天,苍苍然在于东面、南面、西面、北面,仰而无不在焉。及其俛(同俯),则不见也。天岂去人哉?人自去也。"盖玄之名,本于老子。老子曰:"玄牝之门,是谓天地之根。"而其所以状玄者,曰:"迎之不见其首,随之不见其后。"曰:"从事于道者,道者同于道;从事于得者,得者同于得;从事于失者,失者同于失。于道者道亦得之,于得者得亦得之,于失者失亦得之。"此扬雄之所本也。然孔子系《易》,亦言:"《易》之为书也,不可远;为道也,屡迁。"而颜子之叹孔子,则曰:"瞻之在前,忽焉在后,仰之弥高,钻之弥坚。"孔子与老无二,则《易》之与《玄》亦无二也。且《易》之崇高也如天,其卑近也亦如地。其难知者,吉凶之几;而易知者,善恶之应。故《易·系》曰:"善不积,不足以成名;恶不积,不足以灭身。"又曰:"颜氏之子,其殆庶几乎?有不善,未尝不知;知之,未尝复行也。"而《玄》亦曰:"人之所好而不足者,善也;人之所丑而有余者,恶也。君子日强其所不足,而拂其所有余,则玄道之几矣。"然则极深而研几者,其唯《易》与《玄》乎!虽然,《玄》亦有与《易》不同者。《易》言阴阳,而不言五行,而《玄》首有九赞,所以拟《易》之爻辞者也,则以五行配之。故《玄莹》曰:"鸿本五行,九位施重,上下相因,丑在其中。"玄数既以三八为木,四九为金,二七为火,一六为水,五五为土,而赞辞亦象金木水火之形而为之说。是《玄》取意于《易》,取象于《洪范》。以《洪范》言《易》者,盖自雄始矣。

二　法言

子云之学,虽兼孔、老,而作《法言》,则以孔、颜为归。故曰:"有教立道,无心仲尼;有学术(同述)业,无心颜渊。"(《学行》)曰:"山岊之蹊,不可胜由矣;向墙之户,不可胜入矣。曰:'恶由入?'曰:'孔氏。'孔氏者,户也。"(《吾子》)曰:"学者,所以求为君子也。求而不得者,有矣夫。未有不求而得之者也。睎骥之马,亦骥之乘也;睎颜之人,亦颜之徒也。"(《学行》)其论诸子也,一折衷于孔氏。故曰:"万物纷错,则悬诸天;众言淆乱,则折诸圣。"(《吾子》)曰:"庄、杨荡而不法,墨、晏俭而废礼,申、韩险而无化,邹衍迂而不信。"(《五百》)或问:"公孙龙诡辞数万以为法,法与?"曰:"断木为棋,梡革为鞠,亦皆有法焉。不合乎先王之法者,君子不法也。"(《吾子》)或问:"仪、秦学乎鬼谷术,而习乎纵横言,安中国者各十余年。是夫?"曰:"诈人也。圣人恶诸。"曰:"孔子读而仪、秦行,何如也?"曰:"甚矣,凤鸣而鸷翰也。"(《渊骞》)然虽过诸子,而亦未尝无所取之。故或曰:"庄周有取乎?"曰:"少欲。""邹衍有取乎?"曰:"自持。"(《问道》)又或问:"邹、庄有取乎?"曰:"德则取,愆则否。""何谓德愆?"曰:"言天地人,经,德也;否,愆也。"(《问神》)此观其论孟子、荀子,可以见其意。或曰:"子小诸子,孟子非诸子乎?"曰:

"诸子者,以其知异于孔子者也。孟子异乎不异。"或曰:"孙卿非数家之书,侻也。至于子思、孟轲,诡哉。"曰:"吾于孙卿与,见同门而户也。惟圣为不异。"(《君子》)盖言有合于圣人,则取之;言有背于圣人,则弗取。故其于老子亦然。曰:"老子之言道德,吾有取焉耳。及捶提仁义,绝灭礼学,吾无取焉耳。"(《问道》)抑雄虽言必称孔子,而亦非墨守孔子之道而不知变者。或曰:"以往圣人之法治将来,譬犹胶柱而调瑟,有诸?"曰:"有之。"曰:"圣君少而庸君多。如独守仲尼之道,是漆也。"曰:"圣人之法,未尝不关盛衰焉。昔者尧有天下,举大纲,命舜、禹,夏、殷、周,属其子,不胶者卓矣。唐虞象刑惟明,夏后肉辟三千,不胶者卓矣。尧亲九族,协和万国,汤武桓桓,征伐四克,由是言之,不胶者卓矣。礼乐征伐,自天子所出,春秋之时,齐、晋实予,不胶者卓矣。"(《先知》)故其称孟子,以为知言之要、知德之奥(《君子》)。而言性则与孟子异。曰:"人之性也,善恶混。修其善则为善人,修其恶则为恶人。气也者,所以适善恶之马也与?"(《修身》)大抵古之学者,于道必有所宗,而于学必有所自得。其所宗,不敢与前人违;其所自得,亦不嫌与前人异。此所以能成一家之学,而不同人云亦云也欤。

第六章　王充 附王符、仲长统

　　王充,字仲任,会稽上虞人。尝受业太学,师事扶风班彪。好博览,不守章句,博通众流百家之言。以为俗儒守文,多失其真,乃闭门潜思,著《论衡》八十五篇,二十余万言。而谓:"笔著者,欲其易晓而难为,不贵难知而易造。口论务解分而可听,不务深迂而难睹。"(《自纪》)故其书务在露文,不以深覆典雅为尚。当东汉时,学者莫不言阴阳,尊谶纬。而充则有《变虚》、《异虚》、《感虚》、《福虚》、《祸虚》、《谰时》、《讥日》、《难岁》之作,可谓不惑于流俗者矣。然盛称瑞应,又以董仲舒设土龙以招雨,为象类之验,终不免阴阳之诞说。而问孔、刺孟,所以诋讥二圣者,又皆不会孔孟之意。如孔子言:"富与贵,是人之所欲也。不以其道,得之,不居也。贫与贱,是人之所恶也。不以其道,得之,不去也。"案其语气,本于"不以其道"句断。即谓人无不欲富贵,而苟不以其道,虽欲富贵,不可终处;人无不恶贫贱,而苟不以其道,虽恶贫贱,不可卒去。而充疑不以其道而得富贵,可也;不以其道而得贫贱,如何?(本充语)不知此自当时说《论语》者,误以"不以其道"连下"得之"为句,意遂转易。充不详审,乃谓贫贱当言去,不当言得,以为孔子吐辞未悉。信己太过,疑古太甚,此则充之失也。

充又作《讥俗书》、《政务书》、《养性书》。（见《汉书》本传）今惟《论衡》具存。章帝时，公车征，充以病不行。和帝永元中，卒于家，盖七十余矣。

一　自然

仲任之学，亦本之黄老。故说天地生物，一出于自然。曰："天地合气，万物自生。犹夫妇合气，子自生矣。"（《自然》）曰："天之动行也，施气也。体动，气乃出，物乃生矣。由人动气也，体动气乃出，子亦生也。夫人之施气也，非欲以生子，气施而子自生矣。天动不欲以生物，而物自生，此则自然也。施气不欲为物，而物自为，此则无为也。"（同上）又曰："万物之生，含血之类。知饥知寒，见五谷可食，取而食之；见丝麻可衣，取而衣之。或说以为天生五谷以食人，生丝麻以衣人。此谓天为人作农夫桑女之徒也，不合自然。故其义疑未可从也。"（同上）推此以释灾变感应，则曰："夫天之不故生五谷丝麻以衣食人，由（同犹）其有灾变不欲以谴告人也。物自生，而人衣食之；气自变，而人畏惧之。以若说论之，厌（同餍）于人心矣。如天瑞为故，自然焉在？无为何居？"（《自然》）故荧惑守心，宋景有三善言，而星徙。充曰："是星当自去，宋景自不死，非以善言可使星却也。"（《变虚》）桑谷生朝，高宗侧身行道，而桑谷亡。充曰："是高宗之命自长，非关桑谷之存亡也。"（《异虚》）杞梁之妻，向城而哭，而城为崩。充曰："城适自崩，杞梁妻适哭，下世好虚，不原其实。故崩城之名，至今不灭也。"邹衍见拘，当夏而叹，天为陨霜。充曰："衍因拘而叹，叹时霜适自下。世见适叹而霜下，则邹衍叹之致也。"（《感虚》）充《自纪》谓："浮华虚伪之语，莫不证定。"观此，信其能为实论者矣。然吾观《孔丛子》载孔季彦见刘公，客适有献鱼者，公孰视鱼，叹曰："厚哉！天之于人也。生五谷以为食，育鸟兽以为之肴。"众坐佥曰："诚如公教。"季彦曰："愚意窃与众君子不同。以为万物之生，各禀天地，未必为人。人徒以知，得而食焉。伏羲始尝草木可食者，一日而遇七十二毒，然后五谷乃形，非天本为人之生也。蚊蚋食人，蚓虫食土，非天故为蚊蚋生人、蚓虫生土也。"季彦，孔僖之子，见《后汉书·僖传》，盖亦章、和时人，而所言与充甚相似。（《列子·说符》亦有此论，然《列子》之书晚出，不能必为列子之言）盖自上世以人与天地参，其视人不与物比。故汉儒自董仲舒，皆以为天之于人，如父之于子，用意至厚。而凡风雨雷霆星流日蚀之变，以及草木鸟兽奇生异类之出没变现，一皆为人而有。于是始之以人而配天者，终乃以天而没人。人日缚于天人感应之中，而无复可以自主。势极则反，故说者遂托意于自然，而穷原人物之所生。以为二者胥禀气于天地，但智力强弱，更相役属。置其在己而慕其在天（本《荀子》语，见《天论》），非所以言天人之际者也。此亦一时论之必至，固非独仲任一人识能见及于此也。今人罕见季彦之书，见仲任所作，乃诧为创见，而附致之优胜劣败之说。若然，则《传》言"强凌弱，众暴寡"，不尤远在仲任之前耶！

二　命义

仲任著书，多非儒者；而言命，则独有取于儒。曰："墨家之论，以为人死无命。儒家之议，以为人死有命。子夏曰：'死生有命，富贵在天。'人禀元气于天，各受寿夭之命，以立长短之形。犹陶者用土为簋廉，冶者用铜为盘杆矣。器形已成，不可小大。人体已定，不可减增。用气为性，性成命定。体气与形骸相抱，生死与期节相须。形不可变化，命不可减加。以陶冶言之，人命短长可得论也。"（"富贵在天"上见《命义》，以下见《无形》）此其取儒家有命之说也。然亦有与儒不同者。

曰:"《传》曰:'说命有三。一曰正命,二曰随命,三曰遭命。'正命,谓本禀之自得吉也。性然骨善,故不假操行以求福,而吉自至,故曰正命。随命者,戮力操行,而吉福至,纵情情欲,而凶祸到,故曰随命。遭命者,行善得恶,非所冀望,逢遇于外,而得凶祸,故曰遭命。夫行恶者,祸随而至,而盗跖、庄𫏋,横行天下,聚党数千,攻夺人物,断斩人身,无道甚矣。宜遇其祸,乃以寿终。夫如是,随命之说,安所验乎?又若颜渊、伯牛之徒,如何遭凶?颜渊、伯牛,行善者也,当得随命,福祐随至。何故遭凶?颜渊困于学,以才自杀,伯牛空居,而遭恶疾。及屈平、伍员之徒,尽忠辅上,竭王臣之节,而楚放其身,吴烹其尸。行善当得随命之福,乃触遭命之祸,何哉?言随命则无遭命,言遭命则无随命。儒者三命之说,竟何所定乎?"(《命义》)充不取随命,而取遭命,故其言命也,曰:"人有命有禄,有遭遇,有幸偶。命者,贫富贵贱也。禄者,盛衰兴废也。以命当富贵,遭当盛之禄,常安不危。以命当贫贱,遇当衰之禄,则祸殃乃至,常苦不乐。故夫遭遇幸偶,或与命禄并,或与命禄离。遭遇幸偶,遂以成完。遭遇不幸偶,遂以败伤。是与命禄并者也。中不遂成,善转为恶。若是,与命禄离者也。"(《命义》)夫谈命之书,莫过于《易》。《易·大有》之《象》曰:"君子以遏恶扬善,顺天休命。"命在天,而顺命者在人。故命者,天与人各操其柄之半者也。今充以行有善恶,不能移命,而谓:"命吉之人,虽不行善,未必无福。凶命之人,强勉操行,未必无祸。"(《命义》)其亦异于《易》之云矣。且充书引鲁城门久朽欲顿,孔子过之,趋而疾行。左右曰:"久矣。"孔子曰:"恶其久也。"称孔子戒慎已甚。(见《幸偶》)使人之力无与于命,则孔子之趋而疾行,不已怯乎?且古之说命者有三。墨子刻意尚行,故主无命;道家因任自然,故言有命;儒家虽言有命,而实在道、墨之间。故曰:"求之有道,得之有命。"(《孟子》)充于有命无命,舍墨而取儒;而于随命遭命,则舍儒而取道。盖以自然为宗,连类必至于此。然老、庄归根复命之奥旨,充亦未之能及也。

三　本性

仲任言命，谓："性与命异。性自有善恶，命自有吉凶。"(《命义》)其性有善恶之论，盖本之周人世硕。故《本性篇》历论孟、荀以下言性之不齐，而独以世硕之说为正。其言曰："周人世硕，以为'人性有善有恶。举人之善性养而致之，则善长；恶性养而致之，则恶长'。如此，则性各有阴阳善恶，在所养焉。故世子作《养书》一篇。宓子贱、漆雕开、公孙尼子之徒，亦论情性。与世子相出入，皆言性有善有恶。孟子作性善之篇，以为'人性皆善。及其不善，物乱之也'。若孟子之言，人幼小之时，无有不善也。微子曰：'我旧云孩子，王子不出。'(见《尚书·微子》)纣为孩子之时，微子睹其不善之性，性恶不出，长大为乱不变，故云也。羊食我初生之时，叔姬视之。及堂，闻其啼声而还，曰：'其声豺狼之声也。野心无亲。非是，莫灭羊舌氏。'遂不肯见。(见《左传·昭二十八年》、《国语·晋语》)纣之恶，在孩子之时；食我之乱，见始生之声。孩子始生，未与物接，谁令悖者？孟子之言情性，未为实也。然而性善之论，亦有所缘。一岁婴儿，无争夺之心；长大之后，或渐利色。狂心悖行，由此生也。告子与孟子同时，其论：'性无善恶之分，譬之湍水，决之东则东，决之西则西。夫水无分于东西，犹人无分于善恶也。'无分于善恶可推移者，谓中人也。不善不恶，须教成者也。孔子曰：'性相近也，习相远也。'夫中人之性，在所习焉。习善而为善，习恶而为恶也。至于极善极恶，非复在习。故孔子曰：'惟上智与下愚不移。'上智下愚不移，故知告子之言未得实也。夫告子之言，亦有缘也。诗曰：'彼姝之子，何以与之。'(《诗·鄘风·干旄》)其《传》曰：'譬犹练丝，染之蓝则青，染之朱则赤。'夫决水使之东西，犹染丝令之青赤也。孙卿又反孟子，作《性恶》之篇。以为'人性恶，其善者伪也'。若孙卿之言，人幼小无有善也。稷为儿，以种树为戏。孔子能行，以俎豆为弄。夫孙卿之言，未为得实。然而性恶之言，有缘也。一岁婴儿，无推让之心。见食，号欲食之；睹好，啼欲玩之。长大之后，禁情割欲，勉厉（同励）为善矣。陆贾曰：'天地生人也，以礼义之性。人能察己所以受命，则顺。顺之谓道。'夫性善者，不待察而自善；性恶者，虽能察之，犹背礼畔义。义挹于恶（原作善，误），不能为也。故贪者能言廉，乱者能言治。盗跖非人之窃也，庄𫏋刺人之盗也。明能察己，口能论贤，性恶不为，何益于善。陆贾之言，未为得实。董仲舒览孙、孟之书，作情性之说。曰：'天之大经，一阴一阳；人之大经，一情一性。性生于阳，情生于阴。阴气鄙，阳气仁。曰性善者，是见其阳也。谓恶者，是见其阴者也。'若仲舒之言，谓孟子见其阳，孙卿见其阴也。处二家各有见，可也。不处人之情性，情性有善有恶，未也。夫人情性同生于阴阳，情性于阴阳，安能纯善？仲舒之言，未能得实。刘子政曰：'性，生而然者也，在于身而不发。情，接于物而然者也，出形于外。形外则谓之阳，不发者则谓之阴。'夫如子政之言，乃谓情为阳，性为阴也。恻隐不忍，卑谦辞让，性之发也。有与接会，故形出于外。谓性在内不与接，恐非其实。且子政之言，以性为阴，情为阳。夫人禀情，竟有善恶不也。自孟子以下，鸿儒博生，闻见多矣。然而论情性，竟无定是。唯世硕、公孙尼子之徒，颇得其正。"（《本性》，有节文）考《汉志》，儒家有"世子二十一篇"。注："名硕，陈人也，七十子之弟子。"又"漆雕子十三篇"，"宓子十六篇"，"公孙尼子二十八篇"，皆著于《志》。而公孙尼子注亦云："七十子之弟子。"今其书皆佚。以充之所言推之，要守孔子"性近习远""上智下愚不移"之说者。又充曰："孟子言人性善者，中人以上者也。孙卿言人性恶者，中人以下者也。扬雄言人性善恶混者，中人也。"（同上）充之意，世硕言性，有善有恶，足兼三家之义。故独取之。而于孟、荀之主性善性恶，即亦谓其言有缘，不尽非之也。然充作《率性篇》，谓："人性善者，固自善矣。其恶者，故可教告率勉，使之为善。"

又谓:"人之性善可变为恶,恶可变为善。"又谓:"尧舜之民,可比屋而封。桀纣之民,可比屋而诛。如此,竟在化不在性。"则充虽主性有善恶,而亦非谓性之善恶为有定。是故上智下愚不移者,乃其不肯移,非不可移也。荀子曰:"小人可以为君子,而不肯为君子。君子可以为小人,而不肯为小人。小人君子者,未尝不可以相为也。然而不相为者,可以而不可使也。"(《荀子·性恶》)古今论性者多矣。然而于可相为之道,则皆莫能非。充之书,载论性之言最备,而大旨亦不离此。故比而述之,以为学者观焉。

四　订鬼

仲任既非墨家之无命,而亦不取墨家之有鬼。《墨子·明鬼篇》,具引杜伯杀周宣王,庄子仪杀燕简公(《论衡·死伪》作赵简公)之事,以为鬼神之有不可疑。而仲任则谓:"似是而非,虚伪类真。"(《死伪》)其言无鬼之说甚辩。曰:"世谓死人为鬼,有知能害人。试以物类验之,死人不为鬼,无知不能害人。何以验之?验之以物。人,物也。物,亦物也。物死不为鬼,人死何故独能为鬼?世能别人物不能为鬼,则为鬼不为鬼,尚难分明。如不能别,则亦无以知其能为鬼也。人之所以生者,精气也,死而精气灭。能为精气者,血脉也。人死血脉竭,竭而精气灭,灭而形体朽,朽而成灰土,何用为鬼?人无耳目,则无所知,故聋盲之人,比于草木。夫精气去人,岂徒与无耳目同哉!"又曰:"天地开辟,人皇以来,随寿而死,若中年夭亡,以亿万数计。今人之数,不若死者多。如人死辄为鬼,则道路之上,一步一鬼也。人且死见鬼,宜见数百千万,满堂盈廷,填塞巷路,不宜徒见一二人也。"又曰:"天地之性,能更生火,不能使灭火复然;能更生人,不能令死人复见。能使灭灰更为然火,吾乃颇疑死人能复为形。案火灭不能复然,以况之死人不能复为鬼,明矣。"(以上《论死》)然世顾有生而见鬼者,何也?充又为之说曰:"凡天地之间有鬼,非人死精神为之也,皆人思念存想之所致也。致之何由?由于疾病。人病则忧惧,忧惧见鬼出。凡人不病,则不畏惧。故得病寝衽,畏惧鬼至,畏惧则存想,存想则目虚见。何以效之?传曰:'伯乐学相马,顾玩所见,无非马者。宋之庖丁学解牛,三年不见生牛,所见皆死牛也。'二者用精至矣。思念存想,自见异物也。人病见鬼,犹伯乐之见马,庖丁之见牛也。伯乐、庖丁,所见非马与牛,则亦知乎病者,所见非鬼也。病者困剧身体痛,则谓鬼持棰杖殴击之。若见鬼把椎缧绳墨,立守其旁。病痛恐惧,妄见之也。初疾畏惊,见鬼之来;疾困恐死,见鬼之怒;身自疾痛,见鬼之击。皆存想虚致,未必有其实也。夫精念存想,或泄于目,或泄于口,或泄于耳。泄于目,目见其形;泄于耳,耳闻其声;泄于口,口言其事。昼日则觉(原作思,误)见,暮卧则梦闻。独卧空室之中,若有所畏惧,则梦见夫人据案其身,哭矣。觉见卧闻,俱用精神。畏惧存想,同一实也。"(《订鬼》)虽然,充之言无鬼者,特言无能为人形之鬼。至于阴阳鬼神之论,充固不废。其言曰:"鬼神,荒忽不见之名也。人死精神升天,骸骨归土,故谓之鬼。鬼者,归也。神者,荒忽无形者也。或说'鬼神,阴阳之名也',阴气逆物而归,故谓之鬼。阳气导物而生,故谓之神。神者,申也。申复无已,终而复始。人用神气生,死复归神气。阴阳称鬼神,人死亦称鬼神。气之生人,犹水之为冰也。水凝为冰,气凝为人;冰释为水,人死复神。其名为神也,犹冰释更名水也。人见名异,则谓有知能为形而害人,无据以论之也。"(《论死》)且《易》言:"精气为物,游魂为变,是故知鬼神之情状。"(《系辞》)孔子曰:"鬼神之为德,其盛矣乎!视之而弗见,听之而弗闻,体物而不可遗。"(《中庸》)《礼·祭义》言:"以其慌惚以与神明交,庶或飨之。"儒家之言鬼神,未尝有如后世之称面目衣履与人无殊者也。充以鬼神为阴阳,而谓人所见之鬼,非死人之精神。其说正与儒者合。若又谓:"鬼者,老物精也。鬼者,本生于人,时不成人,变化而去。天地之性,本有此化。鬼者,甲乙之神也。甲乙者,天地之别气也,其形象人。人病且死,甲乙之神至矣。"(《订鬼》)不能自信其学,而遍为之说,游移失据,非所以"释物类同异"之道也("释物类同异",本充语)。

《后汉书》以王充、王符、仲长统三人合传。符,字节信,安定临泾人。在安、顺之世,后于仲任。有《潜夫论》三十余篇,见存。其谓:"傅姓于五音,设五宅符第,皆诬妄之甚。"(《卜列》)又谓:"人不可多忌。多忌妄畏,实致妖祥。"(《巫列》)略同仲任之言。而充有《骨相》,符有《相列》,谓:"人命禀于天,则有表候于体。察表候以知命,犹察斗斛以知容矣。表候者,骨法之谓也。"(《论衡·骨相》)"人身体形貌,皆有象类。骨法角肉,各有分部。以著性命之期,显贵贱之表。"(《潜夫·相列》)其言尤相类。不信巫而信相,亦可异矣(荀卿有《非相》,知相之说,由来甚久)。统,字公理,山阳高平人。生于汉末,又后于符。有《昌言》三十四篇,十余万言,今已亡。其所见于本传者,《理乱》、《损益》、《法诫》三篇而已。而《损益》言:"明版籍以相数阅,限夫田以断并兼,益君长以兴政理,去末作以一本业。"凡十六事,所以为治之理甚具。要之节信、公理,皆多言政治。至于综博万汇,条析物理,不如仲任远矣。

第七章 郑 玄

郑玄,字康成,北海高密人也。受业太学,师事京兆第五元。先通《京氏易》、《公羊春秋》、《三统历》、《九章算术》,又从东郡张恭祖受《周官》、《礼记》、《左氏春秋》、《韩诗》、《古文尚书》。以山东无足问者,乃西入关,因涿郡卢植,事扶风马融。融门徒四百余人,升堂进者五十余生。玄在门下三年,不得见融,而日夜寻诵,未尝怠倦。会融集诸生考论图纬,闻玄善算,乃召见于楼上。玄因从质诸疑义。问毕,辞归。融喟然谓门人曰:"郑生今去,吾道东矣。"玄自游学,十余年乃归乡里。家贫,客耕东莱。学徒相随,已数百千人。及钩党事起,与同郡孙嵩等四十余人,俱被禁锢。遂隐修经业,杜门不出。时任城何休,好《公羊春秋》,遂著《公羊墨守》、《左氏膏肓》、《穀梁废疾》。玄乃发《墨守》,铖《膏肓》,起《废疾》,休见而叹曰:"康成入吾室,操吾矛,以伐我乎!"先是西京以来,五经立于学官者,《易》有施氏、梁丘氏、孟氏、京氏说,《尚书》有夏侯氏、欧阳氏说,《诗》有鲁、齐、韩说,《春秋》有公羊、穀梁说,《礼》有戴氏说。而《易》费氏、《礼》周官、《书》孔氏、《诗》毛氏、《春秋》左氏,传于民间,谓之古学,以别异于博士所职。至于东京,古学甚盛,遂又目博士为今学。章帝建初八年,诏诸儒各选高才生,受《左氏春秋》《古文尚书》《毛诗》等。古文诸经,由是并行于世。然今学古学,时有争论,迄于汉末,无所是正。玄既兼通今古学,故其注经,杂采众义,不主一家。范蔚宗于《玄传论》称:"守文之徒,滞固所禀。异端纷纭,互相诡激。遂令经有数家,家有数说。章句多者,或乃百余万言。学徒劳而少功,后生疑而莫定。玄囊括大典,网罗众家,删裁繁芜,刊改漏失。自是学者,略知所归。"盖汉儒今古文家之说,至玄而并。虽谓之集汉儒之大成,未为过也。玄所注有《周易》《尚书》《毛诗》《仪礼》《周礼》《礼记》《论语》《孝经》《尚书大传》《中候》《乾象历》,又著《天文七政论》《鲁礼禘祫义》《六艺论》《毛诗谱》《驳许慎五经异义》《答临孝存周礼难》,凡百余万言。其答诸弟子问五经者,则门人相与依《论语》撰作《郑志》八篇。今惟《三礼注》《诗谱笺》尚完,余出后人掇辑,不能全矣。玄既家居,虽党禁解,不受辟举。国相孔融,深敬于玄,屣履造门。告高密县,为玄特立一乡,曰郑公乡。黄巾之起,皆相约不敢入县境。袁绍总兵冀州,遣使要玄。既举玄茂才,表为左中郎将,又公车征为大司农。玄以疾自乞还家。后绍与曹操持于官渡,令其子谭,遣使逼玄随军。不得已,载病到元城县,疾笃不进。其年六月卒,年七十四。

康成之学,观《礼·学记》注,可以见之。其言有曰:"所学者,圣人之道,在方策。"必曰圣人之道者,小家杂说,不足谓之学也。必曰在方策者,揣摩测度无实之言,亦不足谓之学也。是故其学虽无常师,而敷宣理道,颇能极其蕴奥,固不仅在训诂之详确也。特散于各书之注,不易综观其全耳。如《礼·中庸》"天命之谓性",注云:"《孝经》说云,性者生之质。"《礼运》"故人者,天地之心也,五行之端也,食味别声被色而生者也",注云:"此言兼气性之效也。"《诗·角弓》"毋教猱升木",笺云:"以喻人之心皆有仁义,教之则进也。"此其说心性之精者也。《中庸》"仁者人也",注云:"人也,读如相人偶之人。以人意相存问之言。"此其说仁之精者也。《孝经》"夫孝,德之本也,教之所由生也",注云:

"人之行莫大于孝，故为德本。"又"死生之义备矣，孝子之事亲终矣"，注云："寻绎天经地义，究竟人情也，行毕孝成。"此其言孝之精者也。《礼·曲礼》"毋不敬"，注云："礼主于敬。"《孝经》"礼者，敬而已矣"，注云："敬者，礼之本也。"此其言礼之精者也。《六艺论》曰："易一名而含三义。易简，一也。变易，二也。不变，三也。故《系辞》云：'乾坤其易之蕴耶。'又云：'易之门户耶。'又云：'夫乾，确然示人易矣。夫坤，隤然示人简矣。易则易知，简则易从。'此言其简易之法则也。又云：'为道也屡迁。变动不居，周流六虚。上下无常，刚柔相易。不可为典要，唯变所适。'此言顺时变易，出入移动者也。又云：'天尊地卑，乾坤定矣。卑高以陈，贵贱位矣。动静有常，刚柔断矣。'此言其张设布列，不易者也。"此其言《易》之精者也。而康成所长，尤在于《礼》。袁宏《后汉纪》谓："郑玄造次颠沛，非礼不动。"而当其时有修礼之议。卢植即云："修礼者，应征有道之人，若郑玄之徒。"故康成于《礼》，内可践之躬行，外可为朝廷定制。其发挥旁通，尽在三礼之注。唐孔颖达云："礼是郑学。"有由然也。又《晋书·刑法志》云："秦、汉旧律，后人生意，各为章句。叔孙宣、郭令卿、马融、郑玄诸儒，章句十有余家，览者益难。天子于是下诏（天子者，魏明帝），但用郑氏章句，不得杂用余家。"是康成注《礼》之余，并又注律。夫礼，所以为教也。律，所以为戒也。礼禁未然之前，律禁已然之后，皆治国之大经，防民之善器。荀子曰："隆礼至法，则国有常。"康成注律，亦儒不废法之一证也。诸葛武侯常称昭烈之言："吾周旋陈元方（纪）、郑康成间，每见启告治乱之道，备矣。"意康成之所以告昭烈者，必有关于治乱之大，而惜乎其语之不传也。

　　康成之失，在于以纬释经。如《周礼·春官·小宗伯》"兆五帝于四郊"，注云："苍帝灵威仰，赤帝赤熛怒，黄帝含枢纽，白帝白招矩，黑帝叶光纪。"盖本之《春秋纬·文耀钩》。其名号怪异，非儒者所宜称述。故后人多讥之。然康成之注，亦有不信纬说者。如《诗·良耜》"有捄其角"，《毛传》云："社稷之牛角尺。"郑《笺》不据《礼纬·稽命》征宗庙社稷角握之说,以易《毛传》。《礼·月令》"反舌无声",注云:"反舌,百舌鸟。"不从《通卦验》虾蟆无声之说。似其去取,亦自有择。故《戒子书》言:"博稽六艺,粗览传记,时睹秘书纬术之奥。"(《后汉书》玄本传)于六艺曰博稽,于传记曰粗览,于秘纬则曰时睹,轻重判然。故以纬释经则有之,舍经而从纬,康成亦不为也。要之汉人惑于图纬术数,无有能免者。以王仲任之推倒一切,而犹信符瑞、信骨相。况康成不失绳墨者乎？至梁许懋云:"郑玄有参柴之风,不能推寻正经,专信纬候之书。"诋康成为专信纬候,则亦太甚矣哉！

第八章　魏伯阳

魏伯阳作《参同契》，隋、唐《志》皆不载其目。惟晋葛稚川（洪）《神仙传》云"魏伯阳，上虞人。通贯诗律，文辞赡博。修真养志，约《周易》作《参同契》。桓帝时以授同郡淳于叔通"云云。考《汉志》，道家与神仙，本分为二。道家列于诸子，神仙则在方技。然观《后汉书·方技传》谓："汉自武帝，颇好方术。天下怀协（同挟）道艺之士，莫不负策抵掌，顺风而届。"故廖扶感父坐羌没郡，以法下狱死，服终而叹曰："老子有言：'名与身孰亲。'吾岂为名乎？"遂绝志世外，专精经典。折像，通京氏易，好黄老言；及父国卒，感多藏厚亡之义，散金帛资产，周施亲疏。或谏之，像曰："盈满之咎，道家所忌。我乃逃祸，非避富也。"二人皆方术之士，而言必称老氏如此，则道家与神仙之合久矣。班氏之序神仙曰："神仙者，所以保性命之真，而无求于其外者也。聊以荡意平心，同死生之域，而无怵惕于胸中。然而或者专以为务，则诞欺怪迂之文，弥以益多。非圣王之所以教也。"当汉末时，若张陵、于吉、左慈之流，其迹至怪。而张陵传天官章本千有二百，尤为通识之士所难信。然如《参同契》者，抉性命之奥，示修养之要，非孟坚所谓"荡意平心，同死生之域，而无怵惕于胸中者"乎？至于形似之言，譬况之说，《契》文已明示于人。曰:"露见枝条,隐藏本根。托号诸名,覆缪众文。"盖理有难申,不得不假物象而为之说。愚者不知以意逆志,或流为房中炉火之邪见。此人之自误,不得以罪魏君也。宋张平叔(伯端)作《悟真篇》云:"叔通受学魏伯阳,留为万古丹经王。"后世道家言修炼者,盖莫不本之于《参同》。是恶可以不述乎?

《参同》虽本于《易》,而有与《易》不同者。《易》上言天道,下陈人事,幽明巨细,无所不赅。故曰:"范围天地之化而不过,曲成万物而不遗。"(《系辞》)《参同》则专以阴阳消息之道,发明长生久视之理。故曰:"将欲养性,延命却期。审思后未,当虑其先。"又曰:"惟昔圣贤,怀玄抱真。含精养神,通德三光。津液腠理,筋骨致坚。众邪辟除,正气长存。"盖因《易》言:"圣人之作《易》也,将以顺性命之理。"(《说卦》)遂取黄老神仙之书,比附而为之说。此与西汉京房之徒,以《易》言占验者,盖同为《易》之一端也。又不特此也。《契》中引《关雎》之诗:"关关雎鸠,在河之洲。窈窕淑女,君子好逑。"而即继之曰:"雄不独处,雌不孤居。玄武龟蛇,蟠纠相扶。以明牝牡,竟当相须。"以《诗》之男女,合《易》之阴阳,而并以为性情魂魄之譬。自来言《诗》、《易》者,未有若此者也。然言阴阳,犹《易》道之本有也,而又杂糅之以五行。曰:"则水定火,五行之初。"曰:"五行相克,更为父母。"曰:"金水合处,木火为侣。"曰:"三物一家,都归戊己。"(戊己,土也)其辞既隐,益以错互,意难晓矣。然《庄子•外物篇》言:"木与火相摩则然,金与火相守则流。阴阳错行,则天地大绞,于是乎有雷有霆。水中有火,乃焚大槐。有甚忧两陷,而无所逃,螴蜳(司马读若忡融,不安定也)不得成。心若县于天地之间,慰暋沉屯。利害相摩,生火甚多。众人焚和,月固不胜火。于是乎有债(同颓)然而道尽。"水火金木,取寓为言,其来固亦甚久。而要其大意,不过欲阴阳各安其位,而以互济为用。推此以论,则虽为文屡变,又未始不可解也。《契》曰:"文约易思,事省不繁。披列其条,核实可观。"倘亦有然者乎?

《参同》一书,不独言阴阳水火与庄子同也,其余亦多同于庄子者。如云:"在义设刑,当仁施德。逆之者凶,顺之者吉。"即庄子所谓"以刑为体,以德为循"者也(《大宗师》)。云:"阴阳为度,魂魄所居。阳神日魂,阴神月魄。魂之与魄,互为室宅。性主处内,立置鄞鄂;情主营外,筑完城郭。城郭完全,人物乃安。"即庄子所谓"外韄者不可繁而捉,将内揵;内韄者不可缪而捉,将外揵"者也(《庚桑楚》)。云:"内以养己,安静虚无。原本隐明,内照形躯。"即庄子所谓"宇泰定者发乎天光,发乎天光者,人见其人"者也(同上)。云:"物无阴阳,违天背元。牝鸡自卵,其雏不全。"即庄子所谓"众雌而无雄,而又奚卵焉"者也(《应帝王》)。而其文之尤明白易显者,曰:"纤芥不正,悔吝为贼。"曰:"推情合性,转而相与。"曰:"知白守黑,神明自来。"曰:"神气满室,莫之能留。守之者昌,失之者亡。"不惟老、庄归根复命之旨,亦儒家存心养性之道。故朱子作《参同考异》(托名空同道士邹䜣)而总其要曰:"阳即注意运行,阴即放神冥寂。"夫阴阳即药物,运行冥寂即火候。金丹大道,如是而已。然则神仙儒道,岂无相契者哉!

第九章　牟　　融

康成集儒术之成,伯阳开丹经之祖。而当其时,复有一牟融以佛教倡于天下。融,苍梧人(汉有两牟融,其一在明帝时,位司空,为北海安丘人,《后汉书》有传,谢无量《哲学史》认为一人,殊失检点)。灵帝末,天下扰乱,将母避世交趾,后复归苍梧。太守闻其守学,谒请署吏。融以世乱,无仕宦意,遂不就。既而州牧以处士辟之,融复称疾不起。会牧弟官豫章太守,为中郎将笮融所杀。牧遣骑都尉刘彦,将兵赴之。恐外界相疑,兵不得进,乃请于融,使往零陵、桂阳,假涂通路。融许之。而母病亡,遂不果行。融念以辩达之故,辄见使命,方世扰攘,非显己之秋也。乃屏弃人事,锐志于佛道。以世俗之徒多有非佛者,于是著《理惑论》三十九篇。曰:"至味不合于众口,大音不比于众耳。韩非以管窥之见,而谤尧舜;接舆以毛氅之分,而刺仲尼。皆耽小而忽大者也。吾未解佛经之时,虽诵五经,适以为华,未成实矣。吾既睹佛经之说,守恬澹之性,观无为之行。还视世事,犹临天井而窥溪谷,登嵩岱而见丘垤也。五经则五味,佛道则五谷矣。吾自闻道已来,如开云见白日,炬火入冥室焉。"其所以褒崇佛道者,大抵如此。考佛教自西汉末,已入中国。及明帝遣郎中蔡愔等西取经像,迎摄摩腾、竺法兰同止白马寺,翻译西域所获经《十地断结》、《佛本生》、《法海藏》、《佛本行》、《四十二章》等五部,中土乃有佛经译本。《释氏稽古略》(元释觉岸撰)谓:"自永平至建安,共译经二百九十三部。"而献帝时,笮融在丹阳大起浮屠,课人诵经,会者至五千人。则汉末佛教盛行,可见也。然若引中国贤圣之言,阐西来觉王之教,实自牟融始。故梁时僧祐撰《弘明集》,以融《理惑论》弁诸首。今观祐《后序》曰:"俗士疑骇觉海,惊同河汉。一疑经说迂诞,大而无征。二疑人死神灭,无有三世。三疑莫见真佛,无益国治。四疑古无法教,近出汉世。五疑教在戎方,化非华俗。六疑汉魏法微,晋代始盛。以此六疑,信心不树。"夫《理惑论》者,固为袪此六疑而作者矣。

融虽役志于佛,而亦兼通儒道各家之言。《理惑论》称:"牟子既修经传诸子,书无大小,靡不好之。虽不乐兵法,然亦读焉。"又曰:"兼研《老子》五千文。"故其申述佛法,而为之辨理,多假取经传道德之文。《论》第二十七篇云:"问曰:'子云佛经如江海,其文如锦绣。何不以佛经答吾问,而复引《诗》、《书》,合异为同乎?'牟子曰:'渴者不必须江海而饮,饥者不必待敖仓而饱。道为智者设,辩为达者通,书为晓者传,事为见者明。吾以子知其意,故引其事。若说佛经之语,谈无为之要,譬对盲者说五色,为聋者奏五音也。'"第二十篇云:"问曰:'若佛经深妙靡丽,子胡不谈之于朝廷,论之于君父,修之于闺门,接之于朋友。何复学经传读诸子乎?'牟子曰:'子未达其源而问其流也。夫陈俎豆于垒门,建旌旗于朝堂,衣狐裘以当蕤宾,被绨绤以御黄钟,非不丽也。乖其处,非其时也。故持孔子之术,入商鞅之门,赍孟轲之说,诣苏张之庭,功无分寸,过有丈尺矣。老子曰:'上士闻道,勤而行之;中士闻道,若存若亡;下士闻道,大而笑之。'(以上《老子》)吾惧大笑,故不为谈也。渴不必待江河而饮,井泉之水,何所不饱?是以复治经传耳。'"第七篇云:"问:'子既耽《诗》、《书》,悦《礼》、《乐》,奚为复好佛道,喜异术。岂能逾经传,美圣业哉?'牟子曰:'书不必孔丘之言,药不必扁鹊之方。合义者从，愈病者良。君子博取众善，以辅其身。子贡云：夫子何常师之有乎（见《论语》）？尧事尹寿，舜事务成，旦学吕望，丘学老聃。四师虽圣，比之于佛，犹白鹿之与麒麟，燕鸟之与凤凰也。尧、舜、周、孔，且犹与之。况佛身相好，变化无方，焉能舍而不学乎？"观此，融之尊佛而卑孔、老，彰彰甚明。然而合方内方外之谈，齐或出或处之义，异日三教和同之论，融固已开其端矣。

佛之说大异于中土者，首在其言生死。道家言生死者多矣，然不过曰："有生不生，有死不死。"（《列子》）曰："生非所生，死非所死。"（《杨朱》）曰："生生者不生，杀生者不死。"（《庄子》）皆仅以理言，未尝明示生死去来之迹，若有可指按者也。而佛则以生死为轮回，超出轮回，便无生死。《四十二章经》谓："沙门常行二百五十戒，进止清净，为四真道行，成阿罗汉。阿罗汉者，能飞行变化，旷劫寿命，住动天地。次为阿那含。阿那含者，寿终灵神上十九天，证阿罗汉。次为斯陀含。斯陀含者，一上一还，即得阿罗汉。次为须陀洹。须陀洹者，七死七生，便证阿罗汉。"又以轮回之根，在于爱欲。谓："人系于妻子舍宅，甚于牢狱。牢狱有散释之期，妻子无远离之念。情爱于色，岂惮驱驰？虽有虎口之患，心存甘伏，投泥自溺。故曰：凡夫透得此关，出尘罗汉。"又谓："爱欲断者，如四肢断，不复用之。"（皆《四十二章经》）夫老言少私寡欲，庄恶多方骈枝（《骈拇》），未尝欲举爱欲而悉断之，此亦其与我不同者也。而融之所以为之说者，曰："问曰：'佛道言人死当复更生。仆不信此言之审也。'牟子曰：'人临死，其家上屋呼之。死已，呼谁？'或曰：'呼其魂魄。'牟子曰：'神还则生。不还，神何之乎？'曰：'成鬼神。'牟子曰：'是也。魂神固不灭矣，但身自朽烂耳。身譬如五谷之根叶，魂神如五谷之种实，根叶生必当死，种实岂有终亡？得道身灭耳。老子曰：吾所以有大患，以吾有身也；若吾无身，吾有何患？又曰：功成名遂身退，天之道也。'（以上《老子》）或曰：'为道亦死，不为道亦死，有何异乎？'牟子曰：'所谓无一日之善，而问终身之誉者也。

有道虽死,神归福堂;为恶既死,神当其殃。愚夫暗于成事,贤智预于未萌。道与不道,如金比草;殃之与福,如白方黑。焉得不异,而言何异乎?'"曰:"问曰:'夫福莫逾于继嗣,不孝莫过于无后。沙门弃妻子,捐财货,或终身不娶,何其违福孝之行也?'牟子曰:'夫长左者必短右,大前者必狭后。孟公绰为赵、魏老则优,不可以为滕、薛大夫(见《论语》)。妻子财物,世之余也。清躬无为,道之妙也。老子曰:名与身孰亲,身与货孰多(以上《老子》),故前有随珠,后有虓虎,见之走而不敢取。何也? 先其命而后其利也。许由栖巢木,夷齐饥首阳,孔圣称其贤,曰:求仁得仁者也(见《论语》)。不闻讥其无后无货也。'"此皆取老子之言,以证佛说之无失。然与老之本旨,亦稍违矣。夫于道家之齐生死、泯得丧者,且有不合,则何况于儒之务民之义、敬鬼神而远之者乎? 是故融以经传道德说佛,所谓以子知其意、故引其事者,凡以为易起世人之信耳。若遂认佛之无殊于孔老,亦非融之所以处佛者也。

　　融褒佛述老,而力距神仙之说。曰:"问曰:'王乔、赤松八仙之箓,神书百七十卷长生之事,与佛经岂同乎?'牟子曰:'比其类,犹五霸之与五帝,阳货之与仲尼;比其形,犹丘垤之与华恒,涓渎之与江海;比其文,犹羊鞟之与虎皮,班纻之与锦绣也。神仙之书,听之则洋洋盈耳。求其效,犹握风而捕影。是以大道之所不取,无为之所不贵。焉得同哉!'"又曰:"问曰:'神仙之术,秋冬不食。或入室累旬而不出,可谓淡泊之至也。仆以为可尊而贵,殆佛道之不若乎!'牟子曰:'指南为北,自谓不惑;以西为东,自谓不矇。以鸱枭而笑凤凰,执蝼蚓而调龟龙。蝉之不食,君子不贵;蛙蟒穴藏,圣人不重。孔子曰:天地之性,以人为贵(见《孝经》),不闻尊蝉蟒也。然世人固有啖菖蒲而弃桂姜,覆甘露而啜酢浆者矣。毫毛虽小,视之可察;泰山之大,背之不见。志有留与不留,意有锐与不锐。鲁尊季氏,而卑仲尼;吴贤宰嚭,不肖子胥。子之所疑,不亦宜乎!'"且道之有神仙方技,犹儒之有阴阳图纬也。阴阳图纬出，而儒术晦；神仙方技盛，而道德荒。汉自武帝以来，方术之士，抵掌而起。而以汉末为尤甚。融自谓："未解大道之时，尝学辟谷，数千百术，行之无效，故遂废之。"又谓："所从学师三人，或自称七百、五百、三百岁。而未三载间，各自殒殁。"即魏君《参同契》亦有"不得其理，广求名药，与道乖殊"之言，则此辈所以诳惑天下者，不独非道，亦且非神仙之原来。而得融以辟之，其功与王仲任之斥灾异、黜感应，又岂相让哉！

第十章　荀　　悦

　　荀悦，字仲豫，颍川人。性沉静，好著述。献帝时辟曹操府，迁黄门侍郎。与孔融、及弟彧，同侍讲禁中。悦志在献替，而谋无所用，乃作《申鉴》五篇。而自述所以著书之意，曰："夫道之本，仁义而已矣。五典以经之，群籍以纬之。咏之，歌之，弦之，舞之。前鉴既明，后复申之。故古之圣王，其于仁义也，申重而已。笃序无疆，谓之申鉴。"（《政体》）要其所学，咸本儒术。《政体篇》曰："善治民者，治其性也。纵民之情，谓之乱；绝民之情，谓之荒。善禁者，先禁其身，而后人；不善禁者，先禁人，而后身。善禁之，至于不禁。"此犹是孔子"道之以德，齐之以礼，正己而正人"之意。故范蔚宗称其通见政体，非谀言也（《后汉书·悦传》）。而《杂言篇》论性，则本之刘向。向曰："性情相应。性不独善，情不独恶。"悦之言曰："或曰：'仁义，性也。好恶，情也。仁义常善，而好恶或有恶。故有情恶也。'曰：'不然。好恶者，性之取舍也。实见于外，故谓之情尔，必本乎性矣。仁义者，善之诚者也。何嫌其常善？好恶者，善恶未有所分也。何怪其有恶？凡言神者，莫近于气。有气斯有形，有神斯有好恶喜怒之情矣。故人有情，由气之有形也。气有白黑，神有善恶。形与白黑偕，情与善恶偕。故气黑，非形之咎；

情恶,非情之罪也。'或曰:'人之于利,见而好之。能以仁义为节者,是性割其情也。性少情多,性不能割其情,则情独行为恶矣。'曰:'不然。是善恶有多少也,非情也。有人于此,嗜酒嗜肉,肉胜则食焉,酒胜则饮焉。此二者相与争,胜者行矣。非情欲得酒,性欲得肉也。有人于此,好利好义,义胜则义取焉,利胜则利取焉,此二者相与争,胜者行矣。非情欲得利,性欲得义也。其可兼者,则兼取之;其不可兼者,则只取重焉。若二好钧平,无分轻重,则一俯一仰,乍进乍退。'或曰:'请折于经。'曰:'《易》称"乾道变化,各正性命(《易·乾卦》象辞)",是言万物各有性也。"观其所感,而天地万物之情可见矣(《咸卦》象辞)",是言情者应感而动者也。昆虫草木,皆有性焉,不尽善也。天地圣人,皆称情焉,不主恶也。又曰"爻象以情言(《系辞》)",亦如之。凡情意心志者,皆性动之别名也。"情见乎辞(同上)",是称情也。"言不尽意(同上)",是称意也。"中心好之(《诗·唐风》)",是称心也。"以制其志",是称志也。惟所宜,各称其名而已。情何主恶之有!"'其所以辨性情之分者,盖至条晰。悦之论性之言,斯为精到矣。若或问天命人事,曰:"有三品焉。上下不移,其中,则人事存焉尔。"虽韩文公性三品之说,本之于此。然汉人之论性,若是者甚多,非悦之独见也。

悦之说尚有可述者,则主养性而斥神仙。或问神仙之术。曰:"诞哉! 末之也已矣。圣人弗学,非恶生也。终始,运也;短长,数也。运数非人力之为也。"曰:"亦有仙人乎?"曰:"僬侥桂莽,产乎异俗。就有仙人,亦殊类矣。"或曰:"人有自变化而仙者,信乎?"曰:"未之前闻也。然则异也,非仙也。男化为女者有矣,死人复生者有矣,夫岂人之性哉! 气数不存焉。"(《俗嫌》)其不信神仙,盖与牟融同。然或问:"有养性乎?"曰:"养性,秉中和守之以生而已。爱亲爱德、爱力爱神之谓啬。否则不宣,过则不澹(同赡)。故君子节宣其气,勿使有所壅闭滞底。昏乱百度则生疾。故喜怒哀乐必得其中,所以养神也。寒暄虚盈消息必得其中,所以养体也。夫善养性者,无常术,得其和而已矣。邻脐二寸谓之关。关者，所以关藏呼吸之气，以禀（同廪）授四体也。故气长者，以关息。气短者，其息稍升，其脉稍促，其神稍越，至于以肩息而气舒。其神稍专，至于以关息而气衍矣。故道者常致气于关，是谓要术。"（同上）夫《庄子》言："真人之息以踵，众人之息以喉。"（《庄子·大宗师》）此特以喻重静轻躁之分，非果指呼吸而言也。脐关呼吸之说，惟神仙家始有之。故《黄庭外景经》曰："上有黄庭下关元，后有幽阙前命门，呼吸庐间入丹田。"今悦不信神仙，而取神仙关息之术，是可异也。然王充尝有养性之书矣，而董仲舒亦言："物生皆贵气而迎养之。养生之大者，乃在爱气。"盖汉世神仙方盛，儒之杂神仙，犹其糅合于阴阳也。特羽化飞天，化金销玉，说之诡怪违理者，或有所不然耳。而刘子政汉代大儒，至信《淮南鸿宝》言神仙使鬼物为金之术，上书谓黄金可成（见《汉书·向传》）。吾观魏文《典论》论郤俭等事，曰："颍川郤俭，能辟谷，饵伏苓。甘陵甘始，亦善行气，老有少容。庐江左慈，知补导之术。并为军吏。初俭之至，市伏苓价暴数倍。议郎安平李覃，学其辟谷，餐伏苓，饮寒水，中泄利，殆至殒命。后始来，众人无不鸱视狼顾，呼吸吐纳。军谋祭酒弘农董芬，为之过差，气闷不通，良久乃苏。左慈到，又竞受其补导之术。至寺人严峻，往从问受，阉竖真无事于斯术也。人之逐声，乃至于是。"云云。则悦之不取黄白，不取服药，不取导引蓄气历藏内视，而独取关息，亦可谓知所拣择者。且曰："凡阳气生养，阴气消杀。和喜之徒，其气阳也。故养性者，崇其阳而绌其阴。阳极则亢，阴极则凝。亢则有悔，凝则有凶。夫物不能为春，故候天春而生。人则不然，存吾春而已矣。"（《俗嫌》）此即《庄子》所谓"和豫通而不失于兑，日夜无郤，而与物为春"者（见《庄子·德充符》）。又不独与《参同》阴阳屈伸之旨相符而已。悦谓："学必至圣，可以尽性。寿必用道，所以尽命。"（《俗嫌》）自信如此，倘亦有所受之者欤？

第十一章 徐　　幹

徐幹，字伟长，北海剧人。年未弱冠，学五经悉载于口。博览传记，言则成章。汉魏之际，冠族子弟交接求名，竞相尚爵号。而幹独闭户自守，不与之群。魏武为丞相，特加旌命，辞疾不就。后以为上艾长，又以疾不行。故文帝《与吴季重（质）书》称："伟长怀文抱质，恬淡寡欲，有箕山之志，可谓彬彬君子者矣。"（见《文选》）著《中论》二十余篇，见存二十篇。《贞观政要》载太宗尝见幹《中论·复三年丧篇》，今《中论》无此，则所阙已。曾子固（巩）校正幹书，尝论之曰："汉承周衰及秦灭学之余，百氏杂家，与圣人之道并传。学者罕能独观于道德之要，而不牵于俗儒之说。幹独能考六艺，推仲尼、孟轲之旨，述而论之。求其辞，时若有小失者。要其归，不合于道者少矣。"（见《南丰汇稿》）然其书旧有序，盖同时人所作，谓其养浩然之气，习羡门之术。又谓："讥孟轲不度其量，拟圣行道，传食诸侯。深美颜渊、荀卿之行。故绝迹山谷，幽居研几。"则幹亦杂糅儒道，而于孟子且有所不取矣。盖幹之学，以守己为重。故其言曰："人心莫不有理道，至乎用之则异矣。或用乎己，或用乎人。用乎己者，谓之务本；用乎人者，谓之近末。"（《修本》）又曰："人有大惑而不能自知者，舍有而思无也，舍易而求难也。身之与家,我之有也,治之诚易,而不肯为也;人之与国,我所无也,治之诚难,而愿之也。虽曰吾有术,吾有术,谁信之欤!故怀疾者,人不使为医;行秽者,人不使画法。以无验也。"(同上)皎然于先后本末之间,此幹之所以处乱世而能不污者耶!

一　智行

幹之书多本《周礼》,故言政,则称乡遂之法(《民数》),言学,则推三物(六德、六行、六艺)之教(《治学》)。三物六艺首礼,六德首智。首礼,故有《法象》之论。首智,则有《智行》之篇。《法象》正容貌、慎威仪,犹贾生《容经》之俦也,兹不具述。而述其《智行》。曰:"或问曰:'士或明哲穷理,或志行纯笃。二者不可兼,圣人将何取?'对曰:'其明哲乎!夫明哲之为用也,乃能殷民阜利,使万物无不尽其极者也。圣人之可及(疑当作不可及),非徒空行也,智也。'"又曰:"人之行莫大于孝,莫显于清。曾参之孝,有虞不能易;原宪之清,伯夷不能间。然不得与游夏列在四行之科,以其才不如也。仲尼问子贡曰:'汝与回也孰愈?'对曰:'赐也何敢望回。回也闻一以知十,赐也闻一以知二。'子贡之行,不若颜渊远矣。然而不服其行,服其闻一知十。由此观之,盛才,所以服人也。仲尼亦奇颜渊之有盛才也,故曰:'回也非助我者也,于吾言无所不说。'颜渊达于圣人之情,故无穷难之辞,是以能独获亹亹之誉,为七十子之冠。曾参虽质孝,原宪虽体清,仲尼未甚叹也。"又曰:"夫明哲之士,威而不慑,困而能通,决嫌定疑,辨物居方。禳祸于忽秒,求福于未萌。见变事则达其机,得经事则循其常。巧言不能推,令色不能移。动作可观则,出辞为师表。比诸志行之士,不亦谬乎?"且荀子曰:"不闻不若闻之,闻之不若见之,见之不若知之,知之不若行之。"(《儒效》)今幹轩智而轻行,亦异于先儒矣。然荀子次儒之等,极于以浅持博,以古持今,以一持万。苟仁义之类也,虽在鸟兽之中,若别白黑。倚物怪变,所未尝闻也,所未尝见也。卒然起一方,则举统类而应之,无所儗㤰。张法而度之,则晻然若合符节。若是而后谓之大儒(已见前)。此与幹之言"禳祸于忽秒,求福于未萌,见变事则达其机,得经事则循其常"者,比类等量,岂有异哉! 然则幹之轩智而轻行,亦以夫明圣之智,与一节之行,较其长短多少者耳。不然,幹亦有言: "染不积则人不观其色,行不积则人不信其事。"(《贵验》)"君子耻有其辞而无其行。"(《艺纪》)岂果以行为无足重乎! 《治学篇》曰:"凡学者大义为先,物名为后。大义举而物名从之。鄙儒之博学也,务于物名,详于器械,考于诂训,摘其章句,而不能统其大义之所极,以获先王之心。此无异乎女史诵诗,内竖传令也。"夫以务物名、考诂训为智,智之无取,幹固知之矣。

二 谴交

韩非著书,深诋言谈游学之士,以为国之蠹害。《中论》有《谴交》,意颇近之。盖皆惩当时敝俗而发。然国之四民,各有其业。岂有群行方外,专治交游,以妨生务,以乱民听。国家不欲纳民轨物则已,如欲纳民轨物,无论世至何等,是固在所必黜者矣。幹之说有大可为后世鉴者,故录之。曰:"世之衰也,上无明天子,下无贤诸侯。君不识是非,臣不辨黑白。取士不由于乡党,考行不出于阀阅。多助者为贤才,寡助者为不肖。序爵听无证之论,班禄采方国之谣。民见其如此者,知富贵可以从众为也,知名誉可以虚哗获也。乃离其父兄,去其邑里,不修道义,不治德行。讲偶时之说,结比周之党。汲汲皇皇,无日以处。更相叹扬,迭为表里。枯杌生华,憔悴布衣,以欺人主,惑宰相,窃选举,盗荣宠者,不可胜数也。既获者,贤已而遂往;羡慕者,并驱而追之。悠悠皆是,孰能不然者乎!桓、灵之世,其甚者也。自公卿大夫,州郡牧守,王事不恤,宾客为务。冠盖填门,儒服塞道。饥不暇餐,倦不获已。殷殷沄沄,俾夜作昼。下及小司,列城墨绶(汉县令铜章墨绶),莫不相商以得人,自矜以下士。星言夙驾,送往迎来。亭传常满,吏卒传问。炬火夜行,阍寺不闭。把臂捩腕,扣天矢誓。推托恩好,不较轻重。文书委于官曹,系囚积于囹圄,而不遑省也。详察其为也,非欲忧国恤民,谋道讲德也。徒营己治私,求势逐利而已。有策名于朝,而称门生于富贵之家者,比屋有之。为之师而无以教,弟子亦不受业。然其于事也,至乎怀丈夫之容,而袭婢妾之态。或奉货而行赂,以自固结,求志属托,规图仕进。然掷目指掌,高谈大语,若此之类,言之犹可羞,而行之者不知耻。嗟乎!王教之败,乃至于斯乎!"夫交托之途盛,由幸进之门开;浮竞之士多,在节义之风丧。政教两失,实为乱阶。吾每读《谴交》之文,未尝不为之扼腕而长太息也。

第十二章　魏晋谈玄之风

两汉以来，儒者无不兼明道家。然第以其清静宁谧之旨，用为养生养性之助。若夫言经世体国，一切礼教刑政之要，则仍一本之六艺。体用之间，未尝不隐然有判也。自汉末天下大乱，魏武父子，崇奖浮文无实之士，儒术以衰。虽王肃善贾（逵）、马（融）之学，采会同异，为《尚书》、《诗》、《论语》、《三礼》、《左氏》解，又作《圣证论》以排康成。而董遇等亦历注经传，有名于时。然观鱼豢《魏略》谓："太和青龙（魏明帝年号）中，太学诸生有千数。而诸博士率皆粗疏，无以教弟子。弟子亦避役，竟无能习学。"又谓："正始（齐王芳年号）中，有诏议圜丘，普延学士。是时郎官及司徒领吏，二万余人。而应书与议者，略无几人。又是时朝堂，公卿以下四百余人，其能操笔者，未有十人，多皆相从饱食而退。"儒业销沉，盖可见矣。而于是时何晏（字平叔）、王弼（字辅嗣），遂开谈玄之风。《三国志·曹爽传》："南阳何晏、邓飏、李胜，沛国丁谧，东平毕轨，咸有声名，进趣于时。明帝以其浮华，皆抑黜之。及爽秉政，乃复进叙，任为腹心。"又："晏，何进孙。少以才秀知名，好老庄言，作《道德论》及诸文赋著述，凡数十篇。"又《钟会传》："会弱冠，与山阳王弼并知名。弼好论儒道，辞才逸辩。注《易》及《老子》。"陈承祚

（寿）不为王、何立传，仅附于曹爽、钟会传后，且诋晏为浮华，其识至浅。今犹可考知弼、晏之生平者，实赖裴松之《三国志注》与刘义庆《世说新语》等书。而晏之《论语集解》与弼之《易注》、《老子注》亦具存。其引老庄之说，释孔圣之经，皆可寻案。毁之者，谓其罪深桀纣（晋范宁之言）；誉之者，谓其独冠古今（唐孔颖达《周易正义序》）。要之汉人讲经，守章句，争家法，支离榑蔓，至说五字之文，多至二三万言（见《汉书·艺文志》）。得二子者，扫荡廓清，而反之坦易，亦功之不刊者也。且孔子问礼于老聃，而发犹龙之叹（见《史记·老子列传》），《庄子》一书，兼明孔、老二家之旨。儒道在先，本多相契。必视以老解经为非圣无法，亦后世儒生一孔之见已。至若泰始（晋武年号）以后，士夫专尚浮虚，不复以世务为事，驯至铜驼埋于荆棘，胡马驰于郊坛，而犹麈尾唾壶，清谈不息。末流之弊，亦难以罪倡始之人。当魏齐王芳时，何晏有奏曰："善为国者，必先治其身。治其身者，慎其所习。所习正，则其身正；其身正，则不令而行。所习不正，则其身不正；其身不正，则虽令不从。是故为人君者，所与游，必择正人；所观览，必察正象。放郑声而弗听，远佞人而弗近。然后邪心不生，而正道可宏也。"又曰："可自今以后，御幸式乾殿，及游豫后园，皆大臣侍从。因从容戏宴，兼省文书，询谋政事，讲论经义，为万世法。"（《三国志·齐王芳传》）以此观之，晏虽好老庄，岂欲遗弃世务者哉！清钱大昕作《何晏论》，以为其奏有大臣之风（见《潜研堂文集》）。然则前之何、王，未可与后之王（衍）、乐（广）同语也。

晏与弼同宗老庄，而其所见亦有不同者。何劭为王弼作传（见《三国志注》），谓："晏以为圣人无喜怒哀乐，其论甚精，钟会等述之。弼与不同，以为'圣人茂于人者，神明也；同于人者，五情也。神明茂，故能体冲和以通无；五情同，故不能无哀乐以应物。然则圣人之情，应物而无累于物者也。今以其无累，便谓不复应物，失之多矣'。"今观弼注《老子》"无名天地之始，有名万物之母"，曰："凡有皆始于无。故未形无名之时，则为万物之始。及其有形有名之时，则长之、育之、亭之、毒之，为其母也。言道以无形无名，始成万物。以始以成，而不知其所以，玄之又玄也。"又注"有之以为利，无之以为用"，曰："木、埴、壁，所以成三者，而皆以无为用也。言无者，有之所以为利，皆赖无以为用也。"其义正合。是弼虽主于无，而亦不废有。以视晏之专于无者，说尤圆矣。然弼实后于晏。弼幼时，晏见而奇之，叹曰："仲尼言后生可畏。若斯人者，可与言天人之际乎！"晏虽不注《易》，然《管辂别传》（见《三国志·管辂传》注）载辂为晏所请，论《易》九事，九事皆明。晏曰："君论阴阳，此世无双。"时邓飏与晏共坐，飏言："君见谓善《易》，而语初不及《易》中辞义，何故也？"辂寻声答之曰："夫善《易》者，不论《易》也。"晏含笑而赞之："可谓要言不烦。"晏知辂之精于《易》，晏之精于《易》，亦可知也。《魏氏春秋》（见《三国志·曹爽传》注）曰："初夏侯玄、何晏等，名盛于时，司马景王（师）亦预焉。晏尝曰：'唯深也，故能通天下之志，夏侯泰初（泰初，玄字）是也；唯几也，故能成天下之务，司马子元（子元，师字）是也；惟神也，故不疾而速，不行而至，吾闻其语，未见其人。'"（唯深、唯几、惟神三句，皆《易·系辞》）则晏之所以自待者，岂可量哉！《晋书·王衍传》称："魏正始中，何晏、王弼等祖述老庄立论，以为'天地万物皆以无为本。无也者，开物成务，无往不存者也'。"何、王并称，固莫之能轩轾也已。

玄风虽倡于何、王，而得嵇（康，字叔夜）、阮（籍，字嗣宗）诸贤，互相标题，其流始广。康尝著《释私论》，略谓："君子者，心不措乎是非，而行不违乎道者也。何以言之？夫气静神虚者，心不存于矜尚；体亮心达者，情不系于所欲。矜尚不存乎心，故能越名教而任自然；情不系于所欲，故能审贵贱而通物情。物情顺通，故大道无违；越名任心，故是非无措也。"籍有《大人先生传》，以为："世之所谓君子，惟法是修，惟礼是克。手执圭璧，足履绳墨。行欲为目前检，言欲为无穷则。少称乡党，长闻邻国。上欲图三公，下不失九州牧。独不见群虱之处裈中，逃乎深缝,匿乎坏絮,自以为吉宅也。行不敢离缝际,动不敢出裈裆,自以为得绳墨也。然炎丘火流,焦邑灭都,群虱处于裈中,而不能出也。君子之处域内,何异夫虱之处于裈中乎!"(见各别集)蔑名教,弃绳墨,盖自嵇、阮始矣。然《晋书·阮籍传》称:"籍本有济世志。属魏晋之际,天下多故,名士少有全者。籍由是不与世事,遂酣饮为常。"而康《与山涛(字巨源)书》亦言:"阮嗣宗口不论人过。吾每师之,而未能及。至性过人,与物无伤,惟饮酒过差耳。至为礼法之士所绳,疾之如仇雠。"又言:"吾以不如嗣宗,而有慢弛之阙。又不识物情,暗于机宜。无万石之慎(万石君,石奋也),而有好尽之累(国武子好尽言以招人过,见《国语·周语》)。久与事接,疵衅日兴。虽欲无患,其可得乎?"(见康集)是康、籍之放诞,原有所托而然,而亦未至过甚也。其后阮瞻、王澄、谢鲲、胡毋辅之之徒,皆祖述于籍,谓得大道之本。乃去巾帻,脱衣服,露丑恶,同禽兽。甚者名之谓通,次者名之为达。变本加厉,虽乐广亦讥之,而曰:"名教中自有乐地。何为乃尔?"(见《世说新语》)此于嵇、阮已不似,而况何、王乎?且汉儒自贾谊、董仲舒以至徐幹,其为说无不致重于礼者。非不知礼之为人所苦难也,诚以人之性犹乎水然,无以防堰之,则将泛滥而大为害于天下。若夫上智之士,虽有荡佚,不离于法,是则希世而一见,未可以望之凡流也。何、王、嵇、阮,皆禀绝世之姿,有拔俗之志,而骛于高远,遗其卑近。其亦曾子所云"堂堂乎张,难与并为仁"者耶(见《论语》)?而阮瞻、王澄,又不善学之。无贲、育之勇,而欲举千钧之鼎,宜其绝脰矣。

抑老庄之学,易托者,放诞之行;而难造者,玄远之诣。当时虚无之宗,前推何、王,后称王、乐。衍、广在晋,皆跻列高位。而诡时自保,莫敢正言。迨宗社既倾,身亦随陨。老子有言:"后其身而身先,外其身而身存。"若衍与广,岂真知老庄者哉!然《晋书·衍传》载王敦过江,常称衍曰:"夷甫处众中,如珠玉在瓦石间。"顾恺之作《画赞》称:"衍岩岩清峙,壁立千仞。"(见《世说新语》)即石勒杀衍者,而亦谓其党孔衍曰："吾行天下多矣，未尝见如此人。"(《晋书·衍传》)《广传》载卫瓘逮与魏正始中诸名士谈论，见广而奇之，命诸子造焉。曰："此人之水镜，见之莹然，若披云雾而睹青天也。"夫内有所得，外则形之，庄子所云"畸于人而侔于天"者(《大宗师》)，衍、广亦几得之矣。又衍尝丧幼子，山简吊之，衍悲不自胜，简曰："孩抱中物，何至于此？"衍曰："圣人忘情，最下不及于情。然则情之所钟，正在我辈！"(《衍传》)衍自言："与人语甚简至，而及见广，便觉己之烦。"广论每以约言析理，厌(同餍)人之心(《广传》)。客有问指不至者(公孙龙之说)，广亦不复剖析文句，直以麈尾柄触几曰："至不？"客曰："至。"广因又举麈尾曰："若至者，那得去？"(《世说新语》)卫玠总角时，尝问广梦。广云："是想。"玠曰："神形所不接而梦，岂是想耶？"广曰："因也。"玠思之经月不得，遂以成疾。广闻故，命驾为剖析之，玠即愈(《广传》)。辞约而理妙如此，斯又岂浅人所可剽窃为之者哉！渡江以后，风流益扇。元嘉(宋文帝)之间，遂至专立玄学，以相教授。以《庄》、《老》、《周易》，总谓三玄，谈论则为玄言，著述则为玄部。于是景附草靡，天下成风矣。然观王僧虔《戒子书》言："往年有意于史。取《三国志》聚置床头，百日许后业就。玄自当小差(差，犹过也)于史，犹未近仿佛。曼倩(东方朔)有云：'谈何容易。'见诸玄，志为之逸，肠为之抽。专一书，转通十数家注。自小至老，手不释卷，尚未敢轻言。汝开《老子》卷头五尺许，未知辅嗣何所道，平叔何所说，马、郑何所异，指例何所明，而便盛于麈尾，自呼谈士。此最险焉。"(《南齐书·王僧虔传》)夫开《老子》卷头五尺许，而便自称谈士，当时岂独僧虔之子然哉！是故玄学虽开于何、王，而嵇、阮一变焉，王、乐一变焉。至渡江之后，则又变焉。及夫天下皆谈士，而玄学微矣。

当玄风盛时，说经者无不杂以老庄。今六朝经师之说，多佚。特偶见于唐、宋注疏中。而梁皇侃《论语义疏》具存。观其所引，玄虚之语，往往而是。如"六十而耳顺"，孙绰(晋)云："耳顺者，废听之理也。

朗然自玄悟,不复役而后为。""子畏于匡",孙绰云:"兵事险阻,常情所畏。圣人无心,故以物畏为畏也。""久矣吾不复梦见周公",李充(晋)云:"圣人无想,何梦之有。盖周德之日衰,故寄慨于不梦。""吾不试,故艺",缪协(晋)云:"兼爱以忘仁,游艺以去艺。""颜渊死,子哭之恸",缪协云:"圣人体无哀乐,而能以哀乐为体,不失过也。"其尤甚者,"回也其庶乎,屡空",顾欢(齐)云:"夫无欲于无欲者,圣人之常也;有欲于无欲者,圣人之分也。二欲同无,故全空以目圣;一有一无,故每虚以称贤。"太史叔明(梁)申之云:"按其遗仁义,忘礼乐,黜支体,黜聪明,坐忘大通(见《庄子·人间世》、《大宗师》),此忘有之事也。忘有顿尽,非空而何?若以圣人验之,圣人忘忘,大贤不能忘忘。不能忘忘,心复为未尽。一未一空,故屡名生焉。"其解经者如此,岂独向秀、郭象之注《庄》,张湛之注《列》,为玄言之宗哉!又老庄之学,多可与释氏相通。故谈玄者,往往喜与释子周旋,而释子亦盛治老庄。如高坐道人到江左,王导一见,奇之,曰:"此吾徒也。"(《世说新语注》)王逸少作会稽,初至,支道林在焉。孙兴公(即绰)谓王曰:"支道林拔新领异,胸怀所及乃自佳。卿欲见不?"乃与支共载往王(《世说》)。康僧渊在豫章,去郭数十里,立精舍,闲居研讲,希心理味。庾公(亮)诸人,多往看之。观其运用吐纳,风流转佳(《世说》)。而支公尤深于名理。《庄子·逍遥游》旧是难处,诸名贤所共钻味,不能拔理于郭、向之外。支在白马寺中,将冯太常(怀)共语,因及《逍遥》,支卓然标新理于二家之表,立异义于众贤之外,皆是诸名贤寻味之所不得,后遂用支理。又支与许(询)、谢(安)盛德,共集王(濛)家。谢顾谓诸人:"今日可谓彦会。时既不可留,此集固亦难常。当共言咏,以写其怀。"许便问主人有《庄子》不,正得《渔父》一篇。谢看题,便各使四座通。支先通,作七百许语,叙致精丽,才藻奇拔,众咸称善。又僧意在瓦官寺,王苟子(修)来与语,便使其唱理。意谓王曰:"圣人有情不?"王曰:"无。"重问曰:"圣人如柱耶?"王曰:"如筹算。虽无情,运之者有情。"僧意云:"谁运圣耶?"苟子不得答而去(以上皆《世说》)。观此数公之才辨理致,固不下于曩时之王、乐也。然始以佛理说老庄,继即援老庄而入佛。故玄学之行,而佛教遂盛,上夺汉儒守经之席,下作齐、梁事佛之阶。在当时则礼法之罪人,而在后世亦象教之功臣已。

第十三章 刘　　劭

当何、王之时，有傅嘏、钟会之论才性。《三国志·嘏传》：嘏常论才性同异，钟会集而论之。《会传》：会尝论《易》无互体，才性同异。《世说新语》：钟会撰《四本论》始毕，甚欲使嵇公一见。置怀中既定，畏其难，怀不敢出。于户外遥掷，便回急走。刘孝标注云："《四本》者，言才性同、才性异、才性合、才性离。尚书傅嘏论同，中书令李丰论异，侍郎钟会论合，屯骑校尉王广论离。"《四本论》今已不传。然《世说》称："殷中军（浩）虽思虑通长，然于才性偏精。忽言及《四本》，便若汤池铁城，无可攻之势。"又："殷仲堪精核玄论，人谓莫不研究。殷乃叹曰：'使我解《四本》，谈不翅尔。'"则晋以来，犹多能言之者矣。今传刘劭《人物志》，论才性甚精审。劭，字孔才，邯郸人。仕魏，官至散骑常侍。与嘏、会等同时，其说必有与之仿佛者。《三国志》言："劭所撰述《法论》、《人物志》之类，百余篇。"《法论》已佚，《人物志》亦才十二篇而已。吾尝读而究之，大抵糅合道德阴阳之说，而亦颇有与儒合者。盖承汉人之余绪，正自应尔。而隋、唐《志》皆列之名家，要与古之名家异矣。

今《人物论》首《九征》。其辞曰："盖人物之本，出乎情性。情性之理，甚微而玄。非圣人之察，其孰能究之哉。凡有血气者，莫不含元一以为质,禀阴阳以立性,体五行而著形。苟有形质,犹可即而求之。凡人之质量,中和最贵矣。中和之质,必平淡无味,故能调成五材,变化应节。是故观人察质,必先察其平淡,而后求其聪明。聪明者,阴阳之精。阴阳清和,则中睿外明。圣人淳耀,能兼二美,知微知章。自非圣人,莫能两遂。故明白之士,达动之机,而暗于玄虑;玄虑之人,识静之原,而困于速捷。犹火日外照,不能内见;金水内暎,不能外光。二者之义,盖阴阳之别也。若量其材质,稽诸五物。五物之征,亦各著于厥体矣。其在体也,木骨、金筋、火气、土肌、水血,五物之象也。五物之实,各有所济。是故骨植而柔者,谓之宏毅。宏毅也者,仁之质也。气清而朗者,谓之文理。文理也者,礼之本也。体端而实者,谓之贞固。贞固也者,信之基也。筋劲而精者,谓之勇敢。勇敢也者,义之决也。色平而畅者,谓之通微。通微也者,智之原也。五质恒性,故谓之五常矣。五常之别,列为五德。是故温直而扰毅,木之德也。刚塞而弘毅,金之德也。愿恭而理敬,水之德也。宽栗而柔立,土之德也。简畅而明砭,火之德也。虽体变无穷,犹依乎五质。故其刚柔明畅贞固之征,著乎形容,见乎声色,发乎情味,各如其象。平陂之质在于神,明暗之实在于精,勇怯之势在于筋,强弱之植在于骨,躁静之决在于气,惨怿之情在于色,衰正之形在于仪,态度之动在于容,缓急之状在于言。其为人也,质素平淡,中睿外朗,筋劲植固,声清色怿,仪正容直,则九征皆至,则纯粹之德也。九征有违,则偏杂之材也。三度不同,其德异称。故偏至之材,以材自名。兼材之人,以德为目。兼德之人,更为美号。是故兼德而至,谓之中庸,中庸也者,圣人之目也;具体而微,谓之德行,德行也者,大雅之称也。一至谓之偏材,偏材,小雅之质也;一违谓之依似,依似,乱德之类也。一至一违,谓之间杂,间杂,无恒之人也。无恒依似,皆风人之末流。末流之质,不可胜论。"本之于阴阳,合之以五行,而旁通于《诗》、《书》之说,可谓博而能详者矣。然要其立论之义,则在王道得而臣道序。故《流业篇》历数清节法术国体之材,而曰:"凡此十二材,皆人臣之任也,主德不预焉。主德者,聪明平淡,总达众材,而不以事自任者也。主道立,则十二材各得其任也。"庄子有言:"上无为而用天下,下有为为天下用。"(《天道》)又曰:"无为而尊者,天道也;有为而累者,人道也。主者,天道也;臣者,人道也。"若劭之论,非所谓道家君人南面之术者哉!然则仅取其辨才性体别,犹为未尽劭意者,而惜乎钟士季(会字)之书之不存,不能取以相证也。

第十四章 裴　　頠

　　傅、钟之言才性，与何、王之标虚无，异矣。然二者非正相敌难也。其起与虚无之说相敌难者，则惟裴頠乎？《晋书·頠传》曰："頠，字逸民。弘雅有远识，博学稽古，自少知名。御史中丞周弼见而叹曰：'頠若武库，五兵纵横，一时之杰也。'頠深患'时俗放荡，不尊儒术。何晏、阮籍，素有高名于世，口谈浮虚，不遵礼法，尸禄耽宠，仕不事事。至王衍之徒，声誉太盛，位高势重，不以物务自婴。遂相仿效，风教陵迟'，乃著《崇有》之论，以释其蔽。王衍之徒，攻难交至，并莫能屈。"若頠者，可谓卓然自立，不诡于时者矣。然观頠《崇有论》曰："老子既著五千之文，表摭秽杂之弊，甄举静一之义。有以令人释然自夷，合于《易》之损谦艮节之旨。而静一守本，无虚无之谓也。损艮之属，盖君子之一道，非《易》之所以为体守本无也。观老子之书，虽博有所经，而云'有生于无'，以虚为主，偏立一家之辞，岂有以而然哉！人之既生，以保生为全。全之所阶，以顺感为务。若味近以亏业，则沉溺之衅兴；怀末以忘本，则天理之真减。故动之所交，存亡之会也。夫有非有，于无非无；于无非无，于有非有。是以申纵播之累，而著贵无之文。将以绝所非之盈谬，存大善之中节，收流遁于既过，反澄正于胸怀。宜其以无为辞，而旨在全有。故其辞曰：'以为文不足。'若斯，则是所寄之途、一方之言也。若谓至理信以无为宗，则偏而害当矣。"又曰："夫至无者，无以能生。故始生者，自生也。自生而必体有，则有遗而生亏矣。生以有为己分，则虚无是有之所遗者也。故养既化之有，非无用之所能全也；理既有之众，非无为之所能循也。心非事也，而制事必由于心，然不可以制事以非事，谓心为无也；匠非器也，而制器必须于匠，然不可以制器以非器，谓匠非有也。是以欲收重泉之鳞，非偃息之所能获也；陨高墉之禽，非静拱之所能捷也。审投弦饵之用，非无知之所能览也。由此而观，济有者，皆有也。虚无奚益于已有之群生哉！"颜之所以排无而申有，其说仍一本之于老庄。盖道家之旨，原有无双立。立无所以极理，立有所以通事。裴与王衍之徒，皆各见其一端者也。

虽然，如裴之说，实当时之药石。其论曰："夫盈欲可损，而未可绝有也；过用可节，而未可谓无贵也。盖有讲言之具者，深列有形之故，盛称空无之美。形器之故有征，空无之义难检。辨巧之文可悦，似象之言足惑。众听眩焉，溺其成说。虽颇有异此心者，辞不获济，屈于所狎。因谓虚无之理，诚不可盖。唱而有和，多往弗反。遂薄综世之务，贱功烈之用；高浮游之业，卑经实之贤。人情所殉，笃夫名利。于是文者衍其辞，讷者赞其旨，染其众也。是以立言借其虚无，谓之玄妙；处官不亲所司，谓之雅远；奉身散其廉操，谓之旷达。故砥砺之风，弥以陵迟。放者或悖吉凶之礼，而忽容止之表，渎弃长幼之序，混漫贵贱之级。其甚者，至于裸裎，言笑忘宜，以不惜为弘。士行又亏矣。"夫《记》曰："张而弗弛，文武弗能；弛而弗张，文武弗为。一张一弛，文武之道也。"（见《礼·杂记》）汉人惟张之太过，故魏晋以来，不得不弛。今弛之太过，亦不能不复张者，道也。故《论》曰："兆庶之情，信于所习。习则心服其业，业服则谓之理然。是以君人必慎所教。班其政刑，一切之务。分宅百姓，各授四职。能令禀命之者，不肃而安。忽然忘异，莫有迁志。"曰："贤人君子，知欲不可绝，而交物有会。观乎往复，稽中定务。惟夫用天之道,分地之利,躬其力任,劳而后飨。居以仁顺,守以恭俭,率以忠信,行以敬让。志无盈求,事无过用。乃可济乎!故大建厥极,绥理群生。训物垂范,于是乎在。斯则圣人为政之由也。"曰:"贱有则必外形,外形则必遗制,遗制则必忽防,忽防则必忘礼。礼制弗存,则无以为政矣。"晋人能知儒、道相济之用者,则惟裴逸民耳。王衍之将死也,叹曰:"呜呼!吾曹虽不如古人,向若不祖尚浮虚,戮力以匡天下,犹可不至今日!"(《晋书·衍传》)其亦思及裴之言乎?頠又著《辨才论》,古今精义,皆辨释焉。未成,而为赵王伦所杀。

第十五章 傅　　玄

　　老庄之用，在于申韩。晋人言老庄者多，而知申韩者少。故吾尝言晋人未能得老庄之全，以是蒙其害而不获其用。既得《傅子》读之，觉其尚公道、重爵禄，犹有法家之意。其书亦称老子，曰："老子不云乎：'信不足焉者，有不信也。'"又谓："天下之福，莫大于无欲。天下之祸，莫大于不知足。"则纯然老氏之学。然与当时之湛于虚无者，异矣。傅子名玄，字休奕，北地泥阳人。晋武代魏，玄为散骑常侍。上书谓："为政之要，计人而置官，分人而受事。士农工商之分，不可斯须废。宜亟定制，通计天下。若干人为士，足以副在官之吏；若干人为农，三年足有一年之储；若干人为工，足其器用；若干人为商贾，足以通货。"颇欲贵农抑末，佐益时事。后为御史中丞，亦多匡谏。年六十二，卒。所撰论经国九流，及三史故事，评断得失，各为区别，名为《傅子》，为内、外、中篇，凡有四部、六录，合百四十首，数十万言。隋、唐两《志》，并存其目，皆一百二十卷，而宋《志》仅有五卷。盖唐五代之乱，多亡佚矣。今从《永乐大典》抄出文义完具者十二篇。文义不完者，亦十二篇。

　　其尚公道、重爵禄，奈何？《通志篇》曰："夫能通天下之志者，莫大乎至公。能行至公者，莫要乎无忌心。"曰："夫有公心，必有公道。有公道,必有公制。丹朱、商均,子也,不肖,尧、舜黜之。管叔、蔡叔,弟也,为恶,周公诛之。苟不善,虽子弟不赦,则于天下无所私矣。鲧乱政,舜殛之,禹圣明,举用之。戮父而授其子,则于天下无所枉矣。石厚,子也,石碏诛之。冀缺,雠也,晋侯举之(并见《左传》)。是谓公道。"曰:"上之人,或有所好之流独进,而所不好之流退矣。通者一而塞者万,则公道废而私道行矣。"此韩非"去私曲就公法"之说也。曰:"听言不如观事,观事不如观行。听言必审其本,观事必校其实,观行必考其迹。参三者而详之,近少失矣。"此韩非"参验"之说也。《重爵禄篇》曰:"爵禄者,国柄之本,而富贵之所由,不可以不重也。然则爵非其德不授,禄非其功不与。"曰:"德贵功多者,受重爵大位厚禄尊官。德浅功寡者,受轻爵小位薄禄卑官。"曰:"欲治其民,而不省其事,则事繁而职乱;知省其职,而不知节其利。厚其禄也,则下力既竭,而上犹未供;薄其禄也,则吏竞背公义(原作利,以意校改)而营私利也。此教之所以必废而不行也。凡欲为治者,莫不欲其吏之清。不知所以致清,而求其清,此犹浑其源而望其流之洁也。知所以致清,则虽举盗跖,不敢为非;不知所以致清,则虽举夷、叔,必犯其制矣。"此韩非"功多位尊,力极赏厚,而度量信,则伯夷不失是,而盗跖不得非"之说也。凡此之类,皆与法家意合。盖欲经国理民,固不能离于此道。然亦即有不然于法家者。《贵教篇》曰:"因善教义,义(原义字不重,以意增,下句礼字亦然)成而礼行;因义立礼,礼设而义通。若夫商、韩、孙、吴,知人性之贪得乐进,而不知兼济其善。于是束之以法,要之以功。使天下惟力是恃,惟争是务。恃力务争,至有探汤赴火而忘其身者,好利之心独用也。怀好利之心,则善端没矣。不济其善,而惟力是恃,其不大乱几希耳。人之性,避害从利。故利出于礼让,则修礼让;利出于力争,则任力争。修礼让,则上安下顺,而无侵夺;任力争,则父子几乎相危,而况于悠悠者乎。"其意以为"制政以法,修教以礼",欲兼礼与法而用之。是则又儒者之教也。《晋书·玄传》称玄书内篇初成,其子咸以示司空王沈。沈与玄书曰："省足下所著书,言富理济,经纶政体,存重儒教,足以塞杨、墨之流遁,齐孙、孟(孟子,孙卿)于往代。每开卷,未尝不叹息也。"且自汉以来,儒道名法,久相糅杂。谓玄"存重儒教"云云,犹不免皮相之谈耳。

第十六章　葛洪 附鲍生

牟融、荀悦作书，皆讥斥神仙。而晋葛洪著书，名《抱朴子》，则谓神仙为必有。洪，字稚川，丹阳句容人也。惠帝太安中，石冰之乱，洪募数百人，与诸军破之。事平，不尸其功。后以交趾出丹砂，求为句漏令。过广州，刺史邓岳留之。不听，乃止罗浮山炼丹。或传其丹成仙去。洪书有《论仙篇》，曰："或问：'神仙不死，信可得乎？'抱朴子答曰：'虽有至明，而有形者不可毕见焉。虽禀至聪，而有声者不可尽闻焉。虽有大章、竖亥之足，而所常履者，未若所不履之多。虽有禹、益齐谐之识，而所识者，未若所不识之众也。万物云云，何所不有？不死之道，曷为无之？夫仙人以药物养身，以术数延命，使内疾不生，外患不入。虽久视不死，而旧身不改。苟有其道，无以为难也。而浅识之徒，拘俗守常，咸曰世间不见仙人，便云天下必无此事。夫目之所曾见，尝何足言哉！天地之间，无外之大，其中殊奇，岂遽有限？诣老戴天，而或莫知其为上；终身履地，而或莫识其为下（以意校正）。形骸，己所自有也，而莫知其心志之所以然；寿命，在我者也，而莫知其修短之所至焉。况乎神仙之远理，道德之幽玄。仗其浅短之耳目，以断微妙之有无，岂不悲哉！'"其所谓药物术数者，具载《金丹》一篇。曰："余考览养性之书,鸠聚久视之方。曾所披涉,篇卷以千数矣,莫不皆以还丹金液为大要者焉。然则此二事,盖仙道之极也。"又曰:"夫金丹之为物,烧之愈久,变化愈妙。黄金入火百炼不消,埋之毕天不朽。服此二药,炼人身体,故能令人不老不死。此盖假求于外物,以自坚固。有如脂之养火,而可不灭;铜青涂脚,入水不腐。此是借铜之劲,以扞其肉也。金丹入身中,沾洽荣卫,非但铜青之外傅矣。"所言如此,殊诡常理。然《至理篇》云:"夫有因无而生焉,形非神而立焉。有者,无之宫也;形者,神之宅也。故譬之于堤,堤坏则水不留矣;方之于烛,烛糜则火不居矣。身劳则神散,气竭则命终。根竭枝繁,则青青去木矣;气疲欲胜,则精灵离身矣。夫逝者无返期,既朽无生理。达道之士,良所悲矣。轻璧重阴,岂不有以哉!故山林养性之家,遗俗得志之徒,比崇高于赘疣,方万物乎蝉翼。岂苟为大言,而轻薄世事哉!诚其所见者了,故弃之如忘耳。是以遐栖幽遁,韬鳞掩藻。遏欲视之目,遗损明之色;杜思音之耳,远乱听之声。涤除玄览,抱雌守一。专气致柔,镇以恬素。遣欢戚之邪情,外得失之荣辱。割厚生之腊毒,谧多言于枢机。反听而后所闻彻,内视而后见无朕。养灵根于冥钧,除诱慕于接物。削斥浅务,御以愉漠。为乎无为,以全天理。"是则老庄之常言,无为之要旨。盖自汉以来,道家与神仙既混而为一。希长生者,言理则取老庄,言术则有丹诀。而丹诀隐秘,不可言传。故如魏君《参同》,多假譬喻以为说,学者已不能无疑。是后纷纷,益为诙诡。洪之书言:"黄帝九鼎神丹经,丹名有九。"又云:"太清神丹,其法出于元君。元君者,老子之师也。其丹有九转。一转之丹,服之三年得仙。九转之丹,服之三日得仙。"(并《金丹篇》)语既不经,而又托之老子之师,真妄说也。是故魏晋以后,神仙有多家,要其说可取者,皆与老庄为合。若出于老庄之说之外,则非诬即诞。洪文辞赡富,而书实芜杂。虽内篇言道,外篇言儒,意思包举儒道,然谓:"俗所谓圣人者,皆治世之圣人,非得道之圣人。得道之圣人,则黄、老是也。治世之圣人,则周、孔是也。"

《辨问》)又谓:"内宝养生之道,外则和光于世。治身而身长修,治国而国太平。以六经训俗士,以方术授知音。欲少留,则且止而佐时,欲升腾,则凌霄而轻举者,上士也。自持才力,不能并成,则弃智人间,专修道德者,亦其次也。"分得道、治世为两事,洪岂为能通观道之大全者哉!

又洪书有《诘鲍篇》,称:"鲍生敬言,好老庄之书,治剧辩之言。以为古者无君,胜于今世。"因托于儒者之义,以与之相难。鲍生生平不可详,然其言则略具。曰:"儒者曰:'天生蒸民而树之君。'岂有皇天谆谆言,亦将欲之者为辞哉!夫强者凌弱,则弱者服之矣;智者诈愚,则愚者事之矣。服之,故君臣之道起焉;事之,故力寡之民制焉。然则隶属役御,由乎争强弱而校愚智,彼苍天果无事也。夫役彼黎蒸,养此在官。贵者禄厚,而民亦困矣。曩古之世,无君无臣。穿井而饮,耕田而食。日出而作,日入而息。泛然不系,恢尔自得。不竞不营,无荣无辱。山无蹊径,泽无舟梁。川谷不通,则不相并兼;士众不聚,则不相攻伐。势利不萌,祸乱不作。干戈不用,城池不设。万物玄同,相忘于道。疫疠不流,民获考终。纯白在胸,机心不生。含哺而熙,鼓腹而游。其言不华,其行不饰。安得聚敛以夺民财?安得严刑以为坑阱?降及叔季,智用巧生。道德既衰,尊卑有序。繁升降损益之礼,饰绂冕玄黄之服。起土木于凌霄,构丹绿于棼橑。倾峻搜宝,泳渊采珠。聚玉如林,不足以极其变;积金成山,不足以赡其费。澶漫于淫荒之域,而叛其大始之本。去宗日远,背朴弥增。尚贤,则民争名;贵货,则盗贼起。见可欲,则真正之心乱;势利陈,则劫夺之途开。造剡锐之器,长侵割之患。弩恐不劲,甲恐不坚,矛恐不利,盾恐不厚。若无凌暴,此皆可弃也。故曰:'白玉不毁,孰为圭璋?道德不废,安取仁义?'使夫桀、纣之徒,得燔人,辜谏者,脯诸侯,菹方伯,剖人心,破人胫,穷骄淫之恶,用炮烙之虐。若令斯人并为匹夫,性虽凶奢,安得施之?使彼肆酷恣欲,屠割天下,由于为君,故得纵意也。君臣既立,众慝日滋,而欲攘臂乎桎梏之间，愁劳于涂炭之中。人主忧栗于庙堂之上，百姓煎扰乎困苦之中。闲之以礼度，整之以刑罚。是犹辟滔天之源，激不测之流，塞之以撮壤，障之以指掌也。"（有节文）又曰："君臣既立，而变化遂滋。夫獭多则鱼扰，鹰众则鸟乱。有司设则百姓困，奉上厚则下民贫。壅崇宝货，饰玩台榭。食则方丈，衣则龙章。内聚旷女，外多鳏男。采难得之货，贵奇怪之物。造无益之器，恣不已之欲。非鬼非神，财力安出哉！夫谷帛积，则民有饥寒之俭；百官备，则坐糜供奉之费。宿卫有徒食之众，百姓养游手之人。民乏衣食，自给已剧，况加赋敛，重以苦役。下不堪命，且冻且饥。冒法斯滥，于是乎在。王者忧劳乎上，台鼎輹蹙于下，临深履薄，惧祸之及。恐智勇之不用，故厚爵重禄以诱之；恐奸衅之不虞，故严城深池以备之。而不知禄厚则民匮而臣骄，城严则役重而攻巧。故散鹿台之金，发钜桥之粟，莫不欢然。况乎本不聚金，而不敛民粟乎？休牛桃林，放马华山，载戢干戈，载櫜弓矢，犹以为泰。况乎本无军旅，而不战不戍乎？茅茨土阶，弃织拔葵，杂囊为帏，濯裘布被，妾不衣帛，马不秣粟，俭以率物，以为美谈。所谓盗跖分财，取少为让，陆处之鱼，相煦以沫也。夫身无在公之役，家无输调之费，安土乐业，顺天分地，内足衣食之用，外无势利之争。操杖攻劫，非人情也。象刑之教，民莫之犯。法令滋彰，盗贼多有。岂彼无利性，而此专贪残？盖我清静，则民自正；下疲怨，则智巧生也。任之自然，犹虑凌暴；劳之不休，夺之无已。田芜仓虚，杼柚乏空，食不充口，衣不周身。欲令无乱，其可得乎？所以救祸而祸弥深，峻禁而禁不止也。关梁所以禁非，而猾吏因之以为非焉；衡量所以检伪，而邪人因之以为伪焉。大臣所以扶危，而奸臣恐主之不危；兵革所以静难，而寇者盗之以为难。此皆有君之所致也。民有所利，则有争心。富贵之家，所利重矣。且夫细人之争，不过小小。匹夫校力，亦何所至？无疆土之可贪，无城郭之可利，无金宝之可欲，无权柄之可竞，势不能以合徒众，威不足以驱异人。孰与王赫斯怒，陈师鞠旅，推无仇之民，攻无罪之国，僵尸则动以万计,流血则漂橹丹野。无道之君,无世不有。肆其虐乱,天下无邦。忠良见害于内,黎民暴骨于外,岂徒小小争夺之患耶?"考鲍生之论,大抵出于蒙庄之《胠箧》、《马蹄》(《庄子篇》名)。而身逢丧乱,故益以自坚其信。其指斥残暴,欲为祸乱之防,固为有心生民者。而不知远古质朴,民尚童蒙,譬夫婴儿,智慧未萌。非为知而不为,欲而忍之也。若人与人争草莱之利,家与家讼巢窟之地。上无治枉之官,下有重类之党。则私斗过于公战,木石锐于干戈,交尸布野,流血绛路,久而无君,噍类尽矣。且鸟聚兽散,巢栖穴窜,毛血是茹,结草斯服。人无六亲之尊卑,出无阶级之等威。未若庇体广厦,粳粱嘉旨,黼黻绮纨,御冬当暑,明辟莅物,良宰匡世,设官分职,宇宙穆如也。今使居则反巢穴之陋,死则捐之中野。限水则泳之游之,出行则徒步负戴。弃鼎铉而为生臊之食,废针石而任自然之病。裸以为饰,不用衣裳。逢女为偶,不假行媒。可乎?曰:不可也。然则有欲之性,萌于受气之初;厚己之情,著于成形之日。而欲去君,使无所惮。盗跖横行以掠杀,良善端拱以待祸。无主所诉,无强所凭。(以上取《抱朴》原文)是真生所谓"救祸而祸弥深"者矣。至若举桀纣之虐,伤赋敛之重,此可为衰世之罪,而不足为郅治之累。吾观葛君之难,而知鲍生之不中于雅论也。而今乃有取而表章之者,何哉?

第十七章　陶　渊　明

　　陶潜,字渊明。或云,名渊明,字元亮。寻阳柴桑人。少有高趣。家贫,起为州祭酒。不堪吏职,自解归。躬耕自资,遂抱羸疾。后为镇军参军,谓亲朋曰:"聊欲弦歌,以为三径之资,可乎?"执事者闻之,以为彭泽令。岁终,会郡遣督邮至,县吏白:"应束带见之。"渊明叹曰:"我岂能为五斗米,折腰向乡里小儿!"即日解绶去职,居于栗里以终。时释慧远在庐山,与刘程之、雷次宗等结白莲社,修习净土之业。渊明每来社中,或时才至,便攒眉回去。远欲其入社,竟不能也。有集十卷,而所为《五柳先生传》盖以自况。曰:"常著文章自娱,颇示己志。"故每读其文,而想其德。信哉!昭明所谓"驰竞之情遣,鄙吝之意袪。贪夫可以廉,懦夫可以立。"(昭明太子《陶集序》)而世或仅以诗人视之,不亦浅乎!

　　渊明之学,迹近老庄,而实本之孔氏。故其诗曰:"游好在六经。"(《饮酒》)曰:"《诗》、《书》敦夙好。"(《辛丑岁七月赴假还江陵夜行涂中》)曰:"所说圣人篇。"(《答庞参军》)曰:"先师遗训,予岂之坠。"(《荣木》)而所以戒其子者,则又曰:"温恭朝夕,念兹在兹。尚想孔伋,庶其企而。"(《命子》)以伋望子,则其以圣贤自期待,可知也。然自汉以来,学者习孔氏,多滞于章句之末,罕窥于精神之表。盖六艺之传,半由子夏,斯文学之科,非性道之全也。是以贾、董诸儒,言礼则归之仲尼,言道犹依于李耳。而渊明抗志圣门,独有异契。曰:"延目中流,悠悠清沂。童冠齐业,闲咏以归。我爱其静,寤寐交辉。但恨殊世,邈不可追。"(《时运》)既取曾点之咏归。曰:"荣叟老带索,欣然方弹琴。原生纳决屦,清歌畅商音。重华去我久,贫士世相寻。弊襟不掩肘,藜藿常乏斟。岂忘袭轻裘,苟得非所钦。赐也徒能辩,乃不见吾心。"(《咏贫士》)复取原宪之养志。所谓"寻孔颜乐处"(周子语),咏风弄月以归,有"吾与点也"(程子语)之意者,不待宋儒,已由渊明先发之矣。然后知圣人之学,正有所以达天德者在。沉溺章句,固不免于面墙;剽窃虚无,亦自忘其家宝。则渊明发明圣道之功,不亦伟乎!真西山曰:"渊明之学,正自经术中来。故形之于诗,有不可掩。如荣木之忧,逝水之叹也。贫士之咏,箪瓢之乐也。"呜呼!若西山者,庶几可谓能知渊明者矣。

渊明理想所托,尤在《桃花源》一记。其辞曰:"晋太元(孝武)中,武陵人捕鱼为业,缘溪行,忘路之远近。忽逢桃花林。夹岸数百步,中无杂树。芳草鲜美,落英缤纷。渔人甚异之。复前行,欲穷其林。林尽水源。便得一山。山有小口,仿佛若有光。便舍船从口入。初极狭,才通人。复行数十步,豁然开朗。土地平旷,屋舍俨然。有良田美池桑竹之属。阡陌交通,鸡犬相闻。其中往来种作,男女衣著,悉如外人。黄发垂髫,并怡然自乐。见渔人,乃大惊。问所从来。具答之。便邀还家,为设酒杀鸡作食。村中闻有此人,咸来问讯。自云:'先世避秦时乱,率妻子邑人,来此绝境。不复出焉。遂与外人间隔。'问今是何世。乃不知有汉,无论魏晋。此人一一为具言。所闻皆叹惋。余人各复延至其家,皆出酒食。停数日,辞去。此中人语云:'不足为外人道也。'"后之论者,每谓此为刘宋王业渐隆,渊明有避世之意,故设为之说。犹是义熙以后所作,惟云甲子,不书年号。凡以著耻事二姓之义耳。不知渊明慨想大同,于诗文屡发之,不独《桃花源记》云尔也。《时运》曰:"黄唐莫逮,慨独在予。"《赠羊长史》曰:"愚生三季后,慨然念黄虞。"《饮酒》曰:"羲农去我久,举世少复真。"《与子俨等疏》曰:"五六月中,北窗下卧。遇凉风暂至,自谓是羲皇上人。"《五柳先生传赞》曰:"酣觞赋诗,以乐其志。无怀氏之民与?葛天氏之民与?"盖自孔子作《礼运》以后,儒者言治,惟及三代。其跨三代而思跻于黄虞者,渊明一人而已。且《桃花源记》明言"不知有汉,无论魏晋",渊明岂区区以晋之臣子自待者哉!虽然,甘食美服,安居乐俗,邻国相望,鸡犬相闻,至老死而不相往来者,老氏之言也。渊明亦志存《礼运》,而取辞《道德》者与?

第十八章　南北朝儒释道三教之争

佛法自汉入中国，而大盛于六朝。推厥由来，实以老庄之学，言虚言无，与法空之旨不远，故清谈行而象教兴。先驱之力，不可诬也。然汉末道德、神仙二家，合为道教。既掇拾佛氏之设施，以自恢广。北周天和（武帝）中，玄都道士所上经目，道经传记符图论，至六千三百六十三卷（见甄鸾《笑道论》）。此皆汉时所无。而历观史传，自晋以来，贤士大夫事奉道教者，颇多有之。如《晋书·何充传》称"郗愔与弟昙，奉天师道。而充与弟准，崇信释氏。谢万讥之曰：'二郗谄于道，二何佞于佛。'"南齐张融作《门论》亦言："吾门世恭佛，舅氏奉道。"信道信佛，势成对立。于是向之以理近而援引者，终乃不得不以势逼而挤排矣。当时争端之烈，莫过于宋顾欢（《南史·隐逸传》）之《夷夏论》。司徒袁粲，既托为道人通公驳之（见《南史·顾欢传》），而谢镇之有《折夷夏论》，朱昭之有《难夷夏论》，朱广之有《咨夷夏论》，释慧通有《驳夷夏论》，释僧愍有《戎华论》，明僧绍有《正二教论》（并见梁僧祐《弘明集》）。入主出奴，断断不已。然观欢《论》曰："五帝三王，不闻有佛。国师道士，无过老庄。儒林之宗，孰出周孔。若孔老非圣，谁则当之。

然二经所说,如合符契。道则佛也,佛则道也。其圣则符,其迹则反。或和光以明近,或曜灵以示远。道济天下,故无方而不入;智周万物,故无物而不为。其入不同,其为必异。各成其性,不易其事。是以端委缙绅,诸华之容。剪发旷衣,群夷之服。擎跽磬折,侯甸之恭。狐蹲狗踞,荒流之肃。棺殡椁葬,中夏之风。火焚水沉,西戎之俗。全形守礼,继善之教。毁貌易性,绝恶之学。虽舟车均于致远,而有川陆之节;佛道齐乎达化,而有夷夏之别。若谓其致既均,其法可换者,而车可涉川,舟可行陆乎?今以中夏之性,效西戎之法。既不全同,又不全异。下育妻奴,上绝宗祀。嗜欲之物,皆以礼伸。孝敬之典,独以法屈。悖礼犯顺,曾莫之觉。弱丧忘归,孰识其旧。且理之可贵者,道也;事之可贱者,俗也。舍华效夷,义将安取。若以道邪?道固符合矣。若以俗耶?俗则大乖矣。屡见刻舩沙门,守株道士,交诤小大,互相弹射。或域道以为两,或混俗以为一。是牵异以为同,破同以为异。则乖争之由,淆乱之本也。寻圣道虽同,而法有左右。始乎无端,终乎无末。泥洹仙化,各是一术。佛号正真,道称正一。一归无死,真会无生。在名则反,在实则合。但无生之交赊,无死之化切。切法可以进谦弱,赊法可以退夸强。佛教文而博,道教质而精。精非粗人所信,博非精人所能。佛言华而引,道言实而抑。抑则明者独进,引则昧者竞前。佛经繁而显,道经简而幽。幽则妙门难见,显则正路易遵。此二法之辨也。圣匠无心,方圆有体。器既殊用,教亦异施。佛是破恶之方,道是兴善之术。兴善则自然为高,破恶则勇猛为贵。佛迹光大,宜以化物。道迹密微,利用为己。优劣之分,大略在兹。"其于佛、老异同,虽不无微中,而所以抑扬其间者,则不过夷夏礼俗之隔,未宜改从。此何足以关尊事三宝者之口哉!至若依据玄妙内篇,谓:"老子入关,之天竺维卫国,因净妙夫人昼寝,乘日精入其口中,剖右腋而生。"并引《法华》、《无量寿》、《瑞应本起》诸经,谓:"释迦成佛,有尘劫之数,或为国师道士儒林之宗。"以相佐证。诬罔牵合,尤授人以柄者也。及于梁世,有所谓《三破论》者出。第一破曰:"入国而破国。诳言说伪,兴造无费,苦克百姓。使国空民穷,生人减损。况不蚕而衣,不田而食。国灭人绝,由此为失。日用损废,无纤毫之益。五灾之害,不复过此。"第二破曰:"入家而破家。使父子殊事,兄弟异法。遗弃二亲,孝道顿绝。忧娱各异,歌哭不同。骨肉生仇,服属永弃。悖化犯顺,无昊天之报。五逆不孝,不复过此。"第三破曰:"入身而破身。人生之体,一有毁伤之疾,二有髠头之苦,三有不孝之逆,四有绝种之罪,五有亡礼(《弘明集》原作体,以意校改)从诫。惟学不孝,何故言哉?诫令不跪父母,便竞从之。儿先作沙弥,其母复作阿尼,则跪其儿。不礼之教,中国绝之,何可得从?"弃变夏之浅谈,本人伦以立说,义较进矣。然曰:"道家之教,妙在精思得一,而无死入圣。佛家之化,妙在三昧(译言正受)神通,无生可冀。名死为泥洹(即涅槃,译言灭度),未见学死而不得死者也。"此则犹是神仙不死之妄见。是故刘勰造《灭惑论》因以破之。曰:"佛法炼神,道教炼形。形气必终,碍于一垣之里;神识无穷,再抚六合之外。明者资于无穷,教以胜慧;暗者恋其必终,诳以仙术。仙术(《弘明集》二字不重,以意校补)极于饵药,慧业始于观禅。禅炼真识,故精妙而泥洹可冀;药驻伪器,故精思而翻腾无期。若乃弃妙宝藏,遗智养身。据理寻之,其伪可知。假使形翻,无济(原作际,以意校改)神暗。鸢飞戾天,宁免为鸟。夫泥洹妙果,道惟常住。学死之谈,岂析理哉!"以此观之,以道攻佛,无犹操戈矛而冒弹石,强弱殊矣。虽然,宗少文(《宋书·隐逸传》)作论明佛,而云:"教化之发,各指所应。世靳乎乱(乱,治也。语见《庄子·逍遥游》),洙泗所弘,应治道也。纯风弥彫,二篇乃作,以息动也。儒以弘仁,道在抑动。皆已抚教得崖,莫匪尔极矣。"又云:"孔、老、如来,虽三训异路,而习善共辙也。"(《弘明集》)然则道固不能夺佛,佛亦不能夺道与儒。故当时论者,聘辩则各有所宗,而修习亦三门并涉。张融《门论》谓专遵佛迹,而及其临终,左手执《孝经》、《老子》,右手执《小品》、《法华》(《南齐书·张融传》)。陶弘景辟谷导引,而诣阿育王塔,自誓受五大戒(《梁书·处士传》)。逮北周卫元嵩作《齐三教论》七卷,其书虽不传,然元嵩本沙门,今观其《请造平延大寺书》,谓:"唐、虞无佛图而国安,齐、梁有寺舍而祚失者,未合道也。但利民益国,则会佛心耳。"持论如此,其必有融通儒释之理者矣。且夫儒之与道,本同一源。乃佛教东来,谈老庄者,转而趁佛。于是拨有说无,寖失君人南面之旨。此道与儒远,而与佛近。盖一变也。道者既心冀长生,而又依托佛义,用相涂饰。及其不敌,遂更据周、孔之礼文,以攻佛氏之空寂。此道假于佛而非佛,假于儒而非儒。又一变也。明智者出,尝欲通三教而一之。故孙绰《喻道》,著"周、孔即佛,佛即周、孔"之言(绰,东晋人,《喻道论》见《弘明集》)。顾欢作《论》,亦有"佛是老子,老子是佛"之议。然而极理虽一,按迹终分。故逮于隋、唐,终成三教鼎立之局。而相习既久,迹亦两忘。又一变也。此两晋以来,儒释道三教分合消长之大势也。

第十九章　范缜 附萧琛

齐、梁之世,不信佛者盖鲜矣。乃独有一范缜。缜,字子真,南乡舞阴人。少孤贫,闻沛国刘瓛聚众讲学,往从之。既长,博通经术,尤精三礼。齐永明(武帝)中,竟陵王子良(武帝子)盛招宾客,缜为殿中郎,亦预焉。子良精信释教,而缜盛称无佛。子良问曰:"君不信因果,世间何得有富贵,何得有贫贱?"缜答曰:"人之生,譬如一树花,同发一枝,俱开一蒂。随风而堕,自有拂帘幌,坠于茵席之上;自有关篱墙,落于溷粪之侧。坠茵席者,殿下是也。落粪溷者,下官是也。贵贱虽复殊途,因果竟在何处?"子良深怪之,然竟不能屈也。先是,宋时宗少文、郑道子,并著论明神不灭(少文所著即《明佛论》,并见《弘明集》),以为神案于形,形有销亡,神无灭没。或引延陵嬴博之辞(《明性论》,延陵葬子嬴博事,见《礼记·檀弓》),或假蒙庄薪火之喻(《神不灭论》,薪火之喻,见《庄子·养生主》),然其所谓神者,乃流转之识,与虚明之照之合名。故宗《论》谓:"群生之神,其极虽齐。而随缘迁流,成粗妙之识,而与本不灭矣。"此言识之不灭也。又谓:"夫圣神玄照,而无思营之识者,由心与物绝,唯神而已。故虚明之本,终始常住,不可雕矣。"此言照之不灭也。盖惟识不灭,故有轮回地狱之报;惟照不灭,故有泥洹证佛之果。是则纯然竺氏之谈,既非儒者之言神气,亦非道家之谓谷神,尤不得以桓谭《新论·形神》之篇强相比附也(《新论·形神》见《弘明集》,然《后汉书·谭传》注举《新论》十六篇,篇名无《形神》,不知何故)。顾此旨不存,则佛之教义,将全随瓦解。缜既不信佛,故为《神灭论》以申其意(见《弘明集》)。论出,子良既集僧难之,又使王融谓之曰:"神灭既自非理,而卿执之,恐伤名教。以卿之大美,何患不至中书郎?而故乖刺为此,可便毁弃之。"缜大笑曰:"使范缜卖论取官,已至令仆矣,何但中书郎哉!"守志不移如此,亦可谓硁硁君子者矣。梁武代齐,因与缜有旧,以为晋安太守。迁尚书左丞。而竟坐事徙广州。追还,为中书郎,国子博士。卒。有文集十五卷,今存者,才数篇而已。

缜《神灭论》辞甚繁富。要其大旨,不过执形神是一而非二。故曰:"或问:'子云神灭,何以知其灭也?'答曰:'神即形也,形即神也。是以形存则神存,形谢则神灭也。'问曰:'形者无知之称,神者有知之名。知与无知,即事有异。神之与形,理不容一。形神相即,非所闻也。'答曰:'形者,神之质;神者,形之用。是则形称其质,神言其用。形之与神,不得相异也。'问曰:'神故非质,形故非用。不得为异,其义安在?'答曰:'名殊而体一也。'问曰:'名既已殊,体何得一?'答曰:'神之于质,犹利之于刃;形之于用,犹刃之于利。利之名,非刃也;刃之名,非利也。然而舍利无刃,舍刃无利。未闻刃没而利存,岂容形亡而神在?'问曰:'刃之与利,或如来说。形之与神,其义不然。何以言之?木之质,无知也;人之质,有知也。人既有如木之质,而有异木之知。岂非木有其一,人有其二耶?'答曰:'异哉,言乎!人若有如木之质以为形,又有异木之知以为神,则可如来论也。今人之质,质有知也;木之质,质无知也。人之质非木质也,木之质非人质也。安在有如木之质,而复有异木之知哉!'问曰:'人之质所以异木质者,以其有知耳。人而无知,与木何异?'答曰:'人无无知之质,犹木无有知之形。'问曰:

'死者之形骸,岂非无知之质耶?'答曰:'是无知之质也。'问曰:'若然者,人果有如木之质,而有异木之知矣。'答曰:'死者有如木之质,而无异木之知。生者有异木之知,而无如木之质。'问曰:'死者之骨骼,非生者之形骸耶?'答曰:'生形之非死形,死形之非生形,区已革矣。安有生人之形骸,而有死人之骨骼哉!'问曰:'若生者之形骸,非死者之骨骼。死者之骨骼,则应不由生者之形骸。不由生者之形骸,则此骨骼从何而至?'答曰:'是生者之形骸,变为死者之骨骼也。'问曰:'生者之形骸,虽变为死者之骨骼。岂不从生而有死? 则知死体犹生体也。'答曰:'如因荣木变为枯木。枯木之质,宁是荣木之体?'问曰:'荣体变为枯体,枯体即是荣体。如丝变为缕体,缕体即是丝体。有何咎焉?'答曰:'若枯即是荣,荣即是枯。则应荣时凋零,枯时结实。又荣木不应变为枯木。以荣即是枯,无所复变也。又荣枯是一,何不先枯后荣? 要先荣后枯何耶? 丝缕同时,不得为喻。'问曰:'生形之谢,便应豁然都尽。何故方受死形,绵历未已耶?'答曰:'生灭之体,要有其次故也。夫欻而生者,必欻而灭;渐而生者,必渐而灭。欻而生者,飘骤是也;渐而生者,动植是也。有欻有渐,物之理也。'问曰:'形即是神者,手等亦是耶?'答曰:'皆是神之分也。'问曰:'若皆是神之分,神既能虑,手等亦应能虑也?'答曰:'手等有痛痒之知,而无是非之虑。'问曰:'知之与虑,为一为异?'答曰:'知即是虑。浅则为知,深则为虑。'问曰:'若尔,应有二乎?'答曰:'人体惟一,神何得二?'问曰:'若不得二,安有痛痒之知,而复有是非之虑?'答曰:'如手足虽异,总为一人。是非痛痒,虽复有异,亦总为一神矣。'问曰:'是非之虑,不关手足,当关何也?'答曰:'是非之虑,心气所主。'问曰:'心器是五脏之心非耶?'答曰:'是也。'问曰:'五脏有何殊别,而心独有是非之虑乎?'答曰:'七窍亦复何殊,而司用不均。'问曰:'虑思无方,何以知是心器所主?'答曰:'心病则思乖,是以知心为虑本。'问曰:'何知不寄在眼等分中耶?'答曰:'若虑可寄于眼分,眼何故不寄于耳分?'问曰:'虑体无本,故可寄之于眼分。眼自有本,不假寄于他分也。'答曰:'眼何故有本而虑无本? 苟无本于我形,而可遍寄于异地。亦可张甲之情,寄王乙之躯;李丙之性,托赵丁之体。然乎哉? 不然也。'"夫昔王仲任尝有《订鬼》之作矣(晋阮瞻亦有《无鬼论》,惜不传),以谓:"人之所以生者,精气也。死而精气灭。能为精气者,血脉也。人死血脉竭。竭而精气灭,灭而形体朽,朽而成灰土,何用为鬼?"缜之说,殆与仲任相似。然仲任又云:"鬼神,荒忽不见之名也。人死精神升天,骸骨归土,故谓之鬼。鬼者,归也。"又云:"鬼神,阴阳之名也。阴气逆物而归,故谓之鬼。阳气导物而生,故谓之神。神者,申也。申复无已,终而复始。人用神气生,死复归神气。阴阳称鬼神,人死亦称鬼神。"则仲任犹认有神于形之外也。而缜则谓:"形存神存,形谢神灭。神即形,形即神。形者神之质,神者形之用。"专主形质以为言,离形质则更无神。斯则大异于仲任,而为前此儒、道两家所绝未尝道也。然缜亦有自乱其例者。曹思文举"骨肉归复于土,而魂气则无不之"以相诘难(见《弘明集》)。缜答之曰:"人之生也,资气于天,禀形于地。是以形销于下,气灭于上。气灭于上,故言无不之。"夫气资于天,形禀于地,形气既各有所受,明是二本,何得言形神一体乎? 以此见持辩之甚不易也。

难缜之论多家,而以萧彦瑜为最。彦瑜,名琛,兰陵人,缜之外弟也。其难缜也,一据梦寐,以验形神之不得共体;一观伤病,以见神之托体于形。曰:"当人寝时,其形是无知之物,而有见焉。此神游之所接也。夫人或梦上腾玄虚,远适万里。若非神行,便是形往耶? 形既不往,神又不离,复焉得如此? 若谓是想所见者,及其安寐,身似僵木,气若寒灰,呼之不闻,抚之无觉。既云神与形均,则是表里俱倦,既不外接声音,宁能内兴思想? 此即形静神驰,断可知矣。"曰:"今人或断手足,残肌肤,而智思不乱。此神与形离,形伤神不害之切证也。但神任智以役物,托器以通照。视听香味,各有所凭,而思识归乎心器。譬如人之有宅,东阁延贤,南轩引景,北牖招风,西榥映月,主人端居中雷,以收四事之用焉。若如来论,口鼻耳目,各有神分。一目病即视神毁,二目应俱盲矣;一耳疾即听神伤,两耳应俱聋矣。今则不然。是知神以为器,非以为体也。"《梁书·琛传》谓琛有纵横才辩,而《缜传》亦称与外弟萧琛善,琛名曰口辩。今观此之所论,辩固有之,然未为精辟也。且佛之所呵,首为断灭。若经若论,开喻实多。而诸难者,率牵引中夏旧籍,罕及经论二藏。当时学佛之徒,机权作用,盖可知耳。

第二十章　王　　通

　　自老、释盛,而儒术衰。《南史·儒林传序》谓:"江左草创,日不暇给。以迄宋齐,国学时或开置,而劝课未博,建之不及十年。盖取文具而已。"虽北朝右儒,燕、齐、赵、魏之间,横经甚众。梁武起自诸生,亦诏开五馆,建立国学,时学者称济济焉。然注经之家,补苴章句,鲜能成一家之言。北齐刘昼者,著书十卷,号为《刘子》,而多摭旧谈,文余于义。颜之推撰《家训》二十篇,辨正世俗之失,而自序致其书,言:"非敢轨物范世,业以整齐门内,提撕子孙。"若斯之类,固不得侪于儒林之作者也。迄于隋而有文中子。文中子,姓王,名通,字仲淹,河东龙门人。值隋之乱,居河、汾之间,以著书讲学为业。弟子自远方至者,甚众。唐初开国之佐,如房(玄龄)、杜(如晦)、魏(徵)、薛(收)之伦,皆其门人也。著《礼论》二十五篇,《乐论》二十篇,《续书》百五十篇,《续诗》三百六十篇,《元经》五十篇,《赞易》七十篇,谓为"王氏六经",而多所散佚。今存者,《元经》十卷,又《中说》十卷而已。《中说》者,阮逸(逸,宋人)序谓:"子之门人对问之书,而薛收、姚义集而名之。"而《旧唐书·王勃传》则谓:"通依孔子《论语》、扬雄《法言》例,为客主对答之说。号曰《中说》。"说既两歧,洪迈(宋人)《容斋随笔》又以其书记门人事,年岁与史不合,乃直疑其为阮逸伪托。然吾观陈同父《类次文中子引》,谓:"龚鼎臣得唐本于齐州李冠家,以甲乙冠篇。而本文与分篇始末,多与逸本异。"(《龙川集》)是宋时逸本之外,明有他本,安在其能出于逸之手耶?程伊川曰:"文中子,隐德君子也。当时少有言语,为后人附会,不可谓全书。若其精粹处,殆非荀、扬所及。"(见《语录》)夫他人附会,则或有之矣。若其陈王道,明礼乐,岂可诬乎!是虽未必过于荀、扬,要亦荀、扬之俦也。吾以为两汉以后,两宋以前,粹然儒者,仲淹一人而已。至近时新会梁氏,诋其强攀房、魏为弟子,至斥之为妄人(《中国历史研究法》,朱子亦有此说,但谓其子福郊、福畤之所为,要亦未是)。曾不知唐人如皮日休,如司空图,并有《文中子碑》,皆系房、魏于其门下(见各别集);而李翱《答朱载言书》亦称道《中说》,比之于刘劭《人物志》(见《李习之集》)。使数公者,实非仲淹门人,而出于强攀,则唐人岂能无言?纵李、皮、司空皆误信,而房、魏之后人亦不闻有辨之者,何也?夫唐人已无异说,而梁氏生千余年后,顾乃以是坐罪仲淹,而于其书,曾不考其足存与否。是果仲淹之妄耶?抑梁氏之妄耶?仲淹既卒,弟子议曰:"仲尼既没,文不在兹乎?《易》曰:'黄裳元吉,文在中也。'(《坤》六五爻辞)请谥曰文中子。"故至今称文中子云(清义乌朱一新《无邪堂答问》卷一有辨文中子真伪,考证甚详)。

仲淹书之最精者,莫过于言六经之次。曰:"门人有问姚义:'孔庭之法,曰《诗》曰《礼》。不及四经何也?'姚义曰:'尝闻诸夫子矣。《春秋》断物,志定而后及也;《乐》以和德,德(以意补)全而后及也;《书》以制法,从事而后及也;《易》以穷理,知命而后及也。故不学《春秋》,无以主断;不学《乐》,无以知和;不学《书》,无以议制;不学《易》,无以通理。四者非具体不能及,故圣人后之,岂养蒙之具耶?'或曰:'然则《诗》、《书》何为而先也?'义曰:'夫教之以《诗》,则出辞气斯远暴慢矣;约之以《礼》,则动容貌斯立威严矣。度其言,察其志,考其行,辨其德。志定,则发之以《春秋》,于是乎断而能变;德全,则导之以《乐》,于是乎和而知节;可从事,则达之以《书》,于是乎可以立制;知命,则申之以《易》,于是乎可与尽性。若骤而语《春秋》,则荡志轻义;骤而语《乐》,则喧德败度;骤而语《书》,则狎法;骤而语《易》,则玩神。是以圣人知其必然,故立之以宗,列之以次。先成诸己,然后备诸物;先济乎近,然后形乎远。亶其深乎!亶其深乎!'子闻之,曰:'姚子得之矣。'"(《立命》)自《礼记·经解》之后,未有若斯之剀切著明者也。抑仲淹虽用经,而不取传。曰:"子曰:'盖九师兴而《易》道微,三《传》作而《春秋》散。'贾琼曰:'何谓也?'子曰:'白黑相渝,能无微乎?是非相扰,能无散乎?故齐、韩、毛、郑,《诗》之末也;《大戴》、《小戴》,礼之衰也。《书》残于古今;《诗》失于齐鲁。汝知之乎?'贾琼曰:'然则无师无传,可乎?'子曰:'神而明之,存乎其人。苟非其人,道不虚行(语本《易·系》)。必也传又不可废也。'"(《天地》)盖仲淹之学,自以直承孔子,故曰:"千载而下,有申周公之事者,吾不得而见也。千载而下,有绍宣尼之业者,吾不得而让也。"(《天地》)以神契为自得。斯传记者,糟粕视之矣。是则上结六朝谈玄之局,下开宋儒心学之端。而习章句、言汉学者,所为闻之而颦眉咋舌者也。

仲淹亦有得于佛老者。曰:"气为上,形为下,识都其中,而三才备矣。气为鬼,其天乎?识为神,其人乎?吾得之理性焉。"曰:"天者统元气焉,非止荡荡苍苍之谓也。地者统元形焉,非止山川邱陵之谓也。人者统元识焉,非止圆首方足之谓也。"(《立命》)以识言心,此得之于佛者也。"温彦博问知。子曰:'无知。'问识。子曰:'无识。'"(《述史》)以无知无识言道,此得之于老者也。惟有得于是,故论之也无过辞。曰:"《诗》、《书》盛而秦世灭,非仲尼之罪也;虚玄长而晋室乱,非老庄之罪也;斋戒修而梁国亡,非释迦之罪也。《易》不云乎?苟非其人,道不虚行。""或问佛。曰:'圣人也。'曰:'其教何如?'曰:'西方之教也,中国则泥。'"(《周公》)虽然,子亦尝欲取三教而一之矣。"程元曰:'三教何如?'子曰:'政恶多门久矣。'曰:'废之,何如?'子曰:'非尔所及也。'""子读《洪范·说议》(子祖安康献公撰《皇极说议》),曰:'三教于是乎可一矣。'"(《问易》)然又岂独三教而已哉!夫通变之谓道,执方之谓器。通其变,天下无弊法;执其方,天下无善教(本《文中子》之言)。故曰:"安得圆机之士,与之共言九流哉!安得皇极之主,与之共叙九畴哉!"(《周公》)世儒言治,无三代以后之君,而子曰:"二帝三王,吾不得而见也。舍两汉,将安之乎?大哉,七制之主(《续书》有七制,高祖、孝文、孝武、孝宣、光武、孝明、孝章也),其以仁义公恕统天下乎!"(《天地》)世儒论人,无三代以后之士,而子谓:"诸葛、王猛,功近而德远矣。"(《问易》)"或问荀彧、荀攸。子曰:'皆贤者也。'曰:'生死何如?'子曰:'生以救时,死以明道。荀氏有二仁焉。'"(《周公》)无适无莫,与时为变。呜呼!此《中说》之所以为《中说》也。

第二十一章　隋唐佛教之宗派

佛教初入中国，无所谓宗派也。西晋以后，译经日多，各有据依，门户渐立。鸠摩罗什当姚秦弘始（弘始，姚兴年号）中，集沙门八百余人于洛阳，译出经论三百余卷，门人并讲习之。其以诃梨跋摩（诃梨跋摩，后佛九百年）之《成实论》为依者，曰成实宗。以龙树之《中观论》、《十二门论》（龙树后佛六百余年），提婆（提婆，出龙树门下）之《百论》为依者，曰三论宗。罗什又译《阿弥陀经》，至后魏昙鸾，以合康僧铠（曹魏时人）所译之《无量寿经》、强良耶舍（刘宋时人）所译之《观无量寿经》，并其师留支所译之《往生论》，名为净土三经一论，遂开净土一宗。而梁武时，菩提达摩东来，为禅宗之初祖。不立文字，以直指本心见性成佛为教，号为教外别传。此实教下宗门异趣之始。虽其以《楞伽经》付之慧可（实禅宗二祖），亦有此经是如来心地要门之语。而观其授受之际，乃曰："诸佛法印非从人得。"慧可觅心不得，乃曰："我与汝安心竟。"（并见《五灯会元·菩提达摩大师传》）则知其传，初不在《楞伽》文字。此独异于他宗者也（禅家自称宗门，而呼余宗为教下，盖以此）。然是时宗派虽分，犹未盛也。迨隋、唐之交，智𫖮（亦称智者大师）本《法华》而立天台宗（以智者住天台山得名）。杜顺（姓杜名法顺）

第二编　中古哲学史◎第二十一章　隋唐佛教之宗派

本《华严》而立华严宗。判教各殊，一往不合。(天台判佛说教为四等：一小乘藏教，专接小机；二通教，通前藏教，通后别圆，为声闻、缘觉、菩萨共说；三大乘别教，专为菩萨说；四圆教，为最上利根菩萨说。是为藏、通、别、圆四教。华严则判为五教：一愚法小乘教，为小机说；二大乘始教，三大乘终教，亦并称渐教；四顿教；五圆教。是为小、始、终、顿、圆五教。天台四教，起于智𫖮。华严五教，起于贤首。贤首，顺再传也)唐兴，玄奘(即三藏法师)西游，亲受学于戒贤论师。归而传《成唯识论》以弘唯识(《成唯识论》西竺作者有十家，奘弟子窥基撷其精华，糅成一部，故中土所行，西竺无此本也。窥基又以闻于师者多西竺口授之义，更作《述记》以释《论》文)，重译《俱舍论》以兴俱舍(俱舍，具云阿毗达摩俱舍，译曰对法藏，世亲所著，陈真谛三藏先有译本。世亲与诃梨摩同时)，于是性相二家(唯识宗一曰法相宗，简称相宗；性宗如禅宗是)又成诤论矣。既而道宣明《四分律》(四分律者，一比丘戒，二比丘尼戒及受戒犍度，三安居犍度，四房舍犍度。犍度译云法聚。曹魏时昙摩阿罗译)，律宗以完。善无畏译《大日经》，密宗以创(密宗亦曰真言宗，今之喇嘛教，其流裔也)。而禅宗自五祖弘忍后(达摩传慧可，可传僧璨，璨传道信，信传弘忍，是为五祖)，既分南北二派(南六祖慧能，北则神秀也，当时谓之南能北秀，见《五灯会元》《六祖坛经》)。六祖慧能传之南岳、青原(南岳怀让禅师、青原行思禅师)，复分沩仰(南岳传马祖道一。道一传百丈怀海。怀海传灵祐，住潭州沩山。灵祐传慧寂，住袁州仰山。是为沩仰宗)、临济(怀海传黄蘖希运。希运传义玄，住镇州临济院。是为临济宗)、曹洞(青原传石头希迁。希迁传药山惟俨。惟俨传云岩昙晟。昙晟传良价，住瑞州洞山。良价传本寂，住抚州曹山。是为曹洞宗)、云门(希迁传天皇道悟。道悟传龙潭崇信。崇信传德山宣鉴。宣鉴传雪峰义存。义存传文偃，住韶州云门山。是为云门宗)、法眼(义存传玄沙师备。师备传罗汉桂琛。桂琛传文益，住金陵清凉院，后周显德中卒，南唐主赐谥大法眼禅师。是为法眼宗)五宗(五宗中云门、法眼为五代时人,余皆唐人)。斯又一宗之内,枝条罗布。韩非《显学》谓墨分为三,儒分为八,以彼例此,不犹简乎。然综此十宗,小乘居二(成实、俱舍),大乘居八(汉时佛教初来,所赍皆小乘经典,中土之有大乘,以鸠摩罗什为嚆矢)。八者之中,亦惟天台、华严、禅宗三者,于异日儒者理气心性之谈,颇多资益。盖三论、唯识,苦于繁密,非乐简易者所能穷。真言、净土,近于神幻,又非求实在者所欲入。至若戒律,所以行持,与儒者之礼,本无攸别。然方内方外,殊宜异便,其不见取,自无论耳。兹举天台之止观,华严之法界玄门,禅宗之参究,详其大概。余者七宗,则有佛教之专书在,不复述焉。

天台止观法门,本于佛言定慧(佛以戒、定、慧为三学)。盖止是定因,慧为观果。由定、慧而起止观,即以止观而证定、慧。此法尔如然,非由设作也。然何者名止?夫念非忘尘而不息,尘非息念而不忘(眼、耳、鼻、舌、身、意,是谓六根,色、声、香、味、触、法,是谓六尘。谓之尘者,以染污义故)。尘忘则息念而忘,念息则忘尘而息。忘尘而息,息无能息;息念而忘,忘无所忘。忘无所忘,尘遗非对;息无能息,念灭非知。知灭对遗,一向冥寂。阒尔无寄,妙性天然(《永嘉集·正修止观第九》)。是则止也。何者名观?夫境非智而不了,智非境而不生。智生则了境而生,境了则智生而了。智生而了,了无所了;了境而生,生无能生。生无能生,虽智而非有;了无所了,虽境而非无。无即不无,有即非有。有无双照,妙悟萧然(同上)。是则观也。而止观二门,析之亦为空、假、中三观。止者观空,观者观假。止而非止,观而非观,非止非观,即止即观,是之谓中。三者具于一心,故统曰一心三观。又说之不过止观二法,行之则有深浅多门。一者于坐中修,二者历缘对境修。坐中修者,略说有五:一对治初心粗乱修止观,二对治心沉浮病修止观,三随便宜修止观,四对治定中细心修治观,五为均齐定慧修止观。历缘对境修者,略说有二。所言缘者,谓六种缘:一行,二住,三坐,四卧,五作作(下祖卧切),六言语。于此六事中修,是为历缘修止观。所言境者，谓六尘境：一眼对色，二耳对声，三鼻对香，四舌对味，五身对触，六意对法。于此六事中修，是为对境修止观。而六缘六境，随所修习，一一皆具上五番之意（智者《小止观·正修行第六》）。此天台止观之大概也。

华严法界玄门者，以一真法界（万法缘起于一心，仍为一心所统摄，故曰一真法界），方便区别为四。一者事法界。谓诸众生色心等法，一一差别，各有分齐（读去声）故。二者理法界。谓诸众生色心等法，虽有差别，而同一体性故。三者理事无碍法界。谓理由事显，事揽理成，理事互融故。四者事事无碍法界。谓一切分齐事法，称性融通，一多相即，大小互容，重重无尽故。是为四法界（杨仁山《佛教初学课本》。详见唐清凉大师澄观述《华严法界玄镜》）。四法界中，惟事事无碍法界，微妙难识。故又详说十门：一者同时具足相应门。如海之一滴，具百川味。二者广狭自在无碍门。如一尺之镜，见千里影。三者一多相容不同门。如一室千灯，光光涉入。四者诸法相即自在门。如金与金色，不相舍离。五者秘密隐显俱成门。如秋空片月，晦明相并。六者微细相容安立门。如琉璃之瓶，盛多芥子。七者因陀罗网境界门（因陀罗者，谓帝释天，其宫殿宝网，重重互照）。如两镜互照，传曜相写。八者托事显法生解门。如擎拳竖臂，触目皆道。九者十世隔法异成门。如一夕之梦，翱翔百年。十者主伴圆明具德门。如北辰所居，众星皆拱。是为十玄门（《佛教初学课本》。详见唐至相大师智俨撰《华严一乘十玄门》）。此外又说六相：一者总相，一即具多为总。二者别相，多即非一为别。三者同相，互不相违为同。四者异相，彼此不滥为异。五者成相，一多缘起和合为成。六者坏相，诸法各住本位为坏。总同成三者，是为圆融门；别异坏三者，是为行布门。而说行布法，圆融即在行布之中；说圆融法，行布即在圆融之内（《佛教初学课本》）。因该果海，果彻因源。一乘之教，斯其至矣。此华严法界玄门之大概也。

禅为六度之一(六度者,一布施,二持戒,三忍辱,四精进,五禅定,六智慧),而实万行之根。故学佛必须修禅,舍此更无门路。然禅有多种(有外道禅,有凡夫禅,有小乘禅,有大乘禅。见唐圭峰大师宗密《禅源诸诠集》),惟达摩门下所传,是为最上乘禅。盖自如来在灵山会上,拈花示众,摩诃迦叶(即西天初祖)破颜微笑,如来曰:"吾有正法眼藏,涅槃妙心,实相无门,微妙法门,不立文字,教外别传,付嘱摩诃迦叶。"(见《大梵天问佛决疑经》)自是祖祖相传,法源无二。今欲明禅何以修,更将何证,当知众生与佛,原同此心,空寂真常,本尔清净。只以无始以来,为妄想所翳,背觉合尘,以是迷惑,流转生死。故世尊(佛有十种称号,如来、世尊,皆其一也)自云:"我本意唯为一大事因缘故出现于世。"(见《楞严》等经)一大事者,欲众生出生死海,登于觉路耳。然迷者自迷,悟亦自悟。一念离于真心,是之谓迷;一念归于本觉,是之谓悟。迷迷相续,是为众生;悟悟一如,是为诸佛。而佛为众生,真心不减;众生成佛,本觉不增。是以修无所修,证无所证(意本宋永明寿禅师《宗镜录》)。譬之旅人,返其故居,但获旧有,更无余剩。今夫《六祖坛经》,禅之宝筏。其言曰:"识自本心,见自本性。"曰:"当知愚人智人,佛性本无差别。只缘迷悟不同,所以有愚有智。"曰:"凡夫即佛。烦恼即菩提(菩提此云觉道)。前念迷即凡夫。后念悟即佛。前念著境即烦恼。后念离境即菩提。"曰:"于念念中,自见本性清净,自修自行,自成佛道。"所谓修证者,如是而已。虽然,悟则不难,难者不悟,是以有坐禅之法(宋儒静坐盖出于此),有参究之功。达摩东来,面壁十有九年,已为后人示之矩矱。黄檗云:"这些关棙子甚是容易,自是你不肯去下死志做工夫。"赵州云:"汝但究理坐看三二十年,若不会,截取老僧头去。"又云:"老僧四十年不杂用心,除二时粥饭是杂用心处。"(赵州从谂,出南泉普愿门下,马祖再传也。以上并见《五灯会元》)盖疑然后悟,塞然后通。必须一心无二,向身命源头,穷取著落,更无躲闪,更无退转,直待情识俱尽,知见不生,方得本来面目,炯然豁露。古德所谓灰中火爆,死后重苏者也(语见《五灯会元》)。此禅宗参究之大概也。至若临济逢人,便加棒喝;沩仰示教,惟作圆相(同上)。机用各殊,都无死法。达者知通为一,庶无惑焉。

以上三宗,虽门户不同,而约之法界一心,即亦未尝分隔。故永嘉禅师(名玄觉,《永嘉集》其所著也)精习天台止观,亦参曹溪(即六祖慧能,住韶州曹溪)待其印证。圭峰为华严五祖(圭峰名宗密。华严初祖杜顺,二祖智俨,三祖贤首大师法藏,四祖澄观。圭峰师澄观),而纂集《禅源诸诠集》融通禅教,谓:"经是佛语。禅是佛意。诸祖相承根本,是佛亲付。"由是言之,禅者诸门之究竟,而止观乃禅之工夫,法界乃禅之作用。由工夫而得究竟,由究竟而起作用。能会乎此,斯于如来之教无遗蕴矣,又岂特华严等三宗而已哉!

第二十二章　韩愈　李翱

有唐一代，释宗迭出大师。而儒徒但有文人，更无学者。论家好称韩愈，列于荀、董、扬、王，号前五子。然以予观之，实非仲淹数子之俦也。愈，字退之，河内南阳人（从董逌说）。贞元（德宗）中，擢进士第，累官至刑部侍郎。以谏宪宗迎佛骨，贬潮州刺史，移袁州。寻召还，拜国子祭酒。穆宗时，以吏部侍郎卒官。谥曰文。有集四十卷，又外集十卷。而作《原道》以黜佛、老，谓："先王之教，在仁义道德。尧以传之舜，舜以传之禹，禹以传之汤，汤以传之文、武、周公，文、武、周公传之孔子，孔子传之孟轲。自孟轲死，不得其传。"后世道统之说，盖自愈发之。又谓："《传》曰：'古之欲明明德于天下者，先治其国。欲治其国者，先齐其家。欲齐其家者，先修其身。欲修其身者，先正其心。欲正其心者，先诚其意。'然则古之所谓正心而诚意者，将以有为也。今也欲治其心，而外天下国家，灭其天常。子焉而不父其父，臣焉而不君其君，民焉而不事其事。"以此为佛氏之罪。今以合之六祖"在家亦得修行，不由在寺"之言（《坛经》），则彼何圆融，而此何狭隘乎？又谓："老子以煦煦为仁，孑孑为义。"比于坐井而观天。此岂为能知老子者？不知老子，而欲罪之，可乎哉？盖愈平生所致力，于文为多，于学则浅。

故其言矜气而不能平情,多如此。然愈极尊孟子,既屡道之,而《送王埙秀才序》且言:"求观圣人之道,必自孟子始。"又其《读荀子》称:"孟氏之醇乎醇。而荀与扬,则大醇而小疵。"亦似非漫为高下者。然则愈之所得,或在此乎?

愈文之言性者,有《原性》。曰:"性也者,与生俱生者也。情也者,接于物而生者也。性之品有三,而其所以为性者五。情之品有三,而其所以为情者七。曰:何也?曰:性之品有上中下三。上焉者,善焉而已矣;中焉者,可导而上下也;下焉者,恶焉而已矣。其所以为性者五:曰仁,曰礼,曰信,曰义,曰智。上焉者之于五也,主于一而行于四;中焉者之于五也,一不少有焉,则少反焉,其于四也混;下焉者之于五也,反于一而悖于四。性之于情,视其品。情之品有上中下三,其所以为情者七:曰喜,曰怒,曰哀,曰惧,曰爱,曰恶,曰欲。上焉者之于七也,动而处其中;中焉者之于七也,有所甚,有所亡,然而求合其中者也;下焉者之于七也,亡与甚,直情而行者也。情之于性,视其品。"夫性有上中下,贾生言之,王充言之,荀悦言之,要皆本之孔子性近习远、智愚不移之说,非自愈而始发也。特愈兼情性以立论,又标之以五常,序之以七情,于是稍益密耳。然五常统于仁,谓上焉者主于一而行于四,下焉者反于一而悖于四,可也;谓中焉者少有反于一而于四也混,不可也。且于四也混,将为礼乎,信乎,义乎,智乎?将为非礼乎,非信乎,非义乎,非智乎?是非不得于辞,即不衷于理者也。

同时论性者有李翱。吾以为其过愈远矣。翱,字习之,陇西成纪人。亦贞元中进士。尝学文于愈,有《复性书》三篇。其言曰:"人之所以为圣人者,性也。人之所以惑其性者,情也。喜、怒、哀、惧、爱、恶、欲七者,皆情之所为也。情既昏,性斯匿矣,非性之过也。七者循环而交来,故性不能充也。情不作,性斯充矣。性与情,不相先也。虽然,无性,则情无所生矣。是情由性而生。情不自情,因性而情。性不自性,因情以明。性者,天之命也,圣人得之而不惑者也。情者,性之动也,百姓溺之而不能知其本者也。圣人者,岂其无情邪？圣人者,寂然不动,不往而到,不言而神,不耀而光,虽有情也,未尝有情也。然则百姓者,岂其无性者耶？百姓之性,与圣人之性弗差也。虽然,情之所昏,交相攻伐,未始有穷,故虽终身而不自睹其性焉。"又曰:"圣人者,人之先觉者也。觉则明,否则惑,惑则昏。明与昏,谓之不同。明与昏,性本无有。则同与不同,二者离矣。夫明者,所以对昏。昏既灭,则明亦不立矣。是故诚者,圣人性之也。复其性者,贤人循之而不已者也。不已,则能归其源矣。此非自外得者也,能尽其性而已矣。"又曰:"问曰:'凡人之性,犹圣人之性欤？'曰:'桀、纣之性,犹尧、舜之性也。其所以不睹其性者,嗜欲好恶之所昏也,非性之罪也。'问曰:'人之性犹圣人之性,嗜欲爱憎之心,何因而生也？'曰:'情者,妄也,邪也。邪与妄,则无所因矣。妄情灭性,本性清明,周流六虚,所以谓之能复其性也。'问曰:'情之所昏,性斯灭矣。何以谓之犹圣人之性也？'曰:'水之性清澈。其浑之也,沙泥也。方其浑时,性岂遂无有耶？久而不动,沙泥自沉。清明之性,鉴于天地,非自外来也。故其浑也,性本弗失。及其复也,性亦不生。人之性,亦犹水也。'问曰:'人之性皆善,而邪情昏焉。敢问圣人之性,复为嗜欲所浑乎？'曰:'不复浑矣。情本邪也妄也,邪妄无因,人不能复。圣人既复其性矣,知情之为邪,邪既为明所觉矣。觉则无邪,邪何由生也。'"(皆有节文)愈言"性之于情视其品""情之于性视其品",故性之品有上中下三,情之品亦有上中下三。而翱则谓"人之所以为圣人者性也,而所以惑其性者情也",是情与性不相应,而性善而情恶。此其大相径庭者也。然翱又谓"无性则情无所生""情不自情,因性而情;性不自性,因情以明",情与性即又未尝不相应。然则愈之为说也,执于一;而翱之为说也,通乎无方矣。虽然,翱之说固有所受之者也。其言性情,即佛氏真如(本觉)、无明(不觉)之变名也。无明覆真如,故曰"情既昏,性斯惑矣"。无明无自性,故曰"情不自情,因性而情",曰"情者妄也邪也。邪与妄,则无所因矣"。真如虽为无明所覆,而其妙明本觉自在,故曰"人之性犹水也。其浑也,性本弗失。及其复也,性亦不生"。真如起用,无明自灭;无明既灭,则亦无真如之相可得,故曰"觉则明,否则惑,惑则昏",曰"明者所以对昏,昏既灭,则明亦不立矣"。按此以寻其言,盖无一不与佛合。然而援释以入儒,而不见其迹,则自翱始矣。愈曰:"今之言性者,杂佛、老而言也。"或者以为即对翱而发。然而翱之所至,愈不能知也。故言文则翱不如愈,言学则愈不如翱。翱仕至山南东道节度使,检校户部尚书。其卒也,亦谥曰文。有集十八卷。

第二十三章　柳宗元　刘禹锡

与韩、李论性同时，而可传者，则有柳宗元、刘禹锡之论天。宗元，字子厚，河东人。禹锡，字梦得，中山人。并以进士登博学宏辞科。顺宗时，王叔文得幸，引宗元及禹锡禁近，欲大用。乃叔文败，皆贬远州司马（宗元永州，禹锡朗州）。久之，禹锡召还。会昌（武宗）中，官至太子宾客，卒。而宗元稍徙柳州刺史，竟卒于柳州。宗元《天说》曰："上而玄者，世谓之天。下而黄者，世谓之地。浑然而中处者，世谓之元气。寒而暑者，世谓之阴阳。其乌能赏功而罚祸乎？功者自功，祸者自祸。欲望其赏罚者，大谬。呼而怨，欲望其哀且仁者，愈大谬。"其意大抵若此。而吾观其所为《天爵论》，终之曰："庄周言天曰自然，吾取之。"则其说盖亦本之道家。而禹锡之为说，则颇异。其《天论》曰："世之言天者，二道焉。拘于昭昭者，则曰：'天与人实影向（同响），祸必以罪降，福必以善来。穷厄而呼，必可闻。隐痛而祈，必可答。'如有物的然以宰者，故阴骘之说胜焉。泥于冥冥者，则曰：'天与人实刺异。霆震于畜木，未尝在罪。春滋乎堇荼，未尝择善。跖、蹻焉而遂，孔、颜焉而厄。'是茫乎无有宰者，故自然之说胜焉。余曰：'天与人交相胜耳。'其说曰：天之道在生植，其用在强弱；人之道在法制，其用在是非。阳

第二编 中古哲学史◎第二十三章 柳宗元 刘禹锡

而阜生,阴而肃杀,水火伤物,木坚金利,壮而武健,老而耗眊,气雄相君,力雄相长,天之能也。阳而艺树,阴而掣敛,防害用濡,立禁用光,斩材竁坚,液矿硎铓,义制强讦,礼分长幼,右贤尚功,建极闲邪,人之能也。人能胜乎天者,法也。法大行,则是非为公。天下之人,蹈道必赏,违之必罚。当其赏,虽三旌之贵,万钟之粟,处之,咸曰宜。何也?为善而然也。当其罚,虽族属之夷,刀锯之惨,处之,咸曰宜。何也?为恶而然也。故其人曰:天何预乃人事耶?虽告虔报本,肆类授时之礼,曰天而已矣。福兮可以善取,祸兮可以恶召。奚预乎天耶?法小弛,则是非驳。赏不必尽善,罚不必尽恶。或贤而尊显,时以不肖参焉。或过而僇辱,时以不辜参焉。故其人曰:彼宜然而信然,理也。彼不当然而固然,岂理耶?天也。福或可以诈取,而祸或可以苟免。人道驳,故天命之说亦驳焉。法大弛,则是非易位,赏常在佞,而罚常在直,议不足以制其强,刑不足以胜其非。人之能胜天之具尽丧,而名徒存。彼昧者,方挈挈然提无实之名,欲抗乎言天者,斯数穷矣。'余曰:'天常执其所能,以临乎下,非有预乎治乱云尔。人常执其所能,以仰乎天,非有预乎寒暑云尔。生乎治者,人道明,咸知其所自。故德与怨,不归乎天。生乎乱者,人道昧,不可知。故由人者举归乎天,非天预乎人尔。'"于自然、阴骘二说,皆有所不然。盖与荀子为近者。然又曰:"或曰:'子之言天与人交相胜,其理微,庸使户晓。盍取诸譬焉?'曰:'若知旅乎?夫旅者,群适乎莽苍,求休乎茂木,饮乎水泉,必强有力者先焉。否则虽圣且贤,莫能竞也。斯非天胜乎?群次乎邑郛,求荫乎华榱,饱乎饩牢,必圣且贤者先焉。否则强有力者莫能竞也。斯非人胜乎?苟道乎虞芮,虽莽苍犹郛邑然;苟由乎匡宋,虽郛邑犹莽苍然。是一日之途,天与人交相胜矣。吾故曰,是非存焉,虽在野,人理胜也;是非亡焉,虽在邦,天理胜也。然则天非务胜乎人者也。何哉?人之宰则归乎天也。人诚务胜乎天者也。何哉?天无私,故人可务乎胜也。吾于一日之途,而明乎天人,取诸近也已。'问者曰:'若是言之,

199

则天之不相去乎人也，信矣。古之人曷引天为?'答曰：'若知操舟乎？夫舟行乎潍淄伊洛者，疾徐存乎人，次舍存乎人。风之怒号，不能鼓为涛也；流之沂洄，不能峭为魁也。适有迅而安，亦人也；适有覆而胶，亦人也。舟中之人，未尝有言天者。何哉？理明故也。彼行乎江河淮海者，疾徐不可得而知也，次舍不可得而必也。鸣条之风，可以沃日；车盖之云，可以见怪。恬然济，亦天也；黯然沉，亦天也；阽危而仅存，亦天也。舟中之人，未尝有言人者。何哉？理昧故也。'问者曰：'吾见其骈焉而济者，风水等耳。而有沉有不沉，非天曷司欤?'答曰：'水与舟二物也。夫物之合并，必有数存乎其间焉。数存，然后势形乎其间焉。一以沉，一以济，适当其数，适乘其势耳。彼势之附乎物而生，犹影响也。本乎徐者，其势缓，故人得以晓焉。本乎疾者，其势遽，故难得以晓焉。江海之覆也，犹伊淄之覆也。势有疾，故有不晓耳。'问者曰：'子之言数存而势生，非天也。天果狭于势耶?'答曰：'天形常圆，而色常青。周回可以度得，昼夜可以表候，非数之存乎？常高而不卑，常动而不已，非势之乘乎？今夫苍苍然者，一受其形于高大，而不能自还于卑小；乘其气于动用，而不能自休于俄顷。又恶能逃乎数而越乎势耶？吾故曰万物之所以为无穷者，交相胜而已矣，还相用而已矣。天与人，万物之元者尔。'问者曰：'天果以有形，而不能逃乎数。彼无形者，子安所寓其数耶?'答曰：'若所谓无形者，非空乎？空者，形之希微者也。为体也，不妨乎物；而为用也，常资乎有，必依于物而后形焉。今为室庐，而高厚之形藏乎内焉；为器用，而规矩之形起乎内者也。音之作也，有大小，而响不能逾；表之立也，有曲直，而影不能逾。非空之数欤？夫目之视，非能有光也，必因乎日月炎焰，而后光存焉。所谓晦而幽者，目有所不能烛耳。彼狸狌犬鼠之目，庸谓晦为幽耶？吾故曰：以目而视，得形之粗者；以智而视，得形之微者也。焉有天地之内，有无形者耶？古所谓无形，盖无常形耳，必因物而后见耳。焉能逃乎数耶？'"推夫理之本，以归之数与势，而谓虽天亦不能越乎势而逃乎数,苍苍之外,亦更无所谓无形之天。是则不独荀子所不言,亦王充所不敢道者矣。要之宗元与禹锡,皆不信天之能祸福人者。故禹锡谓:"子厚作《天说》,盖有激而云,非所以尽天人之故。"(见《天论》)而宗元与禹锡书,乃曰:"凡子之论,乃吾《天说》注疏耳。"岂不以是意有相同者耶?然子厚《天说》,纯出于激。而梦得《天论》,则沛乎以舒其所见。是故论性则愈不如翱,论天亦宗元不如禹锡。

虽然,宗元之论亦有过人者。宗元作《贞符》、《封建论》,言:"人之初,总总而生,林林而群。雪霜风雨雷雹暴其外,于是乃知架巢空穴,挽草木,取皮革;饥渴牝牡之欲驱其内,于是乃知噬禽兽,咀果谷,合偶而居。交焉而争,睽焉而斗。力大者搏,齿利者啮,爪刚者决,群众者轧,兵良者杀。披披藉藉,草野涂血。然后强有力者,出而治之。往往为曹于险阻,用号令起,而君臣什伍之法立。"(《贞符》)又言:"君长刑政生,故近者聚而为群。群之分,其争必大。大而后有兵有德。又有大者,众群之长,又就而听命焉,以安其属。于是有诸侯之列。则其争又有大者焉。德又大者诸侯之列,又就而听命焉,以安其封。于是有方伯连帅之类。则其争又有大者焉。德又大者,方伯连帅之类,又就而听命焉,以安其人(唐人讳民字,故言人犹言民也)。然后天下会于一。是故有里胥,而后有县大夫;有县大夫,而后有诸侯;有诸侯,而后有方伯连帅;有方伯连帅,而后有天子。"(《封建论》)其于生民由野而文,以及君长德刑所由发生之故,皆能探其赜而阐其幽。以视《商君·开塞》所称:"上世亲亲爱私,中世上贤说仁,下世贵贵尊官。"不尤至明而至确乎?又言:"德绍者嗣,道悫者夺。"(《贞符》)以为生人之初,虽争以力,而其终仍以尚德为归。此与禹锡"道乎虞芮,虽莽苍犹郛邑然;由乎匡宋,虽郛邑犹莽苍然"之言,正如一揆。去彼知有弱肉强食,而不知无仁义人类亦灭绝久者,远矣。世之言唐文者,多并称韩、柳。然如《贞符》、《封建论》,其议论皆韩所无。而吾观柳所为六祖、南岳等碑,颇又会通儒、释之理,殆似于李习之。则如子厚者,又岂可仅以文人目之者哉!宗元有集四十五卷,又外集二卷。梦得有集三十卷,又外集十卷。

第三编　近古哲学史

第一章　宋儒之道学

《宋史》于《儒林》之外,别立《道学》一传,议者多訾之,以为"儒之名本不轻。周、程诸子虽贤,要亦服儒之服、言儒之言、行儒之行。今必别于儒林而谓之道学,乱史例而启争端,甚无谓也"。顾吾谓《宋史》之传道学无可议,其可议者,特自于例亦有不纯耳。何以言之?考《史》、《汉》为《儒林传》,本为传经而设。故班氏首言古之儒者博学六艺之文,其所叙列,但及六艺授受本末而止。是以贾谊、董仲舒,以传《春秋》列名儒林,而亦即别为立传。又是时以儒术称者,应莫过于扬子云,而《儒林传》乃有刘歆而无扬雄。此无他,其例然也。夫宋之诸贤,固有不能以传经之儒尽之者矣。今人有恒言曰:尧、舜、禹之心传,舍经而言心,此门实自宋儒开之。故明道告神宗有云:"先圣后圣,若合符节。非传圣人之道,传圣人之心也。非传圣人之心也,传己之心也。己之心无异圣人之心,广大无限,万善皆备。欲传圣人之道,扩充此心焉耳。"而至伊川,遂有"性即理也"之言。且传经之与传心,其不能混而一之,明矣。不特是也。宋儒即言经,亦有与汉儒大不同者。宋儒之中,其最能尽心于汉人之传注者,惟朱文公。而文公作《中庸集解序》即曰:"秦汉以来,圣学不传。儒者唯知章句训诂之为事,而不知复求圣人之意,以明夫性命道德之归。"盖宋儒于经,不主训诂而主义理,不主师传而主心得。惟主义理主心得,故以经为求理之阶梯,而不认经为可以尽天下之理;又以为理虽在经中,而亦非专于守经所可得。故横渠曰:"六经须著循环,能使昼夜不息。理会得六七年,则自无可得看。若义理则尽无穷,待自家长得一格,则又见得别。"(《语录》)而伊川则曰:"古之学者,先由经以识义理。盖始学时,尽是传授。后之学者,却须先识义理,方始看得经。盖不得传授之意云耳。"(《语录》)由是观之,宋儒与汉儒,其有取于孔子之经虽一,而其所以取于孔子之经者则有间矣。是故譬之于谷,孔子植之,汉人收获之,而宋儒则播之舂之,淅之炊之,且以自食之者也。《宋史·道学传序》曰:"孔孟之遗言,颠错于秦火,支离于汉儒,幽沉于魏晋六朝者,至是皆焕然而大明,秩然而各得其所。"夫此非夸言也。聚汉魏六朝以来之所蓄郁,至此而不得不一发之。而宋儒者适会其际,遂以享其成。人也,而亦天也。然则于此而特创为道学之名,以位置此数君子,以为之传,岂得为过耶?然又谓其自于例有不纯,何也?夫象山与晦翁,其学皆出于程氏,而晦翁在《道学》,象山在《儒林》。季通(蔡元定)、仲默(蔡沈,元定子)与直卿(黄榦)、公晦(李方子)皆学于晦翁,而二蔡在《儒林》,黄、李在《道学》,不知以何而别之?自乱其例,莫大于是。使若梨洲、谢山之《宋元学案》,明其统系,详其源流,了了而无所陵杂,斯则无憾矣。

虽然,宋儒何以能迈于古人?此则大有得于二氏之教,不可讳也。朱子发(震,谢上蔡门人,程门再传)作《汉上易解》云:"陈抟以《先天图》传种放,种放传穆修,穆修传李之才,之才传邵雍。放以《河图》、《洛书》传李溉,李溉传许坚,许坚传范谔昌,谔昌传刘牧。修以《太极图》传周敦颐,敦颐传程颢、程颐。时张载讲学于程、邵之间,故雍著《皇极经世书》,牧陈天地五十有五之数(牧,字先之,号长民,衢人,所作《易钩隐图》在《通志堂经解》中),敦颐作《通书》,程颐述《易传》,载造《太和》、《参两》等篇。"胡五峰(宏,字仁仲,安国之子)《通书序》曾为濂溪辨之。谓："濂溪非止为种、穆之学者,此特其学之一师耳,非其至者也。"然亦即未全以为不实。至朱子乃始以为《太极图》、《通书》濂溪自作,非有所受之于人。而其所据以为佐证者,则潘清逸(兴嗣,濂溪之友)之濂溪墓志。然墓志言濂溪作《太极图》、《易说》、《易通》数十篇。此作之一字,亦但泛言著作,不得便执以为作而非述也。且康节受《河图》、《洛书》于李之才,《宋史》本传具详之。并谓之才之传,远有端绪。今即李、邵授受之非诬,则穆、周之事非出臆造,可知也。况汉上受学于上蔡(谢良佐,程子门人),其去濂溪不远,岂能以绝无影响之谈,笔之于书,陈之于君前哉(《汉上进易说表》亦言之)？又不独濂溪之有得于道家也(此汉以后之道家,非诸子之道家),即朱子于道家亦不能无关。朱子既为《调息箴》,言动静嘘翕之妙(见《大全集》),又以《参同契》词韵奥雅,从而注释之(虽名《考异》,实注释,但托名于空同道士邹䜣),而《与蔡季通书》亦称《参同契》更无缝隙(亦见《大全集》)。夫《参同》、《调息》之说,非道家乎？盖自汉以来,老庄与神仙合而为一,其言水火升降、金丹配合之理,亦自有不可磨灭者。故陈图南(抟)当宋之初,隐居华山,至屡动天子之征问(见《宋史·隐逸传》);而张平叔(伯端)传《悟真篇》(清世宗收入《御选语录》),亦在元丰(神宗)之年。其间致力于斯道者既众,则诸公之必不能不与之作缘,复何疑乎？又说者谓濂溪与胡文恭(宿,字武平,《宋元学案》附濂溪后)同师润洲鹤林寺僧寿涯,而度正(字周卿,朱子门人)作《濂溪年谱》则曰："昔孔子问礼于老聃,访乐于苌弘。谓孔子生知,未尝问老聃、苌弘者,固不可。谓孔子之学本出于老聃、苌弘,不待圣智者知其必不然矣。"是亦认有是事。特不以谓濂溪之学,全出于寿涯耳。此与伊川作《明道行状》,正复相似。伊川谓："明道泛滥于诸家,出入于老、释者,几十年。返求诸六经,而后得之。"夫得诸六经,是也。而其出入于老、释者,岂徒然而已乎！况当是时,士大夫几无不好佛者。故欧阳公《本论》谓"佛氏鼓其雄诞之说,牵民不得不从。而王公大人又往往倡而驱之",

而龟山(杨时,程子门人)有"佛入中国千余年,只韩(韩琦)、欧(欧阳修)二公立得定"之言。今观龟山之书,如云:"总老(常总,东坡常参之,见《五灯会元》)言经中说九识。第九庵摩罗识,唐言白净无垢。第八阿赖耶识,唐言善恶种子。白净无垢,即孟子之言性善。"又云:"《圆觉经》言作、止、任、灭是四病。作即所谓助长,止即所谓不耘苗,任、灭即是无事。"则是龟山自亦陷入于佛。是故当时有谓某无与于佛说者,非故讳之,则必其实不知道与学者也。或曰:诸儒既有得于二氏,而又辟佛辟老,何也?曰:是亦有故。不见朱子之言乎?朱子曰:"道家有老、庄书,却不知看,尽为释氏窃而用之,却去仿效释氏经教之属。譬如巨室子弟,所有珍宝,悉为人所盗去,却去收拾破瓮破釜。"此非为道家言之,盖为儒者言之也。又不独朱子之心若是也。宋儒之心,盖莫不若是。彼始有见于佛、老之理,既反索之于六经,而亦得之。且又应有尽有,一无欠缺也。于是乃信自有家宝,而不必于他求。故其辟佛辟老,非以雠之,以为实无需乎尔。且释、道与儒,言道则一,言用则殊矣。以中国尧舜以来礼乐刑政之备,而欲其绝父子、黜君臣,群趋于髡发逃世之教,此必不能者也。是以取其意而弃其迹,斤斤于空实有无之辨,如曰:"儒、释言性异处,只是释言空,儒言实。释言无,儒言有。"曰:"吾儒心虽虚,而理则实。若释氏则一向归空寂去了。"曰:"禅学最害道。庄、老于义理,绝灭犹未尽。佛则人伦已坏。至禅则又从头将许多义理扫灭无余。"(并见《朱子语类》)此正宋儒善用佛、老之长,而无佛、老之弊。故明高景逸(攀龙)盛称:"明道先生看得禅书透,识得禅弊真。"夫岂独明道一人哉!宋儒之辟佛辟老,盖大抵视此矣。岂与昌黎《原道》之空言攻讦,而欲火其书、庐其居者同乎!

宋儒之学,要渊源于濂溪。然而风气之开,则亦不自濂溪始。梨洲《宋元学案》首列安定(胡瑗)、泰山(孙复),而泰山之门,则有徂徕(石介),当时所谓三先生者也。吾观泰山与范希文(仲淹)书,谓:"专守王弼、韩康伯之说,而求于《大易》,吾未见其能尽于《大易》也。专守左氏、公羊、穀梁、杜、何、范氏之说,而求于《春秋》,吾未见其能尽于《春秋》也。专守毛苌、郑康成之说,而求于《诗》,吾未见其能尽于《诗》也。专守孔氏之说,而求于《书》,吾未见其能尽于《书》也。"则讲经不依传注,泰山实先倡之。而安定之学,传之者有徐仲车(积)。仲车作《荀子辩》,所以发明性善之说者甚备。其教门人,则每于空中书一正字,云:"于安定处得此一字,用不尽。"由此可推见安定之教。朱子谓:"安定之传,不出于章句诵说。"(《与薛艮斋书》)。盖大有见也。三先生中,惟徂徕较粗。然其力距佛、老,亦大振当时儒冠之气。故有宋一代,除濂溪外,其余绪足以沾被后学者,无有过于三先生。是以晦翁有"伊川不敢忘三先生"之语,而黄东发(震)且谓"本朝理学,虽至伊洛而精,实自三先生而始"(见《黄氏日钞》)。然则论倡导之功,三先生者正未可没也。抑宋儒之学,虽以濂洛为正支,而其别派旁流,亦难齐以一例。故有濂溪、康节之《太极图说》、《皇极经世》,即有欧公(欧阳修)之以《河图》、《洛书》为怪妄,斥《系辞》非孔子之书。有二程之推崇孟子,即有温公(司马光)之疑孟、盱江(李觏)之《常语辩》极诋孟子为背于圣人。有欧公、温公、二程之辟佛辟老,即有东坡(苏轼)之《易解》、子由(苏辙)之《老子解》,大为佛、老张目。然此犹仅就濂洛初起时言之也。至于南渡之后,同为伊洛之传,而有朱、陆之异;又旁出为永嘉之事功、东莱之文献;再降为深宁(王应麟)之考证,东发之记诵。是丹非素,浸多争执。所谓源远而末益分者,非耶? 然而宋当金、元迭盛,宗社再覆,一时效忠之士,犹出讲学之徒。语武功虽有余惭,言学术亦更无匹敌矣。

第二章　周　子

周子，道州营道人。元名敦实，后避英宗旧讳，改名敦颐。字茂叔。仁宗景祐中，用舅氏龙图阁学士郑珦荫，授洪州分宁簿。改南安司理参军。转运使王逵虑囚失入，吏无敢可否，独力争之。不得，则置手版，归取告身，委之而去。曰："杀人以媚人，吾不忍为也。"逵感悟，囚得不死。及判合州，赵清献公（抃）时为监司，中先入语，临之甚威。先生处之超然，不为意也。后清献守虔州，先生改判虔。清献视其所为，大服之，执手曰："抃几失君，今而后乃知周茂叔也。"神宗初年，知永州。以清献及吕正献公（公著）荐，转虞部郎中，广东转运判官，提点刑狱。逾年，以疾乞知南康军。因罢居庐山莲花峰下。峰前有溪，合于溢江。乃取营道故居濂溪以名之。清献再镇蜀，复将奏用，而先生已卒，年五十有七，时神宗熙宁六年六月七日也。先生之学，或谓得之于穆伯长（修）及僧寿涯，或谓不由师授，独出神悟。惟清孙夏峰作《理学宗传》称："先生汲汲于问学。一时儒宿名硕，靡不咨扣。又时时从高人逸士游。故闻道最早，而精明微密，超然自得于天人性命贞一之统。"此言最为得实。而当时黄鲁直（庭坚）谓："茂叔短于取名，而锐于求志。薄于徼福，而厚于得民。菲于奉身，而燕及茕嫠。陋于希世，而尚友千古。胸怀洒落,有如光风霁月。"(《濂溪诗序》,见《山谷全集》)后人亦以为能形容其气象云。宁宗嘉定中,赐谥元公。

一　太极图说

潘清逸志周子墓,谓作《太极图》、《易说》、《易通》数十篇。今《易说》已佚,所传者《太极图说》、《易通》而已。《易通》今曰《通书》。黄氏《学案》先《通书》而后《太极图说》,耒史(梨洲子百家)以为《图说》杂于老、释,不若《通书》之纯粹无疵,故附之《通书》之后。然吾观朱子订正《太极》、《通书》两序(《朱子全集》七十五、七十六),皆谓"濂溪之学之奥,莫备于太极一图。而《通书》之言,皆发此图之蕴"。且潘志亦首举《太极图》。则不先明《太极图说》,欲求通于《通书》,未为能知其本也。《图说》曰:"无极而太极。太极动而生阳。动极而静,静而生阴。静极复动。一动一静,互为其根。分阴分阳,两仪立焉。阳变阴合,而生水火木金土。五气顺布,四时行焉。五行一阴阳也。阴阳一太极也。太极本无极也。五行之生也,各一其性。无极之真,二五之精,妙合而凝。乾道成男,坤道成女。二气交感,化生万物。万物生生,而变化无穷焉。惟人也,得其秀而最灵。形既生矣,神发知矣,五性感动,而善恶分,万事出矣。圣人定之以中正仁义,而主静(自注云:无欲故静),立人极焉。故圣人与天地合其德,日月合其明,四时合其序,鬼神合其吉凶。君子修之吉,小人悖之凶。故曰:'立天之道,曰阴与阳。立地之道,曰柔与刚。立人之道,曰仁与义。'又曰:'原始反终,故知死生之说。'大哉《易》也,斯其至矣。"夫自"无极而太极",以至"万物生生变化无穷",言道之所以生人与万物也。自"人也得其秀而最灵",以至"主静立人极",言人之所以合于道也。道之生人与万物,天之事也;人之合于道,圣人之功也。言天之事,所以原其始;言圣人之功,所以反其终。是故引《易传》以终之曰:"圣人者与天地合其德。"又曰:"原始反终,故知死生之说。"盖天人之理,尽于此二百余言中矣。然《太极图说》虽曰明《易》,而实有《易》所未言者:《易》言太极而不言无极,一也;言阴阳而不言五行,二也。无极之名见于《老子》(《老子》上篇:"知其白,守其黑,为天下式,为天下式,常德不忒,复归于无极。"),金木水火之名,见于《庄子》(《庄子·外物篇》:"木与火相摩则然,金与火相守则流。"又:"水中有火,乃焚大槐。")。合阴阳五行以言《易》,始于扬雄;变《易》而为金丹大道,始于魏伯阳。雄则儒而杂于道,伯阳则道而入于神仙。故陆象山始终疑《太极图说》,以为是老氏宗旨,不得谓其所疑无因也。顾吾以为不独老氏之说也,又有佛氏之说存焉。曰:"无极之真,二五之精,妙合而凝,乾道成男,坤道成女。"是男女各一太极也。曰:"二气交感,化生万物,万物生生,变化无穷。"是万物各一太极也。然而又曰:"五行一阴阳也,阴阳一太极也。"则是男女万物又共此一太极。所谓"一物一太极,物物一太极",物物各具之太极,即是物物共有之太极。大海摄于一波,一波匝于大海。此非《华严》理事无碍之旨乎?曰"无极而太极",则空而不废于有;曰"太极本无极",则有而不碍于空。此非天台双提空有之机乎?曰"一动一静,互为其根",曰"圣人定之以中正仁义,而主静立人极",此非禅门静定之功乎?然而博之以老、释,所以成其广大也;约之以《易》,所以得其精微也。周子致广大而尽精微,正以杂于二氏之故。杂于二氏,于周子何伤乎?而疑者既疑乎其所无庸疑,讳者又讳乎其所不必讳。以是云雾旁兴,转生障翳。呜呼!讲学者异端正学之见不除,未有不愈讲而愈纷者也。

二 通书

《通书》四十章,所以发《太极图说》之蕴。故于阴阳五行之变化,不啻反复言之。第一章曰:"诚者圣人之本。大哉乾元,万物资始,诚之源也。乾道变化,各正性命,诚斯立焉。"第十六章又曰:"水阴根阳,火阳根阴。五行阴阳,阴阳太极。四时运行,万物终始。混兮辟兮,其无穷兮。"第二十二章又曰:"二气五行,化生万物。五殊二实,二本则一。是万为一,一实万分。万一各正,小大有定。"然《太极图说》所以明《易》,《通书》又不独《易》也,凡《诗》、《书》、《礼》、《乐》、《春秋》之理,无不发之。故曰:"《春秋》正王道,明大法。乱臣贼子,诛死者于前,所以惧生者于后也。"(第三十八章)是其揭《春秋》之微也。曰:"古者圣王,制礼法,修教化。三纲正,九畴叙。百姓大和,万物咸若。乃作乐以宣八风之气,以平天下之情。故乐声淡而不伤,和而不淫。入其耳,莫不淡且和焉。淡则欲心平,和则躁心释。优柔平中,德之盛也。天下化中(一作化成),治之至也。是谓道配天地,古之极也。"(第十七章)曰:"乐声淡则听心平,乐辞善则歌者慕,故风移而俗易矣。"(同上)是其穷《诗》、《乐》之妙也。曰:"《洪范》曰:'思曰睿,睿作圣。'无思,本也。思通,用也。几动于此,诚动于彼。无思而无不通,为圣人。"(第九章)是其撷《书》之精也。曰:"中也者,和也,中节也,天下之达道也,圣人之事也。故圣人立教,俾人自易其恶,自至其中,而止矣。"(第七章)是其撮《礼》之要也。夫《通书》固自道之矣。曰:"圣人之精,画卦以示。圣人之蕴,因卦以发。卦不画,圣人之精不可得而见。微卦,圣人之蕴殆不可悉得而闻。《易》何止五经之源,其天地鬼神之奥乎!"以《易》为五经之源,故举《诗》、《书》、《礼》、《乐》而悉贯之于《易》。又以太极为《易》之源,故举六十四卦三百八十四爻而悉纳之于太极。太极者,诚也。诚者不息,不息之道尽于乾,故四十章始之以乾。又诚者无为,无为则止,止之道尽于艮,故四十章终之以艮。然而妄既发矣,诚有亏矣。欲复其无妄之诚,其道不在诚而在思。故曰:"诚者圣人之本。"又曰:"思者圣功之本。"(第九章)致其作圣之思,其用又不在思而在几。故曰:"诚无为,几善恶。"(第三章)又曰:"寂然不动者,诚也。

感而遂通者,神也。动而未形有无之间者,几也。诚精故明,神应故妙,几微故幽。"(第四章)又曰:"《易》曰:知几其神乎!"(第九章)夫知几者莫过颜子。孔子之称颜子曰:"颜氏之子,其殆庶几乎!有不善未尝不知,知之未尝复行也。"(见《易·系》)是故曰:"发圣人之蕴,教万世无穷者,颜子也。"(第二十九章)又曰:"颜子亚圣。"(第二十三章)又曰:"志伊尹之所志,学颜子之所学。"(第十章)然则周子之所以告人者,其本末次第,不既彰彰矣乎!或曰:思者圣功之本,既闻之矣。而第二十章言圣学之要,又曰:"一为要,一者无欲。"何也?曰:《图说》不云乎?无欲故静。夫惟静而后能思。天下未有"憧憧往来,朋从尔思"而可以极深研几者。无欲者,用志之不纷。思者,与神而为一。思与无欲,非有二也。故曰:"动而无静,静而无动,物也。动而无动,静而无静,神也。动而无动,静而无静,非不动不静也。物则不通,神妙万物。"(第十六章)呜呼!知夫动之无动,静之无静,则四十章之旨如指诸掌矣。

第三章　邵子 附司马温公

　　邵雍，字尧夫。其先范阳人，从父徙共城，居苏门山百源之上。时北海李挺之（之才）摄共城令，得先天图书之学于穆伯长（修），因从受学焉。故世传邵子之学与濂溪同所自出。然明道程子志其墓，谓："穆、李之言及其行事，概可见。而先生淳一不杂，汪洋浩大，乃其所自得者多。"今《观物外篇》（《观物内篇》，先生所著之书，《外篇》，门人记先生之言）亦谓："邵某受《春秋》于尹师鲁，师鲁受于穆伯长。邵后复攻伯长，曰：'伯长云：《春秋》无褒，皆是贬也。春秋礼法废，君臣乱，其间有能为小善者，安得不进之也？况五霸实有功于天下，且五霸固不及于王，不犹愈于乱乎？安得不与之也？'"夫言《春秋》，既不必同于穆，则其后日所传象数，非尽穆、李之旧，殆可推而得之。盖在百源数年，寒不炉，暑不扇，夜不就席，探赜索隐，必有自得于师传之外者。此与濂溪传种、穆之《太极图》，而其说不必遂即种、穆之说，正一例也。先生学既通，以洛阳为天下之中，四方贤士大夫之所辐辏也，迁居之。当是时，文潞公（彦博）、富郑公（弼）、司马温公（光）皆退居在洛，雅敬先生，为市园宅，时相游从。先生岁时耕稼，衣食才给。而燕笑吟哦，未尝有拂逆之色。或乘小车出游城中，一人挽之，惟意所适。名其居曰安乐窝，自号安乐先生。每曰："学不至于乐，不可谓之学。"故程子尝推为风流人豪，即其襟度可知也。嘉祐（仁宗）中，诏求遗逸，留守王拱辰以先生应诏，授将作监主簿，复举逸士，补颍州团练推官，皆固辞乃受，竟称疾不之官。熙宁十年卒，年六十七。方疾，温公、横渠、明道、伊川晨夕候之。横渠喜论命，因曰："先生论命否？当推之。"曰："若天命，则已知之矣。世俗所谓命，则不知也。"横渠曰："先生知命矣。载尚何言！"元祐中，赐谥康节。所著有《先天图》、《皇极经世》、《观物篇》、《渔樵问对》等。晚尤喜为诗，诗曰《伊川击壤集》，而自为之序。

一　先天图

邵氏《先天图》有四：一八卦次序图，一八卦方位图，一六十四卦次序图，一六十四卦方位图。谓伏羲所画之卦如此。因对文王后天之卦而言，故曰先天。即今朱子《易本义》列之卷首者也。然文王之八卦，其次序则乾父、坤母、震为长男、巽为长女、坎为中男、离为中女、艮为少男、兑为少女。其方位，则离南、坎北、震东、兑西、巽东南、乾西北、坤西南、艮东北。皆见之《说卦》。而邵氏《八卦次序图》，以一分为二，二分为四，四分为八。于是阴阳之中，复分太少，而有太阳、少阳、太阴、少阴之名。则孔子赞《易》，无有是也。然犹可曰，"易有太极，是生两仪，两仪生四象，四象生八卦"，本《系辞》之文也。至置乾于南，坤于北，置离于东，坎于西，震于东北，兑于东南，巽于西南，艮于西北，以为方位之图。而谓："自震至乾为顺，自巽至坤为逆。"又谓："数往者顺，若顺天而行，是左旋也。皆已生之卦也。知来者逆，若逆天而行，是右行也。皆未生之卦也。"（《先天卦位图说》）八卦之中，而或顺或逆，恐《说卦》所谓"数往者顺，知来者逆"，未必若此。且《说卦》言"天地定位,山泽通气,雷风相薄,水火不相射",言其性情,非言其方位也。若以天地相对而列于南北,水火相对而列于东西,则天果在南,地果在北乎?火果在东,水果在西乎?是故黄晦木(宗炎,梨洲之弟)作《先天卦图辨略》(见《宋元学案·百源学案》)谓:"《易》本明白简易。而康节装凑安排,全昧大道。"盖以图合《易》,牴牾实多也。虽然,康节之图,装凑安排,则诚然矣。而谓其全昧大道,则有不可。且《参同契》曰:"牝牡四卦,以为橐籥。"四卦者,指乾、坤、坎、离也。是康节八卦方位取乾、坤、坎、离相对之本也。又曰:"三日出为爽,震受庚西方。八日兑上丁,上弦平如绳。十六转受统,巽辛见平明。艮直于丙南,下弦二十三。"是八卦方位取震、巽、艮、兑相对之本也。又曰:"朔旦为复,阳气始通。乾健盛明,广被四邻。"(中有省文)是六十四卦方位阳始于复而极于乾之本也。又曰:"姤始纪绪,履霜最先。道穷则反,归乎坤元。"(中有省文)是六十四卦方位阴始于姤而极于坤之本也。盖丹家以乾坤为炉鼎,坎离为药物,以六十四卦为火候。八卦方位,所以示取坎填离之法也。六十四卦方位,所以表抽添火候之功也。康节所得之于李、穆者,如是而已矣。抑康节之诗,尝有之矣。曰:"乾遇巽时观月窟,地逢雷处见天根。天根月窟闲来往,三十六宫都是春。"夫乾遇巽者,姤☴也;地逢雷者,复☳也。月窟者,阴之微也;天根者,阳之发也。三十六宫者,卦之不易者八(乾、坤、坎、离、颐、中孚、大过、小过),反易者二十八,合之三十六。犹言六十四卦也。都是春者,火候匀而药物熟也。以诗证图,则其以丹诀言《易》,康节岂自讳乎?然而康节犹虑人之不能通其意,而或以京、焦(京房、焦延寿,并见《汉书·儒林传》)之数失之也。故《图说》直揭之曰:"先天学,心法也。图皆从中起,万事万化生于心也。"且以心法观丹诀,则丹诀非小术也;以心法观卦图,则卦图非异说也。康节曰:"图虽无文,吾终日言而未尝离乎是。盖天地万物之理,尽在其中矣。"又曰:"知《易》者不必引用讲解,是为知《易》。孟子之言未尝及《易》,其间《易》道存焉。但人见之者鲜耳。人能用《易》,是为知《易》。如孟子,所谓善用《易》者也。"(皆《观物外篇》)由是论之,康节之图,虽不与《易》合,倘亦所谓善用《易》者非耶?

二 观物篇

《观物篇》者,康节推其卦图之意,以说万事者也。曰:"物之大者,无若天地。然而亦有所尽也。天之大,阴阳尽之矣;地之大,刚柔尽之矣。阴阳尽,而四时成焉;刚柔尽,而四维成焉。天,生于动者也;地,生于静者也。一动一静交,而天地之道尽之矣。动之始,则阳生焉;动之极,则阴生焉。一阴一阳交,而天之用尽之矣。静之始,则柔生焉;静之极,则刚生焉。一刚一柔交,而地之用尽之矣。动之大者,谓之太阳。动之小者,谓之少阳。静之大者,谓之太阴。静之小者,谓之少阴。太阳为日,太阴为月。少阳为星,少阴为辰。日月星辰交,而天之体尽之矣。太柔为水,太刚为火。少柔为土,少刚为石。水火土石交,而地之体尽之矣。"(《观物内篇》,中有节文)其言阴阳动静,亦与濂溪《太极图说》合。然而《太极图说》阴阳之下,则有五行。而《观物篇》不用五而用四。言天则四象,日月星辰是也;言地则四体,水火土石是也。推是以言天变,则寒暑昼夜;以言地化,则雨风露雷。以言动植之感,则性情形体;以言动植之应,则走飞草木。言人,则耳目鼻口,声色气味;言时则元会运世,岁月日辰(一时为辰,十二辰为日,三十日为月,十二月为岁,三十岁为世,十二世为运,三十运为会,十二会为元)。言经,则《诗》、《书》、《易》、《春秋》;言治,则皇帝王霸。故朱子曰:"康节其初只是看得太极生两仪,两仪生四象,心只管在上面转。久之便透想得,一举眼便成四片。其法四之外又有四焉。"(《语类》)而明道亦谓:"尧夫之数只是加一倍法。"(《语录》)则其不取五行,亦因于数而然,非有他意也。抑康节虽广说万事,而仍反之于人身。曰:"夫分阴分阳,分柔分刚者,天地万物之谓也。备天地万物者,人之谓也。"又曰:"道为天地之本,天地为万物之本。以天地观万物,则万物为物。以道观天地,则天地亦为万物。道之道,尽于天矣。天之道,尽于地矣。天地之道,尽于物矣。天地万物之道,尽于人矣。"(皆《观物内篇》)是以其言太极也,曰:"道为太极。"即又曰:"心为太极。"(皆《观物外篇》)其言性也,曰:"性者,道之形体也。"(《击壤集自序》)其言圣人也,曰:"人也者,物之至者也。圣也者,人之至者也。人之至者,谓其能以一心观万心,一身观万身,一世观万世者焉;其能以心代天意,口代天言,手代天工,身代天事者焉;其能以上识天时,下尽地理,中尽物情,通照人身者焉;其能以弥纶天地,出入造化,进退古今,表里人物者焉。"(《内篇》)盖合内外而一之,以求无乎不贯,是康节之学也。然于《观物》曰:"夫所以谓之观物者,非以目观之也。非观之以目,而观之以心也。非观之以心,而观之以理也。圣人之所以能一万物之情者,谓其能反观也。所以谓之反观者,不以我观物也。不以我观物者,以物观物之谓也。"(《内篇》)其又斥以心观物、以我观物,何也?曰:是固有说矣。《外篇》曰:"以物观物,性也;以我观物,情也。性公而明,情偏而暗。"又曰:"任我则情,情则蔽,蔽则昏矣。因物则性,性则神,神则明矣。"此之心与我者,私心我见,障我与物而使之不相见者也。故不用之。不用之,而后物我通;物我通,而后物之理穷,我之性尽。是则其合内外之道也。虽然,康节盖有志矣,而未之逮也。其《皇极经世》欲以元会运世之数,穷古今治乱之变,亦几于劳而寡功矣。岂其所谓"物理之学,或有所不通,不可以强通"(《外篇》)者,犹有知之而未能蹈之者乎?

有邵子之以《经世》演《易》,同时即有司马温公之以《潜虚》拟《玄》。《潜虚》之体,五十有五,而基之以五行。五行又各分二。水有原,有委;火有荧,有焱;木有本,有末;金有卯,有刃;土有基,有冢。其生数(一二三四五)五,其成数(六七八九十)亦五也。生成相配,而为五十有五之体。此《潜虚》之所以作也。其说曰:"人之生本于虚。虚然后形,形然后性,性然后动,动然后情,情然后事,事然后德,德然后家,家然后国,国然后政,政然后功,功然后业。业终则返于虚矣。"故自形至业,皆经之以五。辞以明其义,变以尚其占。盖欲举内而情性、外而政事,尽之于五行变化之中者也。夫《经世》不用五行,而《潜虚》则本五行以成其说。此康节、温公之不同也。然康节《先天图》谓伏羲依《河图》而作。而温公之书,有所谓《气图》者。以一(原)六(委)居北,二(荧)七(焱)居南,三(本)八(末)居东,四(卯)九(刃)居西,五(基)十(冢)居中。即《河图》之象。则其说固有相通者矣。且温公既作《潜虚》以拟《玄》,又为《太玄》作注,曰:"吾于子云,虽未能知,固好之矣。"其有得于《玄》,不必言。而康节亦称扬雄不独知历法,又知历理。(《外篇》)意其于《玄》,亦尝有究心者乎? 又《虚》虽拟《玄》,而亦有异于《玄》者。《玄》虽言五行,然其首以九九为数,则袭八卦而来。五行与八十一首,错综以为用,故能成天下之至赜。若虚则变化极于五行而止。虽繁称博引以为之说,而于探赜索隐、钩深致远之义,浅矣。然而温公有云:"吉凶悔吝,未有不生乎事者也。事之生,未有不本乎意者也。意必自欲。欲既立于此矣,于是乎有从有违。从则有喜,有乐,有爱。违则有怒,有哀,有恶。此人之常情也。爱实生贪,恶实生暴。贪暴,恶之大者也。是以圣人除其萌,塞其原。恶奚自而至哉!"(《迂书·绝四》)知吉凶悔吝之由于意欲,而以除其萌塞其原。即圣人赞《易》之意,亦不过乎是。然则《潜虚》之作,温公亦必有其所以自得者,未可轻也。温公名光,字君实,陕州夏县人。哲宗立,公为相,尽除安石新法。于学无所不览。而与邵、张、二程皆相善。康节尝称之曰:"君实脚踏实地人也。"卒年六十八。所著有文集八十卷,他著述二十余种,五百余卷。而《潜虚》尤所致力。

第四章　张　　子

　　张载,字子厚,世居大梁,以侨寓为凤翔郿县横渠镇人。少喜谈兵,至欲结客取洮西(时为夏有)之地。年二十一,以书谒范文正公仲淹。文正异其气貌,而甚少,惜之。手《中庸》一编授焉。曰:"儒者自有名教可乐。何事于兵?"遂翻然志于学。已未知所止也,求诸释、老者累年,乃反求之六经。仁宗嘉祐初,至京师见二程。二程于先生为外兄弟之子,卑属也。先生与语道学之要,厌服之。时方拥皋比,讲《易》京邸,听从者甚众。即撤坐辍讲。曰:"向与诸君语,皆乱道。比见二程,湛深于《易》,吾所不及。可往师也。"举进士。仕为云岩令。神宗立,迁著作佐郎。签书渭州军事判官。用中丞吕正献公荐,召对。问治道,对曰:"为治不法三代,终苟道也。"时荆公行新法,为举朝所沮,欲倚先生以为助。而语不合。出按狱浙东。还朝,即移疾屏居南山下。终日危坐一室,左右简编,俯而读,仰而思,有得则识之。或中夜起坐,取烛以书。尝曰:"吾学既得诸心,乃修其辞命。命辞无失,然后断事。断事无失,吾乃沛然。"所著有《东铭》、《西铭》、《正蒙》、《理窟》、《易说》等。而教学者,必于礼法。又以《周礼》为必可行于世。曰:"仁政必自经界始。经界不正,即贫富不均,教养无法。纵不能行之天下,亦当验之一方。"欲与学者买田一方,画为数井。上不失公家之赋役,退以其私正经界,分宅里,立敛法,兴学校,以推明先王之遗法。而有志未就。以吕汲公大防荐,召同知太常礼院。未及期,告归。竟卒于道。盖熙宁十年也。年五十八。嘉定间谥曰明。

一　正蒙

横渠之学,尽在《正蒙》十七篇。盖上则天道,下则人事,明则品类,幽则鬼神,大则经训,小则物名,无不阐述。庄生所谓"遍为万物说,说而不休"者也。然观其大体,要得之于《易》为多。故所言亦不出阴阳变化之理。惟阴阳虽二,其究则一。分之曰阴曰阳,合之则曰太和,其曰"太和所谓道"(《太和篇第一》)是也。或曰太虚,其曰"太虚者气之体"(《乾称篇第十七》)是也。是以言阴阳者,以著太和太虚之实;言太和太虚者,以见阴阳之根。此其自言之甚明,曰:"两不立,则一不可见。一不可见,则两之用息。"(《太和篇第一》)两不立则一不可见,《易·系》所谓"乾坤毁则无以见《易》"也。一不可见则两之用息,《易·系》所谓"《易》不可见则乾坤或几乎息"也。然乾坤不离《易》,而《易》之用惟在乾坤。故说《易》者,乾坤尽之矣。乾坤,阴阳也。故说《易》者,阴阳尽之矣。横渠惟一切推阴阳以为说,是故十七篇,言天地,则曰:"天地变化,二端而已。"(《太和篇第一》)言鬼神,则曰:"鬼神者,二气之良能也。"(同上)言人物,则曰:"动物本诸天,植物本诸地。"又曰:"有息者根于天,不息者根于地。"(《动物篇第五》)言性,则曰:"性其总合两也。"曰:"知性知天,则阴阳鬼神皆吾分内尔。"曰:"形而后有气质之性。善反之,则天地之性存焉。"(《诚明篇第六》)言学,则曰:"莫非天也。阳明胜则德性用,阴浊胜则物欲行。领恶而全好者,其必由学乎?"(同上《诚明篇》)言神化,则曰:"气有阴阳,推行有渐为化,合一不测为神。"(《神化篇第四》)言圣人,则曰:"大德敦化,然后仁智一而圣人之事备。性性为能存神,物物为能过化。"(同上)而《大易篇》且明示之曰:"一物而两体,其太极之谓欤?阴阳天道,象之成也。刚柔地道,法之效也。仁义人道,性之立也。三才两之,莫不有乾坤之道。"其说如此。则《宋史》本传称先生之学以《易》为宗,以《中庸》为体,盖其信矣。然而即亦有从佛氏转出者,如曰:"太虚无形,气之本体。其聚其散,变化之客形尔。至静无感,性之渊源。有识有知,物交之客感尔。客感客形,与无感无形,惟尽性者一之。"(《太和篇第一》)曰:"由象识心,徇象丧心,知象者心。存象之心,亦象而已。谓之心可乎?"(《大心篇第七》)其所谓客感,所谓存象之心亦象,非通于佛说心识之分,则不能道也。抑横渠虽不能无得于佛,而力攻佛、老,则与二程同。曰:"知虚空即气,则有无隐显,神化性命,通一无二。顾聚散出入形不形,能推本所从来,则深于《易》者也。若谓虚能生气,则虚无穷,气有限,体用殊绝。入老氏有生于无自然之论,不识所谓有无混一之常。若谓万象为太虚中所见之物,则物与虚不相资。形自形,性自性。形性天人不相待,而有陷于浮屠以山河大地为见病之说。此道不明,正由懵者略知体虚空为性,不知本天道为用。反以人见之小,因缘天地。明有不尽,则诬世界乾坤为幻化。幽明不能举其要。遂躐等妄意而然。"(《太和篇第一》)又曰:"释氏妄意天性,而不知范围天用。反以六根(眼、耳、鼻、舌、身、意)之微,因缘天地。明不能尽,则诬天地日月为幻妄。蔽其用于一身之小,溺其志于虚空之大。此所以语大语小,流遁失中。其过于大也,尘芥六合。其蔽于小也,梦幻人世。谓之穷理,可乎?不知穷理,而谓尽性,可乎?谓之无不知,可乎?"(《大心篇第七》)但不于人伦人事之迹蔽其狱,而以天道天用之理摧其军。此其文理密察,即二程有所不逮。而惜乎南渡以后,洛学传而关学遂微也。

二 西铭

横渠为说,既与佛氏异。故穷生人之始,本诸天地,而不本诸法性;穷生人之终,信有委顺,而不信有涅槃。此观其《西铭》可见也。《西铭》曰:"乾称父,坤称母。予兹藐焉,乃混然中处。故天地之塞,吾其体;天地之帅,吾其性。民,吾同胞;物,吾与也。大君者,吾父母宗子;其大臣,宗子之家相也。尊高年,所以长其长;慈孤弱,所以幼其幼。圣,其合德;贤,其秀也。凡天下疲癃残疾,惸独鳏寡,皆吾兄弟之颠连而无告者也。于时保之,子之翼也。乐且不忧,纯乎孝者也。违曰悖德。害仁曰贼。济恶者不才。其践形惟肖者也。知化则善述其事,穷神则善继其志。不愧屋漏为无忝,存心养性为匪懈。恶旨酒,崇伯子之顾养;育英才,颍封人之锡类。不弛劳而底豫,舜其功也;无所逃而待烹,申生其恭也。体其受而归全者,参乎;勇于从而顺令者,伯奇也。富贵福泽,将厚吾之生也;贫贱忧戚,庸玉汝于成也。存,吾顺事;没,吾宁也。"首以乾坤体性,率性之教也。极于穷神知化,事天之功也。结以存顺没宁,知命之学也。此不独横渠也。凡儒者之所持以自别于二氏者,盖莫不用此道矣。然龟山(杨时)犹疑其近于墨子之兼爱。故伊川辩之,以为《西铭》明理一而分殊,墨氏则二本而无分(伊川《答龟山书》)。夫明道识仁,亦言仁者浑然与物同体,即与《西铭》何别?龟山疑《西铭》而不疑明道之言,何也?横渠有云:"心大则百物皆通,心小则百物皆病。"(《理窟》)若横渠、明道,亦惟心大,故视物我一体耳。《西铭》原名《订顽》。横渠讲学关中,于学堂双牖,左书"砭愚",右书"订顽"。因伊川语曰:"是当起争端。"乃改"订顽"曰"西铭","砭愚"曰"东铭"。《东铭》以戏言戏动、过言过动为戒,所以开警后学者甚切。然语气象之博大,辞义之深粹,则非《西铭》之匹也。后程门专以

《西铭》教人。故学者亦遂多知《西铭》,而不及《东铭》云。

横渠之说,于《正蒙》、《西铭》外,尚有足述者,则《理窟》言变化气质是。曰:"变化气质。孟子曰:'居移气,养移体,况居天下之广居者乎!'居仁由义,自然心和而体正。"(《理窟·气质》)又曰:"为学大益,在自能变化气质。不尔,卒无所发明,不得见圣人之奥。"(《理窟·义理》)此盖根其言性有天地之性与气质之性之分而来。荀子以性为恶,故主矫饰扰化;横渠以形而后有气质之性,故主变化气质。其意一也。而横渠即有与荀子甚相似者。荀子重礼,曰:"治气养心之术,莫径由礼。"而横渠亦首以礼教学者,曰:"礼所以持性。"(《理窟·礼乐》)曰:"使动作皆中礼,则气质自然得好。"(《理窟·气质》)荀子重心,曰:"治乱在于心之所可,亡于情之所欲。"而横渠亦以心统性情(拾遗有"心统性情者也"之言),曰:"心能尽性,人能弘道也。性不能检其心,非道弘人也。"(《正蒙·诚明》)曰:"变化气质,与虚心相表里。"(《理窟·义理》)此无他,变化气质之准在礼,而变化气质之柄在心也。朱子曰:"气质之说,起自张、程,极有功圣门,有补后学,前此未曾说到。"(《语类》)然以今观之,即未始不由荀子而出。安在"前此未曾说到"耶?大抵汉儒之学,犹与荀子为近;而唐宋以来,儒者但尊孔孟,而以荀子为悖于圣人,故二程皆极诋荀子。乃横渠独取荀子以成其说,岂其为学从入之途合,故有不期同而不得不同者耶?然而宋儒之中,吾则以横渠为博大矣。

第五章　明道程子

　　程颢，字伯淳。世居中山博野，后为河南人。父珦，通判南安军事。时濂溪为司理参军，珦与语，知其非常。因使颢与弟颐，往受学焉。颢尝自言："再见周茂叔后，吟风弄月以归，有'吾与点也'之意。"年二十六，中进士。调鄠县主簿，改上元县，迁晋城令。熙宁初元，用吕正献公荐，为太子中允，监察御史里行。王安石议行新法，言者攻之甚力。颢被旨赴中书议事，安石厉色待之。颢徐曰："天下事非一家私议，愿平气以听。"安石为之愧屈。后安石逐不附己者，独不及颢，曰："此忠信人也。"改签书镇宁军判官，迁太常丞，知扶沟县。已坐逸狱，责监汝州酒税。哲宗立，召为宗正丞。未行而卒。时元丰八年也。年五十四。太师文彦博题其墓，曰明道先生。嘉定中，赐谥纯公。先生学养纯粹，与弟颐讲学于洛。门人从者甚众，而未尝见其忿厉之容。尝言："宁学圣人而未至，不欲以一善而成名。宁以一物不被泽为己病，不欲以一时之利为己功。"盖宋儒自濂溪外，学德莫有能过之者。而弟颐为先生墓志，至推为孟子后一人云。

一　识仁说

明道教人,每单提仁字。故《语录》中言仁处最多,而莫备于吕与叔(大临)《东见录》所记。后世因号之为《识仁说》。曰:"学者须先识仁。仁者,浑然与物同体。义礼知信,皆仁也。识得此理,以诚敬存之而已。不须防检,不须穷索。若心懈则有防,心苟不懈,何防之有?理有未得,故须穷索,存久自明,安待穷索?此道与物无对。大不足以名之。天地之用,皆我之用。孟子言'万物皆备于我',须反身而诚,乃为大乐。若反身未诚,则犹是二物有对。以己合彼,终未有之。又安得乐?《订顽》意思乃备言此体。以此意存之,更有何事?必有事焉而勿正,心勿忘,勿助长,未尝致纤毫之力。此其存之之道。若存得便合有得。盖良知良能,元不丧失。以昔日习心未除,却须存习此心,久则可夺旧习。此理至约,惟患不能守。既能体之而乐,亦不患不能守也。"(见《二程遗书》)夫孔子弟子问仁者多矣,而孔子又独许"颜回三月不违仁,其余则日月至焉而已"。何以孔门勤勤于仁若是?此意盖千数百年而未晓。至明道,乃曰"仁者浑然与物同体",曰"此道与物无对,大不足以明之,天地之用皆我之用"。曰"以此意存之,更有何事",然则仁者,岂非一贯之道,得其一而万事毕者耶!又是仁者,非得之于外,我固有之也。故又曰"孟子言万物皆备于我,须反身而诚,乃为大乐",曰"良知良能,元不丧失,以昔日习心未除,却须存习此心,久则可夺旧习"。此其剀切明著,谓孔门之教至是复光,岂为过乎!虽然,明道何以悟及于此?要得力于禅学为多。夫"仁者浑然与物同体",即所谓"心佛众生,三无差别"也;"此道与物无对,大不足以明之",即所谓"法无有比,无相待故"(六祖语)也;"天地之用,皆我之用",即所谓"三界唯心,森罗万象,一法之所印"(马祖语,见《传灯录》)也;"万物皆备于我,反身而诚",即所谓"若自悟者,不假外求"(六祖语)也;"存习此心久,则可夺旧习",即所谓"真如法常薰习故,妄心则灭"(《起信论》)也。以彼证此,固有若合符节者矣。然得之于禅,而不作禅用,仍一一反之于孔孟之家法。故伊川作《明道行状》谓"出入于老、释者几十年,反求诸六经而后得之"。而先生亦自言:"吾学虽有所授受,天理二字(按天理即仁)却是自家体贴出来。"(见《语录》)然则谓先生非禅不可,谓先生是禅亦不可;谓先生不同孔孟不可,谓先生全同孔孟亦不可。本源无二,机用则殊,是在善学者自辨之。

二　定性书

明道之学,尤见其出于禅者,莫如《定性》一书。《定性书》者,所以答横渠张子之问者也。其略曰:"所谓定者,动亦定,静亦定。无将迎,无内外。苟以外物为外,牵己而从之,是以己性为有内外也。且以性随物于外,则当其在外时,何者为在内?是有意于绝外诱,而不知性之无内外也。既以内外为二本,则又乌可遽语定哉!夫天地之常,以其心普万物而无心;圣人之常,以其情顺万物而无情。故君子之学,莫若廓然而大公,物来而顺应。《易》曰:'贞吉悔亡。憧憧往来,朋从尔思。'(《易·咸卦》九四爻辞)苟规规于外诱之除,将见灭于东而生于西也。非惟日亦不足,顾其端无穷,不可得而除也。人之情各有所蔽,故不能适道。大率患在于自私而用智。自私则不能以有为为应迹,用智则不能以明觉为自然。今以恶外物之心,而求照无物之地,是反鉴而索照也。《易》曰:'艮其背,不获其身。行其庭,不见其人。'(《易·艮卦》象辞)孟子曰:'所恶于智者,为其凿也。'与其非外而是内,不若内外之两忘也。两忘,则澄然无事。无事则定,定则明,明则尚何应物之为累哉!圣人之喜,以物之当喜。圣人之怒,以物之当怒。是圣人之喜怒,不系于心而系于物也。是则圣人岂不应于物哉! 乌得以从外者为非,而更求在内者为是也? 今以自私用智之喜怒,而视圣人喜怒之正,为何如哉? 夫人之情,易发而难制者,惟怒为甚。第能于怒时遽忘其怒,而观理之是非,亦可以见外诱之不足恶,而于道亦思过半矣。"夫古以善恶言性者,有之矣。以动静言性者,无有也。孟子言"四十不动心",是心而非性也。引孔子言"操则存,舍则亡,出入无时,莫知其乡,惟心之谓",亦是心而非性也。谓心为性,混心性而一之,盖自佛书始矣。《楞严经》阿难问佛"心不在内,亦不在外",而佛所以告之者,或曰寂常心性,或曰性净明心,或曰圆妙明心、宝明妙性。故或者谓佛之言性,乃吾儒之心;其言心,乃吾儒之意。盖有见于此也。今明道论"动亦定,静亦定,无将迎,无内外",正是心而非性。而又多与《楞严》之旨合。然则叶水心(适)讥其攻斥老、佛至深,而答张氏论定性,乃尽用老、佛之学而不知者(见《习学记言》),又岂不然欤! 然明道论性,固有本之于儒者。曰:"生之谓性。性即气,气即性。"曰:"善固性也,然恶亦不可不谓之性。"曰:"论性不论气不备,论气不论性不明。二之则不是。"凡此所谓性,皆与孟、荀以来诸儒之谓性同。特既认善恶皆天理,不欲说人性有善而无恶。故曰:"人生而静以上不容说。才说性时,便已不是性。凡人说性,只是说继之者善。孟子言性善是也。"(并见《语录》)斯则终与禅语为近耳。明道一生学问主脑,尽在《识仁》、《定性》两篇。故兹特举而论之。至明刘蕺山指《定性》一书,为发明周子"主静立极"之说。其合于周子处,学者取两先生之文比观自明,不待赘焉。

第六章　伊川程子

伊川名颐，字正叔。明道先生弟也。幼有大志。年十四五，与兄受学于濂溪。十八，上书阙下，劝仁宗黜世俗之论，以王道为心。书中自况诸葛孔明。已，游太学。时胡安定主教事，以"颜子所好何学论"试学生。得先生文，大惊。延见，即处以学职。吕希哲，字原明，正献公公著子也。与先生邻斋，首以师礼事之。治平（英宗）、熙宁（神宗）间，大臣屡荐，皆不起。哲宗初，司马温公、吕正献公共疏上其行义，除秘书省郎，寻召为崇正殿说书。先生每进讲，所以开陈人主者甚切。方是时，文潞公彦博以太师平章军国重事，侍经筵，终日俨立不懈。而先生在帝前，容色庄严，亦不稍假借。或问曰："君之严，视潞公之恭，孰为得失？"先生曰："潞公四朝大臣，事幼主，礼不得不恭。吾以布衣职辅导，亦不敢不自重也。"先生既以天下为己任，议论褒贬无规避。又与翰林学士蜀人苏轼不合，一时归先生之门者，与苏氏门下更相攻讦。于是洛蜀党论起。出管勾西京国子监。已，去官。绍圣间，削籍窜涪州。徽宗立，移峡州。复其官。崇宁二年，言者复诋先生以邪说惑乱众听。有旨追毁出身文字，所在监司觉察所著书。先生乃避居龙门之南，时四方学者犹相从不舍。先生曰："尊所闻，行所知，可矣。不必及吾门也。"五年,复宣议郎。致仕。大观中卒,年七十五。全谢山谓先生与明道虽尝游濂溪之门,而其后所得,实不由于濂溪。并引吕原明(希哲)、吕居仁(本中,原明孙)之言为证(原明谓二程初从濂溪游,后青出于蓝。居仁谓二程始从茂叔,后更自光大)。然观《颜子所好何学论》称:"天地储精,得五行之秀者为人。其本也,贞而静。其未发也,五性具焉,曰仁义礼智信。形既生矣,外物触其形而动于中矣。其中动而七情出焉,曰喜怒哀惧爱恶欲。情既炽而益荡,其性凿矣。是故觉者约其情使合于中,正其心,养其性,故曰性其情。愚者则不知制之,纵其情而至于邪僻,牿其性而亡之,故曰情其性。"全本之《太极图说》,则先生所得于濂溪者,实非浅鲜。故朱子确然以濂溪为二程之所自出,且有濂溪以《太极图说》、《通书》付之二程之言,正不得谓无所见而漫然云尔也。顾伊川与明道,亦自有别。明道不废观释、老书,与学者言,亦往往举示佛语。而伊川则一而屏除,虽《庄》、《列》亦不看。是明道所主较为广阔,而伊川则执守甚严。故论气象,明道与濂溪为近,而所言不必依于濂溪。伊川气象,与濂溪不似,而言语则不能出濂溪之尺寸。朱子谓:"明道说话有说过处,伊川较子细,说较无过。"(《语类》)盖明道曾从释、老转身,故犹见有二氏之痕迹。至伊川则承濂溪、明道弥缝之后,更不渗漏,于儒倍亲切耳。明道早卒,故及门之士,多成就于伊川之手。然明道所造,伊川自不及也。明道不著书,而伊川著有《易传》四卷。又《春秋传》有序,而书未成。其平日讲说,门人合明道而录之,以为《语录》。嘉定中,赐谥正公。

一 主敬

周子《太极图说》言主静立人极。而明道教学者识仁,则曰"识得此理,以诚敬存之"。即以敬字易却静字。然曰:"性静者可以为学",是犹兼言静敬也。至伊川则曰:"敬则自虚静,不可把虚静唤做敬。"故平日教人,惟以敬为言。曰:"入道莫如敬。"曰:"君子之遇事,无巨细,一于敬而已。"曰:"圣人修己以敬,以安百姓,笃恭而天下平。唯上下一于恭敬,则天地自位,万物自育。"于是后儒多谓伊川改周子主静为主敬矣。然其所以为敬之诠释者,乃曰:"所谓敬者,主一之谓敬。所谓一者,无适之谓一。"且有"涵养吾一"之说。窃考周子于《太极图说》主静之下,注曰:"无欲故静。"而《通书》则曰:"圣可学乎?曰:可。曰:有要乎?曰:有。请问焉。曰:一为要。一者,无欲也。"夫无欲故静,而一者无欲,则主静即主一矣。伊川以主一释敬,则敬又即静矣。且伊川尝言:"养心莫善于寡欲。所欲不必沉溺,只有所向,便是欲。"向即适也。有向是欲,则无适者无欲矣。濂溪谓一者无欲,而伊川谓无适之谓一,不啻如出一口。然则伊川之主敬,正由濂溪主静而来,而仅变其名耳。盖静之一字,不易体会,不知者往往认作空,认作无,便不免堕入暗中。故周子当时,特以无欲二字注之者,意亦谓是特无欲而已,非真无也。然即此无欲二字,仍复体会不易,故后儒即有以"惟天生民有欲,何得言无欲"疑之者。惟伊川实验之于身心,而知无欲只是无适,深虑夫学者不能体会及此,或且为所疑误,是以毅然以"敬"易之。盖能得濂溪之意者,莫伊川若。吾谓伊川不能出濂溪之尺寸者,亦正以此也。然濂溪言静,所惧者求之太高;伊川言敬,所惧者又求之太卑。何也?事无巨细一于敬,则学者不免将敬字落在事上。若是,岂合内外之道乎?伊川知其然也,故言敬,必举敬以直内(本《易·文言》)为说。曰:"学者须是将敬以直内。涵养此意,直内为本。"又曰:"人心不能不交感万物,亦难为使之不思虑。若欲免此,惟是心有主。如何为主,敬而已矣。大凡人心不可二用。用于一事,则他事更不能入者,事为之主也。事为之主,尚无思虑纷扰之患。若主于敬,又焉有此患乎!"观此,是事为主,与主于敬,分明两事。事为主,常人皆有之；主于敬，则非知学者不能。故曰："入道莫如敬。"曰："敬而无失，便是喜怒哀乐未发之谓中。"然以为有心于敬，此敬终为入道之障，失中之根。故又有言曰："忘敬而后无不敬。"（以上并《语录》）夫至于忘敬而无不敬，则纯然濂溪主静境界。此而尚疑濂溪、伊川有不同者，真皮相之见也。

二　穷理

自明道拈出天理二字，伊川遂有"性即理也"之言。然合而言之，曰"性即是理"；分而言之，则曰"天之赋与谓之命，禀之在我谓之性，见于事业谓之理"，言理未有能与事离者也。是以取《戴记·大学》之格物致知，而有穷理之说。曰："格，犹穷也。物，犹理也。犹曰穷其理而已矣。穷其理，然后足以致知。不穷，则不能致也。"曰："穷理即是格物，格物即是致知。"宋儒得之于佛，而不同于佛氏之为者，实在于此。故曰："学佛者多要忘是非，是非安可忘得？自有许多道理，何事忘为？"曰："人恶多事。世事虽多，尽是人事。人事不教人做，更教谁做？"然所谓格物穷理者，又非泛观物理，专求之于外也。故曰："观物理以察己。"曰："致知在格物，非由外铄我也，我固有之也。"盖伊川一生把柄，全在有见于"理一分殊"四字。故言分殊，则曰："有物必有则，一物须有一理。"言理一，则曰："天地之间，只有一个感与应而已。更有甚事？"是故格物者，非忘事而守心，亦非遗内而逐外。故曰："今人欲致知，须要格物。物，不必事物然后谓之物也。自一身之中，至万物之理，但理会得多，自然豁然有觉处。"又曰："所务于穷理者，非道须尽穷了天地万物之理，又不道是穷得一理便到。只是要积累多后，自然见去。"此则与明时西士来中国，所言格致之学，又大不同者也。且伊川尝言："涵养须用敬，进学则在致知。"主敬穷理，二者并提。盖以

《易》言敬以直内,即继之以义以方外。内外夹持,攻无偏废。故问必有事焉(本《孟子》语),当用敬否?曰:"敬,只是涵养一事。必有事焉,须当集义。只知用敬,不知集义,却是都无事也。"问敬义何别?曰:"敬,只是持己之道。义,便是有是有非。顺理而行,是为义也。"于是分之则敬内而义外,合之又敬以包义,义以包敬。说益密矣。吾所以谓其承濂溪、明道之后,而于儒倍亲切者,此也。然伊川之说,亦有不同于明道者。明道言:"事有善恶皆天理。"伊川则以为理无不善,善恶者是气。故其言性曰:"气有善有不善,性则无不善也。"又曰:"性无不善。而有不善者,才也。性即是理,理则自尧舜至于涂人,一也。才禀于气,气有清浊,禀其清者为贤,禀其浊者为愚。"(以上并《语录》)此与明道"善固性也,恶亦不可不谓之性"者异矣。夫伊川之说,孟子之说也;明道之说,佛氏之说也(《大乘起信论》言一心三大,三者用大,能生出一切世间出世间善恶因果故。今本无恶字,盖后人不知者所删也)。明道敢言儒者之所不言,伊川必求合于孟子。伊川之密,亦伊川之所以不及明道也。

附论二程表章《大学》、《中庸》

自汉以来,儒者所尊,孔子之书而已。孝文为《孟子》置博士,而后旋罢。赵邠卿(岐)作《孟子注》,谓:"诸经通义,得引《孟子》以明事,谓之博文。"(见《孟子注序》)则其时《孟子》,亦只六艺之羽翼,未尝重之也。至唐韩愈,始言"求观圣人之道,必自孟子始"。而二程出,又特表章《礼记》中之《中庸》、《大学》二篇。朱子为《大学》、《中庸章》句,首引程子之言。曰:"《大学》者,孔氏之遗书,而初学入德之门也。于今可见古人为学次第者,独赖此篇之存。而《论》、《孟》次之。学者必由是而学焉,则庶乎其不差矣。"曰:"不偏之谓中,不易之谓庸。中者,天下之正道;庸者,天下之定理。此篇乃孔门传授心法。子思恐其久而差也,故笔之于书,以授孟子。其书始言一理,中散为万事,末复合为一理。放之则弥六合,卷之则退藏于密。其味无穷,皆实学也。善读者,玩索而有得焉,则终身用之,有不能尽者矣。"盖自是之后,儒者之说,莫不原本于此二书。而自元以迄有清,且以合之《论》、《孟》,号为四子书,与五经同著为校士之目矣。

窃尝考之,二程之表章《中庸》、《大学》,亦受佛教之影响。盖佛氏之说,不出心性,而精微博大,于儒书中求是足以相抗者,实惟有此二篇,故特表而出之,以见吾儒自有家宝,不必求之异学。此与魏晋老、庄盛时,相率而谈《易》,正同一例。皆以其理相近,连类而牵及也。且《中庸说》,见于《汉书·艺文志》者,不可考矣。若宋戴颙之《中庸传》、梁武帝之《中庸讲疏》,亦当佛教极盛,乃有斯作。今书虽不存,而观颙与梁武皆通于内典,其为糅合儒佛,固可想象得之。至若李习之作《复性书》,极阐《中庸》诚明之旨。习之亦有得于禅者。则《中庸》之著于世,要与佛教有关,尤历历足据也。《大学》一篇,自唐以前,无专道及之者。而前乎二程者,有温公之《大学广义》,见于陈振孙《书录解题》(又有《中庸广义》,皆一卷,今并不存),此与范魏公以《中庸》授横渠,并为《大学》、《中庸》不自洛学始重之证。然温公虽诋佛(其门人刘安世,即以温公诋佛为不免于卤莽),而语明道,谓:"近日有个著心处甚安。"明道曰:"何谓也?"曰:"只有一个中字。著心于中,甚觉安乐。"此即是禅家伎俩(见《程氏外书》)。以此言之,温公之《广义》,亦必感于佛说而发,但或不及二程之益加细密耳。顾二程既以《学》、《庸》为转佛入儒之梯,亦即持《学》、《庸》为护儒攻佛之剑。其前此借径于佛一段,遂隐隐为其瞒过。而《学》、《庸》二篇,沉埋于前,而忽发露于后,亦更无人推其所以然之故,是则可惜也。

又《中庸》作于子思,见于康成《礼记注》,当无可疑。而《大学》为何人作,前人未言之,故程子亦但以为孔氏之遗书。至朱子始分经、传,谓经为孔子之言,而曾子述之;传则曾子之意,而门人记之。不知何所见而云然。意者道统之见,孔子传之曾子,曾子传之子思,子思传之孟子。曾子无书(《大戴》有《曾子》十篇。《大戴》自汉以后不显,至清人始复校行),欲以此实之耳。然故以程子之说为正。而明道《大学》有改本,伊川又有改本,朱子因之,又为之改订。于是古本、改本之争(王阳明主古本,有《大学古本序》,见全集),遂为后日之一大案。乱经文以就己意,二程则不能不尸其过焉。

第七章　王荆公 附苏东坡、苏颍滨

当周、程、张、邵讲学之际，而有张皇王道，见于政事，欲致天下于太平，顾身被谤讟，至于后世而未已者，则王安石是。安石之学，略在《三经新义》(《周礼义》、《诗义》、《书义》)，当时所谓"王氏新学"者也。《诗》、《书》皆其子雱与门人辈承其意旨所纂述，惟《周礼》则亲出安石之手。世之集矢，多在此书。然吾观其《谏官论》，至周官师氏保氏为司徒之属而大夫之秩，则曰："尝闻周公为师，而召公为保矣。周官则未之学也。"而《复仇解》亦谓："周官凡复仇者书于士，杀之无罪，非周公之法。"（并见《文集》）是于《周礼》，亦非墨守者。盖安石平生为学，无所不涉。观其《答曾子固书》，称："自诸子百家之书，至于《难经》、《素问》、《本草》、诸小说无所不读。农夫女工，无所不问。然后于经为能知其大体而无疑。"其学之博，可以见也。而于当时道学之士，如横渠、明道，皆有往来。提点江东刑狱时，又得见濂溪，相与语连日夜。而集中有《赠胡先生诗》，所以推服安定者甚至，似又尝从安定游者。故其于性命之微，亦时有窥见。伊川教学者学《易》，云：且须看王弼、胡先生、荆公三家。则安石之《易》，伊川且深取之矣。吾尝考安石之学，盖视用犹重于体。其《大人论》曰："孔子曰：'显诸仁，藏诸用，鼓万物而不与圣人同忧,盛德大业至矣哉!'(本《易·系》)此言神之所为也。神之所为虽至,而无所见于天下。仁而后著,用而后功。圣人以此洗心退藏于密(亦《易·系》),及其仁济万物而不穷,用通万世而不倦也,则所谓圣矣。故神之所为,当在于盛德大业。德则所谓圣,业则所谓大也。世盖有自为之道而未尝知此者,以为德业之卑,不足以为道,道之至在于神耳。于是弃德业而不为。夫为君子者,弃德业而不为,则万物何以得其生乎?"言道而必著之于功业,此其所以异于诸贤者也。夫唯如是,故有熙、丰变法之事。而当时儒者且讥其流于申、韩,然《九变而赏罚可言》一文,本之庄周,合之《虞书》。其说之美,亦当时所未有。曰:"万物待是而后存者,天也。莫不由是而之焉者,道也。道之在我者,德也。以德爱者,仁也。爱而宜者,义也。仁有先后,义有上下,谓之分。后不擅先,下不侵上,谓之守。形者,物此者也。名者,命此者也。所谓物此者,何也?贵贱亲疏,所以表饰之,其物不同者,是也。所谓命此者,何也?贵贱亲疏,所以称号之,其命不同者,是也。物此者贵贱各有容矣,命此者亲疏各有号矣,因亲疏贵贱,任之以其所宜为,此之谓因任。因任之以其所宜为矣,放而不察乎,则又将大弛。必原其情,必省其事。此之谓原省。原省明,而后可以辨是非。是非明,而后可以施赏罚。故庄周曰:'先明天而道德次之,道德已明而仁义次之,仁义已明而分守次之,分守已明而形名次之,形名已明而因任次之,因任已明而原省次之,原省已明而是非次之,是非已明而赏罚次之。'是说虽微庄周,古之人孰不然?尧者,圣人之盛也。孔子称之曰:'惟天为大,惟尧则之。'此之谓明天。'聪明文思安安',此之谓明道德。'允恭克让',此之谓明仁义。次九族,列百姓,序万邦,此之谓明分守。修五体,同律度量衡,以一天下,此之谓明形名。弃后稷,契司徒,皋陶士,垂共工,此之谓明因任。三载考绩,五载一巡狩,此之谓明原省。命舜曰:'乃言底可绩'。谓禹曰:'万世永赖,时乃功,蠢兹有苗,昏迷不恭。'此之谓明是非。皋陶方祗厥叙,方施象刑,惟明。此之谓明赏罚。圣人不作,诸子者伺其间而出。于是言道德者,至于窈冥而不可考,以至世之有为者皆不足以为。言形名者,守物诵数,罢苦以至于老,而疑道德。彼皆忘其智力之不赡,魁然自以为圣人者,此矣。悲夫!庄周曰:'五变而形名可举,九变而赏罚可言,语道而非其序,安取道?'善乎其言之也。"(有节文)夫庄周者,自汉以来,学者所不取。晋人虽谈之,而寖失其旨。安石独以为周有意于天下之弊,而存圣人之道(《论议庄周上》,以上并见文集)。且由其说以上穷圣人之意,下推诸子之作。吾尝谓周之学出于孔子,而申、韩言形名,又得周之绪余。盖道固有相通者,即申、韩亦何尝尽悖于圣人?以今观之,若安石者,可谓先得我心者矣。抑明道谓:"有《关雎》、《麟趾》之意,然后可以行周官之法度。"(见《语录》)其意讥安石有末而无本。顾安石知形名分守之次于仁义道德,则岂不知本末之务者乎?至于新法之行,天下胥怨,坐于用非其人者半,坐于势重难返者亦半,固不得以为安石之学咎。

安石言性,亦有可得而述者。其《原性》曰:"夫太极者,五行之所由生,而五行非太极也。性者,五常之太极也,而五常不可以谓之性。韩子以仁义礼智信五者谓之性,而曰:'天下之性,恶焉而已矣。'五者之谓性,而恶焉者,岂五者之谓哉!孟子言人之性善,荀子言人之性恶。夫太极生五行,然后利害生焉,而太极不可以利害言也。性生乎情,有情然后善恶形焉,而性不可以善恶言也。此吾所以异于二子。扬子之言为似矣,犹未出乎以习而言性也。古者有不谓喜怒爱恶欲情者乎?喜怒爱恶欲而善,然后从而命之,曰仁也,义也。喜怒爱恶欲而不善,然后从而命之,曰不仁也,不义也。故曰有情然后善恶形焉。然则善恶者,情之成名而已矣。"(有节文)又《辨性情》曰:"性情,一也。世有论者曰:性善情恶。是徒知性情之名,而不知性情之实也。喜怒哀乐好恶欲,未发于外而存于心,性也。喜怒哀乐好恶欲,发于外而见于行,情也。性者,情之本。情者,性之用。故吾曰:性情,一也。彼曰性善无他,是尝读孟子之书,而未尝求孟子意耳。彼曰情恶无他,是有见于天下之以此七者而入于恶,而不知七者之出于性耳。故此七者,人生而有之,接于物而后动焉。动而当于理,则圣也,贤也。不当于理,则小人也。彼徒有见于情之发于外者,为外物之所累,而遂入于恶。因曰情恶也,害性者情也。是曾不察于情之发于外,而为外物之所感,而遂入于善者乎。盖君子养性之善,故情亦善。小人养性之恶,故情亦恶。故君子之所以为君子,莫非情也。小人之所以为小人,莫非情也。彼论之失者,以其求性于君子,求情于小人耳。自其所谓情者,莫非喜怒哀乐好恶欲也。舜之圣也,象喜亦喜。使舜当喜而不喜,则岂足以为舜乎？文王之圣也,王赫斯怒。当怒而不怒,则岂足以为文王乎？举此二者而明之,则其余可知矣。如其废情,则性虽善,何以自明哉！"夫既曰性不可以善恶言,而又曰养性之善,故情亦善,养性之恶,故情亦恶,亦几于矛盾矣。且《原性》非扬子之言,以为犹未出乎以习而言性,而辩性情,则称扬子曰：人之性善恶混,是知性之可以为恶。忽而是之,忽而非之。安石辨是与非无所苟（中述有是言）,宁当若此？意者所作非一时,始之所谓是,而后之所谓非耶？然安石于古人最推扬雄,其《答吴孝宗(孝宗,字子经)书》谓秦汉以来儒者,唯扬雄为知言。而《答龚深之(原)书》则谓扬雄者,自孟轲以来,未有及之。故尝以与孟子并论。以为其道未尝不同,而其说非有异（《扬孟》）。则其有取于善恶混之说,似又不容疑。要之其言喜怒哀乐,未发而存于心,性也；发而见于行,情也。又君子之所以为君子,小人之所以为小人,莫非情也。情不必入于恶而不入于善。其说皆不可易。至谓性无善恶,颇疑其得之于佛。而《原性》既推本于太极五行,及作《洪范传》又盛道五行之用,以精神魂魄意合水火木金土,谓："天一生水。其于物为精。精者,一之所生也。地二生火。其于物为神。神者,有精而后从之者也。天三生木。其于物为魂。魂,从神者也。地四生金。其于物为魄。魄者,有魂而后从之者也。天五生土。其于物为意。精神魂魄具，而后有意。"(以上并见文集)是又道家之常谈。然则安石之学，融汇道佛，亦与周、程诸儒相似。所不及者，存养未至耳。神宗问安石之学于明道，明道对曰："安石博学多闻则有之，守约则未也。"(见《遗书》)安石之不能守约，安石之短也。若博学多闻，则固不可诬矣。安石字介甫，抚州临川人。仁宗时，擢进士上第，累官至知制诰，以母忧去官。英宗屡诏不起。及神宗立，用韩维荐，为翰林学士，兼侍讲。逾年，遂由参知政事，拜同中书门下平章事。兴青苗、保甲诸法。熙宁七年，罢知江宁府。八年，复相。屡谢病求去。以镇南军节度使同平章事判江宁府。封舒国公。元丰三年，复拜左仆射，改封荆。哲宗元祐元年卒。所著有《临川集》一百卷，《周礼新义》等十余种，又百余卷。

荆公以性为无善恶，吾疑其出于佛。同时苏轼亦耽佛者，故其说极似之。轼集有《扬雄论》，曰："夫善恶者，性之所能之，而非性之所能有也。且夫言性者，安以其善恶为哉！虽然，扬雄之论，则固已近之。曰：'人之性善恶混。修其善则为善人，修其恶则为恶人。'此其所以为异者，唯其不知性之不能有夫善恶，而以为善恶之皆出乎性也而已。"然其作《易传》则曰："古之君子，患性之难见也，故以可见者言性。以可见者言性，皆性之似也。君子日修其善，以消其不善。不善者日消，有不可得而消者焉。小人日修其不善，以消其善。善者日消，有不可得而消者焉。夫不可得而消者，尧舜不能加焉，桀纣不能逃焉。是则性之所在也。"夫不善日消，而有不可得而消者，则孟子所谓"仁义礼智，我固有之"也。善日消，而有不可得而消者，则孟子所谓"平旦之气，其好恶与人相近也者几希"也。是又孟子性善之旨。而又曰："昔于孟子以为性善，以为至矣。读《易》而后知其未至也。孟子之于性，盖见其继者而已矣(《易·系辞》"继之者善也，成之者性也")。夫善，性之效也。孟子未及见性，而见其性之效，因以所见者为性。犹火之能熟物也，吾未见火，而指天下之熟物以为火。夫熟物，则火之效也。"数易其说，而前后转成龃龉。宜乎朱子作《杂学辩》，谓其未尝见性，未尝知性也(见《大全集》)。轼字子瞻,眉州眉山人。新法之争,以团练副使黄州安置。筑室东坡居之,故自号东坡居士。父洵,字明允。弟辙,字子由,致仕后,筑室于许,号颍滨遗老。父子皆博学能文章。当时号为蜀学。然荆公新学,近于申、韩。苏氏蜀学,近于纵横。申、韩虽刻核,犹可效用于世。若纵横,则无实矣。且子瞻又不如子由。子瞻论性,窃佛之说。而《扬雄论》反讥韩退之流入老、佛而不自知。子由作《老子解》以佛解老,而不自讳。曰:"孔子以仁义礼乐治天下,老子绝而弃之,或者以为不同。《易》曰:'形而上者谓之道,形而下者谓之器。'孔子之虑后世也深,故示人以器而晦其道,使中人以下,守其器,不为道之所眩,以不失为君子。而中人以上,自是以上达也。老子则不然,志于明道而急于开人心,故示人以道而薄于器。以为学者惟器之知,则道隐矣。故绝仁义,弃礼乐,以明道。夫道不可言。可言者,皆其似者也。达者因似以识真,而昧者执似以陷于伪。故后世执老子之说以乱天下者,有之。而学孔子者无大过。因老子之言以达道者不少,而求之于孔子者,尝苦其无所从。二圣人者,皆不得已也。全于此,必略于彼矣。六祖所云不思善,不思恶,即喜怒哀乐之未发也。中者,佛性之异名。而和者,六度万行之总目也。天下固无二道,而所以治人则异。君臣父子之间,非礼法则乱。知礼法而不知道,则世之俗儒,不足贵也。居山林,木食涧饮,而心存至道,虽为人天师可也,而以之治世,则乱。古之圣人,中心行道,而不毁世法,则可耳。"夫其谓孔子示人以器,而不欲示人以道,则非矣。然以为孔、老无二道,与荆公言庄周有意天下之弊而存圣人之道,要皆能知道术之原于一者。且言"所以治人,非礼法则乱",以及"圣人中心行道,不毁世法,则可"云云。宋儒之出入老、佛,取其长而不欲受其弊,盖莫非此意,而顾不肯明白以道之。惟子由于此无所隐,岂不远愈于蒙头盖面,拘拘于门户之见者哉!而朱子《异学辩》,乃斥以为无忌惮。吾谓朱子得之于子瞻,而失之于子由。

第八章　朱子 李延平附见

集汉儒经学之大成者，康成。集宋儒道学之大成者，朱子也。朱子名熹，字元晦，一字仲晦，世徽州婺源人。父韦斋先生松，为豫章罗氏(从彦，字仲素)门人。豫章，因杨龟山以游于伊川之门者也。韦斋先生历官司勋吏部郎，忤秦桧去官。以旧尝为闽尤溪县尉，遂居尤溪。朱子生焉。故世称朱子为闽学者，以此。朱子生十四年，而韦斋先生殁。当病亟，嘱朱子曰："籍溪胡原仲(宪)、白水刘致中(勉之)、屏山刘彦冲(子翚。三人皆崇安人)，三人吾友也。学有渊源，吾所敬畏。吾死，汝往师之，而惟其言之听，吾死不恨矣。"故朱子始从三先生学。籍溪为武夷先生安国(字康侯)从父兄子，少学于安国。安国尝从杨龟山、谢上蔡(良佐，字显道)、游鹰山(酢，字定夫)游。杨、谢、游，当时与吕蓝田(大临，字与叔)并称为程门四先生者也。而白水亦师龟山，又受温公门人刘元城(安世)之学。屏山学不知所出，然大抵亦私淑二程者。朱子既禀学于三先生，遂有志于圣贤之业。年十九，登进士第，授泉州同安主簿。延平李先生侗(字愿中)者，与韦斋先生为同门友，而学养深粹。豫章教人观喜怒哀乐未发时气象，惟先生得其传。朱子归自同安，乃不远数百里，徒步往从之。后因辑其语为《延平答问》。尝曰:"李先生教人,大抵令于静中体认大本未发时气象分明。即处事应物,自然中节。此乃龟山门下,相传指诀。"盖平生学力,得之于延平者为尤多。孝宗即位,应诏上封事,陈帝王格物致知之学,并言和议之非,除武学博士。淳熙五年,除知南康军。访庐山白鹿洞书院遗址,奏复其旧。为立规程,俾学者守之,今所传《白鹿洞学规》是也。十五年,以提点江西刑狱入对。孝宗欲处以清要,除兵部郎官,以足疾丐祠。而兵部侍郎林栗旧尝与朱子论《易》、《西铭》不合,至是遂劾之,谓:"窃张载、程颐绪余,谓之道学。所至携门人数十人,妄希孔、孟历聘之风,邀索高价,不肯供职。伪不可掩。"云云。太常博士叶适疏与栗辩,帝为黜栗。然于朱子,亦卒不能用也。光宗立,知漳州。朱子尝病经界不正,不可以为治。会朝廷有行汀、漳、泉三州经界之议,乃具访事宜,及方量之法,上之。而豪右以侵渔贫弱为利,不便其行。宰相留正,泉人也,其里党又多因以阻挠者。于是有旨需后,先行漳州经界。而明年,朱子以子丧请祠。漳州经界,竟亦报罢。改知潭州。光宗内禅,以赵忠定汝愚荐,除焕章阁待制侍讲。时韩侂胄居中用事,因上疏斥言左右窃柄之失。侂胄中之,遂罢侍讲,奉祠。盖朱子登第五十年,仕于外者凡五任九考,而经筵才四十日耳。侂胄势既张,金人迎其意,竟以伪学为毁。而监察御史沈继祖,至列十罪以劾。寻诏落职罢祠。门人蔡元定亦送道州编管。方是时,及门之士或窜伏丘壑,或更名他师。甚者变易衣冠,狎游市肆,以自别其非党。而朱子与从者讲学不辍。有以书谏者,答曰:"放流窜殛,久置度外。若仰人鼻息为舒惨,则方寸之间长戚戚矣。"久之,有旨守朝奉大夫,致仕。年七十一卒。尝谓:"道统之传,散在方册。圣经之旨不明,而道统之传始晦。"故讲说之余,尤殚精于经训。所著书,于《易》则有《本义》,有《启蒙》;《诗》则有《集传》;《大学》、《中庸》有《章句》、《或问》;《论语》、《孟子》有《集注》。《书》传有旨,属门人蔡沈;《礼》属门人黄榦。而《太极图》、《通书》、《西铭》各有解。又有《楚辞集注辨证》、《韩文考异》、《参同契考异》。其所编次则有《近思录》、《小学》、《名臣言行录》、《伊洛渊源录》、《通鉴纲目》,皆行于世。而《学》、《庸》、《论》、《孟》四书,尤一生精力所萃,尝更定至数四。没前一日,犹改《大学·诚意章》,曰:"此人鬼关也。"故历元明及清数百年,学者守其说不敢悖。盖有由然,非幸致也。所为诗文,子在类,次之为《大全集》一百卷。又平日所语,门人辑为《语类》一百四十卷。嘉定初,赐谥曰文。居崇安时,尝榜听事曰紫阳书堂。又尝创草堂于建阳之云谷,榜曰晦庵,自号晦翁。而晚年卜筑于建阳考亭。故学者或称紫阳、晦庵、考亭云。

一 理气

理气之说,发于伊川,而完于朱子。朱子曰:"天地之间,有理有气。理也者,形而上之道也,生物之本也。气也者,形而下之器也,生物之具也。是以人物之生,必禀此理,然后有性。必禀此气,然后有形。"(《答黄道夫》,道夫名樵仲,朱子之友)其区别理、气甚明。然理与气,未尝相离,故曰:"有是理便有是气。"(《语类》)又曰:"理未尝离乎气。"(同上)虽不相离,而自是二物,故又曰:"所谓理与气,但在物上看,则二物浑沦,不可分开,各在一处。然不害二物之各为一物也。若在理上看,则虽未有物,而已有物之理。"(《答刘叔文》)夫既为二物,即不能无疑于孰先孰后,而朱子则谓理先于气。曰:"未有天地之先,毕竟也只是理。有此理,便有此天地。若无此理,便亦无天地。无人无物,都无该载了。"又曰:"且如万一山河大地都陷了,毕竟理却只在这里。"(以上皆《语类》)盖虽理、气并言,而仍以理为本。此宋儒相承之命脉。或谓程、朱纯主理气二元论者(谢无量《哲学史》有此说),未为真知程、朱者也。虽然,以理为本,是矣。而以用言,则又在气而不在理。故曰:"气能凝结造作。理却无情意,无计度,无造作。且如天地间人物草木禽兽,其生也,莫不有种,定不会无种子白地生出一个物事,这个都是气。若理,则只是个净洁空阔底世界,无形迹,却不会造作。"由是以推天地之始,则曰:"天地初间,只是阴阳之气。这一个气运行,磨来磨去,磨得急了,便拶许多渣滓。里面无处出,便结成个地在中央。气之清者便为天,为日月,为星辰,只在外常周环运动。地便只在中央不动,不是在下。"由是以推人物之始,则曰:"昼夜运而无止,便是阴阳之两端。其四边散出纷扰者,便是游气。以生人物之万殊,如面磨相似。其四边只管层层散出,如天地之气,运动无已,只管层层生出人物。其中有精有细,如人物有偏有正。"(以上皆《语类》)是皆根气以为言者也。而有气斯有质有形。故又曰:"阴阳是气,五行是质。有这质,所以做得物事出来。五行虽是质,他又有五行之气,做这物事方得。然却是阴阳二气,截做这五个,不是阴阳外别有五行。"又曰:"生物之时,阴阳之精自凝结成两个,盖是气化而生,如虱子自然爆出来。既有此两个,一牝一牡,后来却从种子渐渐生去,便是以形化。万物皆然。"(以上《语类》)原朱子之意,盖以理当太极,以气当阴阳,以形质当五行。而五行一阴阳也,阴阳一太极也。言气言质,而理即未尝不在其中。故曰:"太极非是别为一物。即阴阳而在阴阳,即五行而在五行,即万物而在万物。只是一个理而已。"曰:"太极只是天地万物之理。在天地言,则天地中有太极。在万物言,则万物中各有太极。"不独是也,天地中之太极,即万物中各有之太极,又非有二也。故曰:"人人有一太极,物物有一太极。合而言之,万物统体一太极也。分而言之,一物各具一太极。"(《朱子学的》,明丘濬编)而又为之譬曰:"本只是一太极。而万物各有禀受,又各自全具一太极尔。如月在天,只一而已。及散在江湖,则随处而见,不可谓月分也。"曰:"如一海水,或取得一杓,或取得一担,或取得一碗,都是这海水。"(《语类》)盖至是而周子之太极无极,程子之理一分殊,俱阐发无复余蕴。而《华严》理事无碍之旨,亦尽融为儒说,不复能明其所自来矣。《大学补传》曰:"众物之表里精粗无不到,吾心之全体大用无不明。"吾反覆朱子理气之说,而叹其庶几于斯言也。

二 天命之性气质之性

朱子言性,一本其理气之说。曰:"天地间只是一个道理,性便是理。人之所以有善有不善,只缘气质之禀,各有清浊。"(《语类》)故以天命之性与气质之性分言。与横渠、伊川,盖无有异。黄道夫问气质之说始于何人?曰:"此起于张、程。某以为极有功于圣门,有补于后学。读之使人深有感于张、程。前此未曾有人说到此。"(《语类》)观此,知其于横渠、伊川,服膺深矣。然吾以为朱子言性之精,亦有张、程之所不到。曰:"论天地之性,则专指理言。论气质之性,则以理与气杂而言之。未有此气,已有此性。气有不存,而性却常在。虽其方在气中,然气自是气,性自是性,亦不相夹杂。至论其遍体于物,无处不在,则又不论气之精粗,莫不有是理。"(《语类》)夫横渠尝有言矣,曰:"形而后有气质之性。善反之,则天地之性存焉。故气质之性,君子有弗性者焉。"而朱子亦尝称之矣。然以气质之性反之而天地之性存,不如以气质之性为理与气杂,即于气质之中,而见理之未尝不在,之尤为分明也。何也?孟子谓"性也有命焉",命固即在性中也(此命即天命之性,性即气质之性)。又伊川尝有言矣,曰:"孟子言性善,是极本穷原之性。孔子言性相近,是气质之性。"而朱子亦尝称之矣。然以气质之性说性相近,不如以理与气杂说性相近之尤为确当也。何也?孔子言性相近,即不得偏指气质也。且朱子一面言气自是气,性自是性,不相夹杂;而一面即言不论气之精粗,莫不有是理。虽立差别,而不碍圆融,圆融之中,而差别自在。是岂非辨之益精,而言之益晰者耶!然又不独是也。孟子之言性,人无不知其为性善也。曰:"孟子是剔出而言性之本。"曰:"孟子恐人谓性元来不相似,遂于气质内挑出天之所命者,说与人道,性无有不善。即子思所谓天命之谓性也。"荀子之言性,人无不知为性恶。扬子之言性,人无不知其为善恶混。韩子之言性,人无不知其为性有三品也。曰:"荀、扬、韩诸人虽是论性,其实只说得气。"曰:"荀子只见得不好底,扬子又见得半上半下的,韩子所言却是说得稍近。盖荀、扬说既不是,韩子看来,端的见有如此不同,故有三品之说。然惜其言之不尽,少得一个气字耳。"(皆《语类》)于古来论性诸家,悉皆穷其说之所由,于是由不同以求其同,而性之所以为性自见。故曰:"诸儒论性不同,非是于善恶上不明,乃性字安顿不着。"又曰:"圣人只是识得性。百家纷纷,只是不识性字。"(《语类》)盖真知者之言也。且性明矣,由是进论性命之别,曰:"自天所赋与万物言之,谓之命。以人物所禀受于天言之,谓之性。"(《学的》)论性情之别,曰:"性者,心之所具之理。情者,性之感于物而动者也。"(《性理大全》)论心性之别,曰:"心是知觉,性是理。"曰:"可动处是心,动底是性。"(《语类》)论性理之别,曰:"在心唤做性,在事唤做理。"(同上)论性生之别,曰:"性者,人之所得于天之理也。生者,人之所得于天之气也。"(《学的》)又合而论天命性理,曰:"天则就其自然者言之,命则就其流行而赋于物者言之,性则就其全体而万物所得以为生者言之,理则就其事事物物各有其则者言之。"合而论性情心,曰:"虚灵不昧,便是心。此理具足于中,无少欠缺,便是性。感物而动,便是情。"曰:"性以理言,情乃发用处,心则管摄性情者也。"合而论性情心意志气,曰:"性者,即天理也。万物禀而受之,无一理之不具。心者,一身之主宰。意者,心之所发。情者,心之所动。志者,心之所之。气者,即吾之血气,而充乎体者也。"(以上皆《语类》)自汉以来,学者所愈辩愈纷,而茫如堕于云雾之中者,至是乃无不涣然以解,豁然以明。是其所遗于后学者,岂曰小补之哉!而清人之谈汉学者,乃故于朱子寻瘢索垢不止,亦可谓失其是非之心者也。

三　居敬穷理

朱子为学功夫，双提居敬、穷理，犹是伊川之矩矱。然阐明两者相发之处，又较伊川更为详尽。曰："学者工夫，唯在居敬、穷理二事。此二事互相发。能穷理，则居敬工夫日益进；能居敬，则穷理工夫日益密。譬如人之两足，左足行则右足止，右足行则左足止。又如一物悬室中，右抑则左昂，左抑则右昂。其实只是一事。"曰："涵养中自有穷理工夫，穷其所养之理；穷理中自有涵养工夫，养其所穷之理。两项都不相离，才见成两处便不得。"（程子曰：涵养须用敬。故言涵养与言居敬同）此合而言之者也。曰："一心具万理，能存心，而后可以穷理。"（存心即敬）曰："人为学，须是要知个是处千定万定。知得这个彻底是，那个彻底不是，方是见得彻见得是。则这心里方有所主（程子曰：穷理即是格物，格物即是致知。故言知与言穷理同）。此分而言之者也。而又曰："人须做工夫，方有碍。初做工夫时，欲做此一事，又碍彼一事，便没理会处。只如居敬、穷理两事便相碍。居敬是个收敛执持底道理，穷理是个推寻究竟底道理。只此二者便是相妨。若是熟时，则自不相碍矣。"正言之不足，又反言以明之，可不谓详且尽乎！虽然，朱子居敬、穷理双提，固矣。而两者之中，则尤以穷理为重。曰："万事皆在穷理后。经不正，理不明，看如何地持守，也只是空。"又曰："而今人只管说治心修身。若不见这个理，心是如何地治，身是如何地修？若如此说，资质好底，便养得成只是个无能底人；资质不好，便都执缚不住了。"（以上《语类》）此盖朱子所持以别于佛氏之把柄。观其《与项平父（安世）书》称"学未讲，理未明，亦有错认人欲作天理处，圣贤之教无此法"云云，可见也。然穷理又兼两意，曰："大凡义理积得多后，贯通了自然见效。不是今日理会得一件，便要做一件用。譬如富人积财,积得多了,自无不如意。"此以多积为穷者也。曰:"义理尽无穷。前人恁地说,亦未必尽。须是自把来横看竖看,尽入深,尽有在。"此以深入为穷者也。而其归则又反之于自己之身心,曰:"理不是在面前别为一物,即在吾心。人须是体察得此物诚实在我方可。譬如修养家所谓铅汞龙虎,皆是我身内之物,非在外也。"为说如此,岂更有分毫渗漏乎?又伊川言涵养须用敬,进学则在致知。学者尝以不言克己为疑。朱子则曰:"致知、敬、克己,此三事以一家譬之,敬是守门户之人,克己则是拒盗,致知却是去推察自家与外来底事。伊川不言克己,盖敬胜百邪(此亦伊川之言),便自有克。如诚则便不消言闲邪之意。犹善守门户,则与拒盗便是一等事,不消更言别有拒盗底。若以涵养对克己言之,则各作一事亦可。涵养则譬如将息,克己则譬如服药去病。盖将息不到,然后服药。将息则自无病,何消服药?能纯于敬,则自无邪僻,何用克己?若有邪僻,只是敬心不纯,只可责敬。故敬则无己可克,乃敬之效。若初学则须是工夫都到,无所不用其极。"(以上皆《语类》)是言居敬,即凡修养之事无不包。犹言穷理,即凡学问之事无不包。学者苟推朱子之说以求之,而于濂洛关中之学犹有未达者,吾不信也。此吾所以推朱子为能集道学之大成也。

第九章　张南轩 胡五峰附见

朱子讲学之友得力者,有吕东莱、陆象山、张南轩。而于南轩尤所深服。盖其跋履议论,尤相近也。南轩名栻,字敬夫,广汉人,迁于衡阳。父浚,故丞相魏国公,谥忠献。孝宗初立,方倚忠献以收兴复之效。先生以少年辟忠献军府机宜文字,内赞密谋,外参庶务,虽幕下诸贤,皆自以为不及也。忠献没,历知抚州、严州。召为吏部郎,兼侍讲。所陈皆修身务学、畏天恤民、抑侥幸、屏谗谀之事,以故不为近习所喜,退而家居。孝宗念之,诏除旧职。知静江府,经略安抚广南西路。改知江陵府,安抚本路。将有公辅之望,而竟以病卒,年才四十八。嘉泰(宁宗)中,赐谥曰宣。著有《文集》、《论语孟子解》等。

南轩学于胡五峰宏。五峰,武夷之季子,而尝从龟山侯师圣(名仲良,亦二程门人)游,以传河洛之学者也。所著《知言》,朱子尝与南轩、东莱商其疑义(朱子有《知言疑义》),以今观之,如曰:"天理人欲同体而异用,同行而异情。"曰:"凡天命所有,而众人有之者,圣人皆有之。人以情为有累也,圣人不去情。人以才为有害也,圣人不病才。人以欲为不善也,圣人不绝欲。人以术为伤德也,圣人不弃术。人以忧为非达也,圣人不忘忧。人以怨为非宏也,圣人不释怨。然则何必别于众人乎？圣人发而中节，而众人不中节也。中节者为是，不中节者谓非。挟是而行，则为正。挟非而行，则为邪。正者为善，邪者为恶。而世儒乃以善恶言性，邈乎远哉！"其意不认性有善恶，皆极似释氏之说。而南轩初见五峰，五峰辞以疾，南轩见孙正孺（名蒙正，亦五峰门人）告之。孙道五峰之言曰："渠家好佛，宏对他说甚。"（盖因忠献习禅，故云然）阴窃佛说，而又阳斥之。此宋人大率类然，无足异也。然南轩之说，则较之五峰为近于儒。问："吾心纯乎天理，则身在六经中。饥而食，渴而饮，天理也。昼而作，夜而息，天理也。自是而上，秋毫加焉，即为人欲矣。人欲萌，而六经违矣。"曰："此意虽好，然饥食渴饮，异教中亦有拈出此意者。而其与吾儒异者，何哉？此又不可不深察也。孟子即常拈出爱亲敬长之端，最为亲切。于此体认，便不差也。"又问："程子云：'视听思虑动作，皆天也。但其中要识真与妄耳。'伯逢（名大原，五峰之从子，与朱子、南轩皆有辩论，不以《知言疑义》为然）疑云：'既是天，安得妄？'某以为此六者人生皆备，故知均禀于天。但顺其理则是真，违其理则是妄，即人为之私耳。如此言之，知不谬否？"曰："有物必有则，此天也。若非天则，则是人为乱之，妄而已矣。只如释氏扬眉瞬目，自以为运用之妙，而不知其为妄而非真也。此毫厘之间，正要辨别得。如伯逢，病正在此耳。"（以上皆见《南轩答问》）以饥食渴饮、扬眉瞬目为异学，而必取爱亲敬长、有物有则以为言，则与天理人欲同体同行云云，亦有异矣。盖南轩之学，一主居敬穷理，而急于义利之辨，实由五峰而上接伊川。全谢山谓南轩似明道，晦翁似伊川（见《宋元学案》）。吾则谓似伊川者南轩，而似明道者五峰也。虽然，南轩亦有得于五峰者。五峰好言心，曰："尧、舜、禹、汤、文王、仲尼六君子，先后相诏，必曰心而不曰性。何也？曰：心也者，知天地宰万物以成性者也。六君子，尽心者也。故能立天下之大本。"是以言心无不在，言心无生死，言心无穷（皆见《知言》）。而南轩亦曰："心本无出入，言心体本如此。谓有出入者，不识心者也。"（《答问》）盖自范淳夫（祖禹）之女,读出入无时,语人曰:"孟子不识心,心岂有出入。"而伊川闻之曰:"此女虽不识孟子,却能识心。"(《程氏外书》)遂成程门一段公案。亦如禅门祖祖相传之心印,无有师授,不能得之者矣。相传南轩既见五峰,五峰不与言,仅令思忠清未得为仁之理,往返数四,而后有告。夫此,岂非禅下教人参悟之大机乎?

南轩与朱子皆言居敬穷理,而朱子重穷理,南轩重居敬。此朱子、南轩之不同也。南轩曰:"格物有道,其惟敬乎!"曰:"诚能起居食息主一而不舍,则其德性之知,必有卓然不可掩于体察之际者。"(《答问》)意盖以居敬贯穷理,所谓有体不患无用者也。故言存养省察,则曰:"存养省察,固当并进。然存养是本觉。向来工夫不进,盖存养处不深厚,故省察少力。"(《与吕伯恭书》)言读书,则曰:"读书欲自博而趋约,此固前人规模,其序固当尔。但旁观博取之时,须常存趋约之意,庶不至溺心。"(《答问》)又曰:"理义固须玩索。然求之过当,反害于心。涵泳栽培,日以深厚,则玩索处自然有力。"(《与吕子约》。子约,东莱之弟,名祖俭)处处主由体起用。东莱《与陈同甫书》谓:"张荆州使不死,合整顿点检处尚多。"其不足于南轩者以此。而晦翁称:"敬夫见识,卓然不可及。"其叹服之者,亦以此也。向使得永其年,其所造必不在晦翁下。惜哉,惜哉!

第十章　吕东莱 附陈龙川

吕祖谦，字伯恭。其先河东人，后徙寿春。曾祖东莱郡侯好问（希哲子），始徙婺州。吕氏自希哲师事伊川后，而好问之子本中（字居仁）又从游定夫、杨龟山、尹和靖（焞，亦伊川门人）游，故世传程门之学。伯恭于本中为从孙，而学于林拙斋（之奇）、汪玉山（应辰）。拙斋、玉山，皆出本中门下，又师胡籍溪，故与晦庵为同门。当时讲学者，惟晦翁与陆象山多不合。伯恭介朱、陆之间，颇多调停。然吕氏虽传洛学，而原明所师，如定安、泰山、盱江（李觏）、荆公甚众，其作《家传》即有"不主一门不私一说"之语，而居仁亦曰："学问做得主张，则诸子百家长处，皆为吾用。"（见《童蒙训》）故吕氏家教，又在多识前言往行以畜其德（本《易·大畜·象》辞）。今观伯恭《与邢邦用（名世材，伯恭门人）书》，谓："讲贯诵绎，为百代为学通法。学者缘此支离泛滥，自是人病，非是法病。见此而欲尽废之，正是因噎废食。"则其本之家学者，盖可见。晦翁尝讥伯恭："只向杂博处用功，却于要约处不曾子细研究。"不知中原文献之传，乃伯恭之所以异于朱、陆两家者也。且南渡以后，学者剽正心诚意为浮谈，而视治国平天下为末务。虽攘斥二氏，其不切世用，亦与二氏何别矣。伯恭《周礼说》曰："教国子以三德三行（师氏之教)立其根本,固是纲举目张。然又须教以国政,使之通达治体。古之公卿,皆自幼时便教之,以为异日之用。今日之子弟,即他日之公卿。故国政之是者,则教之以为法。或失,则教之以为戒。又教之以如何拯救,如何措画,使之洞晓国家之本末原委。然后他日用之,皆良公卿也。自科举之说兴,学者视国事,如秦越人之视肥瘠,漠然不知,至有不识前辈姓名者。一旦委以天下之事,都是杜撰,岂知古人所以教国子之意!然又须知,上之人所以教子弟,虽将以为他日之用;而子弟之学,则非以希用也。盖生天地间,岂可不知天地间事乎!"此岂独当时救弊之言,亦儒者明体达用之学,道所应尔。不然,孔门问政之言,其多与问仁等,岂骛外之谓乎?伯恭登隆兴(孝宗)元年进士第,又中博学宏辞科。历官至著作郎,主管明道宫。卒年四十五,谥曰成。所著有《春秋左氏传说》、《左氏博议》、《吕氏家塾读书记》等,又尝与朱子同辑《近思录》。少时性极褊,后因病中读《论语》,至"躬自厚而薄责于人",有省,遂终身无暴怒。其《与朱子书》亦规以"争较是非,不如敛藏持养",即其学养可知也。

与婺学相近者,有永嘉、永康之学,然永康非永嘉比也。永康之学,曰陈同甫。同甫,名亮,学者称龙川先生。为人才气超迈,喜谈兵。后以豪侠屡遭大狱,益励志读书。所学甚博,大抵主于致用。故自孟子以下,惟推王通。其《与朱子书》有义利双行、王霸并用之语。又曰:"谓之圣人者,于人中为圣。谓之大人者,于人中为大。才立个儒者名字,固有该不尽之处矣。学者,所以学为人也,而岂必其儒哉!"又曰:"亮尝以为得不传之绝学者,皆耳目不洪、见闻不惯之辞也。人只是这个人,气只是这个气,才只是这个才。譬之金银铜铁,炼有多少,则器有精粗。岂其于本质之外,换出一般,以为绝世之美器哉!"其言亦足以破儒者门户褊隘之见。然伯恭有云:"静多于动,践履多于发用,涵养多于讲说,读经多于读史。工夫如此,然后能可久可大。"(《与叶正则书》。"可久则贤人之德,可大则贤人之业",见《易·系》)若同甫,则只有发用讲说,可谓无体之学矣。全谢山以为"永康专言事功,而无所承。其学更粗莽"(《宋元学案·序录》)。夫其粗莽,岂非无所承之故哉!

第十一章　薛艮斋 附陈止斋

永嘉之士，出于程门者甚众。而称永嘉之学，则自薛季宣始。季宣，字士龙，号艮斋。获事袁道洁溉。道洁，汝阴人，伊川门人也。而自六经百氏，下至博弈小数，方术兵书，无所不通。士龙得其传，故于学极淹博。所著书多佚。今存者，犹有《浪语集》。其《与沈应先（名有开，学于艮斋，又尝从南轩、东莱）书》谓："道揆法守，浑为一途。未明道揆通于法守之务，要终为无用。"大抵主经制以求事功，故当时与永康并目为功利之学。然观其所为《克斋记》与《耳目箴》，皆以颜子"克己复礼"为言。而《答陈同甫书》亦曰："曾子曰且三省其身，吾曹安可辄废检察。不识不知，顺帝之则者，古人事业，学不至此，恐至道之不凝。"是其自修之密，非龙川所可同日语也。艮斋起从荆南帅辟书写机宜文字，历官至知湖州，所兴举皆一持之要政。而《宋史》本传谓其于古封建井田乡遂司马法之制，靡不研究讲画，皆可行于时。吾又以惜其不尽用也。卒年四十。

自康节传《图》、《书》之学，而朱子作《易本义》，遂以列于《易》前。艮斋《河图洛书辨》则以为："河出龙马负图，洛出龟书，无所考征。就龙龟之说，成无验之文，圣人之道隐，巫史之说行。"而为之说曰："夫

《易》之有卦,所以县(同悬)法也。画卦之法,原于象数。则象数者,《易》之根株也。《河图》之数,四十有五,乾元用九之教也。《洛书》之数,五十有五,大衍五十之数也。究其始终之数,则九实尸之。故地有九州,天有九野。《传》称河洛皆九曲,岂取数于是乎?《春秋命历序》(《春秋纬》):'《河图》帝王之阶,图载江河山川州界之分野。'谶纬之说,虽无足深信,其有近正,不可弃也。信斯言也,则《河图》、《洛书》乃《山海经》之类,在夏为《禹贡》,周为职方式所掌。今诸路《闰年图经》、汉司空《舆地图》、《地理志》之比也。其曰河、洛之所自出,川师上之之名也。或曰:是则然矣,《图》与《书》奚辨?曰:《图》、《书》者,详略之云也。河之原远,中国不得而包之,可得而闻者,其形之曲直,原委之趋向也。洛原在九州之内,经从之地,与其所丽名物,人得而详之。史阙其所不知,古道然也。是故以书言洛,河则第写于图,理当然耳。昔者周天子之立也,《河图》与《大训》并列(见《书·顾命》)。时九鼎亦宝于周室,皆务以辨物象而施地政,所谓据九鼎按图籍者也。仲尼作于周末,病礼乐之废坏,职方之职不举,所为发叹凤图者,非有他也。龟龙之说,果何稽乎?第观垂象之文,可以自见。"此其所持,亦出臆测。然艮斋之学,不循虚言而求课实,即此可以见也。艮斋尝问其师道洁义理之辨,道洁曰:"学者当自求之。他人之言,善非吾有。"(《浪语集·袁先生传后》语)若此,所谓自求之者,非欤?

艮斋之门有陈君举傅良,瑞安人。以乾道八年登进士第,仕至宝谟阁待制。学者称止斋先生。其始从艮斋者,盖七八年。茅茨一间,聚书千余卷,日考古咨今于其中。而于《周官》、《左史》尤有得。其调停晦翁、同甫之争,《与同甫书》有云:"功到成处,便是有德。事到济处,便是有理。此老兄之说也。如此,则三代圣贤枉作工夫。功有适成,何必有德;事有偶济,何必有理。此朱丈之说也。如此,则汉祖唐宗,贤于盗贼不远。窃所未安。"(有节文)可谓两平之论。吾观其所拟策问,历称孟子、荀卿、扬雄、王通。而曰:"韩愈曰:孟氏之死,不得其传焉。自是举世同声和之。顾岂无人哉！抑孟氏之名已尊，而人不敢异议也。"此与程、朱诸儒言治言人必三代以上者，固不侔矣。然叶水心为止斋志墓，称其以克己兢畏为主。而止斋《与郑景望（名伯熊，永嘉人，私淑伊洛之学者，止斋亦尝师之）书》，亦有"见性之诲，敢不从事"之语。则亦非同甫才高气粗，而不欲致力于性命之际者。当时永嘉诸子，惟止斋最称醇恪，岂不以此欤？有《止斋集》五十二卷。

第十二章　陆　象　山

陆九渊，字子静，号存斋，抚州金溪人。父贺，有六子：九思、九叙、九皋、九韶、九龄，其季则子静也。九韶，字子美。九龄，字子寿。当时与子静称为三陆，弟兄自为师友。而黄东发以为陆氏之学出于谢上蔡，至全谢山则又以兼出于王信伯。信伯名蘋，在伊川之门为后进，而杨龟山最可许之，以为师门后来成就者，惟信伯也。信伯《震泽记善录》曰："人心本无思虑，多是记忆既往与未来事。乃知事未尝累心，心自累于事耳。"又曰："圣人之道，无本末，无精粗，彻上彻下，只是一理。"子静之说，大抵与之合，则谢山言为可信。然子静最不喜伊川，幼时闻人诵伊川语，即曰："伊川之言，奚为与孔子、孟子不类？"盖宋儒之学，自张、程之后，本有两种。一从师传入，一从自悟入。从自悟入者，未尝不参之已往诸老先生之教，而究其所自主张者多。故在当时，如张横浦（九成，龟山门人）、林艾轩（光朝，学于陆子正。子正，尹和靖门人）皆与子静相近，而不能谓其出于上蔡、信伯。子静尝言："不可随人脚跟，学人言语。"则要以得之自悟为是，不必定有所师承也。乾道八年，登进士第，为吕东莱所识。自敕令所删定官罢归，讲学象山，自号象山翁。学徒之盛，按籍至数千人。光宗即位，除知荆门军。荆门于当时为次边,严保伍,筑城郭,而民以无边忧。荐举其属,不限流品。曰:"古者无流品之令,而贤不肖之辨严。后世有流品之分,而贤不肖之辨略。"当时称荆门之政,令行俗变,以为躬行之效,而不知亦其设施有以致之也。年五十四,卒于官,谥文安。尝有劝其著书者,曰:"六经注我,我注六经。"又曰:"学苟知道,六经皆我注脚。"故今所传,文集、语录而已。

一 立大

《象山语录》云:"近有议吾除'先立乎其大者'一句无伎俩。吾闻之曰:诚然。"是知"立大"二字,为子静教人之宗旨。犹濂溪之言主静,明道之言识仁也。窃孟子曰:"从其大体为大人,从其小体为小人。"曰:"耳目之官,不思而蔽于物。物交物,则引之而已矣。心之官则思。思则得之,不思则不得也。此天之所与我者。先立乎其大者,则其小者不能夺也。此为大人而已矣。"子静之说,盖取诸此,故不必明标立大也。其曰:"上是天,下是地,人居其间。须是做得人方不枉。"曰:"今人略有些气焰者,多只是附物,原非自立。若某则不识一字,亦须还我堂堂地做个人。"曰:"此是大丈夫事。么么小家相者,不足以承当。"即本"从其大体为大人"而言,立大也。曰:"女耳自聪,目自明,事父自能孝,事兄自能弟。本无欠阙,不必他求,在自立而已。"曰:"收拾精神自作主宰,万物皆备于我,有何欠阙!当恻隐时自然恻隐,当羞恶时自然羞恶,当宽裕温柔时自然宽裕温柔,当发强刚毅时自然发强刚毅。"即本"天之所与我"而言,亦立大也。要之象山为学教人,其把柄只是一心。见得此心本自具足,无待外求。故伊川谓"性即理也",而象山则从而易之曰"心即理"。见得此心本自充满,无有不至。故横渠谓:"天地之塞吾其体,天地之率吾其性。"而象山则从而易之曰:"宇宙便是吾心,吾心便是宇宙。"其言:"《论语》中多有无头柄的说话。如'知及之,仁不能守之'之类。不知所及、所守者何事?非学有本领,未易读。苟学有本领,则知之所及者,及此也。仁之所守者,守此也。时习者,习此。说者,说此。乐者,乐此。"此,此心也。其言:"格物者,格此者也。伏羲仰象俯法,亦先于此尽力焉耳。不然,所谓格物,末而已矣。"此,亦此心也。盖自佛书混心性为一,宋儒出于佛氏,遂多心性不分。而至象山则直单提心字,抛却性字不说(《象山集》中言性之处极少,如曰:见到孟子性善处,方是见得尽。实亦禅宗明心见性一类说话,非孟子之所谓性也)。故后人目宋儒之学为心学。实则宋儒门庭各具,未可一概而论。而若象山者,则真可谓心学也已。且孟子言"心之官则思,思则得之,不思则不得",详其语义,重在思而非重在心。故其言"诚者天之道",亦曰"思诚者人之道";言"爱身不若桐梓",亦曰"弗思甚也"。今象山言心而不言思,则虽取之孟子,而非孟子之本旨矣。然则朱子之斥象山为禅,亦有由也。然而象山固自与禅异。此不必他看,但看"心即理也"一语可见。盖言心则禅,言理则儒。吾尝谓宋人取禅之伎俩,而为儒用。谓其非禅不可,而谓其即禅亦不可。象山固亦如是耳。且象山虽以直指本心为教,而亦未尝不告人博稽之载籍。故尝言:"束书不观,游谈无根。"不过以为心地不明,读书不得。故曰:"学者须是打叠田地净洁。田地不净洁,若读书,则是假寇兵资盗粮。"(有节文,以上皆《语录》)是明心之后,自有儒者一番致用功夫。观其荆门之政,以及为删定官时,访知勇士与议恢复大略,岂如禅家一以出世为了事者哉!

二　辨志

象山于及门之士,最称傅子渊(梦泉,建昌人)。子渊归家,陈正己

（刚，后亦师象山，又师同甫、东莱）问之曰："陆先生教人何先？"对曰："辨志。"正己复问曰："何辨？"对曰："义利之辨。"而晦翁知南康（淳熙八年），象山来访，晦翁与俱至白鹿书院，请得一言以警学者。象山为讲"君子喻于义，小人喻于利"一章。亦曰："学者于此当辨其志。人之所喻，由其所习。所习由其所志。志乎义，则所习者必在于义。所习在义，斯喻于义矣。志乎利，则所习者必在于利。所习在利，斯喻于利矣。"（《白鹿洞讲义》）然则辨志之教，固与立大并重。然象山又云："才自警策，便与天地相似。"是志立，即大立。曰："人不辨个小大轻重，无鉴识。些小事便引得动心。"（以上《语录》）是大不立，即志不立。立大辨志，其事仍是一贯。故象山尝云："吾只有此一路。"此所以为简易之学也。且当时如晦翁、东莱、止斋，皆与象山相往复，而皆不甚合。而吾观南轩曰："学者潜心孔孟，必求其门而入，以为莫先于明义利之辨。盖圣贤无所为而然也。有所为而然者，皆人欲之私，而非天理之所存。此义利之分也。"其致辨于义利之间，独与象山如出一口。又南轩言："持养是本，省察所以成其持养之功。"而象山亦有"存养是主人，检敛是奴仆"之语。则南轩、象山，皆有得于禅，故宜其相似也。然南轩区别天理人欲甚严，而象山则谓："天理人欲之言，亦自不是至论。若天是理，人是欲，则是天人不同矣。《书》云：'人心惟危，道心惟微。'解者多指人心为人欲，道心为天理。此说非是。心一也，人安有二心？自人而言，则曰惟危；自道而言，则曰惟微。罔念作狂，克念作圣，非危乎？无声无臭，无形无体，非微乎？"（《语录》）此又同于五峰"天理人欲，同体异用，同行异情"之论。由此可见其持论之高远平实，即视其得于禅者或多或少而定。南轩得于禅者少，故其言独平实。五峰、象山得于禅者多，故其言亦高远。若执是以量宋儒之说，盖无有或失之者矣。

附论朱陆异同

朱陆异同，盖宋以来学术一大争端也。象山先晦翁而卒（象山少朱子九岁,卒时朱子年六十三)。两家门人,各尊其师,遂相攻讦。陆门以朱为支离,朱门以陆为狂肆。逮于有明,程篁墩(敏政)作《道一编》,以为朱、陆早异而晚同。阳明因之,而有"朱子晚年定论"之说,取晦翁所与人书三十余篇,序而行之(见《阳明全集》),曰:"朱子晚岁,固已大悟旧学之非,痛悔极艾。至以为自诳诳人之罪,不可胜赎。"(朱子《答何叔京书》中语。叔京名镐,晦翁友也)于是群以朱、陆为异者,亦渐以朱、陆为同矣。然嘉靖中陈清澜(建)著《学蔀通辨》一书,斥篁墩、阳明为蔀障。据其所考,阳明指为晚年定论者,正晦翁早年出入禅学,与象山未会而同之作。其指证朱、陆早同而晚异,乃与阳明适成一反。清道光中,夏弢甫(炘)作《述朱质疑》,考证较陈氏尤密。虽有象山践履笃实之论,不如陈氏之一味排陆,然以朱子为正学,而以陆子为禅,则亦与陈氏同。盖至是而朱、陆之不能相合,已如定案,不可易矣。

窃朱、陆意见之歧,始于鹅湖(信州鹅湖寺)之会。先是,朱、陆未尝相见,由吕伯恭邀之而来。象山与兄复斋俱(复斋,子寿也)。论及教人,晦翁意欲令人泛观博览,而后归之约。二陆则欲先发明人之本心,而后使之博览。当时赋诗,象山有"易简工夫终久大,支离事业竟浮沉"之句。《象山语录》云:"举诗至此,晦翁为之失色。"语似太过。然此诗迟至三年,晦翁始从而和之,则其时之不无芥蒂,殆实情也。此一事也。其后梭山(梭山,子美也)《与晦翁书》论《太极图说》,谓不当加"无极"二字于"太极"之前。而晦翁覆谓:"不言无极,则太极同于一物,而不足为万化根本。不言太极,则无极沦于空寂,而不能为万化根本。"往还两书之后,梭山以为求胜不求益,置不复辨。象山乃代为辨之。然象山既讥晦翁为文辞缴绕,气象褊迫;而晦翁亦责象山于忽遽急迫之中,肆支蔓躁率之词,以逞其忿怼不平之气。反覆辨难,相持益苦矣。此又一事也。他若象山《荆公祠堂记》,晦翁《曹立之墓表》(立之名建先,师象山兄弟,后从晦翁于南康),亦皆两家冰炭之由。盖子静所说,是尊德性事;晦翁之谈,则道问学为多。此则晦翁自言之(《答项平父书》。平父名安世,晦翁之友),象山自认之(《语录》)。其持论之异,即其所从入之途异也。而晦翁既以为:"义理天下之公。人之所见,有未能尽同者,当相与熟讲以归于是。"(《答诸葛诚之书》。诚之名千能,象山门人。原书即为《曹立之墓表》事,欲以解两家之争者)象山亦谓:"道一而已,不可不明于天下后世。"(对梭山之言,即为《太极图说》事也)于是朱必强陆从朱,陆必强朱从陆。陈君举劝晦翁,以为:"相与诘难,竟无深益。"(《与晦翁书》,见《止斋集》)而晦翁不从。包显道(名扬,象山门人)劝象山,以为:"势既如此,莫若各自著书,以待天下后世之自择。"(见《象山语录》)而象山亦不从也。夫万物并育而不相害,道并行而不相悖,圣人之教也。只此一事实,余二即非真(见《楞严经》),佛氏之指也。两家皆自命为圣人之徒,而其强人从己,必欲道之出于一,乃深中佛氏之蔽。不亦可怪乎?且即以佛论,亦有"归源性无二,方便有多门"之言矣(亦见《楞严》)。《中庸》言"诚则明,明则诚"。诚则明,先尊德性而后道问学也;明则诚,先道问学而后尊德性也。然则两先生之异,何伤于两先生之同乎?两先生惟必不欲人之异于我,而必以我之同以律人,于是门户不得不分,而是非不得不起,是则两先生皆不能无过者也。而后之人尊朱者必言其异,至抑陆不得列于孔孟之门;袒陆者又强使之同,且牵朱以上释迦之筏。异端之见不除,相胜之心不化,吾并未见其有当也。

第十三章　叶水心　附唐说斋

叶适，字正则，号水心，永嘉人。其学视艮斋、止斋为晚出，而稍益恣肆。当乾淳诸老既没，学术之会，总为朱、陆二派，而水心斯斯其间，遂称鼎足。盖亦一时之巨子矣。擢淳熙五年进士。历官至知建康府，兼沿江制置使。适当开禧（宁宗）败盟，江淮震动。规画防守，金人不得逞而去。而为言者所中，谓其附韩侂胄以起兵端，遂夺职奉祠。凡十三年而卒。年七十四。谥忠定。所著有《水心文集》、《水心别集》、《习学记言》等。

艮斋不信《图》、《书》虚诞之说，而作《俨若思斋记》，犹称太极（见《浪语集》）。至水心，则并太极而斥之。曰："孔子《彖辞》，无所谓太极者。不知《传》何以称之？（《易》有太极，见《系辞》。而水心不认《系辞》为孔子作，谓十翼惟《彖》、《象》可信，故云然）自老聃为虚无之祖，然犹不敢放言，曰'无名天地之始，有名万物之母'而已。庄、列始妄名字，不胜其多。故有太始、太素，茫昧广远之说。传《易》者将以本原圣人，扶立世教，而亦为太极以骇异后学。后学鼓而从之，失其会归，而道日以离矣。"又不独是也。曰："《周官》言道则兼艺，贵自国子弟，贱及民庶，皆教之。其言儒以道得民（见《冢宰》），至德以为道本（见《大司徒》),最为要切。而未尝言其所以为道者。虽《书》尧舜时亦已言道,及孔子言道尤著明,然终不的言明道是何物。岂古人所谓道者,上下皆通知之,但患所行不至邪？老聃本周史官,而其书尽遗万事而特言道。凡其形貌朕兆,眇忽微妙,无不悉具。予疑非聃所著,或隐者之辞也。而《易传》及子思、孟子,亦争言道,皆定为某物。故后世之于道,始有异说。而又益以庄、列、西方之学,愈乖离矣。"于是举周、张、二程所谓无极太极,动静男女,太和参两,絪缊感通之说,皆以为窃之老、佛。而谓:"以此与浮屠、老子辩,犹以病为药,而与寇盗设郛郭,助之扞御。"(以上皆《习学记言》)并由是上罪及于子思、孟子,目为新说奇论。称:"《中庸》高者极高,深者极深,非上世所传。"(《总述讲学大旨》)盖濂溪以来所号为得不传之绝学者,几一举而颠覆之。亦宋人所未有也。然其谓:"天地阴阳之密理,最患于以空言窥测。"(《习学记言》)亦自有其所见。故解《洪范》九畴,以为即《禹谟》六府三事之九功。曰:"六府即五行,三事则庶政群事也。戒之董之,福极之分也(参看《古文尚书·大禹谟》)。九功九畴,名异而实同也。禹言略,箕言详。天之所锡,非有甚异不可知。盖劝武王修禹旧法。乃学者以为秘传,迷妄臆测,相与串(同贯)习。以吾一身视听言貌之正否,而验之于外物,则雨炀寒燠皆为之应。任人之责,而当天之心。出治之效,无大于此。今必一一配合,牵引已事往证,分别附著,而使《洪范》经世之成法,降为灾异阴阳之书。可为痛哭！"(《习学记言》)此与艮斋《河图洛书辨》同一立言必求有据,正永嘉之学之长,不如永康专晓晓以事功为言也。虽然,水心亦有言矣。曰:"力学莫如求师,无师莫如师心。人必知其所当行。不知,而师告之。师不吾告,则反求于心。心不能告,非其心也。得其所当行,决而不疑,故谓之果行。人必知其所自有。不知,而师告之。师不吾告,则反求于心。心其能告,非其心也。信其所自有,养而不丧,故谓之育德。"《送戴许蔡仍王汶序》,有节文,三人皆叶氏门人)以师心为教,则犹是周、程心学之矩矱。虽有"师误可改,心误不可为"之言(《习学记言》),吾未见其所谓心,果异于周、程之云云也。然则其诋周、程何哉!(水心又言古之圣贤无独指心者,孟子始有尽心知性,心官贱耳目之说,盖辩士索隐之流多论心,而孟、荀为甚。水心之论,多自抵触,盖如此)

水心敢言人之所不言,而其论即亦有不可刊者。如曰:"儒者争言古税法必出于十一。夫以司徒教养其民,起居饮食,待官而具,吉凶生死,无不与偕。则取之虽或不止于十一,固非为过也。后世刍狗百姓,不教不养,贫富忧乐,茫然不知。直因其自有而遂取之,则就能止于十一,而已不胜其过矣。况合天下以奉一君。地大税广,上无前代封建之烦,下无近世养兵之众,则虽二十而一,可也。三十而一,可也。岂得以孟子貉道之言为断耶!"(有节文)又曰:"许行言贤者与民并耕而食,饔飧而治。虽非中道,比于刻薄之政,不有间乎?孟子力陈尧、舜、禹、稷所以经营天下,至谓其南蛮鴂舌之人,非先王之道。使见老子至治之俗,民各甘其食,美其服,邻国相望,鸡狗之音相闻,民至老死而不相往来之语,又当何如?"(有节文)又曰:"四民未有不以世。至于烝进髦士,则古人盖曰无类。虽工商,不敢绝也。"又曰:"《书》懋迁有无化居,周讥而不征,春秋通商惠工,皆以国家之力,扶持商贾,流通货币。汉高帝始行困辱商人之策。至武帝始有算船告缗之令。极于平准,取天下百货自居之。夫四民交致其用,而后治化兴。抑末厚本,非正论也。果出于厚本而抑末,虽偏,尚有义。若夺之以自利,何名为抑?"(以上皆《习学记言》)夫后世儒者,多知有君而不知有民,知有士而不知有工商。故昌黎《原道》曰:"民者,出粟米麻丝,作器皿,通货财,以事其上者也。民不出粟米麻丝,作器皿,通货财以事其上,则诛。"而《师说》至谓:"百工之人,君子不齿。"今水心言然,岂非有过人之识者哉!抑水心又曰:"孔子所述,皆四代之旧。至孟子时,欲行于当世,与孔子已稍异。不惟孟子,虽孔子复出,亦不得同。然则治后世之天下,而求无失于古人之意,盖必有说,非区区陈迹所能干也。"(《习学记

268

言》)向使水心得竟其施,意必有制作可为继世法者。而惜乎其竟以谗废也。

当永嘉诸君子讲学时,最与同调者,有唐仲友。而与诸君子不相往来,则可异也。仲友,字与政,号说斋。金华人。知台州时,晦翁为浙东提刑,以事劾之。遂奉祠。说斋素伉直,既遭摧挫,遂不出。益肆力于学。其言曰:"三代治法,悉载于经,灼可见诸行事。后世以空言视之,所以治不如古。"又曰:"阴阳之说胜,则礼经废。形相之说胜,则心术丧。禄命之说胜,则人事息。失之己,求之天,君子不由也。"(《愚书》)吾尝谓永嘉之学,有似于荀子。说斋作《性论》,虽以荀子之言性恶为非,然《荀卿论》则称:"孟子书七篇,荀卿书二十二篇。观其立言指事,根极理要。专以明王道、黜霸功、辟异端、息邪说,二书盖相表里。"意必有取于荀子者(后虽言荀卿不过霸者之佐,然仍是从性恶善伪上指摘,当分别观之)。盖言礼制,言人事,自不得不与荀子为近。说斋如是,即永嘉诸子可知也。说斋著有《愚书》、《九经发题》、《文集》等,而尤著者,曰《帝王经世图谱》。取诸经旁通午贯之,以见先王制作之意。冀可推之后世,见之施行。周益公(必大)尝称之曰:"此备六经之指趣,为百世之轨范者也。"而《宋史》以其忤于朱子,至不为立传。则甚矣其陋也。

第十四章　蔡西山　蔡九峰 附蔡节斋

《宋史·道学传》于朱子门人，收黄直卿榦、李敬子燔、张元德洽、陈安卿淳、李公晦方子、黄商伯灏六人。而蔡元定不与，列于《儒林》。然蔡氏实传康节之学，故罗大经《鹤林玉露》谓："濂溪、明道、伊川、横渠讲道盛矣。因数明理，复有一邵康节传焉。晦翁、南轩、东莱、象山讲道盛矣。因数明理，复有一蔡西山出焉。"则蔡氏之学，不可不著也。元定，字季通。建之建阳人。父发，博览群书，号牧堂老人。幼时以程氏《语录》、邵氏《经世》、张氏《正蒙》授之，曰："此孔孟正脉也。"既长，闻朱子名，往师之。朱子叩其学，曰："此吾老友也，不当在弟子列。"与对榻讲论，每至夜分。尝曰："造化微妙，惟深于理者能识之。吾与季通言而不厌也。"太常少卿尤袤、秘书少监杨万里联疏荐于朝。以疾辞。筑室西山，将为终焉之计。会伪学禁起，编管道州。不辞家而就道，杖履同其子沈，行三千里。脚为流血，而无几微见于言面。竟卒于贬所。嘉定中，赐谥文节。学者称西山先生。元定于书无所不读，而尤长于天文、地理、乐律、历数、兵阵之说。所著有《大衍详说》、《律吕新书》、《皇极经世太玄潜虚指要》、《洪范解》、《八阵图说》等。《洪范》之数，学者不传，元定独心得之，以传其季子沈。沈，字仲默。因作《洪范皇极》而序之曰:"天地之所以肇者,数也。人物之所以生者,数也。万事之所以失得者,数也。数之体,著于形。数之用,妙乎理。非穷神知化,独立物表者,曷足以与此哉!先君子曰:《洛书》者,数之原也。余读《洪范》而有感焉。上稽天文,下察地理,中参人物古今之变。穷义理之精微,究兴亡之征兆。微显阐幽,彝伦攸叙。真有天地万物各得其所之妙。岁月侵寻,粗述所见。辞虽未备,而义则著矣。"盖自康节传《图》、《书》之蕴,以为《易》出于《河图》,《洪范》出于《洛书》,至沈遂专依《洛书》而言《洪范》。虽当时如薛艮斋、叶水心等皆不信《图》、《书》。水心解《洪范》九畴,谓即《禹谟》之九功,非有甚异。而蔡氏固以为孤传之绝学也。然观其《皇极内篇》曰:"有理斯有气,气著而理隐。有气斯有形,形著而气隐。人知形之数,而不知气之数。人知气之数,而不知理之数。知理之数,则几矣。动静可求其端,阴阳可求其始。天地可求其初,万物可求其纪。鬼神知其所幽,礼乐知其所著。生知所来,死知所往。《易》曰:穷神知化,德之盛也。"又曰:"数始冥冥,妙于无形。非体非用,非静非动。动实其机,用因以随。动极而静,清浊体正。天施地生,品汇咸亨。各正性命,以大以定。斯数之令,既明且圣。是曰圣人。"又曰:"物有其则,数者,尽天下之物则也。事有其理,数者,尽天下之事理也。得乎数,则物之则、事之理,无不在焉。不明乎数,不明乎善也。不诚乎数,不诚乎身也。故静则察乎数之常,而天下之故无不通;动则达乎数之变,而天下之几无不获。"其盛言数之用无不周如此。此亦必有其所见,非仅凭汗漫之词,以腾口说而已也。且子云《太玄》,温公《潜虚》皆自以为不世之作,亦岂大言欺人者?盖以数言理,古来自有此一家之学。其谓得之《河图》、《洛书》,犹农家言神农,医家言黄帝,皆托古以起义,是则未可信耳。沈之《皇极内篇》数以九相重,合八十一数。与温公《潜虚》合生数成数为五十五体,略相似。然序谓:"《洞极》用《书》(《洞极真经》,北魏关朗著,朗字子明,又有《易传》,文中子亟称之),《潜虚》用《图》,牵合傅会。自然之数,益晦蚀焉。"元定为《潜虚》作《指要》,而沈乃贬之,不可解矣。又晦翁与元定屡谈《参同契》,有疑辄叩之。其《致元定书》且有"连日读《参同契》颇有趣,知千周万遍非虚言"之语。而沈《皇极内篇》亦曰:"老彭得之以养身,君子得之以养民。"曰:"善养生者,以气而理形,以理而理气。理顺则气和,气和则形和,形和则天地万物无不和矣。不善养生者反是。理昏于气,气梏于形。耳目口鼻徇,而私欲胜;好恶哀乐淫,而天理亡。"于养生之旨言之不已。是知蔡氏皆深有得于道家,宜其能传康节之学也。沈三十即屏去举业。元定没,徒步护柩以归。隐居九峰,故学者称九峰先生。

沈弟兄三人,皆随其父游于晦翁之门。而长兄渊,字伯静,号节斋(次兄沆,字复之,号复斋),尤长于《易》,著有《易训解》、《卦爻辞旨论》、《六十四卦大义》、《易象意言》等。其《易象意言》谓:"伏羲八卦,是造化生物之理。文王八卦,是造化运行之理。"又谓:"伏羲八卦,对待者也。体静而生,则吉凶悔吝由乎我,故曰先天。文王八卦,流行者也。体动而成,则吉凶悔吝奉乎天,故曰后天。"皆足以发明康节之说。又曰:"《易》有太极,是生两仪,两仪生四象,四象生八卦。观夫子立此数语,则知所以生者,不皆在未生两仪之太极。故先师谓一每生二。一者,太极也。太极生两仪,则太极便在两仪中。故曰两仪生四象。及生四象,则太极便在四象中。故曰四象生八卦。及生八卦,则太极便在八卦中。以是推之,则太极随生而立。若无与于未生两仪之太极也。但人之为学,苟惟守夫物中之太极,则或囿于形而不得其正。必须识得未生两仪太极之本,则虽在两仪、在四象、在八卦以至在人心,皆不失其本然之妙矣。此夫子明卦象之所由,所以必原《易》有太极之本。而子思之所谓大本者,亦正在乎此。学者不可不识也。"其述朱子之言,以为"《易》之太极,即《中庸》之大本"。于以知朱子所得于延平观喜怒哀乐未发气象者,实濂溪《太极图说》一脉之传。而康节《先天图》与濂溪《太极图》名虽有二,其理则一,亦可由是推而知之。然则渊之有功于师门,亦不在沈下。

第十五章　杨　慈　湖

　　陆门之有杨慈湖，犹朱门之有蔡西山也。西山幼传家学，而后问业于朱。慈湖亦夙承庭训，而后印证于陆。故或谓慈湖出于象山，而坏象山之教者，亦自慈湖始。则慈湖之于象山，亦稍有异矣。慈湖名简，字敬仲，浙之慈溪人。父通奉公庭显，尝令默自反观。慈湖服膺不懈。二十八岁，居太学循理斋。秋夜晏座于床，忽觉天地万物，通为一体。乾道五年，举进士。授富阳簿。适象山新第归，过之。象山长慈湖才二岁，素相呼以字，为交友。留半月，将别去。夜集双明阁上，慈湖问："如何是本心？"象山曰："恻隐，仁之端也；羞恶，义之端也，云云。此即是本心。"慈湖不会。凡数问，而象山终不易。适平旦，有鬻扇者讼于庭，慈湖断其曲直讫，退问如初。象山扬声答曰："适来断扇讼，是者知其为是，非者知其为非。非敬仲本心而何？"慈湖闻之大省。即归，拱坐达旦。质明，北面纳弟子礼，师事焉。每谓："感陆先生，尤是不再答一语。若更云云，便支离去矣。"仕至军器监，将作监，兼国史院编修官，实录院检讨官。时金境大饥，来归者以数千万计。边吏列弓弩临淮水射之使退。简蹙然曰："得土地易，得人心难。"即日上奏痛言之。会有疾，乃请去。家食者十四载。筑室德润湖上，更名慈湖。遐方僻峤,妇人孺子,亦知有所谓慈湖先生也。理宗即位,诏入见。屡辞。以宝谟阁学士致仕,卒。年八十有六。谥文元。

慈湖之学,具见所著《己易》一篇。曰:"易者,己也,非有他也。以易为书,不以易为己,不可也。以易为天地之变化,不以易为己之变化,不可也。自生民以来,未有能识吾之全者。惟睹夫苍苍而清明而在上,始能言者名之曰天。又睹夫隤然而博厚而在下,又名之曰地。清明者吾之清明,博厚者吾之博厚,而人不自知也。人不自知,而相与指名曰:彼天也,彼地也。如不自知其为我之手足,而曰彼手彼足也;如不自知其为己之耳目鼻口,而曰彼耳目也、彼鼻口也。不以天地万物万化万理为己,而惟执耳目鼻口四肢为己,是剖吾之全体,而裂取分寸之肤也。是梏于血气,而自私也,自小也。非吾之躯止于六尺七尺而已也。姑即七尺而细究之,目能视,所以能视者何物?耳能听,所以能听者何物?口能噬,所以能噬者何物?鼻能嗅,所以能嗅者何物?手能运用屈信,所以能运用屈信者何物?足能步趋,所以能步趋者何物?血气能周流,所以能周流者何物?心能思虑,所以能思虑者何物?目可见也,其视不可见。耳可见也,其听不可见。口可见,噬者不可见。鼻可见,嗅者不可见。手足可见,其运动步趋者不可见。血气可见,其使之周流者不可见。心之脏可见,其能思虑者不可见。其可见者,有大有小,有彼有此,有纵有横,有高有下,不可得而一。其不可见者,不大不小,不彼不此,不纵不横,不高不下,不可得而二。视与听若不一,其不可见则一。视听与噬嗅若不一,其不可见则一。运用步趋周流思虑若不一,其不可见则一。是不可见者,在视非视,在听非听,在噬非噬,在嗅非嗅,在运用屈信非运用屈信,在步趋非步趋,在周流非周流,在思虑非思虑。视如此,听如此,噬如此,嗅如此,运用如此,步趋如此,周流如此,思虑如此,不思虑亦如此。昼如此,夜如此,寤如此,寐如此,生如此,死如此,天如此,地如此,日月如此,四时如此,鬼神如此,行如此,止如此,古如此,今如此,前如此,后如此,彼如此,此如此，万如此，一如此，圣人如此，众人如此。自有，而不自察也。终身由之，而不知其道也。为圣者不加，为愚者不损也。自明也，自昏也，此未尝明，此未尝昏也。或者蔽之二之，自以为昏而明也。昏则二，明则一。因昏而立明。不有昏者，无自而明也。昏明皆人也，皆名也。知之者自知也，不可以语人也。所可得而语人者，曰'吾无行而不与二三子'而已，终不可得而言也。曰'吾有知乎哉？无知也'而已，实无得以告人也。何为其然也？尚不可得而思，矧可得而言也？尚不可得而有也，矧可得而知也？然则昏者亦不思而遂己可乎？曰：正恐不能遂己。诚遂己，则不学之良能，不虑之良知，我所自有也。仁义礼智，我所自有也。万善自备也，百非自绝也。意必固我，无自而生也。虽尧、舜、禹、汤、文、武、周公、孔子，何以异于是？虽然，思亦何害于事？箕子曰：'思曰睿。'孔子曰：'学而不思则罔。'周公'仰而思之，夜以继日'。思亦何害于吾事也？"此盖即象山"宇宙便是吾心，吾心便是宇宙"之说。特象山言之较浑，慈湖则全盘托出。故后之攻慈湖为禅，尤甚于象山者，此也。然黄勉斋（黄榦，号勉斋）出晦翁之门，而曰："杨敬仲集，皆德人之言也。"则慈湖之所造，亦自有其践履，非专恃禅家悟入一路者。至陈清澜，以象山每教学者闭目正坐，慈湖亦教人合眼端坐，谓是即禅学之佐证（《学蔀通辨后编》）。则伊川见人静坐，便谓善学；晦翁欲令半日读书，半日静坐。又何尝非禅？以是而为禅，抑何其视禅之浅也。

第十六章　真西山　魏鹤山

　　嘉定之后,私淑朱子之学者,有真德秀与魏了翁并称。德秀,字景元,后更希元,建之浦城人。庆元五年进士。官至参知政事。谥文忠。学者称西山先生。了翁,字华父。邛之蒲江人。与西山同年进士。累官至知绍兴府,安抚使。谥文靖。学者称鹤山先生。西山先死,而鹤山为之志墓。今并有文集行于世。而西山著《大学衍义》,学者尤称道之。按《宋史》鹤山本传言"其筑室白鹤山下。以所闻于辅广、李燔者,开门授徒。士争负笈从之。由是蜀人尽知义理之学"。又《詹体仁传》言:"郡人真德秀,早从其游。问居官莅民之法。体仁曰:'尽心平心而已。尽心则无愧,平心则无偏。'世服其确论云。"广,字汉卿;体仁,字元善。皆朱子门人。而《鹤山集》有《跋朱文公与辅汉卿帖》云:"亡友汉卿,端方而沈硕,文公深所许与。"则广与燔,其于鹤山盖友而非师。与西山从游于体仁者,不同。然要之皆尝闻文公之绪论者。《西山集》有《答问》,言居敬穷理,甚可观。曰:"程子曰:涵养须用敬,进学在致知。盖穷理以此心为主,必须以敬自持,使心有主宰,无私意邪念之纷扰,然后有以为穷理之基。本心既有所主宰矣,又须事事物物,各穷其理,然后能致尽心之功。欲穷理而不知持敬以养心,则思虑纷纭,精神

第三编　近古哲学史 ◎第十六章　真西山　魏鹤山

昏乱,于义理必无所得。知以养心矣,而不知穷理,则此心虽清明虚静,又只是个空荡荡底物事,而无许多义理以为之主,其于应事接物,必不能皆当。故必以敬涵养,而又博学审问,谨思明辨,以致其知。则于清明虚静之中,而众理悉备。其静,则湛然寂然,而有未发之中;其动,则泛应曲当,而为中节之和。天下义理,学者工夫,无以加于此者。"而鹤山作《敬安堂记》亦曰:"敬也者,所以存此心而根万善者也。"曰:"程子曰:主一之谓敬,无适之谓一。"而《师友雅言》亦曰:"讲学须一字一义不放过,则面前何限合理会处。"曰:"不到地头亲自涉历一番,终是见得不真。"大抵言居敬,言穷理,与西山略相似。此所以真、魏常并称也。然鹤山宗晦翁,而实兼有永嘉经制之粹;西山尝及杨慈湖、袁絜斋之门(《西山集》有《慈湖先生训语》、《絜斋先生训语》)。《宋史·陆九渊传》言门人杨简、袁燮、舒璘、沈焕能传其学。絜斋,燮之号也。则西山又由朱而涉于陆。故西山《志道字说》(志道,西山子)谓:"仁者心之生理。"又谓:"方其人欲未萌,天理完具。方寸之间,盎然如春。即本心之全体。推是心以往,其事亲必敬,其事长必顺,以处闺门则睦,以交朋友则信。当是时也,岂有不仁者哉!"即慈湖本心甚简甚易,感而遂通,不假外求之说。而鹤山则云:"吾儒只说正心养心,不说明心。"(《答蒋重珍书》。重珍,鹤山门人)以是论之,其亦有不能尽合者矣。

鹤山自言:"向来多作《易》与《三礼》工夫。"(《师友雅言》)故其为论,必本之《礼经》,不为虚说。《通泉县重修学记》曰:"古者自二十五家之间为塾,有道有德者为之左右师,而闾中之子弟学焉。民之朝益莫(同暮)习,在于闾塾。而庠序云者,以时属民之所也。或饮射之礼,或社酺之祭,或岁月之吉,必示以教法,序齿位,书其德行。人之良心善性,日用而不知。先王因民之聚,因时之变,振饬而开牖之。大抵教之于塾,既使之事亲从兄,亲师取友,以行乎孝弟之实。而属之于序,则又使之习容闲礼,考德问业,以发其德性之知。而其间节目之详,则去民愈近者，施教愈密。州长属民读法，岁不过四。等而下之，则党正七，族师十有四，而闾胥则无时矣。以此知民常在塾，而时会于序。非若后世违亲越乡，群居旅食，比闾无以考其行，州党无以施其教，操数寸之管，以决一日之长，而他不复问焉也。"此其言学校之失也。《洪氏天目山房记》曰："若夫先王之制，又在所当讲。而风气既降，名称亦讹。一事而数说，一物而数名。去籍于周末、大坏于秦，觕望于汉，尽覆于典午之乱。帝号官仪，承秦舛矣。郊祧庙室，踵汉误矣。衣冠乐律，杂胡制矣。学校养不宾之士，科举取投牒之人，资格用自陈之吏。刺平人以为军，而听其坐食；髡农夫以规利（此指鬻度牒言），而纵其自奉。授田无限，而豪夺武断以相尚；出泉（钱古字）输租，而重科覆折以相蒙。呜呼！生斯世也，为斯民也。而读圣贤之书，以求帝王之法。使其心晓然见之，且无所于用也。"（有节文）此其言法制之坏也。于是慨想于三代，思有以大振作之，以复见明王之治之盛。详其变迁，举其章制。使穷经不为无用，法古不为虚文。虽永嘉诸先生，如止斋、水心，又何以加焉！若西山之《大学衍义》，徒以正心诚意为言，而无施张之具，盖不足比矣。梨洲之论西山、鹤山也，曰："两家学术，虽同出考亭。而鹤山识力横绝，真所谓卓荦观群书者。西山则依门傍户，不敢自出一头地，盖墨守之而已。"吾观鹤山有云："《中庸》说君子之道，本诸身，征诸庶民，方说见诸天地，质鬼神，百世以俟圣人。盖道不信于当世，无缘可以信后世。"又云："谓只须祖述朱文公。朱文公诸书读之久矣。正缘不欲于卖花担上看桃李，须树头枝底，方见活精神也。"（《师友雅言》）则其识力横绝，不同西山之依门傍户者，岂无道而然哉！

第十七章　元明诸儒之继起

汉以来,学者无不言孔、孟。宋以后,学者无不言程、朱。盖自元仁宗,诏以周子、张子、邵子、大程、二程、司马温公、朱子、南轩、东莱从祀孔子庙庭。而科举以经义取士,《大学》、《论语》、《孟子》、《中庸》设问用朱子《章句》、《集注》。《诗》、《书》、《礼》三经虽兼用古注疏,而《诗》以朱子《集传》为主,《书》以蔡氏《传》为主,《易》以程子《传》、朱子《本义》为主,《春秋》用三《传》及胡《传》。明代因之。永乐中颁《四书五经大全》,遂废注疏不用,而专取宋儒之说。故清朱彝尊作《道传录序》(《道传录》,华亭张恒北山著,彝尊中表弟也)谓:"宋元以来,言道学者必宗朱子。"又谓:"世之治举业者,以四书为先务,视六经可缓。以言《诗》,非朱子之传义弗敢道也。以言《礼》,非朱子之《家礼》弗敢行也。推是而言,《尚书》、《春秋》,非朱子所授,则朱子所与也。言不合朱子,率鸣鼓百面攻之。"云云。彝尊虽为不满于朱子之辞,然其所道,固实情矣。夫汉武表章孔子,而儒术盛。元明尊崇朱子,而理学行。其事一也。然吾以为其原因,不必尽在于此。当元之初,北方学者曰许鲁斋衡,刘静修因。许、刘皆因赵江汉复,得伊洛、新安之书而传之。江汉之北也,以姚枢从中书杨维中南伐,而江汉在房中,与语奇之,因与俱归。自辽金来,南北分立,声教不通。故程、朱诸儒叠起,而其学不及于河朔。江汉既至燕,枢与杨维中为建太极书院居之。北方之知有程、朱之学,盖自此始。及后许鲁斋受知于元世祖,以集贤大学士兼国子祭酒,征其弟子十二人,分处各斋为斋长,而学者益欣然向风矣。静修虽屡征不起,与鲁斋出处不同。然鲁斋之初应诏也,过真定,静修谓之曰:"公一聘而起,无乃速乎?"鲁斋曰:"不如此则道不行。"及至元二十八年,静修以集贤学士见诏,不赴。或问之,静修曰:"不如此则道不尊。"(事见陶宗仪《辍耕录》)由是论之,其以身任道,固无有异也。故黄百家谓:"鲁斋、静修,盖元之所借以立国者。"又谓:"二子之中,鲁斋之功甚大。数十年彬彬号称名卿材大夫者,皆其门人。于是国人始知有圣贤之学。"此赵江汉至许鲁斋、刘静修,兴起北方后学之功,不可没焉者也。而在南方,则有金仁山履祥。仁山由王鲁斋柏,登何北山基之门。北山学于黄勉斋,盖朱门之嫡传也。宋社既屋,仁山屏居金华山中。当时推为明体达用之学。虽其作《论孟考证》与朱子时有牴牾,然其言曰:"吾儒之学,理一而分殊。理不患其不一,所难者分殊耳。"则所以牴牾朱子者,非必欲立异,特不肯为笼统依违之说,正紫阳穷理之教也。一传而得许白云谦、柳道传贯;再传而得胡长山翰、宋潜溪濂(长山,白云门人;潜溪,道传门人)。虽白云以下,不免流为文章,而如长山、潜溪,明初学术,实深赖之。梨洲《明儒学案》于诸儒首列方正学孝孺。正学,则潜溪之高弟也。夫子贡不云乎:"文武之道,未坠于地,在人。"向使自宋以后,无是数先生者为之续薪火之传,程、朱之学,能不废坠乎?且元时学校科举之议,亦自鲁斋而发之。而阳明当明时科举正盛之际,为万松书院作记,乃曰:"自科举之业盛,士皆驰骛于记诵辞章,而功利得丧,分惑其心。于是师之所教,弟子之所学者,遂不复知有明伦之意。怀世道之忧者,思挽而复之,卒亦未知所措其力。譬之兵事,当玩弛偷惰之余,则必选将阅伍,更其号令旌旗,悬非格之赏以倡敢勇,然后士气可得而振也。"其指摘举业之弊如此。

然则科举不能为益于程、朱之学,明矣。鲁斋有言曰:"纲常不可亡于天下。苟在上者无以任之,则在下之任也。"夫程、朱之学,所以能续续而传者,岂非元明诸儒在下在上,皆能身自负荷而然哉!故吾以为学之兴废,终在师儒气类之应求,而不关朝廷功令之奖诱。

第十八章　吴草庐　郑师山

　　元代朱学盛而陆学衰,其传陆学者惟江右之陈静明苑、浙东之赵宝峰偕二人而已。然其和会朱、陆,使两家既分而复合者,于元初则有吴草庐,于元末则有郑师山。草庐,名澄,字幼清,抚州崇仁人。生于宋理宗淳祐九年。年二十,应乡试,中选。越五年而元革命。程巨夫以侍御史求贤江南,起至京师。以母老辞归。至大(武宗)元年,为国子司业,一日谢去。英宗即位,迁翰林学士。泰定(泰定帝)中,为经筵讲官。请老。元统(顺帝)元年卒。年八十五。谥文正。著有《五经纂言》、《草庐精语》、《道德经注》及《文集》等。师山,名玉,字子美。徽州歙县人。覃思六经,尤邃于《春秋》。绝意仕进,以教学为事。门人至者,所居至不能容,因相与即其地构师山书院处焉。至正(顺)十四年,天下已乱,朝廷以翰林待制奉议大夫遣使者浮海征之,辞疾不起。及明兵入徽州,守将将要致之,不许。因被拘囚,遂自缢死。著有《周易纂注》、《春秋经传阙疑》、《师山集》等。草庐尝为学者言:"朱子于道问学之功居多,而陆子以尊德性为主。问学不本于德性,则其蔽必偏于语言训释之末。故学必以德性为本,庶几得之。"是以当时议者,以草庐为陆氏之学。然《草庐精语》曰:"知者,心之灵而智之用也,未有出于德性之外者。曰德性之知,曰闻见之知,然则知有二乎哉?夫闻见者,所以致其知也。夫子曰:'多闻阙疑,多见阙殆。'又曰:'多闻择其善者而从之,多见而识之。'盖闻见虽得于外,而所闻所见之理,则具于心。故外之物格,则内之知致。此儒者内外合一之学。固非如记诵之徒,博览于外而无得于内。亦非如释氏之徒,专求于内而无事于外也。今立真知多知之目,而外闻见之知于德性之知,是欲矫记诵者务外之失,而不自知其流入于异端也。圣门一则曰多学,二则曰多识,鄙孤陋寡闻(见《礼·学记》),而贤以多问寡(见《论语》),曷尝不欲多知哉?记诵之徒,则虽有闻有见,而实未尝有知也。昔朱子于《大学或问》尝言之矣。曰:'此以反身穷理为主,而必究其本末是非之极致。是以知愈博而心愈明。彼以徇外夸多为务,而不核其表里真妄之实然。是以识愈多而心愈窒。'"其以外之物格,即内之知致,与朱子盖无丝毫之不合。《师山集》谓:"朱子尽取群贤之书,析其异同,归之至当,集其大成。使吾道如青天白日,康衢砥道,千门万户,无不可见。而天地之秘,圣贤之妙,发挥无余蕴。"(《与汪真卿书》)似专尊朱子者。而又有言曰:"陆子之质高明,故好简易。朱子之质笃实,故好邃密。各因其质之所近,故所入之途不同。及其至也,仁义道德,岂有不同者?同尊周孔,同排佛老。大本达道,岂有不同者?后之学者,不求其所以同,惟求其所以异。江东之指江西,则曰此怪说之行也。江西之指江东,则曰此支离之说也。此岂善学者哉!朱子之说,教人为学之常也。陆子之说,才高独得之妙也。二家之说,又各不能无弊。陆氏之学,其流弊也,如释子之谈空说妙,至于卤莽灭裂,而不能尽夫致知之功。朱子之学,其流弊也,如俗儒之寻行数墨,至于颓惰委靡,而无以收其力行之效。然岂二先生垂教之罪哉!盖学者之流弊耳。"(《送葛子熙序》)即于两家得失,皆见之至明。又尝谓学者:"斯道之懿,不在言语文字之间,而具于性分之内。不在高虚广远之际,而行乎日用常行之中。"(《行状》)则依然象山面目。夫师山与草庐,生不同时,其学又绝无渊源，而其欲取朱、陆而合之，乃不谋而同若此。且草庐为程徽庵若庸门人（若庸，休宁人），徽庵学于饶双峰鲁，双峰学于黄勉斋，则朱子之四传也，而终由朱以入陆。师山为夏自然希贤之再传（希贤，淳安人。其子溥，字大之。大之友吴暾，字朝阳。师山皆尝师之），自然学于钱融堂时，融堂学于杨慈湖，则陆门之流裔也，而终由陆以入朱。此亦师山所谓"高明笃实，各因其质"者欤？然草庐、师山皆主持敬。草庐谓："欲下功夫，惟敬之一字为要法。"（《草庐精语》）师山亦云："程子曰：'敬者圣学之所以成始成终。'秦汉以来，非无学者。而曰孟轲死，千载无真儒，何也？不知用力于此。虽专门名家，而不足以为学；皓首穷经，而不足以知道。"（《王居敬字序》）而草庐则更由敬而上言静。曰："无一事而不主一，则应接之处，心专无二。能如此，则事物未接之时，把捉得住，心能无适矣。若先于动处不能养其性，则于静时岂能存其心哉！"又曰："古今人言静字，所指不同，有深浅难易。程子言'性静者可以为学'，与诸葛公言'非静无以成学'，此静字稍易。夫人皆可勉而为。周子言'圣人定之以中正仁义而主静'，与庄子言'万物无足以挠心故静'，此静字则难。非用功圣贤学者，未之能也。《大学》'静而后能安'之静，正与周子、庄子所指无异，朱子以心不妄动释之，即孟子所谓不动心也。孟子之学，先穷理知言，先集义养气，所以能不动心。《大学》之教，穷理知言则知止，集义养气则有定，所以能静也。能静者，虽应接万变，而此心常如止水。周子所谓'动而无动'是也。"（以上皆《草庐精语》）以此论之，似草庐能见及向上一着，而师山非草庐匹也。惜吾不得师山《周易纂注》与草庐《易纂言》读而一校之。

第十九章 刘 伯 温

明初经济之才,曰刘基、宋濂。然濂非基之匹也。基字伯温,青田人。元末以进士官高安丞,弃官归里。明祖定括苍,闻其名,以币征焉。其后削平群雄,得成帝业,多出基谋议。以功封诚意伯,位弘文馆学士。《明史·宋濂传》称:"基雄迈有奇气,而濂自命儒者。"然今观《诚意伯集》,有曰:"君子之所以守其身者,礼与乐也。礼不及则失其威,其敝也侮;乐不及则失其惠,其敝也残。侮则人陵之,残则人疾之。"(《杂解》)曰:"先正有言曰:经礼三百,曲礼三千,一言以蔽之曰:毋不敬。敬也者,其万事之根本与?故圣人之语君子,惟曰修己以敬。故禹、汤以克敬而王,桀、纣以不敬而亡。自天子至于庶人,岂有异哉!故曰:'穆穆文王,于缉熙敬止。'又曰:'昊天曰明,及尔出王。昊天曰旦,及尔游衍。'敬也者,不可须臾离也。"(《敬斋箴序》)即谓其非儒者之言不得。且基未遇时,著《郁离子》曰:"天地之呼吸,吾于潮汐见之。祸福之素定,吾于梦寐之先兆见之。同声之相应,吾于琴之弦见之。同气之相求,吾于铁与磁石见之。鬼神之变化,吾于雷电见之。阴阳五行之消息,人命系其吉凶,吾于介鳞之于月见之。祭祀之非虚,吾于豺獭见之。天枢之中,吾于子午之针见之。巫祝之理不无,吾于吹蛊见之。三晨六气之变有占而必验,吾于人之脉色见之。观其著以知微,察其显而见隐,此格物致知之要道也。不研其情,不索其故,梏于耳目而止,非知天人者矣。"则基之学,亦几于综贯天人者。而或者以其经济而掩之,或者且侪之风角方技之流,竞相传其神异,岂知基者哉!基以厄于胡惟庸,忧愤而卒。年六十五。所著《郁离子》、《诚意伯集》共二十卷。

基之说可传者,莫过于《天说》、《雷说》。《雷说》曰:"雷者,天气之郁而激而发也。阳气囤于阴,必迫。迫极而迸。迸而声为雷,光为电,犹火之出炮也。而物之当之者,柔必穿,刚必碎。非天之主以此物击人,而人之死者适逢之也。不然,雷所震者,大率多于木石,岂木石亦有罪,而震以威之耶?"(《雷说上》)此盖与其《天说》相一贯。《天说》以为:"天不能降祸福于人。祸福者,气为之。比之朝菌得湿而生,晞阳而死;靡草得寒而生,见暑而死。非气有心于生死之也。生于其所相得,而死于其所不相得也。"(《天说上》,有节文)且自宋儒以来,不欲泪没于世俗之说,而事事必穷其理之至。然而程、朱言天地运行,风雨雷霆之故,即往往不中于实。而伊川乃至信风雹出于蜥蜴所为(见《语录》),亦可怪矣。今基之言如此,非所谓格物之君子哉?然又不独天道也。其言人事,亦精透莫与比伦。或问:"井田可复乎?"曰:"可。"曰:"何如其可也?"曰:"以大德戡大乱,则可也。夫民情久佚则思乱,乱极而后愿定。欲谋治者,必因民之愿定而为之焉。然后强无梗,滑无间,故令不疾而行。"请问之。曰:"天下之宴安也,人不尝苦辛,不知乱之无所容其身,而易于怨上。故一拂其欲,则愤激而思变。有从而倡之,乱斯作矣。是故老成之人,慎纷更焉。非为苟也,畏未得其利,而先睹其害也。故民犹马也。厩牧以安之,豆粟以饫之,旦而放之,莫不振鬣而奔风,牝鸣而牡应,嘶驰蹴突,惟意所欲,不可逐而畀也。及其负盐车,历羊肠,流汗跐足,饥不得秣,倦不得息,逾数百千里而归。望皂枥如弗及,见圉人而歔沫,则虽鞭之使逸,否矣。及此而调之,其有不服者乎？是故圣人与时偕行。时未至而为之，谓之躁；时至而不为，谓之陋。今民风不淳，而古道之废兴，欲不欲者各半。故以大德戡大乱，则井田亦可复也。"(《郁离子》)井田且勿论，夫古今治乱之乘除，有出乎此言之外者哉！基于古人亟称伊尹，曰："伊尹者，古之圣人也。思天下有一夫不被其泽，则其心愧耻若挞于市。彼人，我亦人也。彼能，而我不能。宁无悲乎？"(《郁离子》)吾意基所抱至大，使能尽其才，设施必不止于有明之陋。止于有明之陋者，则明祖非其人也。惜哉！又《郁离子》谓："人之受气以为形，犹酌酒于杯。及其死而复于气也，犹倾其杯水而归诸海。恶得专之以为鬼！"其主无鬼，盖与王充《订鬼》、范缜《神灭》相似。然而又谓："鬼可以有，可以无者也。子孝而致其诚，则其鬼由感而生。否则虚矣。故庙则人鬼享，孝诚之所致也。"即又宋儒感应之说。要之基之持论，终为不失儒者之矩矱。史称基师郑复初，复初之学不可详，倘亦有道而隐者欤？

第二十章　方正学 附宋潜溪

　　方孝孺,字希直,一字希古,台之宁海人。年二十,游京师,从太史宋濂学。濂以为游其门者,未有若方生者也。及濂返金华,孝孺复从之卒业。两以荐召见,授汉中教授。蜀献王闻其贤,聘为世子师,尊以殊礼,名其读书之堂曰正学。建文帝立,召为翰林侍讲。明年,迁侍讲学士。国家大政事,辄咨之。靖难兵入京,建文逊走。成祖欲借孝孺名草诏,以塞天下之心。召至,孝孺投笔于地,哭且骂,曰:"死即死耳,诏不可草!"遂磔之聚宝门外。先是,成祖发北平,姚广孝以孝孺为托。曰:"孝孺必不降。幸勿杀之。杀之,天下读书种子绝矣。"然孝孺竟死。年才四十有六。有《逊志斋集》二十四卷。

　　孝孺之学,略见于其所为《杂诫》,曰:"儒者之学,其至圣人也,其用王道也。"而言王道,则曰:"古之治具五:政也、教也、礼也、乐也、刑罚也。今亡其四,而存其末。欲治功之逮古,其能乎哉!不复古之道,而望古之治,犹陶瓦而望其成鼎也。"故其文亟称《周礼》,以为:"周之成法具在。今欲为此,不难也。"(《成化》)然作《周礼辨疑》,于其制之戾于道者,即又一一指斥之。盖孝孺言治,虽曰法古,亦欲宜今。故论:"为政有三,曰知体、稽古、审时。缺一非政。"又谓:"先王之治法详矣。不稽其得失,而肆行之,则为野。时相远也,事相悬也,不审其当,而惟古之拘,则为固。"(《杂诫》)然则以孝孺为执古而不知变,殆非也。抑不独言治然也,即其言学亦然。曰:"不善学之人,不能有疑。谓古皆是,曲为之辞。过乎智者,疑端百出。诋诃前古,摭其遗失。学非疑不明,而疑恶乎凿。疑而能辨,斯为善学。勿以古皆然,或有非是。勿负汝能言,人或胜汝。忘彼忘我,忘古与今。道充天地,将在汝心。"(《学箴·辨疑》)夫程子教人,每令人疑。张子亦曰,学则须疑。天下岂有盲从古人,而可以为学者乎?然当疑而不疑,非也。不当疑而疑,亦非也。今之疑古人者多矣,疑而能辨者,谁乎?呜呼!此耳剽口衔,不顾理之是非,所以为学术之蠹也(语本《杂诫》)。

孝孺虽学于潜溪,而潜溪杂二氏,孝孺黜异端。曰:"古君子所以汲汲若不及者,未尝以生死入其心。惟修其可以无愧之道焉耳。天之全以赋我者,吾能全之而弗亏,推之俾明,养之俾成,扩而施之,泽于天下后世,于人之道无所愧。虽不幸而乖于天,迕于人,死于疾病患难,何害其为君子哉!不能尽人之道,而欲善其死者,此异端之惑也。异端之徒,其立心行己,固已大畔于君子。视伦理之失,夷然以为宜尔而不怪。其身虽生,其心之亡已久矣。而犹务乎不死,或尸居以求其所谓性命,或饵金石服草木而庶几乎坐化而立亡,以预知其死为神,以不困于疾病为高。彼既以此套眩于世,世之惑者,又从而慕效之。不知其所云性命者果何道,而预知不困者果何益耶?"(《斥妄》)又曰:"夫运行天地之间,而生万物者,非二气五行乎?二气五行,精粗粹杂不同,而受之者亦异。自草木言之,草木之形,不能无别也。自鸟兽言之,鸟兽之形,不能无别也。自人言之,人之形,不能无不相似也。非二气五行有心于异而为之,虽二气五行,亦莫知其何为而各异也。故人而具人之形者,常也。其或具人之形,而不能以全。或杂物之形,而异常可怪。此气之变而然,所谓非常者也,非有他故而然也。今佛氏之言,以为轮回之事。见无目者,曰:'此其宿世尝得某罪而然耳。'见罅唇掀鼻,俯脊直躬者,曰:'此其宿世有过而然耳。'见其形或类于禽兽,则曰:'此其宿世为鸟兽而然耳。'不特言之,又为之书;不特书之,又谓地下设为官府以主之。诡证曲陈,若有可信,而终不可诘。此怪妄之甚者也。天地亦大矣,其气运行无穷,道行其中亦无穷,物之生亦绵绵不息。今其言云然,是天地之资有限,而其气有尽。故必假既死之物,以为再生之根,尚乌足以为天地哉!"(《启惑》)此其辨老、佛长生久视,出离生死,以及地狱轮回之说,可谓明且力矣。而吾观其论丙吉问牛喘事,有曰:"君子之于天下,尽人事而后征天道。天道至微而难知也,人事至著而易为也。舍易为而求难知,则为不智。先其微而后其著,则为失序。"先人而后天,即其学之所主,可知也。然孝孺言命,以为:"徒言丰啬祸福制于天者有必至,而不察修治警戒由于人者有未至。天人之道离,而命之说穷。"而潜溪亦有《禄命辨》,曰:"命则付之于天,道则责成于己。吾之所知者,如斯而已矣。委命而废人。白昼攫人之金,而陷于桎梏,则曰我之命当尔也;怠窳偷生而不嗜学,至老死而无闻,则曰我之命当尔也;刚愎自任,操刃而杀人,柔暗无识,投缳而绝命,则又曰我之命当尔也。其可乎哉!其可乎哉!"与孝孺更无少异。然则孝孺所得于潜溪者,其在是乎?

第二十一章　曹月川　薛敬轩

曹端,字正夫,号月川,河南渑池人。永乐中,以乡举授霍州学正。丁忧服阕,改蒲州。考绩吏部,蒲、霍二学争留之。上竟与霍。霍人服其矩矱,不忍为屈强偭俛。监临大吏过者,敬谒请益,不敢属僚畜之。宣德(宣宗)九年,竟卒于霍。年五十九。初,月川得元人谢应芳《辨惑编》,心悦而好之,故于轮回、祸福、巫觋、风水、时日世俗通行之说,毅然不为所动。父敬祖,旧好佛。月川作《夜行烛》一书呈父。以为:"佛氏以空为性,非天命之性、人受之中也。老氏以虚为道,非率性之道、人由之路也。"父为之改学。其门人彭泽,尝称:"有明一代经济之学,莫盛于刘诚意、宋学士。至道学之传,则断自渑池曹先生始。"而黄梨洲《明儒学案》述刘蕺山之言,亦谓:"方正学而后,斯道之绝而复续者,实赖有先生一人。薛文清亦闻先生之风而起者。"薛瑄,字德温,号敬轩。山西河津人。生后于月川十三年。中永乐十九年进士。宣德中,授监察御史。差监湖广银场。正统(英宗)改元,各省设提学,宪臣以荐,除山东提学佥事。时中官王振用事。振,晋人也,问三杨(士奇、荣、溥)吾乡谁可大用者?三杨以敬轩对。遂得召为大理少卿。三杨讽就振谢,敬轩不往。振以饷来,又却之。因改大理卿,敬轩不谢如前。以是忤振。坐事下锦衣卫狱。寻放归为民。景泰(景帝)初,起南京大理寺卿。英庙复辟,迁礼部右侍郎,兼翰林学士。入内阁,转左侍郎,引疾归。天顺八年卒。年七十六。谥文清。曹、薛之学,大抵恪守紫阳家法,从敬入门。而其言理气之辨,乃与紫阳稍异。月川有《太极图说辨戾》一文,曰:"周子谓太极动而生阳,静而生阴。则阴阳之生,由乎太极之动静。《朱子语录》却谓太极不自会动静,乘阴阳之动静而动静耳。遂谓理之乘气,由人之乘马。马之一出一入,而人与之一出一入。以喻气之一动一静,而理亦与之一动一静。若然,则人为死人,而不足以为万物之灵。理为死理,而不足以为万物之原。理何足尚,而人何足贵哉!今使活人骑马,则其出入行止疾徐,一由乎人驭之如何尔。活理亦然。"云云。而敬轩《读书录》亦谓:"气有聚散,理无聚散。以日光飞鸟喻之,理如日光,气如飞鸟。理乘气机而动,如日光载鸟背而飞。鸟飞,而日光虽不离其背,实未尝与之俱往,而有间断之处。亦犹气动,而理虽未尝与之暂离,实未尝与之俱尽,而有灭息之时。"盖两先生之意,皆不免认定理善而气恶,故必别理于气之外,以为理不能为气所役使。不知理之与气,以根本言之,则理为气主;以作用言之,则又气为理主。故朱子一面说理先于气,而一面说气能凝结造作,理却无情、无计度、无造作。或重理,或重气,言固各有所当也。今必言气待理,而理不待气,其分析虽益明,然于理气为一之旨,则偏而不全矣。抑月川曰:"事事都于心上做工夫,是入孔门底大路。"而敬轩亦有"静坐观心,闲中一乐"之语,则两先生虽不言陆氏,而未尝不杂有陆氏之教。不必待白沙,始开阳明之学也。月川所著书,《夜行烛》外,有《四书详说》、《太极图通书西铭释义》等。而敬轩以程明道、许鲁斋皆未尝著作,不欲著书。惟《读书录》二十卷,则诵读有得,札记以备遗忘者。其诗文遗稿,门人都为之《河汾集》。

第二十二章　吴康斋　胡敬斋

吴与弼,字子傅,号康斋,抚州崇仁人。十九岁至京师,从洗马杨文定溥学。读朱子《伊洛渊源录》,慨然有志于道。遂弃举子业,谢人事,独处小楼,玩四书五经、诸儒语录,体贴于身心,不下楼者二年。既居乡,躬耕食力。尝雨中被蓑笠,负耒耜,与门人并耕。归则解犁饭糁,蔬豆共食。陈白沙自广来学。晨光才辨,康斋手自簸谷。白沙未起,大声曰:"秀才若为懒惰,即他日何从到伊川门下?又何从到孟子门下?"上饶娄一斋谅素豪迈,既从康斋,康斋一日治地,召谅往视。曰:"学者须亲细务。"谅遂由此改节。且自宋儒讲学以来,学者多视生产为鄙事,往往未能为人,先以丧己。故许鲁斋亦有"为学治生最为先务"之语。今观康斋所为,固足矫末俗而励后学矣。康斋叹笺注之繁,无益有害,故不轻著述。惟《日录》一书,皆自记其平生为学之功。有曰:"日夜痛自点检且不暇,岂有工夫点检他人耶?"又曰:"倦卧梦寐中,时时警恐,为过时不能学也。"又曰:"近日多四五更梦醒,痛省身心,精察物理。"即其省察克治勤苦可见。然又有曰:"食后坐东窗,四体舒泰,神气清朗。读书愈有进益。数日趣同。此必又透一关矣。"曰:"南轩读《孟子》甚乐。湛然虚明平旦之气,略无所挠。绿阴清昼,薰风徐来。而山林阒寂,天地自阔,日月自长。邵子所谓'心静方能知白日,眼明始会识青天',于斯可验。"又未尝不洒然自得。是故刘蕺山谓:"康斋之学,刻苦奋励,多从五更枕上汗流泪下得来。及夫得之而有以自乐,则又不知足之蹈之,手之舞之。七十年如一日,愤乐相生。可谓独得圣人之心精者。"(《明儒学案·师说》)盖真知康斋者也。天顺中,石亨用事,思征康斋以收人望,嘱李文达贤荐之。征至,授谕德,坚辞而归。成化(宪宗)五年卒,年七十九。门下能守其学者曰胡居仁。

胡居仁,字叔心。余干人。弱冠游康斋之门。绝意科举,筑室梅溪山中。事亲讲学之外,不干人事。既出游闽浙,入金陵,从彭蠡而归。所至访求问学之士,学亦益进。相继主白鹿书院、贵溪桐源书院。成化二十年卒,年五十一。平生为学,一主于敬。因以敬名其斋。尝曰:"端庄整肃,严威俨恪,是敬之入头处。提撕唤醒,是敬之接续处。主一无适,湛然纯一,是敬之无间断处。惺惺不昧,精明不乱,是敬之效验处。"又以康斋有言:"见静中意思,此涵养工夫也。"因谓:"敬则自虚静,不必去求虚静。"又谓:"静中有物,只是常有个操持主宰,而无空寂昏塞之患。"又谓:"心常有主,乃静中之动;事得其所,乃动中之静。"盖敬斋之于康斋,犹伊川之于濂溪。濂溪主静,而伊川易之以居敬。康斋言静中涵养,而敬斋易之以有主。凡以为学者易于持循而已。清熊文端赐履,反谓康斋涉于粗,师不如弟(见其所作《学统》)。真瞀说也。然康斋亟称李延平,且有自分终身不能学之语,而敬斋曰:"罗仲素、李延平,教学者静坐中看喜怒哀乐未发以前气象。此便差却。既是未发,如何看得?"陈白沙言静中养出端倪,亦本之康斋静中涵养之教。而敬斋非之,曰:"陈公甫云:静中养出端倪。又云:藏而后发。是将此道理来安排作弄,都不是顺其自然。"曰:"气之发用处即是神。陈公甫说无动非神,他只窥测至此,不识里面本体,故认气为理。"是则敬斋异端正学之见太深。凡以为近于老、佛者,必不得不排之。故朱子有《调息箴》,而敬斋以为:"恭敬安详,便是存心法。岂假调息以存心？以此存心,害道甚矣。"伊川言释氏有敬以直内,无义以方外,而敬斋以为:"敬则中有主。释氏中无主,谓之敬可乎？"是非疑程、朱也,其致严于佛、老也。不知宋儒之学,本自佛、老悟入。无佛、老,则无宋儒矣。敬斋所以排佛、老者,皆未尝窥见佛、老之真际。故于宋儒之学,亦只能升堂而不能入室。不独不及康斋,即薛敬轩以复性教人,曰:"为学而不知性,非学也。"敬斋亦未有此彻上彻下之见。言工夫而不言本体,后之墨守程、朱者,其规模大半若是矣。敬斋有《居业录》八卷,又文集曰《敬斋集》。

第二十三章　陈　白　沙

　　陈献章，字公甫，号石斋，新会白沙里人。正统十二年，举广东乡试。明年，会试中乙榜，入国子监读书。已，至崇仁受学于康斋，遂绝意科举。筑阳春台，静坐其中，足不逾阈者数年。寻以与门人习射野外，流言四起，以为聚兵众。不得已，成化二年，复游太学。祭酒邢让，试和杨龟山"此日不再得"诗，得其作，惊曰："即龟山不如也。"为之飏言于朝，由是名动京师。归而门人益进。十八年，以布政使彭韶、都御史朱英荐，召至京阁。大臣尼之，令就试吏部。辞疾不赴，疏乞终养。授翰林院检讨而归。有言其出处与康斋异者，曰："先师为石亨所荐，所以不受职。某以听选监生，始终愿仕，故不敢伪辞以钓虚誉。或受或不受，各有攸宜尔。"自后屡荐不起。弘治（孝宗）十三年卒，年七十有三。有《白沙子集》，而诗尤妙。门人湛若水取其古诗而为之注，曰《白沙子古诗教解》。

　　白沙虽游康斋之门，而其自序为学，则云："年二十七，从吴聘君学。其于古圣贤垂训之书，盖无所不讲。然未知入处。比归白沙，杜门不出，专求所以用力之方。既无师友指引，日靠书册寻之，忘寐忘食，如是者累年。而卒未有得。所谓未得，谓吾此心与此理，未有凑泊吻合处也。于是舍彼之繁，求吾之约，惟在静坐。久之，然后见吾此心之体，隐然呈露，常若有物。日用间种种应酬，随吾所欲，如马之御衔勒也。体认物理，稽诸圣训，各有头绪来历，如水之有源委也。于是涣然自信曰：作圣之功，其在兹乎！"（《覆赵提学书》）是自得于静坐之功，而不必由康斋也。然以此谓其于康斋无所师承，即又不可。何则？白沙固言：所谓未得谓心与理未有凑泊吻合，夫此乃庄子所云"父不可以与子，兄不可以与弟"者。白沙何以得之于康斋乎？若其言静中养出端倪，与康斋言静中涵养，言涵养本源，更无有二，即未尝不本于康斋之教。盖学有可得之于人者，白沙诗云："孔子万世师，天地共高厚。颜渊称庶几，好学古未有。我才虽卤莽，服膺亦云久。"（《冬夜》）是也。有不可得之于人者，白沙诗云："往古来今几圣贤，都从心上契心传。孟子聪明还孟子，如今且莫信人言。"（《示张东所》，东所名诩，白沙门人）是也。而或者因胡敬斋传康斋之学，于白沙多所非议，遂以白沙为自创门户，全非康斋之面目，乃引白沙自言以为之证，毋亦有所未察乎？吾以为康斋之于白沙，犹白沙之于阳明。阳明虽过于白沙，而无白沙即无自有阳明。白沙虽过于康斋，而无康斋亦无自有白沙也。至若刘蕺山谓白沙犹溦于声名，而称康斋为醇乎醇（《明儒学案·师说》），则专就气象上拟议，以为优劣，自未足为信论。

明儒之学，至白沙已与象山为近。其曰："终日乾乾，只是收拾此心而已。此理干涉至大。无内外，无终始，无一处不到，无一息不运。会此，则天地我立，万化我出，而宇宙在我矣。得此把柄入手，更有何事？往古来今，四方上下，都一齐穿纽，一齐收拾。随时随处，无不是这个充塞。色色信他本来，何用尔脚劳手攘。"（《与林缉熙书》，缉熙名光，白沙门人）即象山"宇宙便是吾心，吾心便是宇宙"之见也。其曰："人争一个觉。才觉，便我大而物小，物尽而我无尽。夫无尽者，微尘六合，瞬息千古，生不知爱，死不知恶。尚奚暇铢轩冕而尘金玉耶？"（《与何时矩书》，时矩亦白沙门人）即象山立大之旨也。其曰："学者以自然为宗。"(《与湛甘泉书》)曰:"戒慎恐惧,所以闲之,而非以为害也。然而世之学者,不得其说,而以用心失之者,多矣。"(《复张东白书》,东白名元祯,白沙之友)即象山"不用安排"之论也。然虽近象山,而仍极推重晦翁。其和龟山《此日不再得》诗,即曰:"吾道有宗主,千秋朱紫阳。说敬不离口,示我入德方。"不过续曰:"圣学信匪难,要在用心臧。"曰:"枢纽在方寸,操舍决存亡。"终归于心上做工夫耳。而其《与罗一峰书》(一峰名伦,白沙之友)谓:"伊川先生每见人静坐,便叹其善学。此一静字,自濂溪先生主静发源。后来程门诸公,递相传授。至于豫章、延平,尤专提此教人,学者亦以此得力。晦翁恐人差入禅去,故少说静,只说敬,如伊川晚年之训。此是防微虑远之道。然自学者须自量度如何。若不至为禅所诱,仍多著静,方有入处。若平生忙者,此尤为对症之药。"其于敬、静立教不同,而用意则一,可谓见之至明,故学能鞭辟近里。同时诸儒未有能及白沙者。而敬斋乃曰:"陈公甫亦窥见些道理本原。因下面无循序工夫,故遂成空见。"(《居业录》)盖犹不免歧敬与静而二之。敬斋之不满白沙,即敬斋之所以不及白沙欤?

第二十四章　王　阳　明

梨洲谓："有明儒者,虽多不失矩矱。而作圣之功,则至陈白沙而始明,至王阳明而始大。"(《明儒学案·白沙学案》)阳明之学,是否渊源白沙,无从指证。然阳明尝问学娄一斋,一斋盖与白沙同见訾于胡敬斋,以为陷入异教者。而其所数与往来论学者,又为白沙门下之湛甘泉。其后白沙从祀之议,即发自阳明门人薛中离(侃)。则阳明之于白沙,其必有因以启发者,可无疑也。阳明,名守仁,字伯安,浙之余姚人也。登弘治(孝宗)十二年进士第。授刑部主事,改兵部。正德(武宗)初,以奄人刘瑾矫旨逮南京科道官,抗疏论救,谪贵州龙场驿丞。居夷处困,备尝艰苦。一夕,忽悟格物致知之旨。盖其始致力于紫阳,继出入于佛、老,至是而乃得其门焉。自元以来,朱学盛而陆学微。阳明以为:"晦翁与象山为学,若有不同,要皆不失为圣人之徒。今晦庵之学,既已章明于天下,而象山犹蒙无实之诬,莫有为之一洗。"(《与王舆庵书》)故极力表章陆学。其后序《象山文集》,推其简易直截,有以接孟子之传。而作《朱子晚年定论》,并指朱子《答象山书》有"迩来工夫颇觉有力,无复向来支离之病"一语,谓是朱、陆合并之证。虽按之《朱子年谱》,《晚年定论》未免违舛失实,然陆、王与程、朱,遂由是而抗衡对垒。或谓前此诸儒,学朱而才不逮朱,故终不出其范围;阳明嗣陆,而才高于陆,故得以发扬光大。盖确论也。刘瑾既诛,移知庐陵县。历官至左佥都御史,巡抚南赣。以平宸濠功,擢南京兵部尚书。封新建伯。嘉靖中,征思田归,卒于南安。年五十七。谥文成。所著有诗文集,《五经臆说》、《大学古本旁释》。而足以见其学之大概者,则有门人钱绪山(德洪)所编之《传习录》。

一　知行合一

阳明知行合一之说,始于居贵阳时,以语提学席元山(名书)。而今见于《文集》、《传习录》者,有曰:"凡谓之行者,只是着实去做这件事。若着实做学问思辨工夫,则学问思辨亦便是行矣。学是学做这件事,问是问做这件事,思辨是思辨做这件事,则行亦便是学问思辨矣。若谓学问思辨之,然后去行,却如何悬空先去学问思辨得?行时又如何去得个学问思辨的事?行之明觉精察处,便是知;知之真切笃实处,便是行。若行而不能明觉精察,便是冥行,便是'学而不思则罔',所以必须说个知。知而不能真切笃实,便是妄想,便是'思而不学则殆',所以必须说个行。元来只是一个工夫。"(《文集·答友人问》)曰:"知之真切笃实处,便是行;行之明觉精察处,便是知。若知时,其心不能真切笃实,则其知便不能明觉精察。不是知之时,只要明觉精察,更不要真切笃实也。行之时,其心不能明觉精察,则其行便不能真切笃实。不是行之时,只要真切笃实,更不要明觉精察也。"(同上)曰:"知是行的主意,行是知的工夫。知是行之始,行是知之成。若会得时,只说一个知,已自有行在;只说一个行,已自有知在。今人却将知、行分作两件去做,以为必先知之,然后能行。我如今且去讲习讨论,做知的工夫。待知得真了,方去做行的工夫。故遂终身不行,亦遂终身不知。

此不是小病痛，其来已非一日矣。某今说个知行合一，正是对病的药。"(《传习录上》)其发明可谓深切矣。顾吾观《朱子语类》谓："知行常相须。如目无足不行，足无目不见。""致知力行，用功不可偏。偏过一边，则一边受病。"而伊川亦尝曰："未有知之而不能行者。谓知之而未能行，是知之未至也。"(《程氏粹言》)则知行之不可分，程、朱未尝不见及之。然阳明所以异于程、朱者，则以其主张知行合一，根据全在"心即理也"四字。故曰："外心以求理，此知行之所以二也。求理于吾心，此圣门知行合一之教。"而孙夏峰《理学宗传》乃以阳明之说为由伊川得来，恐犹有所未深察也。

二　致良知

阳明自五十后，专以"致良知"三字教人。而曰："知其为善，致其知为善之知，而必为之，则知至矣。知其为不善，致其知为不善之知，而必不为之，则知至矣。知犹水也，决而行之，无有不就下者。决而行之者，致知之谓也。此吾所谓知行合一者也。"(《书朱元谐卷》)则致良知与知行合一，正一贯也。然致知见于《大学》而不言良知，良知见于《孟子》而不言致知，阳明乃兼而取之。而其说良知，亦至不一。曰："孟子云：是非之心，智也。是非之心，人皆有之。即所谓良知也。"(《与陆元静书》)此以是非之心为良知也。曰："未发之中，即良知也。无前后内外，而浑然一体者也。"(《答周道通书》)此以未发之中为良知也。曰："夫心之本体，即天理也。天理之昭明灵觉，所谓良知也。"(同上)此以天理为良知也。曰："先天而天弗违，天即良知也。后天而奉天时，良知即天也。"(《传习录》)此以天为良知也。曰："谨独即是致良知。"(《与黄勉之书》)此以独为良知也。然说虽万变，要之不离佛氏之所谓觉性者近是。故当时目之为禅，而阳明即亦未尝自讳。曰："不思善,不思恶,认本来面目(本六祖语,见《坛经》)。此佛氏为未识本来面目者,设此方便。本来面目,即吾圣门所谓良知。今既认得良知明白,已不消如此说矣。"(《与舒国用书》)然又曰:"夫良知之于节目事变,犹规矩之于方圆长短也。节目事变之不可预定,犹方圆长短之不可胜穷也。故规矩诚立,则不可欺以方圆,而天下之方圆不可胜用矣。尺度诚陈,则不可欺以长短,而天下之长短不可胜用矣。良知诚致,则不可欺以节目事变,而天下之节目事变不可胜应矣。"(《与黄勉之书》)言良知而不离节目事变,则与禅下之谈空说寂,正自有别。盖阳明之同于佛者,在"心即理也"之心,而异于佛者,又在"心即理也"之理也。抑吾尝谓,佛氏虽言世间,而言世间,即以为出世之资;孔、老亦言出世,而言出世,还以为济世之用。陆、王之援儒入释,援释入儒,盖亦若是矣。然则以陆、王之为禅而排之,与必辩陆、王之非禅,其为不知陆、王,一耳。

阳明最与朱子不合者,在其致知格物之说。盖朱子以格物而致知,而阳明则以致知而格物也。惟以格物而致知,故曰:"致吾之知,在即物而穷其理。"曰:"理有未穷,故其知有不尽。"曰:"《大学》始教,必使学者即凡天下之物,莫不因其已知之理而益穷之,以求至乎其极。"(朱子《大学补传》)惟以致知而格物,故曰:"《大学》之要,诚意而已矣。诚意之功,格物而已矣。诚意之极,止至善而已矣。止至善之则,致知而已矣。"曰:"不务于诚意,而徒以格物者,谓之支。不事于格物,而徒以诚意者,谓之虚。不本于致知,而徒以格物诚意者,谓之妄。"曰:"致知焉尽矣。"(阳明《大学古本序》)夫昔人以为朱、陆之分,一从尊德性入,一从道问学入。若阳明与朱子,谓之一从致知入,一从格物入,可也。然阳明既去《大学》分章而从旧本,又力言朱子即物穷理之非。曰:"朱子所谓格物云者,在即物而穷其理也。即物穷理,是就事事物物上求其所谓定理者也。是以吾心而求理于事事物物之中,析心与理而为二矣。夫析心与理而为二,此告子义外之说,孟子之所深辟也。"

(有节文)曰:"先儒解格物为格天下之物。天下之物,如何格得?且谓一草一木,亦皆有理。今如何去格?纵格得草木来,如何反来诚得自家意?"曰:"文公格物之说,只是少头脑。如所谓'察之于念虑之微',此一句不该与'求之文字之中''验之事物之著''索之讲论之际',作一例看。是无轻重也。"(《传习录》。"察之念虑之微"四句,见《大学或问》)夫讯即物穷理,是矣。而必以求之事物为外,则与《大学》本意,毋亦有所未当乎?且伊川谓:"涵养须用敬,进学则在致知。"此正学者内外交尽之道也。故朱子以居敬穷理为互相发,亦只言能穷理则居敬工夫日益进,能居敬则穷理工夫日益密,未始合穷理于居敬也。而阳明则曰:"就穷理专一处说,便谓之居敬。就居敬精密处说,便谓之穷理。却不是居敬了别有个心穷理,穷理时别有个心居敬。名虽不同,功夫只是一事。"(《传习录》)以穷理归纳居敬之中,使后之学者遗弃事物,而唯以尸居静坐为务,相率入于无用。则阳明立论过求简易直截,亦不能无过也。抑阳明言格物亦有数说。曰:"格去物欲之私。"此一说也。曰:"我解格作正字义,物作事字义。如意在于为善,便就这件事上去为。意在于去恶,便就这件事上去不为。去恶固是格不正以归于正,为善则不善正了,亦是格不正以归于正也。"(《传习录》)此一说也。曰:"格物者,其所以用力日可见之地。故格物者,格其心之物也,格其意之物也,格其知之物也。"(《答罗整庵书》)此又一说也。然要之其所谓物,决不在此心之外。故曰:"心外无物。"曰:"意之所在,便是物。"(《传习录》)盖唯如是,而后致知格物并为一谈,而后不言格物,言致知而格物即在。不独是也,阳明举《论语》之所谓"博文约礼",《中庸》之所谓"明善诚身",《孟子》之所谓"知言集义",一皆以致知释之。其意以为致知可以尽冒天下之道。夫理一而分殊,徇分殊而忘理一,不可也;守理一而弃分殊,亦不可也。若阳明者,其于理一分殊之间,意者犹不能无失者乎?

三　存天理去人欲

阳明言致知格物,与朱子异。而言存天理去人欲,则与朱子更无不同。盖自明道拈出天理二字,直发人心之蒙,后之讲学者,未有能外此以为教者也。朱子之注《大学》"止于至善",曰:"必其有以尽夫天理之极,而无一毫人欲之私。"而阳明亦曰:"必欲此心纯乎天理,而无一毫人欲之私。此作圣之功也。"曰:"学者学圣人,不过是去人欲而存天理。"曰:"只要去人欲存天理,方是工夫。静时念念去欲存理,动时念念去欲存理。"(《传习录》)故言良知,则曰:"天理之昭明灵觉,则良知也。"言致知格物,则曰:"致吾心良知之天理于事事物物,则事事物物皆得其理矣。致吾心之良知者,致知也。事事物物皆得其理者,格物也。"(《传习录》)不特是也,问主一,曰:"主一是专主一个天理。"有于中字之义未明者,曰:"中只是天理。"(《传习录》)然则阳明之学,其真切处,固在存天理去人欲上。若言致良知,言知行合一,特就存天理去人欲之把柄头脑处,为学者指点耳。自后之学阳明者,抛却存天理去人欲一段工夫,而专以良知、知行合一之说腾为口论。于是王学之弊,遂为世所诟病。然岂阳明之意乎?故吾以为咎王学者,当咎其空疏,不当咎其放恣。何者?空疏,阳明之教之所不免;放恣,则阳明之教亦不之许也。

第二十五章　罗　整　庵

当阳明之世,有守其学以与阳明相难,而始终不相合者,则罗整庵钦顺是。钦顺字允升,吉之泰和人,整庵其号也。弘治六年,进士及第。授编修。擢南京国子司业。嘉靖中,官至南京吏部尚书,改礼部。丁父忧,致仕。年八十三,卒。谥文庄。整庵尝自叙为学云:"昔官京师,逢一老僧,漫问何由成佛。渠亦漫举禅语为答:佛在庭前柏树子(本赵州和尚语,见《传灯录》。赵州名从谂,唐末时人)。意其必有所谓,为之精思达旦。揽衣将起,则恍然而悟,不觉流汗通体。既而得《证道歌》(永嘉禅师所作)读之,若合符节。自以为至奇至妙,天下之理,莫或加焉。后官南雍,圣览之书未尝一日去手。潜玩久之,渐觉就实。始知前所见者,乃此心虚灵之妙,而非性之理也。自此研磨体认,积数十年,用心甚苦。年垂六十,始了然有见乎心性之真,而确乎有以自信。"(《困知记》)盖整庵先耽于禅,而后舍而去之者。故断断于儒、佛之辨,而指象山、慈湖、白沙、阳明胥为禅学。曰:"圣人本天,释氏本心。"(《答欧阳南野书》。南野名德,泰和人,阳明门人。二语本之程伊川,见《二程语录》)曰:"吾儒以寂感言心,而释氏以寂感为性。"曰:"释氏之明心见性,与吾儒之尽心知性,相似而实不同。盖虚灵知觉,心之妙也。精微纯一,性之真也。释氏之学,大抵有见于心,无见于性。故其为教,始则欲人尽离诸相,而求其所谓空。空即虚也。既则欲其即相即空,而契其所谓觉。觉即知也。觉性既得,则空相洞彻,神用无方。神即灵也。凡释氏之言性,穷其本末,要不出此三者。然此三者,皆心之妙,而岂性之谓哉!"曰:"程子言'性即理也'。象山言'心即理也'。至当归一,精义无二。此是则彼非,彼是则此非。安可不明辨之?吾夫子赞《易》,言性屡矣。曰:'乾道变化,各正性命。'曰:'成之者性。'曰:'圣人作《易》,以顺性命之理。'曰:'穷理尽性,以至于命。'但详味此数言,'性即理也'明矣。于心亦屡言之。曰:'圣人以此洗心。'曰:'易其心而后语。'曰:'能说诸心。'夫心而曰洗、曰易、曰说,洗心而曰以此。试详味此数语,谓'心即理也',其可通乎?"(以上并《困知记》)其区别心、性,以为儒、佛不可相混,可谓凿然有见之言。而又谓:"胡敬斋力攻禅学,但于禅学本末未尝深究,动以想像二字断之,安能得其心服?盖吾儒之有得者,固是实见。禅学之有得者,亦是实见。但所见有不同。是非得失,遂于是乎判。"今《困知记》所论《楞伽》、《华严》诸经义,以及禅宗古德之语句,皆能穷其源流,析其同异。则知整庵之主儒黜释,而必与象山、阳明立异,固非颠顶而为之也。且自唐以来,如韩昌黎之徒,号为儒者,无不辟佛。然唐人辟佛,不若宋儒。何者?唐人辟佛者,无得于佛;而宋儒辟佛者,则皆有得于佛也。而宋儒又不若明儒。何者?宋儒得于佛者尚浅,而明儒得于佛者益深也。高景逸称:"自唐以来,排斥佛氏,未有若整庵之明且悉者。"夫整庵则诚卓然矣。然亦岂非时为之哉!

整庵之学,与朱子为近。然立论亦有不同于朱子者。朱子分理气为二,而整庵则曰:"通天地,亘古今,无非一气而已。气本一也。而一动一静,一往一来,一阖一辟,一升一降,循环无已。积微而著,由著复微,为四时之温凉寒暑,为万物之生长收藏,为斯民之日用彝伦,为人事之成败得失。千条万绪,纷纭缪辕,而卒不克乱,莫知其所以然而然,是即所谓理也。初非别有一物,依于气而立,附于理以行也。或者因《易》有太极一言,乃疑阴阳之变易,类有一物主宰乎其间者。是不然矣。"(《困知记》)夫朱子之论理气,盖与其言心性一贯。理与气为二,斯心与性为二。有理则有性,有气则有心。故曰:"所觉者,心之理也。能觉者,气之灵也。"曰:"为知觉为运动者,此气也。为仁义为礼智者,此理也。"曰:"性只是理。"曰:"心者气之精爽。"(并见《语类》)今整庵于心性之别甚严,而于理气则混而为一,亦可异矣。是故梨洲讥其矛盾。而蕺山则谓:"心性之名,其不可混者,犹之理与气。而其终不可得而分者,亦犹之乎理与气。整庵既不与宋儒天命气质之说,而蔽以理一分殊之一言。谓理即是气之理,是矣。独不曰性即是心之性乎?心即气之聚于人者,而性即理之聚于人者。理气是一,则心性不得是二。"(《明儒学案·师说》)以子矛,攻子盾,虽整庵复生,固无以自解也已。虽然,有晦庵,即不能无象山。有阳明,亦即不能无整庵。道固有以相济为用者。若阳明、整庵,正亦未可轩轾耳。整庵所著,有《困知记》、《整庵存稿》。

第二十六章　湛甘泉

白沙之后，有湛甘泉。其门下之盛，殆与阳明相埒。故当时多以王、湛并称。又非整庵闭门著书，不交徒众比也。甘泉，名若水，字元明，广东增城人。以从白沙学，不赴计偕。后登弘治十八年进士。历官南京礼、吏、兵三部尚书。致仕。嘉靖三十九年，卒。年九十五。有《甘泉集》。阳明在吏部讲学，甘泉首和之。其宗旨在体认天理，煎销习心，与阳明之存天理，去人欲，盖极相近。尝曰："天理是一大头脑。千圣千贤，共此头脑。只是此一大事，更无别事。体认，是工夫以求得乎此者。煎销习心，以去其害此者。心只是一个好心。本来天理完完全全，不待外求。顾人立志与否耳。"(《语录》)然《与阳明书》力言其以正念头训格物之非，而谓："格物者，至其理也。至其理云者，体认天理也。"又谓："格物之意，以物为心意之所著。意只恐人舍心求之于外，故有是说。不肖则以为人心以天地万物为体，心体物而不遗。认得心体广大，则物不能外矣。故格物非在外也。"(并《与阳明书》)盖天理即良知，原无同异。但所争者，阳明以心外无物，故工夫必在心上用。甘泉以心体万物，故功夫当在物上用。观甘泉自云："阳明与吾看心不同。吾之所谓心者，体万物而不遗者也，故无内外。阳明之所谓心者，指腔子里而为言者也,故以吾之说为外。"(《答杨少默书》)斯其不合之故,可以见矣。且体认天理之说,出于李延平,而甘泉与延平亦异。延平体认天理,盖在默坐澄心时。而甘泉则主随处体认,不分动静。故于《论语》言"居处恭,执事敬",尤爱举"执事敬"一语。曰:"吾人切要,只于执事敬用功。"(《答徐曰仁》,曰仁名爱,阳明门人)曰:"大抵至紧要处,在'执事敬'一句。若能于此得力,如树根著土,则风雨雷霆,莫非发生。"(《答陈维浚》)曰:"执事敬,最是切要。彻上彻下,一了百了。致知涵养,此其地也。"(《答邓瞻兄弟》)夫阳明未尝不曰:"须在事上磨炼做工夫,乃有益。"未尝不曰:"离了事物为学,却是着空。"(《传习录》)然以随事致力,为彻上彻下一了百了,则阳明所不然也。夫白沙有云:"随时随处,无不是这个充塞。"则甘泉之随处体认,犹是其师之教欤?甘泉与阳明争,在格物。整庵与阳明争,亦在格物。然有同而不同者。甘泉曰:"心体物而不遗。"整庵曰:"格物之格,是通彻无间之意。盖工夫至到,则通彻无间。物即我,我即物,浑然一致。"(《困知记》)其以即心即物,则所同也。然整庵曰:"人心之体,即天之体。本来一物,但其主于我者,谓之心。若谓其心通者,洞见天地人物,皆在吾性量之中,而此心可以范围天地。则是心大而天地小矣,是以天地为有限量矣。本欲其一,反成二物。谓之知道可乎?'《易》有太极,是生两仪',乃统体之太极。'乾道变化,各正性命',则物物各具一太极矣。其所为太极则一,而分则殊。惟其分殊,故其用亦别。若谓天地人物之变化,皆吾心之变化,而以发育万物归之吾心,是不知有分之殊矣。既不知有分之殊,又恶可语天理之一哉!盖发育万物,自是造化之功用。人何与焉?虽非人所得与,其理即吾心之理。故《中庸》赞大哉圣人之道,而首以是为言。明天人之无二也。此岂蔽于异说者之所能识哉!"(《困知记》)而甘泉曰:"心也者,包乎天地万物之外,而贯夫天地万物之中者也。"(《心性图说》)曰:"圣人以天地万物为体,即以身当天地万物看。"(《语录》)其以即心即物,或推本于天,或即推本于心,则所异也。是故甘泉之说，虽非阳明之比，而自整庵视之，则皆所谓心学耳。昔者朱、陆对立，而南轩厕其间，与朱时有异同，然自近朱而非陆。今者王、罗对立，甘泉在其间，与王虽有异同，亦自近王而非罗。夫甘泉之学，出于白沙。而整庵于白沙"斯理无一处不到，无一处不运，才觉便我大而物小"云云，皆极讥之。则与甘泉，复何怪其径庭乎！

第二十七章　王龙溪　王心斋 附钱绪山

梨洲作《明儒学案》谓："阳明之学，有心斋、龙溪而风行天下，亦因心斋、龙溪而渐失其传。"(《泰州学案》)则阳明之门，如心斋、龙溪，殆不可不述也。龙溪，名畿，字汝中，浙之山阴人。自弱冠受业阳明。阳明门人益进，不能遍授，则使之先见龙溪与钱绪山。绪山，名德洪，阳明里人也。然绪山笃实，而龙溪资悟超绝，盛有才辨。故龙溪兴起尤多。阳明教人，每提四句为教法，曰："无善无恶心之体，有善有恶意之动，知善知恶是良知，为学去恶是格物。"绪山以为此师门定本，不可更易。而龙溪则谓："立教随时，谓之权法，未可执定体用。显微只是一机，心意知物只是一事。若悟得心是无善无恶之心，意即是无善无恶之意，知即是无善无恶之知，物即是无善无恶之物。盖无心之心，则藏密。无意之意，则应圆。无知之知，则体寂。无物之物，则用神。天命之性，粹然至善。神感神应，其机自不容已。无善可名。恶固本无，善亦不可得而有也。"时阳明有两广之命，将发越中，晚坐天泉桥上，二人以所见请质。阳明曰："正要二子有此一问。吾教法原有此两种。四无之说，为上根人立教。四有之说，为中根以下人立教。上根者，即本体便是工夫，顿悟之学也。中根以下之人，未尝悟得本体，须用为善去恶工夫，以渐复本体。及其成功，一也。汝中所见，是接上根人教法。德洪所见，是接中根以下人教法。汝中所见，我久欲发。恐人信不及，徒增躐等之病，故含蓄到今。此是传心秘藏。今既已说破，亦是天机该发泄时。汝中此意正好保存。不宜轻以示人，反成漏泄。"自是海内传为天泉证悟之论。而阳明没后，龙溪历主东南讲会，大抵本此以为言。谓："正心，先天之学也。诚意，后天之学也。吾人一切世情嗜欲，皆从意生。心本至善，动于意始有不善。若能在先天心体上立根，则意所动自无不善。一切世情嗜欲，自无所容。致知功夫，自然易简省力。若在后天动意上立根，未免有世情嗜欲之杂。才落牵缠，便费斩截。致知功夫，转觉繁难。欲复先天心体，便有许多费力处。颜子有不善未尝不知，知之未尝复行，便是先天易简之学。原宪克伐怨欲不行，便是后天繁难之学。不可不辨也。"(《全集·三山丽泽录》)夫阳明曰："《大学》之要，诚意而已矣。"今龙溪以正心为简易，而诚意为繁难。与阳明盖稍异矣。

　　心斋，名艮，字汝止。扬之泰州安丰场人。三十八岁，始谒阳明于豫章。以古衣冠进见，据上坐相辨难。及闻致良知之说，乃叹曰："简易直截，所不及也。"因下拜称弟子。辞出就馆舍，绎思所闻，间有不合，悔之。明日入见，曰："某昨轻易拜矣。"复上坐，反覆久之。心大服，竟下拜执弟子礼。阳明谓门人曰："向者吾擒宸濠，一无所动。今却为斯人动矣。"阳明没后，心斋尝与同门会于金陵。欧阳南野（德，江西泰和人）讲致良知，心斋戏之曰："某近讲良知致。"（见《年谱》）又尝曰："止至善者，安身也。安身者，立天下之大本也。本治而末治，正己而物正，大人之学也。是故身也者，天地万物之本也。天地万物，末也。身未安，本不立也。本乱而末治者，否矣。本乱治末，末愈乱也。《易》曰：君子安其身而后动。又曰：利用安身。又曰：身安而天下国家可保。（皆《系辞》）孟子曰：守孰为大，守身为大。同一旨也。"（《遗集·答问补遗》）《易》、《大学》修身为安身，亦阳明所未言。故当时即有谓心斋自立门户者,非无由也。

要之龙溪、心斋,皆主超悟,其说有极相似者。龙溪曰:"天机无安排。"(《水西会语》)心斋亦曰:"自然天则,不著人力安排。"(《语录》)龙溪曰:"工夫只求日减,不求日增。减得尽,便是圣人。后世学术,正是添的勾当。所以终日勤劳,更益其病。"(《答徐存斋》)心斋亦曰:"人性上不可添一物。"(《语录》)心斋之训格物也,曰:"格如格式之格,即絜矩之谓。吾身是个矩,天下国家是个方。絜矩,则知方之不正,由矩之不正也。是以只去正矩,却不在方上求。矩正则方正矣,方正则成格矣。"(《语录》)而龙溪亦有言曰:"格物是致知下手实地。格是天则,良知所本有。犹所谓天然格式也。"(《答聂双江》。双江名豹,江西永丰人,亦阳明门人)心斋之作《乐学歌》也,曰:"人心本自乐,自将私欲缚。私欲一萌时,良知还自觉。一觉便消除,人心依旧乐。乐是乐此学,学是学此乐。不乐不是学,不学不是乐。乐便然后学,学便然后乐。乐是学,学是乐。於乎!天下之乐,何如此学。天下之学,何如此乐。"而龙溪亦有言曰:"乐是心之本体。"(《答汪南明》)故心斋《答龙溪书》云:"谚云:相识满天下,知心有几人。非先生而何?"即其学之契合可见也。然龙溪性和易,而心斋言动奇矫,虽阳明戒抑之,终与狂者为近。故再传而得颜山农(名钧,吉安人,学于徐波石樾。樾,心斋及门也),三传而得何心隐(心隐本梁姓,名汝元,永丰人,从山农学),自任太过,不复为名教之所羁束。其后一戍,一死于狱(见《明儒学案·泰州学案》)。而阳明之学遂遭世之诟病。然后知《易》言知崇礼卑。崇效天,卑效地(《易·系》)。礼之亡,效天而不法地,未有不至于决裂者也。龙溪官至武选郎中,年八十六卒。而心斋终于布衣,年五十八。《龙溪全集》二十卷。《心斋遗集》二卷。

第二十八章　胡庐山　附罗念庵

阳明之没，言其学者遍天下。而梨洲《明儒学案》独称一私淑之罗念庵。谓天下学者因念庵之言，而后得阳明之真；其哓哓以师说鼓动天下者，反不与焉。然念庵以主静无欲为教，不尽与阳明合。其为《阳明年谱》，始称后学。后因绪山、龙溪之言，方改称门人，则与欧阳南野等自不同也。念庵，名洪先，字达夫，吉水人。嘉靖八年，以第一人及第。官至左春坊左赞善。以帝不临朝，疏请皇太子元旦御殿受朝贺。忤旨，黜为民。年六十一卒。有集十八卷。出其门者有胡庐山，实能张皇阳明之学。当时疑阳明者，首在"求理于吾心"一言，以为理在物不在心。而庐山作《衡齐》力辨之。曰："今夫理之说何始乎？《诗》曰：我疆我理（《小雅·信南山》）。释之者曰：理，定其沟涂也。谓人定之也，非谓沟涂自定也。然则谓理在沟涂可乎？《书》曰：燮理阴阳（《古文尚书》、《周官》）。释之者曰：燮理，和调之也。谓人调之也，非谓阴阳之自调也。然则谓理在阴阳可乎？夫子赞《易》曰：黄中通理。言至正至中而理通焉，未闻中正之在物也。曰：易简而天下之理得。言易知简能而理得焉，未闻知能之在物也。最后曰：和顺于道德而理于义。其下文即曰：穷理尽性以至于命。盖言圣人作《易》，咸理于吾性之义,故穷理者穷斯,尽性者尽斯,以逮夫至命者,咸繇之矣。吾未闻理不在义而在物也,亦未闻穷理之理,非理于义之理也。故夫子又明言之曰:圣人之作《易》,将以顺性命之理。嗟乎!吾夫子固明言性命之理,而世必以为在物,何哉!"(《衡齐·理问上》)又曰:"不闻孟子之辟告子曰:且谓长者义乎?长之者义乎?知义,则知理矣。又不闻子思上下察之旨乎?今夫鸢飞戾天,自人视之,鸢在上也,而不知斯人与知与能者之上察也。鱼跃于渊,自人视之,鱼在下也,而不知斯人与知与能者之下察也。大哉察乎!其诸人心神理之昭诚之不可揜夫,是故察之外无理也。吾请譬之。方其未有旸日也,黝墨荒忽,未始有天地万物也。已而旸日照之,则天地万物列矣。然是旸日也,其体在天,而其光与气散于天地万物之间。人之执其光挹其气者,一盘盂,一旸日也;一甕盎,一旸日也;一渊谷,一旸日也;一江汉,一河海,有万旸日也。今如有夸父焉,逐日于谷,彼亦恶知旸日之体不在是也?知旸日之体之所在,则知理之所繇矣。是故天者,吾心为之高而覆也。地者,吾心为之厚而载也。日月,吾心为之明而照也。星辰,吾心为之列而灿也。雨露者,吾心之润。雷风者,吾心之薄。四时者,吾心之行。鬼神者,吾心之幽者也。江河山岳、鸟兽草木之流峙繁植也,火炎水润、木文石脉,畴非吾心也。蜾蚁虎狼、鸿雁雎鸠,畴非吾心也。一身而异窍,百物而殊用,畴非吾心也。是故旸日者,所以造天地万物者也。吾心者,所以造日月与天地万物者也。其惟察乎!匪是,则亦黝墨荒忽,而日月天地万物熄矣。日月天物万物熄,又恶睹夫所谓理哉!予故曰:察之外无理也。"(《理问下》,有节文)又疑阳明者,以为心者知觉,而理则性,心与性宜析。而庐山辨之曰:"心犹之火,性犹之明。有一星之火,即有一星之明,明不在火之表。性犹火之明,情犹明之光。有一星之明,即有一星之光,光不在明之后。故谓火与明与光异号,则可。谓为异物,则不可也。谓心与性与情异文,则可。谓为异体,则不可也。性之文从心从生。夫人心惟觉则生,弗觉则弗生;惟生则理,弗生则弗理。假令捧土揭木,俨若其形,立傅而告之曰:是为父子之亲,君臣之义。盖块如也。何哉?以土木无觉故也。是以舍人心之觉,则无性矣,又焉有理哉!是故蕴而仁义礼智藏焉,始非有物焉以分贮于中也,则觉为之宰也。感而恻隐羞恶辞让是非形焉,亦非有物焉以分布于外也,则觉为之运也。方其宰也,而无不运,虽天下之至虚,而无不实也。方其运也,而无不宰,虽天下之至实,而无不虚也。故觉即性,非觉之外有性也。性即理,非性之外有理也。又乌有夫觉虚理实心虚性实之谓哉!"(《六锢》)夫庐山之辨晰矣。然以心造日月天地万物,而觉即性,则全然释氏"三界惟心,作用是性"之窠臼。而庐山即亦不自讳,曰:"或者曰:今之儒者之语学,独喜援二家言者,何也?曰:是亦所谓不执一废百也。程伯子训《孟子》之勿正心,曰动意则乖,拟心则差。非释家语乎?紫阳夫子作《调息箴》,曰守一处和,千二百岁。非老家语乎?君子之学,莫病泥文,尤莫病执迹。彼执一废百者,则执迹之为害也。"(《申言下》,有节文)虽然,庐山亦有持以别于释氏者。曰:"释氏虽知天地万物之不外乎心,而卒至于逃伦弃物。若是异者,非心之不实也,则不尽心之过也。盖释氏主在出世,故其学止于明心。明心,则虽照乎天地万物,而终归于无有。吾儒主在经世,故其学贵尽心。尽心,则能察乎天地万物,而常处之有。则是吾儒与释氏异者,则尽心与不尽心之分也。所谓毫厘千里者此也。"(《六锢》)又曰:"心性非异也。存心养性,明心见性,亦非相远也。然一则以是尽己与天地万物之性,一则以是而出离一己之生死。则亦公与私之分也。"(《申言下》)夫辨同异者,辨异于异易,辨异于同难。若庐山之辨儒、释,既认其同,而仍指其异,可谓辨异于同者。其在当时,固足与整庵相抗衡者也。(庐山之言,大抵为整庵而发,观《衡齐》可见)

抑庐山虽主阳明,而于其末流之失,即亦未尝不痛之。曰:"昔之觊良知者,致之。今之觊良知者,玩之。"曰:"世儒惩二氏过焉者也,其流执物理而疑心性。今儒惩世儒过焉者也,其流执心性而藐物则。"

(并《明中下》)曰:"今学者怀多欲之私,而欲明明德于天下,未有不理欲交杂,而终归于霸也。淮之南之学则左矣。"(《续问下》。淮之南之学,盖指王心斋而言)是故其说,易良知而为灵则。曰:"弟子曰:学有至乎?曰:有之。灵则是也。"(《明中上》)曰:"莫非文也。则莫不有吾心不可损益之灵则以行乎其间者,礼是已。"(《博辨下》)曰:"世儒之为当也,弗究于性,弗由于道。心弗灵弗则故也。"(《明中上》)夫阳明言致良知,而其失也,但言良知而遗致。龙溪、心斋言良知,而其失也,又但言知而遗良。言知而遗良,则于"心即理也"之言全失矣。庐山易之以灵则者,灵则心,则则理,盖犹是即心即理之旨。然而足以塞空疏放恣者之口,而使之不复能有所假借。是则庐山有功于王学者也。庐山名直,字正甫,庐山其号也。泰和人。嘉靖三十五年进士。官至按察使。卒于万历十三年。年六十九。所著《衡齐》外,有《衡庐精舍藏稿》。其平生进学,略见于所为《困学记》。(见《藏稿》。《明儒学案》载之)初事欧阳南野,三十后,始从罗念庵游。而于阳明门下如钱绪山、唐荆川(顺之),皆尝见之。

第二十九章　吕　心　吾

当王学之盛,有一不由师传,而从艰难困苦中自得之者,曰吕心吾。心吾名坤,字叔简,亦号新吾。河南宁陵人。隆庆(穆宗)五年,登进士第。万历中,官至刑部左侍郎。立朝持正,以是为小人所中,致仕去。家居四十年,年八十三卒。其自撰墓志称:"质困钝,读两叶书,旦夜不成诵。看书亦不甚解。博涉坊刻训诂家言,益乱益不解。乃一切弃置之。默坐澄心,体认经旨。不了悟不休。久之,我入于书。又久之,书归于我。过目即得,一得久不忘。非诵读之力也。"而《呻吟语》有云:"少年只要想我见在干些甚么事,到头成个甚么人。这便有多少恨心,多少愧汗。如何放得自家过!"又云:"士君子作人不长进,只是不用心不著力。其所以不用心不著力者,只是不愧不奋。能愧能奋,圣人可至。"(并《修身》)观此,即其为学致力之勤苦,可见也。所著书有《四礼翼》、《四礼疑》、《闺范》、《实政录》、《呻吟语》、《去伪斋文集》。而《呻吟语》尤为世所称道。

心吾之学,从默坐澄心入,依然阳明家法。故其论格物曰:"格物二字,圣学入门第一要诀。圣经不言力行者何?善当为,恶当去,其谁不知?而竟不为善不去恶者,意不真诚故也。意不真诚者何?知不痛

第三编 近古哲学史 ◎第二十九章 吕心吾

切故也。知不痛切者何？性不透悟故也。性透则知自痛切，痛切则意念自真。意念既真，则好善自然无以尚之，恶恶自然不使加乎其身。"又曰："物外无道，格物之外无学。是物也，为上帝所降之衷，是先天纯粹之理。物格是实见得，知至是实信得。"（并《文集·答孙冢宰论格物书》，有节文）虽其谓阳明说良知乃在情上立跟脚，认端绪作根本；又谓阳明见子而不见亥（并同上。道家以亥子之中为口诀）。然以物为帝降之衷，为先天纯粹之理，吾未见其有异于阳明之所谓良知者也。虽然，心吾与阳明门下实有大不同者。曰："才贵通不贵一，事贵习不贵料。故问不厌迂缓，考不厌庞杂，学不厌居积。夏索狐貉，冬索绤绤，而应之曰无。此良贾之耻也。由斯以观，博学审问慎思明辨，不专在方寸间笔楮上矣。儒者之急务，不专在谈性天讲理气矣。夫理可心悟，而事难心悟。理可一贯，而事难一贯。宋儒有言：'孔子生而知之者。言亦由学而至，所以勉进后人也。'弟窃笑之。夫气质清明，则义理昭著。道与身一，则由仁义行。所谓性焉安焉。圣人诚若是矣。乃若生不见泰山，而能图泰山景象；生不见坟典，而能诵坟典故实，圣人能之乎？夫古今事变，名物宇宙，人情物理，童而习之，白首不能尽。故识商羊，辨萍实，必先闻童子之谣。防风骨，肃慎矢，必先读夏、周之典（四事并见《家语》）。假令问孔子以四海民情土俗，万古因革损益，必不能臆对。若欲周知，岂得不学？以是知发愤忘食，好古敏求，未必不涉历世务，未必不理会前言。期月而可，三年有成，必有经济弘术，必有区画长策。而一点灵光，特一触即透，默运不劳，斡旋无斧凿之痕，转移有俄顷之妙耳。"（《别邹尔瞻书》。尔瞻名元标，号南皋，吉水人。京师首善书院之设，即由尔瞻与冯从吾少墟倡之）又曰："吾人讲学须知所学何事。自十五时便入大学，所讲者圣经一章耳。盖儒者教门，以天下国家为一身。其格致诚正也，欲端一身以为国家天下。非莘野磻石专言耕钓，阿衡尚父方讲治平，作两截学问也。诸子问为政，颜渊问为邦，何尝以用世为讳哉！目前是何光景？殷浩以苍生自负

(《晋书》),房琯以经武知名(《唐书》),一出犹作败局。有如缓急之际,艰难如足食足兵,重大如安边治河,种种不可悉数。当事者问我,委曰不知。柄人者用人,委曰不能。可乎?夫任聪明不可以当盘错,旋安排不可以应仓皇。此周、孔所以必寝食俱忘,夜以继日,且思且学也。"(《答姜养冲》)又曰:"不当事,不知自家不济。才随遇长,识以穷精。坐谈先生只好说理耳。"(《呻吟语·品藻》)夫清儒之攻明儒者,谓其事空谈而无实学,耽心性而遗国家。而如先生所言,则明儒何尝不自争之。又不独先生也,胡庐山亦有言矣。曰:"国莫病于畏言兵,士莫忌于疲虚文。"(《衡齐·谈言下》)曰:"区区弊精故纸,奔走一世,以趋窾言。虽言满天下,何资实用?"(同上)呜呼!其如言而天下不听,何哉?

第三十章　顾泾阳　高景逸

　　自王学之盛，而立会讲学，遂成风尚。然但及身心，不与政事也。讲学而兼议国政，主持清议，以左右一世，卒之以党祸与国相终始，则东林实倡之。东林者，顾泾阳、高景逸为之魁。泾阳名宪成，字叔明。景逸名攀龙，字存之。皆常之无锡人。邑旧有东林书院，宋杨龟山先生讲学处也，已废为僧舍。顾、高请于当道，葺而复之，会吴越士友，讲习其中。东林之名，盖由于此。泾阳中万历（神宗）八年进士，授户部主事，调吏部。以忤阁臣王锡爵，谪判桂阳。已，司理处、泉二州。课第一，擢吏部考功主事。时赵南星主计典，尽黜诸宵小，不胜政府之忌，降调去。泾阳请与并罢，不报。迁文选司郎中。而进退人才，益与政府相牴牾。遂以会推冢宰阁臣事，削籍归。三十六年，以南京光禄寺少卿召，不起。四十年卒。年六十三。卒后十五年，魏忠贤大戮东林党人。泾阳亦以御史石三畏言夺官。崇祯初，赠吏部右侍郎。谥端文。所著有《泾皋藏稿》、《小心斋札记》、《大学通考》、《还经录》、《证性编》等。景逸较幼于泾阳。万历十七年进士，出赵南星之门。授行人。以铨阁龃龉，上疏论之。谪揭阳尉。越二年，假差归。自是林居，垂三十年。天启（熹宗）初，语光禄寺丞，晋少卿，转太常，又转大理。叠疏指摘贵戚郑氏,及旧辅方从哲。方、郑之党惧,因群以东林为言,思以中之。既讲学之禁起,讲学诸臣邹元标、冯从吾皆去位。景逸请移疾,不允。明年,乞差还里。四年,起刑部右侍郎,迁左都御史。会副都杨涟疏论魏阉二十四大罪,而景逸又发御史崔呈秀贪秽状。呈秀遂合群小,附魏阉,以倾正类。既矫诏杀杨涟等,又尽毁天下书院。东林亦燔焉。六年,缇骑逮缪昌期、周顺昌等。时景逸已先罢归,知不免,缮遗表投池水死。年六十五。崇祯初,赠太子少保,兵部尚书。谥忠宪。所著有《遗书》、《周易易简》、《春秋孔义》等。且两先生之在当时,摘发奸宄,一无假借,未尝无疑其犹落于意气者。然观遭窜逐以至于死,皆泰然处之,而曾不丝毫动于其中,则岂意气所能为哉!景逸有云:"气节而不学问者有之,未有学问而不气节者。若学问而不气节,为世教之害不浅。"(《遗书·会语》)呜呼!意气气节之乱久矣。自非知学之士,其孰能辨之!

两先生皆深斥阳明无善无恶之论。泾阳曰:"管东溟(东溟名志道,字登之,太仓人,与泾阳同时)曰:'凡说之不正而久流于世者,必其投小人之私心,而又可以附于君子之大道者也。'愚窃谓无善无恶四字当之。何者?见以为心之本体原是无善无恶也。合下便成一个空。见以为无善无恶只是心之不著于有也,究竟且成一个混。空则一切解脱,无复挂碍。高明者入而悦之,于是将有如所云,以仁义为桎梏,以礼法为土苴,以日用为缘尘,以操持为把捉,以随事省察为逐境,以讼悔迁改为轮回,以下学上达为落阶级,以砥节砺行独立不惧为意气用事者矣。混则一切含糊,无复拣择。圆融者便而趋之,于是将有如所云,以任情为率性,以随俗袭非为中庸,以阉然媚世为万物一体,以枉寻直尺为舍其身济天下,以委曲迁就为无可无不可,以猖狂无忌为不好名,以临难苟安为圣人无死地,以顽钝无耻为不动心者矣。由前之说,何善非恶?由后之说,何恶非善?是故欲就而诘之,彼其所占之地步甚高,上之可以附君子之大道。欲置而不问,彼其所握之机缄甚活,下之可以投小人之私心。即孔孟复作,竟奈之何哉!"(《小心斋札记》)景逸曰:"阳明先生所谓善,非性善之善也。何也?彼所谓有善有恶者意之动,则是以善属之意也。其所谓善,第曰善念云尔。所谓无善,第曰无念云尔。吾以善为性,彼以善为念也。吾以善自人生而静以上,彼以善自吾性感动而后也。故曰非吾所谓性善之善也。吾所谓善,元也。万物之所资始而资生也,乌得而无之?故无善之说,不足以乱性,而足以乱教。善,一而已矣。一之而一元,万之而万行,万物不二者也。天下无无念之心,患其不一于善耳。一于善,即性也。今不念于善,而念于无。无,亦念也。若曰患其著焉,著于善,著于无,一著也。著善则拘,著无则荡。拘与荡之患,倍蓰无算。故圣人之教,必使人格物。物格而善明,则有善而无著。今惧其著,至夷善于恶而无之。人遂将视善如恶而去之,大乱之道也。故曰:足以乱教。古之圣贤曰止善、曰明善、曰择善、曰积善,盖恳恳焉。今以无之一字扫而空之,非不教为善也。既无之矣,又使为之,是无食而使食也。"(《方本庵性善绎序》,有节文。本庵名学渐,桐城人)夫自四无之说出,一时江右诸贤,出于阳明门下者,如罗念庵、邹东廓(守益)、聂双江,皆尝辨之。而若东廓记青原赠处,且谓至善无恶者心,有善有恶者意,与龙溪《天泉证道记》不合。抑且其言出于绪山,非阳明之教矣(见《东廓集》)。然而穷无善无恶之流弊,言之切而辨之明,殆未有过于两先生者。两先生之学,皆以格物为重。而景逸指阳明于朱子格物,未尝涉其藩。(《答方本庵书》)又谓:"谈良知者,致知不在格物。故虚灵之用,多为情识,而非天则之自然。吾辈格物,格至善也。以善为宗,不以知为宗。"(《语录》)凡此皆针对致知之学而发。然泾阳有言:"吃紧只在识性。识得时,不思不勉是率性,思勉是修道。识不得时,不思不勉是忘,思勉是助。总与自性无干。"(《小心斋札记》)景逸亦言:"凡人之所谓心者,念耳。人心日夜系缚在念上,故本体不现。一切放下,令心与念离,便可见性。"(《示学者》)曰识性、曰见性,则终不能脱王学面目。况景逸《三时记》自叙为学次第,至"一念缠绵,斩然遂绝,忽如百斤担子顿然落地,又如电光一闪,透体通明"。更分明是禅家悟彻光景。以此而攻阳明攻禅,毋亦所谓阴用之而阳距之者耶!

第三十一章　刘蕺山　黄石斋

刘宗周,字起东,号念台,浙之山阴人。万历二十九年进士。天启初,为礼部主事。历右通政。以疏劾魏忠贤客氏,削籍为民。崇祯二年,起顺天府尹。时帝方以刻深绳下,宗周以仁义之说进,又请除诏狱、免新饷。帝不省。谢病归。十五年,再起,授吏部左侍郎,擢左都御史。会给事中姜埰,行人司副熊开元,以言得罪,下诏狱。宗周因召对论救,触帝怒,复削职。弘光立于南都,起原官,陈兴复之策,请都凤阳。又劾马士英,争阮大铖必不可用。皆不纳。再疏请告归。杭州失守,绝食二十三日而卒。年六十八。所著有《古易钞义》、《圣学宗要》、《学言》、《人谱》、《文集》等。尝筑证人书院,讲学蕺山,学者因称蕺山先生。黄道周,字幼玄(《明史》作幼平,此从《明儒学案》),一字螭若,号石斋。天启二年进士,补编修。崇祯初,以疏救钱龙锡,又上书语侵首辅温体仁,斥为民。九年,起右中允。进少詹事,兼翰林院侍讲学士。既,杨嗣昌夺情入阁,陈新甲夺情起宣大总督,方一藻以辽抚与清议和。道周具三疏并劾之。召对平台,又力争。谪江西布政司知事。十三年,江西巡抚解学龙疏荐地方人才,称道周堪任辅导。帝疑其朋比,更逮道周、学龙按治之。卒谪戍辰州卫。越年,以周延儒言,原官起用。未上，而京师陷矣。南都建，官礼部尚书。寻奉唐王入闽，遂首政府。视郑氏无经略志，自请率师出关。至婺源，为清兵所执。绝粒十四日，不死，引磬，又不殊。遂遇害。年六十二。所著有《易象正义》、《三易洞玑》、《洪范明义》、《春秋揆》、《石斋集》等。

念台、石斋两先生，其以身殉国既同，而言学亦极相近。《明儒学案》称念台之学，以慎独为宗。今观《蕺山文集》曰："大学之道，诚意而已矣。诚意之功，慎独而已矣。意也者，至善归宿之地。其为物不贰，故曰独。其为物不贰，而生物不测，所谓物有本末也。格物致知，总为诚意而设，亦总为慎独而设也。"（《大学杂辨·诚意》）又曰："君子之学，慎独而已矣。无事此慎独，即是存养之要。有事此慎独，即是省察之功。独外无理。穷此之谓穷理，而读书以体验之。独外无身。修此之谓修身，而言行以践履之。其实一事而已。知乎此者，谓复性之学。"（《来学问答·答门人》）其于慎独之要，盖不啻三致意焉。而石斋亦曰："圣门吃紧入手处，只在慎独。"（《石斋集·榕坛问业》）又曰："诚意只是慎独。慎独者，自一物看到百万物，现来承受。只如好色恶臭，触目感鼻，自然晓会，不假推求。所谓知至。知至便是明诚。"（同上）则何其言之若合符节也。然两先生之所谓慎独，与《大学》本旨，盖有违矣。朱子注《大学》、《中庸》也，曰："独者，人所不知而己所独知之地。"夫就文解义，朱子之注，固当如是也。而念台则以为朱子之慎独，专属省察边事，未免歧动静而二之。而其所以言独者，则曰："无极而太极，独之体也。"（《语录》）曰："所谓未发以前气象，即是独中真消息。"（同上）曰："独字是虚位。从性体看来，则曰莫见莫显，是思虑未起，鬼神莫知也。从心体看来，则曰十目十手，是思虑既起，吾心独知时也。"（同上）此其曰独，与禅家曰本来面目，盖无有异。石斋亦然。曰："性涵动静，只是中和。中和藏处，只是一独。"（《榕坛问业》）曰："知独者该万，知万者还独。"（同上）盖自阳明单提良知为教以来，一时讲学者，莫不拈取一二语句，以自标其宗旨。而即以此为万殊一本之本，体用一源之源。故阳明言致知，举凡格物、诚意、正心以及修齐治平，皆致知也。泾阳言格物，即凡致知、诚意、正心以及修齐治平，皆格物也。念台、石斋言慎独，即凡格物、致知、正心以及修齐治平，皆慎独也。故念台曰："心意知物是一路。"（《语录》）又曰："知善知恶之知，即是好善恶恶之意。好善恶恶之意，即是无善无恶之体。"（同上）石斋曰："试问诸贤，家国天下，与吾一身，可是一物，可是两物？又问吾身，有心有意有知，梦觉形神，可是一物两物？自然谽然，摸索未明。只此是万物同原，推格不透处。格得透时，麟凤虫鱼，一齐拜舞。格不透时，四面墙壁，无处藏身。"（《榕坛问业》）提一发而即全身，明儒之所谓简易直截者，如是而已。又念台谓："心只有人心，而道心者，人之所以为心也。性只有气质之性，而义理之性者，气质之所以为性也。"（《会语》）而石斋则谓："气有清浊，质有敏钝，自是气质，何关性上事。性则通天彻地，只此一物。于动极处见不动，于不睹不闻处见睹闻。着不得纤毫气质。"（《榕坛问业》）意似不合，然其不认性有义理气质之别，正归一致。盖主简易者，未有不以分别为夹杂支离者也。观此，而宋、明儒者为学之不同，亦可以略睹矣。

第四编　近世哲学史

第一章　清儒之标榜汉学

自王学之衰，专事浮谈，人鲜实学。虽得东林诸君子振之，而亦气节之士多，经济之士少。故及流寇之起，满清乘之，入主中夏。士大夫前仆后继，断脰捐踵，而曾无救于灭亡。于是当时有识之士，至以亡国之罪，归之讲学者。顾亭林云："刘、石乱华，本于清谈之流祸，人人知之。孰知今日之清谈，有甚于前代者。昔之清谈谈老、庄，今之清谈谈孔、孟。未得其精，而已遗其粗；未究其本，而先辞其末。不习六艺之文，不考百王之典，不综当代之务，举夫子论学论政之大端，一切不问，而曰一贯，曰无言。以明心见性之空言，代修己治人之实学。股肱惰而万事荒，爪牙亡而四国乱。神州荡覆，宗社丘墟。昔王衍妙善玄言，自比子贡。及为石勒所杀，将死，顾而言曰：'吾曹虽不如古人，向若不祖尚浮虚，戮力以匡天下，犹可不至今日！'今之君子，得不有愧乎其言。"(《日知录》卷七"夫子之言性与天道"条)又云："以一人而易天下，其流风至于百有余年之久者，古有之矣。王夷甫之清谈，王介甫之新说，其在于今，则王伯安之良知是也。孟子曰：天下之生久矣。一治一乱。拨乱世，反诸正，岂不在后贤乎！"(《日知录》卷十八"朱子晚年定论"条)此其指斥阳明，可谓至矣。然犹未至罪及宋之程、朱也。故其为《下学指南序》(《亭林文集》)曰:"别其源流,而衷诸朱子之学。"曰:"蘥朱子之言,以达夫圣人下学之旨。"盖亭林立身行己,极服膺紫阳。是故江藩(甘泉人,号郑堂。少尝及惠栋之门)作《汉学师承记》推木本水源之意,以亭林附于卷末。以为有清诸儒,深究经旨,与两汉同风,实由亭林启之。而犹不能无病其多骑墙之见、依违之言者,此也。专攻程、朱,始于毛大可奇龄(萧山人,生于明,死于清康熙间,所著有《大学知本图说》、《中庸说》、《论语稽求篇》,皆攻击宋儒,而《四书改错》诋朱子尤甚)。而李恕谷学于颜习斋,兼出大可之门,其《与方望溪(苞)书》乃谓:"宋后二氏学兴。儒者浸淫其说,静坐内视,论性谈天。与夫子之言,一一乖反。"(见《恕谷集》)又言:"宋儒内外精粗,皆与圣道相反。养心必养为无用之心,致虚守寂。修身必修为无用之身,徐言缓步。为学必为无用之学,闭门诵读。"(《恕谷年谱》卷上)与习斋谓:"朱子之道,千年大行。使天下无一儒,无一才,无一苟定时。"(《朱子语类评》)同于程、朱诸儒,诋毁不遗余力。然颜、李之学,当时传者不广。及惠氏(士奇,字天牧。子栋,字定宇)、戴氏(震)出,一意训诂之学。以为:"由文字以通乎语言,由语言以通乎古圣贤之心志。譬之适堂坛之必循其阶,而不可以躐等。"(《东原集·古经解钩沈序》)于是谓:"故训明则古经明,古经明则贤人圣人之理义明。歧故训、理义二之,是故训非以明理义,而故训胡为?理义不存乎典章制度,势必流入异学曲说而不自知。"(《东原集·题惠定宇先生授经图》)盖至是而所谓汉学者,始夺宋学之席。而后生小子,稍习章句,即莫不以诟病理学为能事矣。然吾观有清诸儒,于训诂、考据、名物、象数之谊,固多发明。至其能成一家之言,冒天下之理,而不失矩矱,若顾若黄(宗羲)、若孙(奇逢)李(颙)、若张(履祥)陆(世仪),皆承宋学之流风。而所谓汉学家者,自东原戴氏一二人外,鲜能以议论自见。至如颜、李之徒,又非汉学所可范围。故或谓汉学盛而宋学衰,宋学衰而中国无复有自有之哲学,未为过也。抑汉学大师,首推惠、戴。而惠天牧手书楹帖,

第四编　近世哲学史◎第一章　清儒之标榜汉学

犹云："六经尊服、郑，百行法程、朱。"病程、朱之空疏则有之，于程、朱之践履，未始有间言也。即江藩作《汉学师承记》，极力标榜汉学，亦取孙、李诸儒，纂为《宋学渊源》一记。谓："惧斯道之将坠，耻躬行之不逮。愿学者求其放心，反躬律己，庶几可与为善。"（《宋学渊源记序》）其欲调停两家之意，委曲可见。降及道、咸以后，政既不纲，士习亦坏。乐汉学之不及身心，可以纵恣而无忌，遂窟穴其中，专以持摘宋儒之小疵，为效忠汉学之长技。而高明入于辟邪，中庸流为阘茸。至是宋学既不复存，而汉学亦即全非矣。是故方东树（桐城人，字植之，生于乾隆三十七年，卒于咸丰元年，尝从学于姚姬传鼐，以诸生终）著《汉学商兑》，力辨训诂考证之破碎，而程、朱之学之不可诬。然虽断断其间，而学力不逮，卒亦无所树立。至若畸人异士，埋迹蒿莱，闭门讲习，虽有其人，亦潜龙之业，其道未光于天下。先时汉学之徒，斥宋明诸儒舍一死报国更无表见。而自清末以迄今日，士夫之寡廉丧耻，苟免一时，其视宋明气节之盛，相去乃更不知道里几许。然则学术之消息，不亦大可知哉！而无识之士，犹欲扬汉学已死之灰，以为是与欧西科学精神相吻合。舍本逐末，泛滥无归。吾不知所谓科学者，其果如是否也。然而欲恃此以为立国之本，则吾有所不忍言者矣。

宋明诸儒，虽有异同，而其源要出于佛氏，盖风之所被，未有不与俱化者也。独怪基督教自明万历间入中国，一时士夫颇多与其徒交游者。而由明逮清，儒者之书，鲜道及之。以吾所见，陆桴亭《思辨录》有曰："天地间只有阴阳，阴阳只有五行。释氏之地水火风，邵子之水火土石，西教之天地气火（本地水气火，桴亭误作天地气火，想系得之传闻，故有此舛。不然，则刊其书者失之），总欠自然。"（《思辨录辑要》后集卷二天道类）次则应潜斋作《性理大中》（潜斋名撝谦，浙江仁和人，生于明，卒于清康熙二十六年），于论天地气候之变，颇称西士熊氏之说（即熊三拔），推为精当（《性理大中》卷二十一、二十二）。又为《天教论》谓:"尝念佛生于中国之坤方,则西北乾方,必有偏阳之教与其道相反者。闻欧罗巴人在中国西北,尊天而贱地,殆即此乎。及询之西人,果得所谓天主者。盖生于汉哀帝时如德亚国。起匹夫,其国徒众,翕然从之,化被远近。殁后千几百年,而西北诸国尽从其教。吾观《几何》一书,用点画曲直,尽万形之变。天下之易知,诚无如此者。然而其为道不简,从事于此,必至于杀精。吾观《金刚》一书(此指《金刚经》),以无住生心,化被区域。天下之简能,诚无如此者。然而其为道不易,从事于此,必至于灭神。天主罹患于西北,则阳亢故也。释迦剥肤于西南,则阴亢故也。西北之人,以无不知为贵,故乐于用心。从事于此,则自生神。西南之人,以无知为贵,故乐于息心。从事于此,则自生精。极其教,则阳过者杀,阴过者灭矣。西北者,其天道之失中者乎?西南者,其地道之失中者乎?"本《易》理以论释迦、基督之教,以为各有所取,亦儒者之所罕见。然亦即自谓未多见其书,其道不能详,故所言全出之揣度。至以《几何》之书与基督之教,并为一谈,是可哂也。窃尝推究其故。盖明时西来之士,如利玛窦、熊三拔之辈,其所持以炫吾国人者,在其技巧,而不在其宗教。即言事天爱物,与中土旧谈,初无所异。故李之藻序利氏《天主释义》(之藻,浙江仁和人,万历进士,官至太仆寺少卿,其所译《名理探》,为名学最初之译本)谓其:"小心昭事大旨,与经传所记,如券斯合。"而庞迪我《七克》一书,以贪傲饕淫怠妒忿,谓之七贼,欲以施舍谦让克之,其文绝美。熊明遇为之序(明遇,江西进贤人,万历进士,官至兵部尚书,东林党人也),亦曰"遏欲存理,归本事天。不意西方之士,亦我素王功臣"云云。是故当时学士大夫之于彼教,乐道其历数星象之学者多,而向往其洁身修禳之术者少;入其笠以招之者多,弃其学而学焉者少。彼之不能益于我,由我之无所取于彼,非必深闭而固拒之也。至若天堂地狱之说,窃之佛氏,我所屡闻。糟粕之谈,不当一盼。况自千七百四年,罗马教廷有不认奉祀祖先之令,与中土之俗更生扞格。于是康熙四十六年,遂幽禁教皇使臣于澳门，而各地教士，亦遭驱逐。举历数星象几何制造之学，向所震惊以为穷神致化者，视如毒螫，而况其教乎哉！故明、清之基督教，不能与齐、梁以来之佛教比者，教有不同，亦势有不同也。

第二章　孙夏峰　附汤潜庵

　　清初诸儒,以孙夏峰最为老师。夏峰名奇逢,字启泰,一字钟元,直隶容城人,生于明万历十二年。年十七,举乡试。居京师,与左忠毅公光斗、魏忠节公大中、周忠介公顺昌,以气节相尚。当魏阉乱政,东林党狱起,忠毅、忠节、忠介先后被逮,夏峰百计营救,不得。卒经纪其丧,以各归于其乡。以故义声震一时。当时与营救之役者,夏峰外,为定兴鹿正、新城张果中,称为范阳三烈士。正,忠节公善继之父也。夏峰与善继友善。而夏峰家贫,尝与论学,自辰至日昃,始得豆面作羹。夏峰怡然,无不足之色。及明之亡,夏峰已六十。清顺治康熙中,屡征不起。晚岁渡河,慕苏门百泉之胜,且康节、鲁斋讲学之地也,乃移家辉县夏峰村。筑堂曰兼山,读《易》其中。而率子弟躬耕以自给。四方来问学者,随其浅深高下,必开以性之所近,使自力于庸行。有愿留者,亦授田使耕。所居遂成聚焉。康熙十四年卒,年九十二。梨洲纂《明儒学案》时,夏峰已先死,故收而传之。而谓:"北方学者,大概出于其门。使丧乱之余,犹知有讲学一脉,要不可没。"又谓:"岁癸丑作诗寄羲,勉以蕺山薪传。读而愧之。"即其倾倒可知矣。

　　夏峰之学,得力阳明为多,而更和通朱子之学(《夏峰集·寄张蓬轩书》称"幼而读书,谨守程、朱之训,然于陆、王亦甚喜之。"其自言如此。谢无量《哲学史》乃谓夏峰以阳明为宗,晚始和通朱子之学,盖未读《夏峰集》,以意为之者)。其著《理学宗传》,自称坐卧其中出入与偕者逾二十年。盖一生精力,全在此书。以周子、两程子、张子、邵子、朱子、陆象山、薛敬轩、王阳明、罗整庵、顾泾阳十一人者,为正宗。而自董仲舒以至金忠节铉、陈几亭龙正凡若干人,则撰为《汉隋唐宋元明诸儒考》。若宋之杨慈湖、明之王龙溪等,其学稍异于正者,又别为附录焉。自元以来,朱、陆异同,时有诤言。及阳明出,而所谓程、朱之学,陆、王之学,壁垒益严,畛域益深。主陆、王者,诋程、朱为支离;祖程、朱者,斥陆、王为横决。夏峰则以为支分派别之中,自有统宗会元之地(《四书近指》序中语)。故曰:"朱则成其为朱,陆则成其为陆。学人不必有心立异,亦不必著意求同。若先儒无同异,后儒何处着眼。试看从古帝王贤圣,放伐不同于揖让,清不同于任,任不同于和。亦各存其所见而已矣。"(《寄张蓬轩书》,中有节文)又曰:"朱、王入门原有不同。及其归也,总不外知之明、处之当而已。"(《答常二河书》)其《理学宗传》以陆次朱,以罗、顾次王,合二派而一之者,由此意也。抑夏峰之学,一以自得为主。尝曰:"明道曰:'天理二字,是自己体贴出来。'是无时无处,莫非天理之流行也。精一执中,是尧、舜自己体贴出来。无可无不可,是孔子自己体贴出来。主静无欲,是周子自己体贴出来。良知,是阳明自己体贴出来。能有此体贴,便是其创获,便是其闻道。恍惚疑似据不定,如何得闻?从来大贤大儒,各人有各人之体贴。是在深造自得之耳。"(《语录》)又曰:"学无自得,剽窃他人,一知半解,强谓了然。如此之病,最难医治。"(同上)故其《与魏莲陆(名一鳌,保定人)书》申述纂辑《宗传》之旨,即曰:"言阳明之言者,岂遂为阳明?须行阳明之行,心阳明之心,始成其为阳明。言紫阳之言者,岂遂为紫阳?须行紫阳之行,心紫阳之心,始成其为紫阳。我辈今日,要真实为紫阳、为阳明,非求之紫阳、阳明也。各从自心自性上,打起全副精神,随各人之时势，做得满足无遗憾。方无愧紫阳与阳明。"由此观之，则夏峰所得，得之紫阳、阳明，而实非得之紫阳、阳明，仍得之于己耳。(《夏峰集》有《识吾说》可见)唯然，斯其所以能和通紫阳、阳明也欤！夏峰所著书，《理学宗传》外，有《四书近指》、《读易大指》、《理学传心纂要》等，而诗文杂著语录，则合并为《夏峰集》，共十六卷。

夏峰以隐遁终。而其弟子汤斌，则以理学仕清为名臣，官至兵部尚书。斌，河南睢州人。字孔伯，一字荆岘，晚号潜庵。其学一依夏峰，于朱、陆不执同异。所著《洛学编》虽限于洛中一隅，而首列杜子春、钟兴(皆汉儒)，与夏峰《理学宗传》立《汉儒考》同一意。盖不独欲调和朱、陆，兼欲调和汉、宋。其《苏州府儒学碑记》曰："国家兴治化，在正人心。而正人心，在崇经术。汉儒专门名家，师说相承。当《诗》、《书》煨烬之余，仪文器数之目，删定传授之旨，犹存什一于千百。其时士大夫勇于自立，无苟简之心，孝弟廉让之行，更衰乱而不变。重经之效也。"又曰："《宋史》道学、儒林，厘为二传。而道学、经学自此分。夫所谓道学者，六经四书之旨，体验于心，躬行而有得之谓也。非经书之外，更有不传之遗学也。故离经书而言道，此异端之所谓道也；外身心而言经，此俗儒之所谓经也。"(《潜庵遗稿》，有节文)凡此皆异日汉学之士，所喋喋以为攻击宋儒之议者，而不知潜庵已先发之。盖风气之变，至此已见其端(夏峰《题费此度中传论》亦云宋儒寻求坠绪，皆赖汉儒之力)。然而潜庵宅心之平，其过汉学家远矣。潜庵巡抚江苏时，兴学校，废淫祀，所请蠲免赋额甚巨。临去敝簏数肩，一物不增于来时。尝言："宋以前儒者，患不知道。今诸儒之学备矣。苟好学深思，人人可得。第患不力行耳。"(《潜庵语录》)及居尚书，为忌者所中，祸不测。或劝委曲权要以自解，曰："六十老翁尚何求？吾安之矣。"或又劝盍发忌者阴私以纾祸，曰："吾不屑为也。"观此，潜庵之学力可以见矣。潜庵生明天启七年，卒于清康熙二十六年。年六十一。所著书，曰《洛学编》、《潜庵遗稿》、《潜庵语录》、《苏州奏疏》。乾隆元年，赐谥文正。

第三章　陆桴亭 附陆稼书

当孙夏峰以阳明和通程、朱讲学于北,而陆桴亭亦以紫阳和通陆、王讲学于南。桴亭名世仪,字道威。苏之太仓人。生于明万历三十九年。少有经世之志。南都之建,尝上书言事,又尝参人军幕。既解,乃凿地宽可十亩,筑亭其中,高卧闭关谢客。其自号桴亭者以此。初讲学东林,已讲于毗陵,复归讲于里中。当事屡欲荐之,力辞而免。清康熙十一年卒,年六十二。所著有《思辨录》、《思辨录后集》、《性善图说》、《诗文集》、《儒宗理要》、《治通》、《治乡三约》、《礼衡》、《易窥》、《诗鉴》、《书鉴》、《春秋讨论》、《读史笔记》、《城守要略》、《八阵法门》等。而《思辨录》为先生自纪所得之书,尤足觇其学力。有云:"只提一敬字,便觉此身举止动作,如在明镜中。""敬如日月在胸,万物无不毕照。""能观物理,便见得虚空劈塞,都无空隙处。"其自得如此。故其论学教人,一本朱子居敬穷理之旨。曰:"居敬穷理四字,是学者学圣人第一工夫。彻上彻下,彻首彻尾,总只此四字。"曰:"君子尊德性而道问学,即大居敬而贵穷理。"陆稼书为《思辨录》作序,称其"辨同异,晰疑似,一准于程、朱"者,此也。然先生即亦曰:"陆象山人物甚伟,其语录议论甚高,气象甚阔。初学者读之,可以开拓心胸。"曰:"陆象山曰:

此是大丈夫事。么么小家相者,不足以承当。又曰:大世界不享,却要占个小蹊径;大人不作,却要为小儿态。直是可惜。又曰:上是天,下是地,人居其中。须是做得人,方不枉。读以上数语,皆可令人感发兴起,志于圣人之道。"曰:"王新建于致知之中,增一良字,极有功于后学。"曰:"阳明先生社学法最好。欲教童子歌诗习礼,以发其志意,肃其威仪。"(以上皆《思辨录》)则于象山、阳明,皆极倾倒。其稍稍有不足之辞者,以欲防末学横流之失,不得不言之益慎耳。且吾尝读《桴亭诗文集》矣,其《与张受先论学书》谓:"尝读先儒语录,至鹅湖一会,未尝不踊跃思慕,咤为绝盛。又未尝不叹息追悼,痛其开千古辩争之门也。盖自世远言湮,天下万世之望孔氏门墙而趋者,盖无几矣。其不幸而同趋之中,又有异趋者焉。自孔子秉铎于上,颜、曾、游、夏皆出其门,已不能必其一志而同科矣。而况数千百年之远,学问师传,入门得力,各有所见。其稍稍不同,又何怪焉!故愚谓友朋相遇,当各言其所得。苟其所志同、所学同,所师传得力又同,则坦然倾竭而不敢少秘其私。如或不然,则亦欿然不自满,退然不自胜,各尊所闻,各行所知,以俟诸天下万世之公评而已矣。彼此互辨,两贤相厄,岂所望于有道者邪!"知入门得力,各有所见,而不同为不足怪。故虽主程、朱,而亦兼用陆、王,此正先生之所以成其为广大。而唐镜海(名鉴,湖南善化人,嘉庆进士,官至太常卿)作《学案小识》,乃必欲推尊先生,谓其谨守程、朱家法。一孔之见,真不足与语大儒之事也。

桴亭鉴于明儒空疏之失,故其学凡象纬、律历、兵农、礼乐,以及当代刑政、河漕、盐屯诸务,无不穷究。尝曰:"圣人生末世,真是任大责重。使达而在上,则凡井田学校,前人已坏之法,皆其事也。穷而在下,则凡理学经济,前贤未备之书,皆其职也。"又曰:"六艺古法虽不传,然今日所当学者,正不止六艺。如天文、地理、河渠、兵法之类,皆切于用世,不可不讲。俗儒不知内圣外王之学,徒高谈性命,无补于世。此当世所以来迂拙之诮也。"今《思辨录》有《读书目录》,分十年诵读、十年讲贯、十年涉猎。自经史、诗文、诸儒语录,以至天文、地理、农田、水利、兵法之书皆备。而尤致意于《本朝事实》、《本朝典礼》、《本朝律令》。注曰:此三书最为知今之要。若先王之学,真无愧于经世致用者矣。然博学之功,仍须一反之笃行。故又曰:"学问从致知得者较浅,从力行得者较深。所谓躬行心得也。"(以上皆《思辨录》)曰:"儒者宁可行过乎言,质过乎文。"(《思辨后录》)盖以体用言,即两不可废。故曰:"君子进德修业。德者,体之立也,内圣之所由积也。业者,用之著也,外王之所由成也。"(《文集·讲学纪事序》)以本末言,即本尤重于末。故曰:"道之外无学,道学之外无人。"(《思辨录》)是故桴亭之学,既殊腐儒之空疏,而亦不同俗学之泛滥。荀子以"以浅持博,以一持万"谓之大儒,若先生者,盖可以当之矣。

桴亭言性,有与前儒不同者,其详在《性善图说》。而大略则具于论高、顾两公(即景逸、泾阳)语录大旨。盖其东林讲学之文也。曰:"人性之善,不必在天命上看,正要在气质上看。何以言之?性字是公共的。人有性,物亦有性。禽兽有性,草木有性。若在天命上看,未著于人,未著于物。人之性即物之性,物之性即人之性,无所分别也。无所分别,而谓之至善,则人至善,物亦至善。何以见得至善必当归之于人?惟就气质之性上看,则人之性不同于物之性,禽兽之性不同于草木之性。人得其全,物得其偏。人得其灵,物得其蠢。人得其通,物得其塞。其为至善,必断断属之于人无疑。人苟实见得此理,则天命之性,固是至善,气质之性,亦是至善。学问之功,愈不可少。何以言之?天命之性,浑然至善,固不须学问,而亦着不得学问。气质之性,幸不同于草木鸟兽矣,然不学,则善者亦归于不善。且看禽兽草木,同是气质,惟不知学,不能学,则终不能善。故曰:人为万物之灵。人之气质之性,亦至善也。"(《文集》)桴亭自言从《易·系》"继之者善,成之者性"悟入。吾则以为有感于明儒自龙溪、心斋以后,言性者坠入渺茫,故转从气质有形处,寻一着落,以救其一时之弊耳。其言曰:"近来论性，只是二种。一种是遵程、朱之言，踥步不失。说义理，说气质，只在文义上依样葫芦，未见真的。其为弊似乎有二性。一则离却气质，全说本然，极是高明。而其下稍全是打合释、老，离经叛道。二者之失惟均。然高明之为害更大，学者不可不知。"（《思辨录后集》）观此，意固可见。然而曰："气质二字，因张子与天地之性分别后，诸儒皆作不好的说，以后递相传习。人但一说着气质，便道是不好的物，只要离去他。不知气只是天气，质只是地质。除了天，更无气。除了地，更无质。是气质即天地所命。惟天赋以如是之气质，故有如是之理。但圣人则能践形，而众人则不能践形耳。岂可以形色为非天性乎！"此则足以箝自来言理气者歧而二之之口，大有功于理学者也。与桴亭同讲学者，有盛圣传敬、陈言夏瑚、江虞九士韶。当时称曰四先生。圣传、虞九，尝取桴亭《思辨录》分类汇纂，以为《辑要》。言夏有《确庵文》，或并《桴亭文》录而刻之，曰《陆陈两先生文钞》。

清初儒者，二陆并称。一桴亭，一则陆稼书也。然稼书实非桴亭比。稼书，名陇其。浙之平湖人。生明崇祯三年，以清康熙九年，成进士。授江南嘉定令，转直隶灵寿令，皆有治迹。征入都，授四川道监察御史。以争捐纳事，为政府所龃龉，移疾归。屏居华亭泖上。茅屋数椽，布衣蔬食，足迹不入城市。康熙三十一年，感末疾卒。年六十有三。乾隆元年，赐谥清献。所著有《三鱼堂文集》。而官灵寿时，与诸生朔望讲论，辑之以为《松阳讲义》。稼书之学，一主程、朱，而力攻阳明。尝为《学术辨》曰："阳明以禅之实，而托于儒。其流害固不可胜言矣。然其所以为禅者如之何？曰：明乎心性之辨，则知禅。知禅，则知阳明矣。程子曰：性即理也。邵子曰：心者性之郛郭。朱子曰：灵处是心不是性。是心也者，性之所寓，而非即性也。性也者，寓于心，而非即心也。若夫禅者，则以知觉为性，而以知觉之发动者为心。故彼之所谓性，则吾之所谓心也；彼之所谓心，则吾之所谓意也。阳明言性无善无恶，盖亦指知觉为性。其所谓良知、所谓天理、所谓至善，莫非指此而已。故其言曰：佛氏本来面目，即我门所谓良知。又曰：良知即天理。又曰：无善无恶，乃所谓至善。虽其纵横变幻，不可究诘，而其大旨，亦可睹矣。充其说，则人伦庶物，固于我何有？而特以束缚于圣人之教，不敢肆然决裂也。则又为之说曰：良知苟存，自能酬酢万变。非若禅家之遗弃事物也。其为说则然，然学者苟无格物穷理之功，而欲持此心之知觉以自试于万变，其所见为是者果是，而所见为非者果非乎？又况其心本以为人伦庶物初无与于我，不得已而应之。以不得已而应之心，而处夫未尝穷究之事。其不至于颠倒错谬者，几希！其倡之者，虽不敢自居于禅，阴合而阳离。其继起者，则直以禅自任，不复有所忌惮。此阳明之学，所以为祸于天下也。"（《三鱼堂文集》）其于心性儒释之分，可谓辨之明矣。然谓阳明视人伦庶物为无有，而特以束缚于圣人之教，未敢肆然决裂，则无乃过甚矣乎！当时汤潜庵有《答清献书》谓："不敢诋斥姚江，非笃信姚江之学也，非博长厚之誉也。以为欲明程、朱之道者，当心程、朱之心，学程、朱之学。或天稍假以年，果有所见，然后徐出数言，以就正海内君子未晚。此时正未敢漫然附和。"（《潜庵遗稿》，有节文）若潜庵者，其意气之平，殆犹胜于清献也。清献叙桴亭《思辨录》，称家居时闻先生之学，而未获亲炙；及承乏嘉定，去先生之乡咫尺，而先生已成古人。潜庵得师夏峰，而清献不得师桴亭，其果清献之不幸也！

第四章　黄　梨　洲

　　黄宗羲,字太冲,号梨洲,又号南雷,浙江余姚人。生明万历三十七年。父忠端公尊素,以御史劾魏珰,死诏狱。庄烈帝即位,先生年十九,袖长锥入都讼冤。至则魏珰已磔死,乃偕诸忠子弟设祭狱门,而锥杀狱卒之致忠端于死者。及归,以忠端遗命,受学于蕺山先生之门。蕺山专言心性,而黄石斋则兼及象数,当时比之程、邵两家,因更就石斋相质证。并旁及于经史诸子之学。凡江浙藏书之家,无所不造。明亡,鲁王立于绍兴,纠合里中子弟数百人从之,号世忠营。既又副冯侍郎京第,诣日本乞援。事不成,而鲁王亦覆。然先生兴复之志未已,东西奔走,与故将遗臣相要结,冀有所就。当道名捕先生,屡濒于险,而卒得脱免,亦天幸也。事定返里,一意著述。举证人书院,申蕺山之绪。尝谓:"明人讲学,袭语录之糟粕,不以六经为根柢。"教学者必先穷经,而求事实于诸史。又谓:"读书不多,无以证斯理之变化。多而不求诸心,则为俗学。"说者推梨洲之学,以濂洛之统,综会诸家。若横渠之礼教,康节之象数,东莱之文献,艮斋、止斋之经术,水心之文章,莫不旁推交通,为自来儒林所未有。亦实录也。清世屡征不起。以康熙三十四年卒。年八十六。平生著述甚富。其大者,有《明儒学案》、

《易象数论》、《明史案》、《明夷待访录》、《律吕新义》、《南雷文定》等。又与子百家辑《宋元儒学案》，未完编。后鄞县全谢山祖望为卒成之。宗羲弟宗炎、宗会，皆有学行，世称三黄。宗炎，字晦木，著有《图书辨惑》，力斥《先天太极图说》之出于道家，清儒多有称之者。

一　原君

梨洲守其师蕺山之学，以慎独为入德之要，而要之不出阳明良知一脉。其平生得力，仍偏于经世为多。所作《明夷待访录》，自比于王冕（明初人）之著书，谓待遇明主，不难致伊、吕之业。而顾亭林亦称为百王之敝可以复起，三代之盛可以徐还（亭林《与梨洲书》）。即其书可知也。然吾以为其能言人之所不敢言，而足令当时硁硁之儒，为之舌挢而不下者，尤莫如《原君》、《原法》之篇。《原君》曰："有生之初，人各自私也，人各自利也。天下有公理，而莫或兴之；有公害，而莫或除之。有人者出，不以一己之利为利，而使天下受其利；不以一己之害为害，而使天下释其害。此其人之勤劳，必千万倍于天下之人。夫以千万倍之勤劳，而己又不享其利，必非天下之人情所欲居也。故古之人，量而不欲入者，许由、务光是也。入而又去之者，尧、舜是也。初不欲入，而不得去者，禹是也。岂古之人有所异哉！好逸恶劳亦犹夫人之情也。后之为人君者，不然。以为天下利害之权，皆出于我，我以天下之利尽归于己，以天下之害尽归于人，亦无不可。使天下之人，不敢自私，不敢自利，以我之大私为天下之公。始而惭焉，久而安焉。视天下为莫大之产业，传之子孙，受享无穷。汉高帝所谓某业孰与众多者，其逐利之情，不觉溢之于辞矣。此无他，古者以天下为主，君为客，凡君之所毕世而经营者，为天下也。今也以君为主，天下为客，凡天下之无地而得安宁者，为君也。是以其未得之也，屠毒天下之肝脑，离散天下之子女,以博我一人之产业,曾不惨然。曰:我固为子孙创业也。其既得之也,敲剥天下之骨髓,离散天下之子女,以奉我一人之淫乐,视为当然。曰:此我产业之花息也。然则为天下之大害者,君而已矣。向使无君,人各得自私也,人各得自利也。呜呼!岂设君之道,固如是乎?"(下略)抑不独《原君》而已,其《原臣》、《置相》即皆推本此意以为之说。曰:"我之出而仕也,为天下,非为君也;为万民,非为一姓也。"(《原臣》)曰:"古者不传子而传贤。其视天子之位,去留犹夫宰相也。其后天子传子,宰相不传子。天子之子不皆贤,尚赖宰相传贤,足相补救。则天子亦不失传贤之意。宰相既罢,天子之子一不贤,更无与为贤者矣。"(《置相》。明太祖以胡惟庸之变,定制不置宰相,故梨洲云然)且孟子曰:"民为贵,君为轻。"又曰:"有事君人者,事是君则为容悦者也。有安社稷臣者,以安社稷为悦者也。有天民者,达可行于天下,而后行之者也。有大人者,正己而物正者也。"自民贵君轻之义不显,天民大人之迹,遂绝于后世。得梨洲而复申明之。则梨洲者,亦为天民大人而已矣。

二　原法

吾尝读吕伯恭《论语说》谓:"总统一代谓之政,随事设施谓之事。前汉之政,尚有三代遗意。光武所设施,则皆是事耳。故前汉有政,后汉无政。"颇以其见为不犹人,然未若梨洲《原法》之论之快也。梨洲《原法》曰:"三代以上有法,三代以下无法。何以言之?二帝三王,知天下之不可无养也,为之授田以耕之。知天下之不可无衣也,为之授地以桑麻。知天下之不可无教也,为之学校以兴之。为之婚姻之礼以防其淫。为之卒乘之赋以防其乱。此三代以上之法也,固未尝为一己而立也。后之人主,既得天下,唯恐其祚命之不长也,子孙之不能保有也，思患于未然，以为之法。然则其所谓法者，一家之法，而非天下之法也。是故秦变封建而为郡县，以郡县得私于我也。汉建庶孽，以其可以藩屏于我也。宋解方镇之兵，以方镇之不利于我也。此其法何曾有一毫为天下之心哉！而亦可谓之法乎？三代之法，藏天下于天下者也。山泽之利不必其尽取，刑赏之权不疑其旁落，贵不在朝廷也，贱不在草莽也。在后世方议其法之疏，而天下之人，不见上之可欲，不见下之可恶，法愈疏而乱愈不作，所谓无法之法也。后世之法，藏天下于筐箧者也。利不欲其遗于下，福必欲其敛于上。用一人焉，则疑其自私，而又用一人以制其私。行一事焉，则虑其可欺，而又设一事以防其欺。天下之人，共知其筐箧之所在，吾亦鳃鳃然日惟筐箧之是虞。故其法不得不密，法愈密而天下之乱即生于法之中，所谓非法之法也。"又曰："论者谓有治人无治法，吾以为有治法而后有治人。自非法之法，桎梏天下人之手足，即有能治之人，终不胜其牵挽嫌疑之顾盼。有所设施，亦就其分之所得，安于苟简，而不能有度外之功名。使先王之法而在，莫不有法外之意存乎其间。其人是也，则可以无不行之意；其人非也，亦不至深刻罗网，文害天下。故曰：有治法而后有治人。"夫古今之论法者，多矣，其见即罔不囿于法之中。若梨洲者，上明立法之本，下究用法之意，言法而独不为法所囿。使得有所借手，其设施必有可观者。而惜乎其仅以空言而终也！

第五章　顾亭林 张蒿庵附见

顾炎武,字宁人,江苏昆山人。本名绛,乙酉后,改名炎武。幼出后世父。母王氏,闻国变不食而卒,戒后人不得事二姓。先生既与同志举义兵不成,屡为怨家所构。乃漫游南北,关塞险阻之处无不至。尝垦田雁门之北,五台之东,欲效马伏波田畴从塞上立业。曰:"使吾泽中有牛羊千,江南不足怀也。"已,苦其地寒,去之。晚年,卜居华阴,置田五十亩以供晨夕。徐立斋(元文)相国弟兄,先生甥也。买田宅,迎之南归。卒不返。词科史馆之荐,并以死拒。以康熙二十年,卒于华阴。距生于明万历四十一年,年六十九。学者称亭林先生。所著有《左传杜解补正》、《音学五书》、《日知录》、《天下郡国利病书》、《文集》、《诗集》等。而《日知录》尤为一生经意之作。其与人书曰:"《日知录》上篇经术,中篇治道,下篇博闻,共三十余卷。有王者起,将以见诸行事,以跻斯世于治古之隆,而未敢为今人道也。"(《亭林文集》)盖自许如此。然于当世贤达,如桴亭、梨洲,皆邮致其书,求为订正。其虚怀纳善之心,亦自未可及也。

一　论学书

亭林为学宗旨，具见《与人论学》一书。曰：“命与仁，夫子之所罕言也。性与天道，子贡之所未得闻也。性命之理，著之《易传》，未尝数以语人。其答问士也，则曰'行己有耻'。其为学，则曰'好古敏求'。其与门弟子言，举尧舜相传所谓'危微精一'之说，一切不道，而但曰'允执其中，四海困穷，天禄永终'。呜呼！圣人之所以为学者，何其平易而可循也！故曰'下学而上达'。颜子之几乎圣也，犹曰博我以文。其告哀公也，明善之功，先之以博学。自曾子而下，笃实无若子夏。而其言仁也，则曰'博学而笃志，切问而近思'。今之君子则不然。聚宾客门人之学者数十百人，譬诸草木，区以别矣。而一皆与之言心言性。舍多学而识，以求一贯之方。置四海之困穷不言，而终日讲危微精一之说。是必其道之过于夫子，而其门弟子之贤于子贡，祧东鲁而直接二帝之心传者也。我弗敢知也。《孟子》一书，言心言性，亦谆谆矣。乃至万章、公孙丑、陈代、陈臻、周霄、彭更之所问，与孟子之所答者，常在乎出处去就辞受取与之间。以伊尹之元圣，尧舜其君其民之盛德大功，而其本乃在乎千驷一介之不视不取。伯夷、伊尹之不同于孔子也，而其同者，则以行一不义杀一不辜而得天下不为。是故性也，命也，天也，夫子之所罕言，而今之君子之所恒言也。出处去就辞受取与之辨，孔子、孟子之所恒言，而今之君子所罕言也。谓忠与清之未至于仁，而不知不忠与清，而可以言仁者，未之有也。谓不忮不求之不足以尽道，而不知终身于忮且求，而可以言道者，未之有也。我弗敢知也。愚所谓于圣人之道者如之何？曰博学于文，行己有耻。自一身以至于天下国家，皆学之事也。自子臣弟友以至出入往来辞受取与之间，皆有耻之事也。耻之于人大矣！不耻恶衣恶食而耻匹夫匹妇之不被其泽。

故曰：万物皆备于我矣，反身而诚。呜呼！士而不先言耻，则为无本之人；非好古而多闻，则为空虚之学。以无本之人，而讲空虚之学，吾见其日从事于圣人，而去之弥远也。"（《文集》）盖先生力矫当时好高无实之病，故言之切近如此。然张蒿庵与先生书，即谓："性命之理，夫子固未尝轻以示人。其所与门弟子详言而谆复者，何一非性命之显设散见者？苟于博学有耻，真实践履，自当因标见本，合散知总。心性天命，将有不待言而庶几一遇者。故性命之理，腾说不可也，未始不可默喻；侈于人不可也，未始不可验诸己；强探力索于一日不可也，未始不可优裕渐渍以俟自悟。如谓于学人分上，了无交涉，是将格尽天下之理，而反遗身以内之理也。恐其知有所未至，则行亦有所未尽。将令异学之直指本体，反得夸耀所长，诱吾党以去。此又留心世教者之所当虑也。"（《蒿庵文集》）蒿庵名尔岐，字稷若。山东济阳人。亭林作《广师》（见《文集》）所谓"独精三礼，卓然经师，吾不如张稷若"者也。若蒿庵之言，亭林固无以难之也。后之汉学家，每好举亭林此文，以为攻击宋儒言心言性之利器。不知是特一时对症之药，而乃认为万世不易之方。则非独不知宋儒，抑亦未为能知亭林也。

二　郡县论

自来儒者好言封建。而亭林《郡县论》（见《文集》）则曰："封建之废，非一日之故也。虽圣人起，亦将变而为郡县。"又曰："封建之失，其专在下。郡县之失，其专在上。"故以为有圣人起，寓封建之意于郡县之中，而天下治。当时陆桴亭亦谓："封建之制，虽足以维持永久。然其主仅存，而中原之民，无日不争地争城，肝脑涂地。郡县之制，虽足以苟安太平。然寇贼一讧，而天下瓦解。故莫若有封建之实，无封建之名，存郡县之利，去郡县之弊。"（《桴亭文集·答王登善封建郡县问》)所见正自相同。然是特言其制而已。而吾有取于亭林之说者,尚不在此。亭林曰:"天下之人,各怀其家,各私其子。其常情也。为天子为百姓之心,必不如其自为。此在三代之上,已然矣。圣人因而用之,用天下之私,以成一人之公,而天下治。夫使县令得私其百里之地,则县之人民,皆其子姓;县之土地,皆其田畴;县之城郭,皆其藩垣;县之仓廪,皆其囷窌。为子姓,则必爱之而勿伤;为田畴,则必治之而勿弃;为藩垣囷窌,则必缮之而勿损。自令言之,私也;自天子言之,所求乎治天下者,如是焉止矣。一旦有不虞之变,必不如刘渊、石勒、王仙芝、黄巢之辈横行千里,如入无人之境也。于是有效死勿去之守,于是有合从缔交之拒。非为天子也,为其私也。为其私,所以为天子也。故天下之私,天下之公也。"(《郡县论》五,参看《郡县论》二)夫公私之说,难言之矣。任天下之自私乎?其势则至于相争。绝天下之自私乎?其势必至于相弃。相争则乱,相弃则穷。穷也,乱也,皆公之贼也。是故有私则无公,人之所知也;无私则亦无公,人之所不知也。有私无公,专制之所以倾覆也;无私无公,共产之所以不可行也。夫孔子之言大同也,亦曰"不独亲其亲,不独子其子"而已。若欲不亲其亲而亲人之亲,不子其子而子人之子,则不可得也。夫亲其亲,子其子,私也;亲人之亲,子人之子,公也。然而亲人之亲子人之子,则必自亲其亲子其子始。今亭林曰:"用天下之私,以成一人之公。"又曰:"天下之私,天下之公也。"世有虚张高论,以为至治有公而无私,而日日责人之公,适乃以成其一人一党之私者。得此言,固足以箝其口矣。吾是以特表而出之。

第六章　张　杨　园

张履祥,字考夫,号念芝,浙江桐乡人。所居曰杨园里,故学者称杨园先生。生明万历三十九年。九岁丧父。母沈氏,授以《论语》、《孟子》,谕之曰:"孔子、孟子亦是无父儿。只为肯学好,便做到圣贤也。"及长,从黄石斋问学。继谒刘蕺山,受业为弟子。然虽出蕺山之门,而所学不必与师合。尝辑《刘子粹言》一书,专录蕺山矫正阳明之语。而作书与沈上襄,直言:"喜怒哀乐未发以前一段疑义,初于先师语录闻其说而悦之。已而证之朱夫子与湖南诸公一书(书见《朱子大全集》),深悔前时所见之失。"(《杨园文稿》)则杨园之学,实得力于紫阳。其时亦称道蕺山者,特不肯显背其师说耳。其后梨洲以绍述蕺山,鼓动天下,杨园即曰:"此名士,非儒者也。"陈乾初确(海宁人),蕺山之高弟也,作《大学辨》以申阳明之意。杨园既驰书争之,而与他人书,尤咨嗟太息于乾初之溺于姚江而不复反(并见《杨园文稿》)。夫即其不满于梨洲、乾初,知有不能尽同于蕺山者也。然吾读其《初学备忘录》、《备忘录》,谓:"为学最喜是实,最忌是浮。"(《初学备忘录》)又谓:"心要实用,力要实用。"又谓:"道理须是举目可见,举足可行,方是实理。功夫须是当下便做得,方是实功。"(以上《备忘录》)盖见时流讲学之风,始于浮滥,终于溃败,思欲以笃实矫之。故闭门潜修,屏绝交往。即士之来学者,一以友道处之,而不敢一受其拜。曰:"人一入声气,便长一傲字,便熟一伪字,百恶都从此起矣。"(《备忘录》)曰:"窃怪近之学者,轻于自大。动以昌黎抗颜、伊川尊严为比。不知昌黎已自失之,伊川之德,何可及也。"(《文稿·与凌渝安书》。渝安名克贞,乌程人,杨园讲学之友也)观此,杨园持躬之谨,存心之虚,固足为一世之模楷矣。抑其学又非仅以躬行而止也。其《与王寅旭书》曰:"今日言学者,往往有人。约而言之,两种而已。重致知者,薄躬行为无足取,此则所谓穷深极微,而不可以入尧舜之道者也。尊践履者,忽穷理为不足事,此则所谓浅陋固滞,而不能进于高明之域者也。"(《文稿》。寅旭名锡阐,吴江人,亭林《广师》谓"学究天人,确乎不拔,吾不如王寅旭")而《备忘录》亦言:"吾人平日为学大指,专守孔门博文约礼之训,以终身而已。读书穷理,博文之事也。切实践履,约礼之事也。"是则躬行穷理,兼提并顾,言体而必及于用。杨园之在当时,与桴亭、亭林诸先生,亦不能有异焉耳。特其指斥阳明太过,谓:"观其言,无非自欺欺人之语。"又谓:"一部《传习录》,吝骄二字足以蔽之。"杨园尝称康节之言:"凡人为学,失于自主张太过。"以为平恕可破纷纷同异之论。今于阳明如此,无亦有惭于平恕乎? 虽然,其曰:"学者始初一步,路头错不得。于此一错,终身受病。贤者悔而知返,不肖者执而弥坚。悔而知返,枉却前功。执而弥坚,害己及物。"(以上皆《备忘录》)后之学者,正又不得不深念此言也。

杨园亟称许鲁斋"学者以治生为急"之语。曰:"能治生,则能无求于人。无求于人,则廉耻可立,礼义可行。"(《备忘录》)故本诸身试,著为《农书》。曰:"农事不理,则不知稼穑之艰难。休其蚕织,则不知衣服之所自。《豳风》陈王业之本,《七月》八章,只曲详衣食二字。《孟子》七篇,言王政之要,莫先于田里树畜。今日言及,辄笑为鄙陋。是以廉耻不立,俗不长厚。祸乱相寻,未知何已。"(《农书》)吾观《文稿·

与吴仲木书》、《与许大辛书》、《与吴汝典书》、《与颜孝嘉书》，皆以坐食为戒。而深惧以不能自立之故，累其志气。盖先生尝言："人知作家计，须苦吃苦挣。不知读书学问，与夫立身行己，俱不可不苦吃苦挣。"（《备忘录》）此苦吃苦挣四字，真先生吃紧为人处也。且自士与农分，学者视仰食于人为当然，而诿劳力为贱人之事。于是庄生有《诗》、《礼》发冢之讥（《庄子·外物》），荀卿有呼先王求衣食之刺（《荀子·儒效》）。古昔且然，而况于后世乎。是故陆梭山之居家制用（见《象山全集》），吴康斋之躬耕力食，皆欲反浮惰之风，归之本务。正不独鲁斋以治生为急语学者也。杨园之教，盖犹此用心而已。杨园所著，有《经正录》、《愿学记》、《问目》、《初学备忘录》、《备忘录》、《训子语》、《言行见闻录》、《近鉴》、《农书》、《文稿》等，门人辑之以为《杨园全书》。甲申之变，杨园尝缟素不食。入清竟以布衣终，年六十四。

第七章　李　二　曲

　　李颙,字中孚,陕西盩厔人。家在二曲之间,人称二曲先生。父可从,崇祯十四年,以应募从军,死于襄城之役。时中孚年十五。家贫无力就师,母彭氏教之识字。中孚心自开悟,从人借书观之。悉通经史百家二氏之学。既弃去,从事静坐观心,大有所得。故顾亭林谓"坚苦力学,无师而成,吾不如李中孚"(《广师》)。盖的评也。盩厔令骆钟麟闻中孚之贤,踵门请学。既,骆迁常州守,迎中孚南下,讲于东林。继讲于江阴、靖江、宜兴。及归关中,陕督部臣迭荐于朝。清圣祖必欲致之,中孚称疾不起。大吏强舁至省,中孚绝粒以死自誓,乃得放归。由是闭居土室,不与人接。唯顾亭林至,一款之而已。晚年,移居富平。年七十五卒。门人王心敬,辑其著述并讲学之语,为《二曲全集》二十六卷。又《四书反身录》十四卷,则清圣祖西巡时,中孚命其子进呈者。而早年所著《易说》、《象数蠡测》、《十三经纠缪》、《二十一史纠缪》、《帝学宏纲》、《经世蠡测》等,皆不传。

　　中孚之学,得自心悟,故纯然陆、王家法。其平生所持以教人者,曰悔过自新说。而曰:"同志者苟留心此学,必须于起心动念处,潜体密验。苟有一念未纯于理,即是过,即当悔而去之。苟有一息稍涉于懈,即非新,即当振而起之。"夫于起心动念处潜体密察,正致良知之教也。故在常州,府学博问阳明良知之说。曰:"此千载绝学也。"(《汇语》)在富平,或问良知之说何如。曰:"良知即良心也。一点良心便是性,不失良心便是圣。若以良知为非,则是以良心为非矣。"(《富平答问》)不独是也。中孚亟称王龙溪、罗近溪(近溪名汝芳,江西南城人,其学出于颜山农)。此皆当时所指为王学之末流,以禅冒儒之罪人。而独有心契。即其门户可见也。然中孚亦自有其弥缝王学之失之处。曰:"以致良知明本体,以主敬穷理存养省察为工夫。"(《富平答问》)曰:"最上道理,只在最下修能。"(《传心录》)言本体而必及工夫,此其弥缝王学者一。曰:"明体而不适于用,便是腐儒。适用而不本明体,便是霸儒。"(《螯峚答问》)曰:"明道存心以为体,经世宰物以为用。"(《答顾宁人书》)曰:"理学经济,原相表里。"(《答许学宪书》)言体而必及用,此其弥缝王学者二。而吾以为其言之最平亦最实者,莫如平停程、朱与陆、王之争。曰:"先觉倡道,皆随时补救。正如人之患病,受症不同,故投药亦异。孟氏而后,学术堕于训诂词章。故宋儒出,而救之以主敬穷理。晦庵而后,又堕于支离葛藤。故阳明出,而救之以致良知。"(《南行述》)又曰:"陆之教人,一洗支离锢蔽之陋。在儒中最为警切。令人于言下爽畅醒豁,有以自得。朱之教人,循循有序,恪守洙泗家法。中正平实,极便初学。要之二先生,均大有功于世教人心,不可以轻低昂者也。若中先入之言,抑彼取此,亦未可谓善学也。"(《靖江语》)观此,则中孚之会合朱、陆,过考夫之入主出奴远矣。抑中孚讲学,以识头脑为先。尝曰:"学问贵知头脑,自身要识主人。诚知头脑,则其余皆所统驭;识主人,则仆隶供其役使。"(《授受纪要》)又问学问之道,全在涵养省察当如何。曰:"也须先识头脑。否则涵养是涵养个甚么?省察是省察个甚么?"(《汇语》)而考夫《与何商隐书》则曰:"《论语》一书,谨言慎行为多,不亟亟于头脑也。"(《杨园全书·文稿》)是又张、李二先生入手之异,而亦即朱、陆两家之分歧。学者所宜着眼者也。

中孚颇近夏峰,而较夏峰尤为俊快直截。曰:"我这里论学,却不欲人闲讲泛论。只要各人回光返照,自觅各人受病之所在。知有某病,即思自医某病。即此便是入门,便是下手。"(《汇语》)曰:"学须剥皮见骨,剥骨见髓,洞本彻源,直透性灵,脱脱洒洒,作世间快活大自在人,方一了百了。若不窥性灵,自成自证,徒摹仿成迹,依样画葫芦,饰圣贤皮肤,为名教优孟,后世有述焉,吾弗为之矣。"(《答王心敬书》)呜呼! 自象山、阳明而外,盖鲜有能为是语者矣。而《学案小识》乃必为中孚涂饰,称其笃守程、朱,护之而适以诬之,是亦不可以已乎!

第八章 王 船 山

王夫之，字而农，号姜斋，湖南衡阳人。生明万历四十七年。中崇祯十五年乡试。明亡，从大学士瞿公式耜于桂林。时桂王监国，授而农行人。寻以母病归。而瞿公殉节桂林，桂王亦覆没。而农知事不可为，遂晦迹不出。展转郴、永、涟、邵间，与苗瑶杂处，终不剃发易服。晚乃归衡阳之石船山。筑土室曰观生居，晨夕杜门。学者因称船山先生。所著有《周易内传》、《周易大象解》、《周易稗疏》、《周易考异》、《周易外传》、《书经稗疏》、《尚书引义》、《诗广传》、《诗经稗疏》、《诗经考异》、《礼记章句》、《春秋稗疏》、《春秋家说》、《春秋世论》、《续春秋左氏博议》、《四书训义》、《四书稗疏》、《四书考异》、《读四书大全说》、《张子正蒙注》、《近思录释》、《思问录内外篇》、《俟解》、《噩梦》、《黄书》、《识小录》、《姜斋文集》、《姜斋诗集》等。又尝注释《老》、《庄》、《吕览》、《淮南》。并及于瞿昙之相宗，而为《相宗络索》一书。康熙三十一年卒，年七十四。自题其墓碣曰："明遗臣王某之墓。"卒后四十年，子敔抱其遗书上之督学。于是《易》、《书》、《诗》、《春秋》稗疏四种，《易》、《诗》考异两种，得因缘著录四库。然当世知而农者甚鲜，故其学竟不彰。道光间，族孙世佺刻其遗书，乃渐有道之者。

而农著书虽多，而其学略具于《噩梦》、《黄书》、《俟解》、《思问录内外篇》。《噩梦》、《黄书》，多言经制，盖《日知录》、《明夷待访录》之流。《思问录》、《俟解》，则理气之谈，儒释之辩，以及为学之序，修齐治平之方，天地日月升降消息之故，靡不阐述。窃尝考之，其说与宋张子为近。而农既取张子《正蒙》而为之注，而谓："张子之学，上承孔、孟，如皎日丽天，无幽不烛。惜其门人未有殆庶者。其道之行，曾不逮邵康节之数学。是以不百年而异说兴。"(《张子正蒙注·序》）斯其有意于上继张子之绝学，盖情见乎辞矣。是故其所常言，曰清虚一大，曰二气之良能，曰言幽明而不言有无，曰心能检性，性不知自检其心（并见《思问录内篇》），皆述张子之说。而作《大学补传衍》曰："今使绝物而始静焉，舍天下之恶，而不取天下之善，堕其志，息其意，外其身。于是而洞洞焉，晃晃焉，若有一澄澈之境置吾心，而偷以安。又使解析万物，求物之始而不可得，穷测意念，求吾心之所据而不可得。于是弃其本有，疑其本无。则有如去重而轻，去拘而旷。将与无形之虚同体，而可以自矜其大。斯二者乍若有所睹，而可谓之觉，则庄周、瞿昙氏之所谓知，尽此矣。然而求之于身，身无当也。求之于天下，天下无当也。行焉而不得，处焉而不宜，则固然矣。"其于释、老之教之蔽，可谓直穷本源。然即张子《正蒙》所谓"以六根之微，因缘天地，明不能尽，则诬天地日月为幻妄，蔽其用于一身之小，溺其志于虚空之大"者。当时李二曲讲学盩厔，谓之关学复兴。实则二曲之学非关学。而得关学之精髓者，乃在船山也。

船山之说可述者，言动静，则主有动而无静。曰："太极动而生阳，动之动也。静而生阴，动之静也。废然无动而静，阴恶从生哉！一动一静，阖辟之谓也。由阖而辟，由辟而阖，皆动也。废然之动，则是息矣。至诚无息，况天地乎？维天之命，於穆不已。何静之有？"言有无，则主有有而无无。曰："目所不见，非无色也。耳所不闻，非无声也。言所不通，非无义也。故曰：知之为知之，不知为不知。知有其不知者存，则既知有之矣，是知也。因此而求之者，尽其所见，则不见之色章；尽其所闻，则不闻之声著；尽其所言，则不言之义立。"又曰："言无者，激于言有者而破除之也。就言有者之所谓有而谓无其有也。天下果何者而可谓之无哉！言龟无毛，言犬也，非言龟也。言兔无角，言麋也，非言兔也。言者必有所立，而后其说成。今使言者立一无于前，博求之上下四维，古今存亡，而不可得穷矣。"言性，则推之命而别于习。曰："尽性以至于命。至于命，而后知性之善也。天下之疑，皆允乎人心者也。天下之变，皆顺乎物则者也。何善如之哉？测性于一区，拟性于一时，所言者皆非性也。恶知善！"（以上皆《思问录内篇》）又曰："末俗有习气，无性气。其见为必然而必为，见为不可而不为，以婞婞然自任者，何一而果其自好自恶者哉！皆习闻习见而据之，气遂为之使者也。习之中于气，如瘴之中人，中于所不及知。而其发也，血气皆为之懑涌。故气质之偏，可致曲也，嗜欲之动，可推以及人也。惟习气移人，为不可复施斤削。"（《俟解》）言心，则合之思而别于意。曰："天下何思何虑，言天下不可得而逆亿也。故曰：无思本也。物本然也。义者心之制，思则得之。故曰：思通用也。通吾心之用也。死生者，亦外也，无所庸其思虑者也。顺事没宁，内也，思则得之者也。不于外而用其逆亿，则患其思之不至耳。岂禁思哉！"又曰："欲修其身者，先正其心，圣学提纲之要也。勿求于心，告子迷惑之本也。不求之心，但求之意，后世学者之通病。盖释氏之说暗中之。呜呼！舍心不讲，以诚意而为玉钥匙，危矣哉！"（以上《思问录内篇》）凡此盖皆为良知之学，沦于虚寂，陷于流荡而发。故其论下学工夫，一在知耻，一在先难。曰："学易而好难，行易而力难，耻易而知难。学之不好，行之不力，皆不知耻而耻其所不足耻者乱之也。"（《俟解》）又曰："用知不如用好学。用仁不如用力行。用勇不如用知耻。"（《思问录内篇》）夫知耻，则不至陷于流荡矣。曰："过去，吾识也。未来，吾虑也。现在，吾思也。天地古今，以此而成。天下亹亹，以此而生。其际不可紊，其备不可遗。呜呼！难矣。故曰为之难,曰先难。泯三际者（三际即过去、现在、未来。《金刚经》说过去不可得,现在不可得,未来不可得。故曰泯三际）,难之须臾,而易以终身,小人之侥幸也。"又曰:"先难则愤,后获则乐。地道无成,顺之至也。"（《思问录内篇》）夫先难,则不至沦于虚寂矣。于是上原本之于日新之化,曰:"张子曰:'日月之形,万古不变。'形者,言其规模仪象也,非谓质也。质日代而形如一,无恒器而有恒道也。江河之水,今犹古也,而非今水之即古水。灯烛之光,昨犹今也,而非昨火之即今火。水火近而易知,日月远而不察耳。爪发之日生而旧者消也,人所知也；肌肉之日生而旧者消也,人所未知也。人见形之不变,而不知其质之已迁。则疑今兹之日月为邃古之日月,今兹之肌肉为邃古之肌肉。恶足以语日新之化哉！"（《思问录外篇》）曰:"知见之所自生非固有。非固有而自生者,日新之命也。原知见之自生,资于见闻之所得。见闻之所得,因于天地之所昭著,与人心之所先得。人心之所先得,自圣人以至于夫妇,皆气化之良能也。能合古今人物为一体者,知见之所得,皆天理之来复,而非外至矣。故知见不可不立也,立其诚也。"（《思问录内篇》）夫"行己有耻",亭林言之矣；以难自处,杨园言之矣（见《备忘录》）。若夫日新之化,言之若是其楚楚也,则非同时诸贤所能及也。然而船山固得之于《正蒙》者,试取船山《正蒙注》而读之,可以覆按也。

又船山颇不然于象数之学。曰:"在天而为象,在物而有数,在人心而为理。古之圣人,于象数而得理也,未闻于理而为之象数也。于理而立之象数,则有天道而无人道。"（《思问录内篇》）又曰:"唯《易》兼十数,而参差用之。太极,一也。奇偶,二也。三画而小成,三也。揲以四,四也。大衍之数五十,五也。六位,六也。其用四十有九,七也。八卦,八也。乾坤之策三百六十,九也。十虽不用,而一即十也。不倚于一数,而无不用斯以范围天地而不过。《太玄》用三,《皇极经世》用四,《潜虚》用五,《洪范皇极》用九。固不可谓三四五九非天地之数。

然用其一，废其余，致之也固而太过，废之也旷而不及。宜其乍合而多爽也。"又曰："乾坤之策三百六十，当期之数。夫气盈朔虚、不入数中，亦言其大概耳。当者，仿佛之辞也。犹云万一千五百二十当万物之数，非必物之数恰如此而无余欠也。既然，则数非一定，固不可奉为一定之母，以相乘相积矣。经世数十二之，又三十之。但据一年之月，一月之日，以为之母。月之有闰、日之有气盈朔虚，俱割弃之。其母不真，则其积之所差必甚。自四千三百二十以放于坤数之至赜，其所差者以十万计。是市侩家收七去三之术也。而以限天地积微成章之化，其足凭乎？"（以上《外篇》）观此，则自来言数者纷纷，皆可以关其口矣。故吾之为此书，自《太玄》以下，亦皆撮其理而略其数者，此也。

第九章　唐铸万 附胡石庄

唐甄,字铸万,原名大陶,夔州人。生于明崇祯三年。随父宦吴,以寇乱不得归,遂家于吴焉。入清,以举人仕山西长子县知县,十月而去职,因不复仕。僦居吴市,炊烟尝绝,而著书不辍。成书九十七篇。上篇五十,言学;下篇四十七,言治。始名《衡书》,复更名《潜书》。宁都魏叔子禧见之曰:"是周秦之书也。今犹有此人乎!"吴江潘次耕耒,顾亭林之门人也,为之序其书,称其远追古人,曰:"不名《潜书》,直名《唐子》可矣。"然魏、潘要取其文,若其著书之意,未能及之。今观《潜书》,盛道阳明,曰:"仲尼以忠恕立教,如辟茅成路。阳明子以良知辅教,如引迷就路。若仲尼复起,必不易阳明子之言矣。"(上篇《法王》)而其自方于古之人,则曰:"甄不敏,愿学孟子焉。"(下篇《潜存》)盖铸万之学,自阳明而入。而阳明之言良知,出于孟子。故欲由阳明而上达之孟子。即其书《尊孟》、《宗孟》之后,继以《法王》,可见也(《尊孟》、《宗孟》、《法王》皆篇名)。抑其所以尊宗孟子者,尤在孟子言王政,言以齐王犹反手。盖深痛于世儒之学,精内而遗外,可以治一身,而不足以利天下。故作为《性才》、《性功》之篇(皆上篇),曰:"世知性德,不知性才。"曰:"道惟一性,岂有二名。人人言性,不见性功。故即性之无不能者别谓为才。别谓为才,似有歧见,正以穷天下之理,尽天下之事,莫尚之才,惟此一性。别谓为才,似有外见,正以穷天下之理,尽天下之事,皆在一性之内,更别无才。"(以上《性才》)曰:"一形一性,万形万性。如一器一水,万器万水。器虽有万,水则为一。于己必尽,于彼必通。是故道无二治,又非一治。以性通性,岂有二治?通所难通,岂为一治?父子相残,兄弟相仇,夫妇相反,性何以通?天灾伤稼,人祸伤财,冻馁离散,不相保守,性何以通?盗贼忽至,破城灭国,屠市毁聚,不得其生,不得其死,性何以通?但明己性,无救于世,可为学人,不可为大人;可为一职官,不可为天下官。"(《性功》)而更从而为之喻曰:"方今之制度,朝宾之服,必束丝带。丝带之长五尺,缀以锦包,缀以佩刀,缀以左右叠巾,绕后结前而垂其毯,斯为有用之带。若有愚者,割五尺为二尺五寸者二,持以鬻于市。围之不周,结之不得,缀之不称,市人必笑而不取。然则虽为美带,割之遂不成带。修身、治天下为一带。取修身、割治天下,不成治天下,亦不成修身。致中和、育万物,为一带。取致中和、割育万物,不成育万物,亦不成致中和。克己、天下归仁,为一带。取克己、割天下归仁,不成天下归仁,亦不成克己。孝悌忠信、制梃挞秦楚,为一带。取孝悌忠信、割制梃挞秦楚,不成制梃挞秦楚,亦不成孝悌忠信。若续所割二尺五寸之带,还为五尺之带。可围可结可缀,两端之毯蕤然,然而中有续脊,终不成带。大道既裂,身自为身,世自为世,此不贯于彼,彼不根于此,强合为一,虽或小康,终不成治。"(同上)言心性,言学问,而必极之于事功。此铸万之意也。且其论儒、释、老三教之别曰:"老养生,释明死,儒治世。三者各异,不可相通。合之者诬,校是非者愚。"(《性功》)以治世者谓之儒,其意不亦彰明较著矣乎。

铸万言治,归于上下均平。曰:"天地之道故平,平则各得其所。及其不平也,此厚则彼薄,此乐则彼忧。为高台者,必有洿池;为安乘者,必有茧足。王公之家,一宴之味,费上农一岁之获,犹食之而不甘。

吴西之民，非凶岁，为糜粥，杂以菝秆之灰，无食者见之，以为是天下之美味也。人之生也，无不同也。今若此，不平甚矣。提衡者，权重于物则坠。负担者，前重于后则倾。不平故也。是以舜、禹之有天下也，恶衣菲食，不敢自恣。岂所嗜之异于人哉？惧其不平以倾天下也。"（上篇《大命》）是以《室语篇》（下篇）直斥自秦以来，凡为帝王皆贼，而《省官篇》（下篇）亦云多官害民。然于贫富相维之理，即亦未尝不言之。曰："潞之西山之中，有苗氏者，富于铁冶，业之数世矣。多致四方之贾，椎凿鼓泻担挽，所借而食之者，常百余人。或诬其主盗，上猎其一，下攘其十，其冶遂废。向之借而食之者，无所得食，皆流亡于河漳之上。此取之一室，丧其百室者也。里有千金之家，嫁女娶妇，死丧生庆，疾病医祷，燕饮赉馈，鱼肉果蔬椒桂之物，与之为市者众矣。缗钱锱银，市贩贷之；石麦斛米，佃农贷之；匹布尺帛，邻里党戚贷之，所赖之者众矣。此借一室之富，可为百室养者也。海内之财，无土不产，无人不生，岁月不计而自足，贫富不谋而相资。是故圣人无生财之术，因其自然之利而无以扰之，而财不可胜用矣。"（下篇《富民》，有节文）夫孔子曰："不患寡而患不均，不患贫而患不安。"不均，乱也，以不安而求均，尤乱之乱也。故言治者，陈义可高，而不可不本于人情，准于事理。若铸万者，其能知此者乎！

铸万得力于阳明，而亦即因之兼通佛氏之学。尝曰："甄也生为东方圣人之徒，死从西方圣人之后矣。"（下篇《有归》）故其言生死之故，纯然袭自佛说。曰："唐子见果蠃，曰果蠃与天地长久也。见桃李，曰桃李与天地长久也。见鹖鸲，曰鹖鸲与天地长久也。天地不知终始，而此二三类者，见敝不越岁月之间，而谓之同长而并久，其有说乎？百物皆有精，无精不生。既生既壮，练而聚之，复传为形。形非异，即精之成也。精非异，即形之初也。收于实，结于弹，禅代不穷。自有天地，即有是果蠃、鹖鸲，以至于今。人之所知，限于其目。今年一果蠃生，来年一果蠃死，今日为鹖鸲之子者生，来日为鹖鸲之母者死，何其速化之可哀乎。察其形为精，精为形，万亿年之间，虽易其形而为万亿果蠃，实万亿果蠃而一蔓也。虽易其形而为万亿鹳鸰，实万亿鹳鸰而一身也。果、鸟其短忽乎？天地其长久乎？果、鸟其易形为短忽乎？天地其一形而长久乎？"又曰："天地之混辟大矣，必有为混为辟者在其中，而后不穷于混辟也。物之绝续众矣，必有为绝为续者在其中，而后不穷于绝续也。人之死生多矣，必有非生非死者在其中，而后不穷于死生也。"又曰："时之逝也，日月迭行，昼夜相继，如驰马然。世之逝也，自皇以至于帝王，自帝王以至于今兹，如披籍然。人之逝焉，少焉而老至，老矣而死至，如过风然。此圣人与众人同者也。圣人之所以异于众人者，有形则逝，无形则不逝。顺于形者逝，立乎无形者不逝。无古今，无往来，无死生。其斯为至矣乎！"（以上上篇《博观》）且当铸万之时，为儒者之学者，几于必斥阳明。而为阳明之学者，更无不辨其非佛。铸万持佛之说，而又不自讳，如此。是亦可谓卓尔者矣。铸万以康熙四十三年卒。年七十五。又其《破祟》（上篇）《除党》（下篇）指摘血气朋党之害，亦多有可取者，以文冗不录。

　　与铸万同时，能著书成一家言者，尚有一胡石庄。石庄名承诺，字君信。湖北天门人，崇祯举人。入清，一谒选部，便以老疾辞归，闭户不出。著《绎志》六十篇，又《自叙》一篇，共三十余万言。道光中，武进李申耆兆洛刊其书，而序谓旧藏石庄《读书录》四册，为友人借观亡之，深以为恨。则石庄著述，固尚有在《绎志》以外者。石庄之学，大略见其《自叙》。盖一以宋儒为依归。而曰："为文之指三。一曰务实。务实者，欲事事可行也。二曰务平。务平者，欲人人能行也。三曰从道。道则从，非道弗从也。依五经法言，同先贤是非。奇僻之书，异端之学，黜而不入。诸子百家之文，非至精粹者，不称引也。若夫离事而别言理，故处事不以理，所行无当乎道之事。又所言之理皆不足处事，亦无当乎道之理。空疏之极，必生迷惑。迷惑之极，至于反悖。犹复杂糅其学，卑隘其志，盈满其气，坚僻其心，胶固其识，傲诡其辩。不得乎体之一,而欲其用之通。如铢铢而校,寸寸而度,终必有差也。"吾观其《古制篇》言古封建井田之兴废,有云:"虽有三代之良法,不可行于今者,千百年之后,制度不相近也。虽有汉唐之良法,不可行于今者,千百年之后,利病不相因也。居今而欲善治,亦取制度相近利病相因者,损益用焉已尔。"(有节文)则信乎其所谓务实务平,不离事而言理者也。至若《杂说篇》谓:"圣人薄事功而尊道德,非以道德阻塞事功之途,而专美三代以上之数人也。以为天下拨乱之时少,酿乱之时多。酿乱者,人心不正为之。人心不正,不可教诲而返于正也,往往大杀戮而后转。圣贤不忍其至此也,故严于王伯之辨,略其事功,独言道德。尽洗一世之利,欲以从事于高明,不为邪慝所涂浼而至于陷溺。使各安其君臣之义、父子之恩,可以淑慎其身、训迪其子孙,至于数百年不见兵革之惨。是为车为航以济穷途也。此圣贤之至仁也。"石庄之书,如《成务》《功载》皆未常非事功,而《兵略》《军政》亦且兼及于武事(《成务》《功载》《兵略》《军政》皆篇名)。然而乃持论如是者,是非有上下千古之识,而其真能通乎圣人之用心者,不能道也。故以石庄与铸万较,以才则铸万过于石庄,以识则石庄过于铸万。

第十章 颜习斋 李恕谷

颜元,字易直,又字浑然。直隶博野人。生明崇祯八年。幼随父寄养于蠡朱翁。而父被兵掠至辽东,朱翁妾又生子。翁卒,遂归颜氏。走塞外寻父。父已亡,得其墓于沈阳。乃招魂题主奉之而归。元少好陆、王之学,继又从事程、朱,终乃以为程、朱之学空谈心性而不切于实用,欲复古三物之教(三物,一六德,曰知仁圣义忠和;二六行,曰孝友睦姻任恤;三六艺,曰礼乐射御书数。见《周官·大司徒》)。名其斋曰习斋。教弟子以习礼、习乐、习射御、习书数。凡兵农水火诸学,靡所不讲。堂上琴竽、弓矢、筹管,森列焉。尝书与夏峰、桴亭,并力斥宋学之失(见《习斋余记》)。晚年被聘,教于肥乡漳南书院,为立规制甚宏。中曰习讲堂;东一斋曰文事,课礼乐书数、天文地理等科;西一斋曰武备,课黄帝、太公、孙吴诸子兵机,攻守营阵水陆诸战法,射御技击等科;东二斋曰经史,课十三经、历代史、诗文等科;西二斋曰艺能,课水火、工学、象数等科。门内直东曰理学斋,西曰帖括斋,皆北向。则凡习程、朱、陆、王及制举业者居之。意在罗致而以渐引进之也。会大雨经月,漳水盛至,堂舍悉没于水。因辞归。归后八年而卒。年七十。时清康熙四十三年也。元在朱翁家时,尝入学为诸生。及归宗,遂弃去。故以布衣终。门人传其学者,曰李塨。塨字刚主,别字恕谷,蠡人。奉父命师事习斋。以康熙三十九年,举于乡。已,入京。时三藩平后,清圣祖方留意文学。四方名士,麏集辇下,见恕谷莫不纳交者,鄞处士万季野斯同,梨洲之门人也,尤笃服恕谷。恕谷尝著《大学辨业》,季野为作序以张之。恕谷有故人曰杨勤,作令陕西富平,请恕谷往。曰:"学施于民物,在人犹在己也。"恕谷应之往。勤用恕谷言,百废具举,富平称大治。而关西学者闻恕谷之教,竞来问学。居逾年,恕谷乃去。既谒选得知县,以母年高,改选通州学正。旋告归,迁居博野。修葺习斋学舍,以教学者。朝贵聘荐,皆力辞。雍正十一年,卒于家。年七十五。习斋不著书,今传者,惟《四书正误》、《习斋余记》并《存学》、《存性》、《存治》、《存人》四编。而门人李塨、王源为辑《年谱》二卷,钟錂追记所闻为《言行录》二卷,《辟异录》二卷。恕谷所著《大学辨业》外,有《小学稽业》、《大学中庸传注》、《论语传注》、《孟子传注》、《周易传注》、《春秋传注》、《诗传注》、《学礼录》、《学射录》、《瘳忘编》、《拟太平策》、《圣经学规纂》、《论学》、《恕谷文集》等。同治中,德清戴子高望,撮取颜、李之说,为《颜氏学记》一书。近东海徐氏,汇刻《颜李遗书》,又命其门客为《颜李语要》各一卷,《颜李师承记》九卷。

习斋论学大旨,具见其为恕谷所作《大学辨业序》。曰:"昔者孔子没而诸子分传。杨、墨、庄、列乘间而起,鼓其诐说。祖龙遂毁井田封建,焚书坑儒。使吾儒经世之大法,大学之制,沦胥以亡。两汉起而治尚杂霸,儒者徒拾遗经为训传,而圣学之体用,残缺莫振。浸淫于魏晋隋唐,训诂日繁,佛老互扇,清谈词章,哗然四起。祸积而至五季,百氏学术,一归兵燹。尧、舜、周、孔之道,更孰从而问之乎?宋代当举世愦愦罔知所向之时,而周子突出,以其传于禅僧寿涯、道士陈抟者,杂入儒道,绘图著书,创开一宗。程、朱、陆、王皆奉之,相率静坐顿悟,验喜怒哀乐未发时气象,曰以不观观之。暗中二氏之奸诡,而明明德之实功涸矣。相率读讲注释,合清谈训诂为一堂。而习行礼乐兵农之功废,所谓亲民者无其具矣。又何止至善之可言乎?以故于尧、舜三事之事(三事者,正德、利用、厚生。见《古文尚书·大禹谟》),周、孔三物之物,偭矩而趋。而古大学教人之法,秦人强使之亡而不能尽者,潜奸暗易,而消亡遂不知所底矣。生民之祸,倍甚晋唐。道法遂湮,人才寥落。莫谓虞夏商周之文物,尽灭其迹,虽两汉英雄之干济,贤守令之政务,亦莫及焉。而语录恣其张皇,传赞肆其粉饰,竟若左右虞周,颉颃孔孟者。试观后世之国学乡学,尚有古大学学习之物否?试观两宋及今五百年,学人尚行禹、益、孔、颜之实事否?徒空言相续,纸上加纸。而静坐语录中有学,小学大学中无学矣。书卷两庑中有儒,小学大学中无儒矣。"(《习斋记余》)盖习斋之学,微独不取宋儒之空谈心性,亦不取汉唐之训诂注疏。其所为学者,在实习实得。故曰:"孔门之博学,学礼、学乐、学射、学御、学书数,以至《易》、《书》莫不曰学也,《周南》、《召南》曰为也。言学言为,既非后世讲读所可混。礼、乐、射、御、书、数,亦非后世章句所可托。"(《存学编·性理评》)曰:"仆妄谓性命之理不可讲也。虽讲,人亦不能听也。虽听,人亦不能醒也。虽醒,人亦不能行也。所可得而共讲之、共醒之、共行之者,性命之作用,如《诗》、《书》六艺而已。即《诗》、《书》六艺,亦非徒列坐讲听,要惟一讲即教习。习至难处来问,方再与讲。讲之功有限,习之功无已。孔子惟与弟子今日习礼,明日习射。间有可与言性命者,亦因其自悟已深,方与言。"(《存学编·总论诸儒讲学》)不特此也。习斋以为学之不必知之,知之不必能之。谢上蔡谓:"横渠以礼教人。其门人下稍头底,只溺于形名度数之间,行得来因无所见处。"习斋则曰:"民可使由之,不可使知之。道之以德,齐之以礼。此圣贤百世不易之成法也。虽周公、孔子,亦只能使人行,不能使人有所见。功候未到,即强使有所见,亦无用也。孟子曰:行之而不著焉,习矣而不察焉,终身由之而不知其道者,众也。此固叹知道之少,而吾正于此服周公、孔子流泽之远也。布三重以教人(三重见《中庸》,谓夏、商、周也),使天下世世守之。

第四编　近世哲学史◎第十章　颜习斋　李恕谷

后世有贤如孟子者,得由行习而著察。即愚不肖者,亦相与行习于吾道之中。正《中庸》所谓行而世为天下法。亦何必人人语以性道,而始为至乎!"(《性理评》)朱子尝称胡文定(安国)之言曰:"岂有见理已明而不能成事者。"习斋则曰:"见理已明而不能处事者多矣。有宋诸先生便谓还是见理不明,只教人明理。孔子则只教人习事。迨见理于事,则已彻上彻下矣。"(同上)恕谷因之,故陈兆兴(恕谷门人)问曰:"游于艺,今注谓博六艺义理之趣。或不在粗迹也。"曰:"姑论射乎。人必学能射,而由浅入深,始得其趣。未有全不能射,而即得射之趣者。后儒高阁六艺,而言博其趣,是不能射而得射之趣也。"徐果亭(名秉义)曰:"读书以明理。不读书,理何由明?"曰:"明理非尽由读书也。即如人日读书传,亦知射曰志正体直。而与之决拾,颠倒错互。遂可谓晓知射之理乎?亦知乐曰以和为主。而宫商音律,入耳茫然。遂可谓晓知乐之理乎?故古人明理之功,以实事不以空言。曰致知在格物。"(以上并恕谷《论学》)于是其所以为格物之解者,则曰:"格,《尔雅》曰:'至也。'《虞书》'格于上下'是也。程子、朱子于格物格字,皆训至。又《周书·君奭篇》'格于皇天,天寿平格',蔡注训通。又《孔丛子》'谏格虎赋',格义同搏。习斋谓格物之格如之,谓亲手习其事也。又《尔雅》:'格格,举也。'郭璞注曰:'举,持物也。'又《尔雅》到字极字皆同格。盖到其域而通之,搏之,举之,以至于极,皆格义也。物,物有本末之物也,即明德亲民也,即意心身家国天下也。然而谓之物者,则以诚正修齐治平,皆有其事。而学其事,皆有其物。《周礼》礼乐等皆谓之物,是也。格物者,谓大学中之物,如学礼学乐类,必举其事,造其极也。"(恕谷《大学辨业》)通采各书之说,而荟成其义。凡以见格物之不离身习而已。当时习斋于兵法、技击、驰射无不娴熟。恕谷学礼于习斋,学琴于张而素,学射御于赵锡之、郭金城(金城字子坚,亦习斋门人),问兵法于王余佑(余佑字介祺,孙夏峰门人),学书于彭通,学数于刘见田。后闻萧山毛奇龄善乐,乃从学于浙江。盖真所谓能其事者。

有清一代，求其学能上掩宋明，而卓然自成一宗，惟习斋、恕谷足以当之。独惜乎训诂考据之盛，而颜、李之传，乃不免于衰绝也。

习斋虽不主玩言性道，而论性则有不同于宋明诸儒者。亟称孟子为不善非才之罪之言，而重复为图以说明之。曰："中浑然一性善也。见当爱之物，而情之恻隐能直及之，是性之仁。其能恻隐以及物者，才也。见当断之物，而情之羞恶能直及之，是性之义。其能羞恶以及物者，才也。见当敬之物，而情之辞让能直及之，是性之礼。其能辞让以及物者，才也。见当辨之物，而情之是非能直及之，是性之智。其能是非以及物者，才也。不惟圣贤与道为一，虽常人率性，亦皆如此，更无恶之可言。故孟子曰：乃若其情，可以为善；若为不善，非才之罪。及世味纷乘，贞邪不一。惟圣人禀有全德，大中至正，顺应而不失其则。下此者，才色诱于外，引而之左，则蔽其当爱而不见，爱其所不当爱，而贪营之刚恶出焉；私小据于己，引而之右，则蔽其当爱而不见，爱其所不当爱，而鄙吝之柔恶出焉。以至羞恶被引而为侮辱残忍，辞让被引而为伪饰诌媚，是非被引而为奸雄小巧，种种之恶所从来也。然种种之恶，非其不学之能，不虑之知。必且进退龃龉，本体时见。不纯为贪营鄙吝诸恶也，犹未与财色等相习而染也。斯时也，惟贤士豪杰，禀有大力。或自性觉悟，或师友提撕，知过而善反其天。又下此者，赋禀偏驳。引之既易，而反之甚难。引愈频而蔽愈远，习渐久而染渐深。以至染成贪营鄙吝之性之情，而本来之仁，不可知矣。染成侮辱残忍之性之情，而本来之义，不可知矣。染成伪饰诌媚之性之情，与奸雄小巧之性之情，而本来之礼智，俱不可知矣。呜呼！祸始引蔽，成于习染。以耳目鼻口四肢百骸可为圣人之身，竟呼之曰禽兽。犹币帛素色，而既污之后，遂呼之曰赤帛黑帛也。而岂其材之本然哉！"（《存性编·性说》）习斋之意，盖不认气质之恶，以恶皆由外之引蔽习染而然。此与陆桴亭论性相合，故其《与桴亭书》有喜先得我心之语（见《习斋记余》）。然习斋更有视桴亭为进者。习斋不独谓气质之偏无害于善，且

第四编 近世哲学史◎第十章 颜习斋 李恕谷

以为气质之偏正可为善。故曰："偏至者,可以为偏至之圣贤。宋儒乃以偏为恶。不知偏不引蔽,偏亦善也。"(《存性编·性理评》,有节文)又曰："气禀偏而即命之曰恶,是指刀而坐以杀人也。庸知刀之能利用杀贼乎?"(同上)习斋于宋儒之中,独许胡安定、张横渠。曰："仆学之宋儒中,止许胡安定、张横渠,为有孔门之百一。"(《习斋记余·寄李复元处士书》)又曰："宋儒胡子外,惟横渠为近孔门学教。"(《存学编·性理评》)然至横渠变化气质之说,则力非之。曰："人之质性各异,当就其质性之所近、心志之所愿、才力之所能,以为学,则无龃龉扞格终身不就之患。故孟子于夷、惠曰不同道,惟愿学孔子。非止以孔子独上也。非谓夷、惠不可学也。人之质性近夷者,自宜学夷;近惠者,自宜学惠。今变化气质之说,是必平丘陵以为川泽,填川泽以为丘陵也。不亦愚乎?且使包孝肃必变化而为庞德公,庞德公必变化而为包孝肃,必不可得之数。亦徒失其为包为庞而已矣。"(《四书正误》)夫孟子主性善,则曰扩充。荀子主性恶,则曰矫饰。变化气质,荀子矫饰之说也。宋儒分理义之性、气质之性,固调停孟、荀而兼用之者,特未肯明言之耳。今习斋一以孟子性善为归,则其不然于变化气质者,盖不足异。且习斋讥濂溪,而所作《人论》有云："太极肇阴阳。阴阳生五行。阴阳五行之清焉者,气也;浊焉者,形也。气皆天也,形皆地也。天地交通变化,而生万物。飞潜动植之族,不可胜辨;形象运用之功,不可胜穷。莫非天地之自然也。凡主生者皆曰男,主成者皆曰女。妙合而凝,则又生生不已焉。天地者,万物之大父母也;父母者,传天地之化者也。而人则独得天地之全,为万物之秀也。"(《习斋记余》)即本之濂溪《太极图说》。然此犹可曰早年所作也。若夫《存性编》固恕谷所谓先生悟圣学后著者(见恕谷《存治篇书后》),而如刚恶柔恶云云,亦濂溪《通书》中语。从知习斋于宋儒之书,亦有取有舍。如近人专取习斋攻击宋儒之言论,为之标榜。一若颜、李之学,与程、朱之学,不能并存天壤间者。殆未之深考也。

373

习斋、恕谷,论治不讳功利。习斋著《宋史评》,辨王安石之被诬(见《习斋记余》),而恕谷则力称江陵之功(江陵,明张文忠公居正也,见《恕谷文集》)。《瘳忘编》者,恕谷自称因习斋《存治编》而作,以广其条件者也(见《存治篇书后》)。而其论治道曰:"'治有道乎?'曰有。'其道一乎?'曰不一。'敢问其不一何也?'曰:有全道,有偏道。'何全何偏?'曰:全者王道,偏者清净也,刑名也。'其道如何?'曰:六府三事(六府,水、火、金、木、土、谷,亦见《大禹谟》),教养兼举,可以光四表、格上下者,王道也;清净则休养元气,护惜民物,不妄生一事,是谓黄老之学;刑名则强公室,杜私门,因名核实,令行禁止,是谓申、韩之学。曰:'三者固各分乎?'曰:分之中亦有合焉。王道,兼清净、刑名者也。至于清净,未始不附王道以行也。不附之不治。而清净中亦有刑名。刑名,未始不附王道以行也。不附之不治。而刑名中亦有清净。但其握要者,各有所在耳。曰:'亦有弊乎?'曰:王道无弊,行王道者弊也。清净之弊为虚谈,虚谈而废弛。刑名之弊为苛酷,苛酷而乖离。然亦有似弊而实非者。牵制文义如汉元,纷更制度如王莽,贼王道者也。怠弃万机如明神宗,贼清净者也。杀人若刈草菅如高洋、苻生,贼刑名者也。非流弊也。"(并《瘳忘编·续论》)以黄、老、申、韩之用为不背于王道,此后儒硁硁,所万不敢言者也。习斋于当时学者,唯敬服一陆桴亭。而恕谷《瘳忘编》既成,撮录桴亭《思辨录》附于其后。又《大学辨业·题辞》首称引《思辨录》"大学之法,所以教人为大学之道,后世但有大学之道,而无所谓大学之法"之言。即恕谷之于桴亭,亦可知矣。抑习斋门下,有大兴王昆绳源,著《平书》十卷,与恕谷商订之。而亦尝与唐铸万游,铸万称其敏达(见《潜书·劝学篇》)。则其时志学之士,多有交往,故能成其广大。不独方望溪(苞)与恕谷易子而教,为世称道已也(《望溪集》有《恕谷墓志》,叙其与恕谷、昆绳论学同异甚详。惟谓恕谷因己言改其师法,则恕谷门人刘调赞尝辨之,见《恕谷年谱》)。

第十一章　戴东原

清代汉学大师，首推东原。东原师婺源江慎修永。永有《朱子近思录注》，盖犹兼为宋儒性理之学者。而东原则举宋儒之学尽推翻之。东原名震，安徽休宁人。始就塾，塾师授《大学章句》，问曰："此何以知为孔子之言，而曾子述之？又何以知为曾子之意，而门人记之？"师曰："此朱子云尔。"问："朱子何时人？"曰："南宋。"又问："曾子何时人？"曰："东周。""周、宋相去几何时？"曰："几二千年。"曰："然则朱子何以知其然？"师不能答。其读书必穷究实在，盖自幼即如此。长通训诂考证之学。中乾隆二十七年乡试。四库全书馆开，因于文襄公（敏中）荐，特召以举人充纂修官。四十年，会试，不第。被命一体与殿试。赐同进士出身，授庶吉士。越二年，竟卒于官。年五十有五。平生著述甚富。而以宋儒言性、言理、言道、言才、言仁义礼智、言诚、言权，皆与孔、孟之旨不合，类糅杂二氏之言。于是作《孟子字义疏证》及《原善》、《论性》诸篇。既又取《原善》而援据经义，为之疏通证明焉。今《孟子字义疏证》、《原善》并收入《戴氏遗书》，而《论性》及《原善》本文，又见《东原集》。其后阮文达公元作《性命古训》、《论语论仁篇》（见《研经室文集》），焦里堂循（甘泉人）著《论语通释》、《孟子正义》，要皆根据东原以为说。

东原所最指斥宋儒者,为程子"性即理也"之言,而朱子《中庸注》引之。东原以为:"理者分理。故《中庸》言文理密察,孟子言条理。未有虚悬一物以为之理者。今虽至愚之人,处断一事,责诘一人,莫不曰理。盖自宋以来始相习成俗。夫以理为如有物焉,得于天而具于心,未有不以意见当之者也。"(见《孟子字义疏证》。本文甚长,撮其意如此)且颜习斋作《四书正误》亦尝有是说矣。曰:"理者,木中纹理也。指条理言。"又曰:"前圣鲜有说理者。孟子忽发出。宋人遂一切废弃,而倡为明理之学。不知孟子所谓理义悦心,有自己注脚,曰仁义忠信,乐善不倦。仁义等又有许多注脚。"故戴子高即谓东原作《孟子绪言》本于习斋之说(见《颜氏学记》)。夫东原是否本之习斋不可知。若其说则固相合矣。顾吾观《后汉书·朱穆传》,其《崇厚论》曰:"行违于道,则愧生于心,非畏义也。事违于理,则负结于意,非惮礼也。"以理与道对言,汉人即已有之,夫曰理曰道,皆虚为之象者也。今谓宋人始言理,而以理为如有物失之凿,殆为不深考矣。虽然,习斋、东原,亦有为而发之者也。东原之言曰:"理也者,情之不爽失也。未有情不得而理得者也。"又曰:"就事物言,非事物之外别有理义也。有物必有则,以其则正其物,如是而已矣。就人心言,非别有理以予之而具于心也。心之神明于事物,咸足以知其不易之则。譬有光皆能照。而中理者,乃其光盛,其照不谬也。"(并《孟子字义疏证》)夫自理之说盛,而天下有外情以言理者矣,有外事以言理者矣。外情以言理,外事以言理,则所谓意见是也。程、朱未尝教人以意见为理也。而后之人以意见为理者,则未尝不借口于程、朱之言。是以东原从而辨之。观其反覆于意见之害,而曰:"彼目之曰小人之害天下后世也,显而共见。目之曰贤智君子之害天下后世也,相率趋之以为美言。其入人心深,祸斯民也大。而终莫之或寤。"(《孟子字义疏证·序》)为意不可见乎?

程、朱言性有义理之性,有气质之性。义理之性,所谓理也;气质之性，所谓气也。在天曰理气，在人则曰义理之性、气质之性耳。而东原曰："性者，血气心知本乎阴阳五行，人物莫不区以别焉，是也。而理义者，人之心知有思辄通，能不惑乎所行也。"又曰："人物分于阴阳五行以成性。舍气类更无性之名。"又曰："人之血气心知，原于天地之化者也。有血气，则所资以养其血气者，声色臭味是也。有心知，则知有父子有昆弟有夫妇。而不止于一家之亲也，于是又知有君臣有朋友五者之伦。相亲相为治，则随感而应，为喜怒哀乐。合声色臭味之欲，喜怒哀乐之情，而人道备。"（并《孟子字义疏证》）盖其意以为舍气质之外，更无所谓性。故曰："孟子曰：如使口之于味其性与人殊，若犬马之不同类也，则天下何嗜皆从易牙之于味也？孟子矢口言之，无非血气心知之性。"（同上）又曰："古人言性，不离乎材质，而不遗理义。孟子曰：'非天之降才尔殊。'曰：'乃若其情，则可以为善矣。乃所谓善也。若夫为不善，非才之罪也。'惟不离材质以为言，始确然可以断人之性善。"（《东原集·读孟子论性》，有节文）东原不认有义理之性、气质之性之分，则亦不认有理与欲之分。曰："人之生也，莫病于无以遂其生。欲遂其生，亦遂人之生，仁也。欲遂其生，至于戕人之生而不顾者，不仁也。不仁实始于欲遂其生之心。使其无此欲，必无不仁矣。然使其无此欲，则于天下之人生道穷促，亦将漠然视之。己不必遂其生，而遂人之生，无是情也。欲其物，理其则也。"（《孟子字义疏证》，有节文）又曰："《诗》曰：'民之质矣，日用饮食。'《记》曰：'饮食男女，人之大欲存焉。'圣人治天下，体民之情，遂民之欲，而王道备。人知老、庄、释氏异于圣人，闻其无欲之说，犹未之信也。于宋儒则信以为同于圣人，理欲之分，人人能言之。故今之治人者，视古贤圣体民之情，遂民之欲，多出于鄙细隐曲，不措诸意，不足为怪。而及其责以理也，不难举旷世之高节，著于义而罪之。尊者以理责卑，长者以理责幼，贵者以理责贱，虽失谓之顺。卑者、幼者、贱者以理争之，虽得谓之逆。于是下之人不能以天下之同情，天下所同欲，达之于上。上以理责其下，而在下之罪,人人不胜指数。人死于法,犹有怜之者,死于理,其谁怜之?呜呼!杂乎老、释以为言,其祸甚于申、韩如是也。"(同上)夫理欲之说,即宋儒有疑之者矣。陆象山曰:"天理人欲之言,亦自不是至论。若天是理,人是欲,则是天人不同矣。"又曰:"《书》云:'人心惟危,道心惟微。'解者多指人心为人欲,道心为天理。此说非是。心一也,人安有二心?自人而言则曰惟危,自道而言则曰惟微。"(并《象山语录》)特是象山未如东原申欲而罪理,言之之益痛耳。东原曰:"古人言性,但以气禀言,未尝明言理义为性。盖不待言而可知也。至孟子时,异说纷起,以理义为圣人治天下具,设此一法以强之从。害道之言,皆由外理义而生。人徒知耳之于声,目之于色,鼻之于臭,口之于味之为性。而不知心之于理义,亦犹耳目鼻口之于声色臭味也。故曰:'至于心,独无所同然乎?'盖就其所知,以证明其所不知。举声色臭味之欲,归之耳目鼻口,举理义之好,归之心,皆内也,非外也。比而合之,以解天下之惑,俾晓然无疑于理义之为性。害道之言,庶几可以息矣。"(《孟子字义疏证》)夫程、朱之分义理之性、气质之性,其意亦何尝不同于孟子。然而末流之失,高者空言性而忽于气质,卑者溺于气质而茫不知性为何物。其弊盖可睹矣。是故桴亭论之,习斋论之,今东原又论之。而程鱼门(名晋芳,江都人,乾隆进士,东原之友,亦治汉学者)作《正学论》乃谓:"近代一二儒家,以为人之为人,情而已矣。圣人之教人也,顺乎情而已。宋儒尊性而卑情,即二氏之术。其理愈高,其论愈严,而其不近人情愈甚。虽日攻二氏,而实则身陷其中而不觉。嗟乎!为斯说者,徒以便己之私,而不知其大祸仁义,又在释、老、杨、墨上矣。"(见鱼门《勉行斋集》)意盖以讽东原者。此倘所谓言辩而不及,而知出乎争者耶("言辩而不及",《庄子·齐物论》语;"知出乎争",《人间世》语)?

东原既以气质即性,而欲与理为非二,则人何以有私有蔽,而私蔽又何由生?东原曰:"私生于欲之失,蔽生于知之失。"(《孟子字义疏证》)是故强恕以去私,问学以去蔽,东原之所可也。因私而咎欲,因欲而咎血气,因蔽而咎知,因知而咎心,东原之所非也。其言曰:"人之患有私有蔽。私出于情欲,蔽出于心知。无私,仁也。不蔽,智也。非绝情欲以为仁,去心知以为智也。是故圣贤之道,无私而非无欲;老、庄、释氏,无欲而非无私。彼以无欲而成其自私者也,此以无私通天下之情,遂天下之欲者也。"(同上)又曰:"君子之治天下也,使人各得其情,各遂其欲,勿悖于道义。君子之自治也,情与欲使一于道义。夫遏欲之害,甚于防川。绝情去智,仁义充塞。人之饮食也,养其血气。而其问学也,养其心知。是以自得为贵。血气得其养,虽弱必强。心知得其养,虽愚必明。是以扩充为贵。君子独居思仁,公言言义,动止应礼。竭其所能谓之忠,明其所履谓之信,施其所平谓之恕,驯而致之谓之仁且智。仁且智者,不私不蔽者也。君子未应事也,敬而不肆以虞其疏。至而动,正而不邪以虞其伪。必敬必正,以致中和,以虞其偏,以虞其谬。戒疏在乎戒惧,去伪在乎慎独,致中和在乎达礼。精义至仁.尽天下之人伦,同然归之于善,可谓至善矣。"(《原善》)极不私不蔽之量,至于仁智。而约不私不蔽之功,始于忠恕。东原之说,于是乎为切近矣。此则其于讥诋宋儒之外,能自树立者也。

第十二章　彭允初　汪大绅　罗台山

当天下驰骛汉学之日，而有和会儒、释，明揭宗旨，自树一帜者，则彭允初、汪大绅、罗台山也。允初名绍升，号尺木居士，又号知归子。江南吴县人。祖定求，世所称南畇先生者也。允初以乾隆三十四年成进士。选知县，不就而归。大绅名缙，号爱庐。休宁人，居吴。终于诸生。台山名有高，号尊闻居士。江西瑞金人。乾隆三十年举人，出允初父芝庭（名启丰）之门。允初《叙汪子文录》谓："予年二十余，始有志于学。其端实自汪子大绅发之。"又谓："予之于汪子之言也，一以为创获，一以为固然。其不合者则希矣。持以示人，人莫测其所谓。独罗子台山见而识之。曰：是无师智之所流也。汪子既乐与予言，及见台山而大乐，遂乐与台山言，又乐与予言台山。其言台山也，不独赞叹而已，诋诃笑谑，无弗有也。其于予也亦然。时或与台山言予，诋诃笑谑，无弗有也。"（《二林居集》）观此，三先生论学之相契，可以见矣。然大绅、台山，皆先允初卒，而大绅年六十八，台山年才四十六（大绅卒于乾隆五十七年，台山卒于乾隆四十四年）。允初撰次台山生平，以为《罗台山述》，称其所论说"华梵交融，奏刀恚然，关节开解"（《二林居集》)。今观台山《观生》之文，有曰："物之争也以我，其忘争也以无我。我也者，器之景，昧性而妄有执者也。"实窃取释氏身器之说。而言命、言性、言才、言性，终归于《易》之观盥(《尊闻居士集》)。则信乎能华梵交融者矣。然不独台山也。允初曰："吾于观艮二卦，见圣人之心法焉。《诗》曰：'穆穆文王，於缉熙敬止。'缉熙者，观也。敬止者，艮也。乾知大始，其观之所从出乎？坤作成物，其艮之所自成乎？是故观艮者，乾坤之门户也。《论语》体之为学识(默而识之之识)，《中庸》标之为明诚。千圣复生，无以易此矣。"(《二林居集·读易》)非即天台之言止观乎？曰："知至云者，外观其物，物无其物。物无其物，是谓物格。内观其意，意无其意，是谓意诚。进观其心，心无其心，是谓正心。由是以身还身，以家还家，以国还国，以天下还天下。不役其心，不动于意，不淆于物，是谓身修家齐国治天下平。"(《二林居集·读古本大学》)非即华严之言理事无碍乎？然则所谓华梵交融者，允初又不啻自道之者也。抑三先生之于佛也，不独究心宗(禅)教(天台、华严)，而更归依净土。允初名其居曰二林。一梁溪之东林，高忠宪讲学之所；一庐山之东林，刘遗民与远公结白莲社者也(《二林居集》有《二林居说》)。莲社实净土开宗之祖，此允初所以托意于此也。大绅有《读净土三书私记叙》(见《汪子文录》)，台山有《无量寿经起信论叙》(见《尊闻居士集》)，皆张皇净土功德。而大绅且以《易》理融通之，谓："众生本来成佛。必以净土为归者何也？则以阿弥陀佛为万佛之师，《易》所谓大哉乾元。净土为阿弥陀所摄。《易》所谓至哉坤元也。乾坤合撰，万物之所以资始资生也。身土交融，众生之所以去凡入圣也。"夫自唐宋以来，儒者讲学，殆无不糅杂佛说者。然半皆曹溪法乳。用其明心见性之谈，以为明善诚身之助。至若发愿往生，庄严极乐，未尝有道之者。岂非以其诞而不切于人事耶？然而禅宗之弊，空言参悟，而不事行持，恃其狂慧，往往堕堑陷坑，丧失身命。于是彼教古德，思以净土拯之。有明万历中，莲池大师(袾宏)住持云栖，力弘净土之教。缁素从化,盛极一时。故袁中郎(名宏道,公安人,万历进士,官终稽勋郎中,有《袁中郎集》)撰《西方合论》(见《净土十要》)即谓:"禅宗密修,不离净土。"由是彼教,禅净并行,亦如吾儒之有朱、陆,顿、渐两门,不能偏废。三先生由儒归禅,由禅归净,固亦机缘使然。然而其去儒益远矣。此戴东原《答允初书》所以谓其诬孔、孟亦兼诬程、朱也(《东原集》有《答彭进士允初书》)。

三先生始皆有用世之意。而大绅尤为该博。允初之述大绅曰:"慕大洲《二通》之作(大洲,赵贞吉也,其学出于王心斋,作《二通》未就,内篇曰《经世通》,外篇曰《出世通》。见《明儒学案》),著《二录》、《三录》以明经世之道。著《读四十偈私记》,以通出世之脉。"(《二林居集·汪大绅述》)今《二录》、《三录》具存。自孟子、荀子,以及兵、刑家言,皆取而论之。而于宋之诸儒,则朱、陆外,尤好陈龙川皇帝王霸之学,谓其得文中子之粗,而以见之卓论之,已为汉唐诸儒所不到(《汪子遗书·二录·内王附陈》)。夫龙川,后儒所斥之为功利之士者也。而大绅取之,即其意可知矣。然作《准孟》则曰:"利害者,私说之所明也。其说曰:'民命衣食者也。古者取之草木而有余食,取之毛羽而有余衣。衣食之涂宽,故争心伏。今者耕而食,耕者且未必得食;织而衣,织者且未必得衣。衣食之涂隘,故争心起。利事愈多,争心愈少;利事愈少,争心愈多。凡今之争,以愈少故愈多。不争,是无以为命也。然则上之人所由制民命者,在利之涂矣。'屈之曰:'说之以利事愈少则愈争,固也。吾不谓不然。抑知少之原之缘于争乎?抑知愈争则利事且愈少乎?今置田万亩,十人均之,人千亩。仰事俯畜养老送终嫁娶之事,宽然足给。而且里党敦睦,通有无以羡资歉,不见谓少。贪黩者出,视所有歉然不厌,负强挟诈,侵冒兼并以自益。智力等者,利其然而效之。朴懦积愤不平,激发相助,胜负反覆,互倾夺不可遽已。奇零断割,而千亩之业,或半失,或十失八九,而少数睹矣。故曰:少之原缘于争,而愈争则愈见少也。且说之以愈少愈争者,彼微特不明于少原于争、愈争愈少之分,而实未明于不争不患其少之分也。今置田百亩,十人食之,不可谓不少。然人受十亩,终其身和其乡邻,食时而用节。即遇凶岁,何至为沟中瘠矣。故曰:不争不患其少也,争则将并无以有其少也,且将并无以有其命也。'"(《汪子遗书·三录》)反覆于争利之害,而以仁义为公说。以为公说之行,则利泽溥,害端绝。是则大绅之功利,又非夫人之功利之见也。大绅说格物,引《易·系》"近取诸身,远取诸物,通神明之德,类万物之情",以为格物之证。而允初为文非之,谓是乃圣人开物成务之功用,非下学所有事(大绅《格物说》见《汪子遗书》。允初有《书格物说后》见《二林居集》)。夫以格物为开物成务,大绅之说格物,则戾矣。然其主开物成务之意,则大绅所以过于允初者也。允初所著,有《二林居集》、《一行居集》。大绅所著,有《汪子文录》、《汪子遗书》。台山所著,有《尊闻居士集》。允初卒于嘉庆元年,年五十七。

第十三章　洪北江

　　经学家中，尚有一能为深湛之思者，曰洪稚存。稚存名亮吉，号北江。苏之阳湖人。乾隆五十五年，以第二人及第，授编修。逾年，拜视学贵州之命。黔中故僻远，无书籍。稚存为购《经史》、《通典》、《文选》诸书置各府书院。黔人争知好古，盖君之力也。嘉庆初，教习庶吉士。坐上书指斥乘舆，谪戍伊犁。既赦还，自号更生居士。十四年，病卒于家。年六十四。所著书甚多，《诗文集》六十四卷，有《意言》二十篇。而《真伪篇》意谓真未必可为，伪未必不可为，与世之言真伪者大异。盖颇近荀子性恶善伪之说，其辞曰："今世之取人也，莫不喜人之真，厌人之伪。是则伪不可为矣。而亦不然。襁褓之时，知有母而不知有父，然不可谓非襁褓时之真性也。孩提之时，知饮食而不知礼让，然不可谓非孩提时之真性也。至有知识而后，知家人有严君之义焉。其奉父也，有当重于母者矣。饮食之道，有三揖百拜之仪焉。酒清而不饮，肉干而不食，有非可径情直行者矣。将为孩提襁褓之时真乎？抑有知识之时真乎？必将曰：孩提襁褓之时虽真，然苦其无知识矣。是则无知识之时真，而有知识之时伪也。吾以为圣人设礼，虽不导人之伪，实亦禁人之率真。何则？上古之时，卧倨倨，兴吁吁，一自以为马，一自以为牛,其行蹞蹞,其视瞑瞑,可谓真矣。而圣人必制为尊卑上下、寝兴坐作、委曲烦重之礼以苦之。则是真亦有所不可行,必参之以伪而后可也。且士相见之礼,当见矣,而必一请再请,至固以请,乃克见。士昏之礼,当醴从者矣,亦必一请再请,至固以请,乃克就席。乡射礼,知不能射矣,而必托辞以疾。以至聘礼,不辱命,而自以为辱。朝会之礼,无死罪,而必自称死罪。非皆禁人之率真乎?总之上古之时真,圣人不欲过于率真,而必制为委曲烦重之礼以苦之。孩提襁褓之时真,圣人又以为真不可以径行,而必多方诱掖奖劝以挽之。则是礼教既兴之后,知识渐启之时,固已真伪参半矣。而必鳃鳃焉以真伪律人,是又有所不可行也。"(《北江文集》,有节文)然《形质篇》又谓:"嗜欲益开,形质益脆。知巧益出,性情益漓。"(同上)则又似以伪道不可久,而欲人之复归于真者。其有调停之意乎?抑前后不自觉其矛盾也?未可知矣。

《意言》论生死祸福,不信有鬼神之赏罚,颇似《论衡》。而论治平生计,则又似《潜夫论》。《潜夫·爱日篇》陈辞讼累民,计其废业者日若干人,因之受饥者岁又若干人。窃尝服其精审。而《意言·治平篇》谓户口之增,与田屋之增不相比,亦累率以数之。曰:"人未有不乐为治平之民者也,人未有不乐为治平既久之民者也。治平至百余年,可谓久矣。然言其户口,则视三十年以前,增五倍焉。视六十年以前,增十倍焉。视百年百数十年以前,不啻增二十倍焉。试以一家计之。高曾之时,有屋十间,有田一顷。身一人,娶妇后不过二人。以二人居屋十间,食田一顷,宽然有余矣。以一人生三子计之,至子之世,而父子四人。各娶妇,即有八人。八人,即不能无佣作之助。是不下十人矣。以十人而居屋十间,食田一顷,吾知其居仅仅足,食亦仅仅足也。子又生孙,孙又娶妇。其间衰老者或有代谢,然已不下二十余人。以二十余人,而居屋十间,食田一顷,即量腹而食,度足而居,吾以知其必不敷矣。又自此而曾焉,自此而玄焉,视高曾时,口已不下五六十倍。是高、曾时为一户者,至曾、玄时不分至十户不止。其间有户口消落之家,即有丁男繁衍之族,势亦足以相敌。或者曰:高、曾之时,隙地未尽辟,闲廛未尽居也。然亦不过增一倍而止矣,或增三倍五倍而止矣。而户口则增至十倍二十倍。是田与屋之数,常处其不足。而户与口之数,常处其有余也。又况有兼并之家,一人据百人之屋,一户占百户之田。何怪乎遭风雨霜露饥寒颠踣而死者之比比乎?曰:天地有法乎?曰:水旱疾疫,即天地调剂之法也。然民之遭水旱疾疫而不幸者,不过十之一二矣。曰:君相有法乎?曰:使野无闲田,民无剩力。疆土之新辟者,移种民以居之。赋税之繁重者,酌今昔而减之。禁其浮靡,抑其兼并。遇有水旱疾疫,则开仓廪、悉府库以赈之。如是而已。是亦君相调剂之法也。要之治平之久,天地不能不生人,而天地之所以养人者,原不过此数也。治平之久,君相亦不能使人不生,而君相之所以为民计者,亦不过前此数法也。然一家之中,有子弟十人,其不率教者,常有一二。又况天下之广,其游惰不事者,何能一一遵上之约束乎?一人之居,以供十人已不足,何况供百人乎?一人之食,以供十人已不足,何况供百人乎?此吾所以为治平之民虑也。"昔荀子以昭昭然为天下忧不足,为墨子之私忧过计(见《荀子·富国篇》)。若稚存之论,亦所谓私忧过计者矣。然稚存生清乾嘉极盛之时,而安能虑危,治能虑乱,非有过人之见不及此。且其所虑,固今世哲人学者苦思焦心,而无有善法以处之者。稚存于百数十年之前,不知有所谓经济学、统计学,乃思虑缜密如此,尤不得不为之叹异也。

第十四章　龚定庵

汉学之盛也,与宋学争;而其后也,汉学中今文派又与古文派争。今文派之魁,曰刘申受逢禄(武进人,嘉庆进士,官礼部主事。道光中卒),传其外祖庄存与之学(存与,字方耕,乾隆进士,官至礼部左侍郎),表章何休《公羊春秋》,著有《公羊何氏释例》、《公羊何氏解诂笺》等书。继之者,有龚定庵。定庵名自珍,原名巩祚,字瑟人。浙之仁和人。幼从外祖金坛段懋堂玉裁受经。懋堂,东原戴氏之门人也,故定庵于经学远有师承。而又出入于周秦诸子之书,晚尤好佛乘。所著《定庵集》沉博奥衍,固足当一家之言。其取公羊家三世之说,通之群经,略见所谓《五经大义终始答问》。问:"三世之法谁法也?"答:"三世,非徒《春秋》法也。《洪范》八政配三世。八政又各有三世。""愿问八政配三世?"曰:"食货者,据乱而作。祀也,司徒、司寇、司空也,治升平之事。宾师,乃文致太平之事。孔子之法,箕子之法也。"问:"太平大一统何谓也?"答:"宋、明山林偏僻士,多言夷夏之防。比附《春秋》,不知《春秋》者也。《春秋》至所见世,吴、楚进矣。伐我不言鄙,我无外矣。《诗》曰:'无此疆尔界,陈常于时夏。'(《周颂·思文后稷》)圣无外,天亦无外者也。"问:"孰为纯太平之书?"答:"礼。古经之于节目也详,尤详于宾。夫宾师,八政之最后者也。《士礼》十七篇,纯太平之言也。"且汉学家之于经,致力可谓勤矣。然大抵疏通训诂者多,而发明大义者鲜。发明大义,惟今文家谈《公羊》者有之。此吾所以有取于定庵也。抑定庵之言,尤有枨触于余心者,曰:"吾闻深于《春秋》者,其论史也,曰:书契以降,世有三等。三等之世,皆观其才。才之差,治世为一等,乱世为一等,衰世别为一等。衰世者,文类治世,名类治世,声音笑貌类治世。黑白杂而五色可废也,似治世之太素;宫羽淆而五声可铄也,似治世之希声;道路荒而畔岸隳也,似治世之荡荡便便;人心混混而无口过也,似治世之不议。左无才相,右无才史,阃无才将,庠序无才士,陇无才民,廛无才工,衢无才商,抑巷无才偷,市无才驵,薮泽无才盗。则非但鲜君子也,抑小人甚鲜。当彼其世也,而才士与才民出,则百不才督之缚之,以至于戮之。戮之非刀非锯,非水火,文亦戮之,名亦戮之,声音笑貌亦戮之。戮之权不告于君,不告于大夫,不宣于司市。君大夫亦不任受。其法亦不及要领,徒戮其心:戮其能忧心,能愤心,能思虑心,能作为心,能有廉耻心,能无渣滓心。又非一日而戮之,乃以渐:或三岁而戮之,十年而戮之,百年而戮之。才者自度将见戮,则蚤夜号以求治;求治而不得,诳悍者则蚤夜号以求乱。夫诳且悍,且睊然瞯然以思世之一便己,才不可问矣。是故智者受三千年史氏之书,则能以良史之忧忧天下。忧不才而庸,如其忧才而诳;忧不才而众怜,如其忧才而众畏。履霜之屦,寒于坚冰;未雨之鸟,戚于漂摇;痹痨之疾,殆于痈疽;将萎之华,惨于槁木。三代神圣,不忍薄谲士勇夫,而厚豢驽羸,探世变也。圣之至也。"(《乙丙之际著议第九》)呜呼!可不谓忧深虑远之言乎。

定庵之学,又不仅在《公羊春秋》也。其言公私,与北江之真伪相类。曰:"狸交禽媾,不避人于白昼,无私也。若人则必有闺闼之蔽,房帷之设,枕席之匿,赪频之拒矣。禽之相交,径直何私。孰疏孰亲,一视无差。尚不知父子,何有朋友。若人则必有孰薄孰厚之气谊。因有

第四编　近世哲学史◎第十四章　龚定庵

过从宴游,相援相引,款曲燕私之事矣。今日大公无私,则人耶?则禽耶?《七月》之诗人曰:'言私其豵,献豜于公。'先私而后公也。《大田》之诗人曰:'雨我公田,遂及我私。'《楚茨》之诗人曰:'备言燕私。'先公而后私也。《采苹》之诗人曰:'被之僮僮,夙夜在公。被之祁祁,薄言还归。'公私并举之也。《羔羊》之诗人曰:'羔羊之皮,素丝五紽。退食自公,委蛇委蛇。'公私互举之也。"(《论私》)而以《诗》征之,则其深于《诗》也。其言均平,与铸万之《大命》相类。曰:"有如贫相轧,富相耀。贫者咷,富者安。贫者日愈倾,富者日愈壅。或以羡慕,或以愤怨,或以骄汰,或以啬吝,浇漓诡异之俗百出不可止。至极,不祥之气郁于天地之间。郁之久,必发为兵燹,为疫疠。生民噍类,靡有孑遗。人畜悲痛,鬼神思变置。其始不过贫富不相齐之为之尔。小不相齐,渐至大不相齐;大不相齐,而至丧天下。呜呼!此贵乎操其本原与随其时而剂调之。上有五气,下有五行,民有五丑,物有五才,消焉息焉,渟焉决焉,王心而已矣。是故古者天子之礼:岁终,太师执律而告声;月终,太史候望而告气。东无赭水,西无赭财,南无赭粟,北无赭土,南无赭民,北无赭风。王心则平,听平乐。百僚受福。太史告曰:东有赭水,西有赭财,南有赭粟,北有赭土,南有赭民,北有赭风。王心则不平,听倾乐,乘欹车,握偏衡。百僚受戒。相天下之积重轻者而变易之。"(《平均篇》)而以《礼》征之,则其深于《礼》也。而言性取告子,曰:"龚氏之言性也,则宗无善无不善而已矣,善恶皆后起者。夫无善也,则可以为桀矣;无不善也,则可以为尧矣。知尧之本不异桀,郇(同荀)卿氏之言起矣;知桀之本不异尧,孟氏之辩兴矣。为尧矣,性不加菀;为桀矣,性不加枯。为尧矣,性之桀不亡走;为桀矣。性之尧不亡走。不加菀不加枯,亦不亡以走,是故尧与桀互为主客,互相伏也,而莫相偏绝。古圣帝明王,立五礼,制五刑,敝敝然欲民之背不善而向善。攻劘彼为不善者耳,曾不能攻劘性;崇为善者耳,曾不能崇性;治人耳,曾不能治人之性;有功于教耳,无功于性;进退卑亢百姓万邦之丑类,曾不能进

389

退卑亢性。告子曰：'性无善无不善也。'又曰：'性，杞柳也；仁义，梧棬也。以性为仁义，犹以杞柳为梧棬。'阐之曰：浸假而以杞柳为门户、藩杝，浸假而以杞柳为桎梏棓梏，浸假而以杞柳为虎子、威俞，杞柳何知焉？又阐之曰：以杞柳为梧棬，无救于其为虎子、威俞；以杞柳为虎子、威俞，无伤乎其为梧棬。杞柳又何知焉？是故性不可以为名，可以勉强名；不可似，可以形容似也。扬雄不能引而申之，乃勉强名之曰'善恶混'。雄也窃言，未湮其原。盗言者雄，未离其宗。告子知性，发端未竟。"(《阐告子》)斯则又其得之于佛乘者。至若穷诸子之渊源，判百家之流别(见《古史钩沉论》)，有清一代，前则章实斋(名学诚，会稽人，乾隆进士，所著有《文史通义》、《校雠通义》等)，后则龚定庵，他尤未见其匹也。今时学士大夫道定庵之书不去口，然特以其文而已，能表章其学者谁哉？定庵生乾隆五十七年。道光中进士，官礼部主事。卒于道光二十一年。年五十。定庵后，习《公羊》之学者，有蜀人廖平，然支离怪诞，有识之儒所不道矣。

第十五章　曾文正公

　　自汉学之盛,力攻程、朱。以辨物析名为能,而视躬行实践迂缪无当于世用,于是浮薄之士,乐其无所拘碍,哗然和之。然而士习日偷,上者徒勤破碎之功,下者转便空疏之遁。一时贤达,遂欲和会汉、宋,矫其敝风。其尤著者,则湘乡曾文正公国藩是也。文正公当咸丰洪、杨之乱,以礼部侍郎在籍督办团练,创立湘军。十余年间,崎岖戎马,卒成清室中兴之业。官至大学士,爵为毅勇侯。言清史者,或矜其功烈,或称其文章。而不知其论学之余风,盖支持清末数十年之气运。虽无崭然特出之诣,然皇皇学问,终身以之。近百年来,其知名于世者,亦一人而已。文正学问宗旨,大略见其所为《圣哲画像》一记。曰:"自朱子表章周子、二程子、张子,以为上接孔、孟之传。后有君相师儒,笃守其说,莫之或易。乾隆中,闳儒辈起,训诂博辨,度越昔贤。别立徽志,号曰汉学。摈有宋五子之术,以为不得独尊。而笃信五子者,亦屏弃汉学,以为破碎害道。断断焉而未有已。吾观五子立言,其大者多合于洙泗,何可议也!其训释诸经,小有不当,固当取近世经说以辅翼之,又何可屏弃群言以自隘乎?"(《文集》)而《致刘孟容书》(孟容名蓉,亦湘乡人,官至陕西巡抚)《覆夏弢甫书》(弢甫名炘,安徽当涂人,著有《述朱质疑》等书)亦皆反覆此意(并见《书札》),盖欲兼综汉、宋之长,以成文实并茂之学,故不欲左袒以附一哄也。然不独于汉、宋之争然,于程朱、陆王之争亦然。文正尝从唐镜海问学,镜海著《学案小识》尊程、朱而排陆、王,而文正则曰:"朱子主道问学,何尝不洞达本源;陆子主尊德性,何尝不实征践履。姚江宗陆,当湖宗朱(当湖谓陆清献),而当湖排击姚江,不遗余力。当湖学派极正,象山、姚江,亦江河不废之流。"(《覆颍州夏教授书》,见《书札》,有节文。夏教授,即弢甫也)此其视镜海拘墟之见,相去何如矣。又吾观《文正日记》有曰:"以庄子之道自怡,以荀子之道自克,其庶为闻道之君子乎!"又曰:"以禹、墨之勤俭,兼老、庄之静虚,庶于修己治人之术,两得之矣。"又曰:"周末诸子,各有极至之诣。其所以不及孔子者,此有所偏至,即彼有所独缺。亦犹夷、惠之不及孔氏耳。若游心能如老、庄之虚静,治身能如墨翟之勤俭,齐民能如管、商之严整,而又持之以不自是之心,偏者裁之,缺者补之,则诸子皆可师,不可弃也。"合众冶于一炉,纳百川于一海,文正之得成其为广大者,岂不在是欤!当时称文正门下,才学之士,靡所不揽。呜呼!平时治学,临事用人,固有其途径相合者矣。

　　文正于文极服膺桐城姚姬传鼐,故《圣哲画像记赞》称顾、秦、姚、王。顾则顾亭林,秦则无锡秦文恭公蕙田,王则高邮王念孙父子也。姬传谓学问之途有三:曰义理,曰词章,曰考据。义理,宋学当之;考据,汉学当之。而文正则谓:"有义理之学,有词章之学,有经济之学,有考据之学。义理之学,即《宋史》所谓道学也,在孔门为德行之科。词章之学,在孔门为言语之科。经济之学,在孔门为政事之科。考据之学,即今世所谓汉学也,在孔门为文学之科。此四者,阙一不可。"(见《日记》)文正尝论颜习斋、李恕谷之学,颇讥其忍嗜欲,苦筋骨,力勤见迹,至比之于许行之并耕(见《文集·书〈学案小识〉后》)。然论学不以义理、考据为足,而别列经济一目,此则有似于颜、李者矣。文正言治不尚高论,故其《覆贺耦庚书》(耦庚名长龄,湖南善化人,仕至云贵总督,《文正日记》言"经济之学吾从事者二书：曰《会典》,曰《皇朝经世文编》",《经世文编》即耦庚所辑也)惟云："今日而言治术,则莫若综名核实；今日而言学术,则莫若取笃实践履之士。物穷则变,救浮华者莫如质。积玩之后,振之以猛,意在斯乎!"(《书札》)然《原才》有曰："民之生,庸弱者戢戢皆是也。有一二贤且智者,则众人君之而受命焉。尤智者,所君尤众焉。此一二人者之心向义,则众人与之赴义；一二人者之心向利,则众人与之赴利。众人所趋,势之所归。虽有大力,莫之敢逆。故曰：挠万物者莫疾乎风。风俗之于人心,始乎微,而终乎不可御者也。"(《文集》)而《箴言书院记》亦曰："由一二人以达于通都,渐流渐广而成风俗。风之为物,控之若无有,鳝(同蹶)之若易靡。及其既成,发大木,拔大屋,一动而万里应,穷天人之力而莫之能御。"(同上)推天下治乱之原由于风俗,而风俗之成由于一二人。言若迂阔,然而振古至今,殆未有能脱此者也。夫识者察于几先,众人虑于事后。弊之未极,识者论之,而众人不为意也；患之既见,众人知之,而识者无可为也。殆其弥缝补苴,精竭力穷,机运幸以渐转,局势幸以初定。而旷日持久,蒙其祸者,已不知几何人矣。此吾所以念文正之言,未尝不为之发愤太息者也。文正生于清嘉庆十六年,卒于同治十一年。年六十二。所为诗文、奏议、书札、日记及《经史百家杂钞》等,门下士辑而刻之,名曰《曾文正公全集》。